杨共乐 总主编

"一带一路"古文明书系

SERIES ON THE ANCIENT CIVILIZATIONS ALONG
THE BELT AND ROAD

古代希腊文明

易 宁 祝宏俊 王大庆 等著

The Civilization of
Ancient Greece

北京师范大学出版集团
BEIJING NORMAL UNIVERSITY PUBLISHING GROUP
北京师范大学出版社

"思想者"雕塑

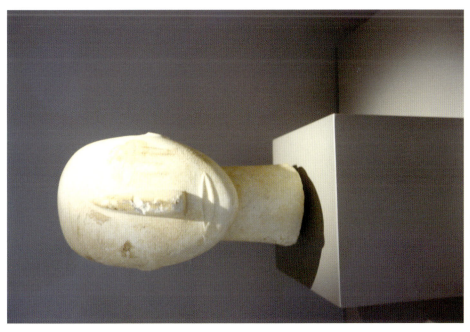

基克拉底文明的雕塑

乐器演奏者雕塑

基克拉底文明的"煎锅"

阿克洛提利遗址

阿克洛提利遗址细部

阿克洛提利遗址壁画

迈锡尼文明的金面具

瓦菲奥金杯

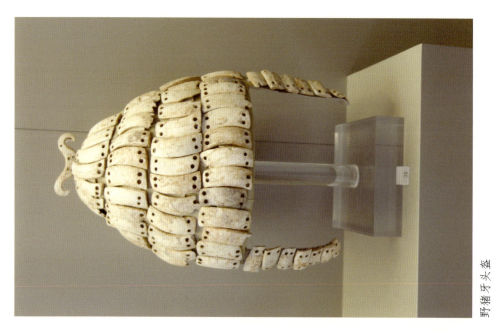

野猪牙头盔

牛头状银质角杯

双耳细颈瓶

绘有战士图案的大型调酒器

德尔菲遗址

纳克索斯的斯芬克斯雕塑

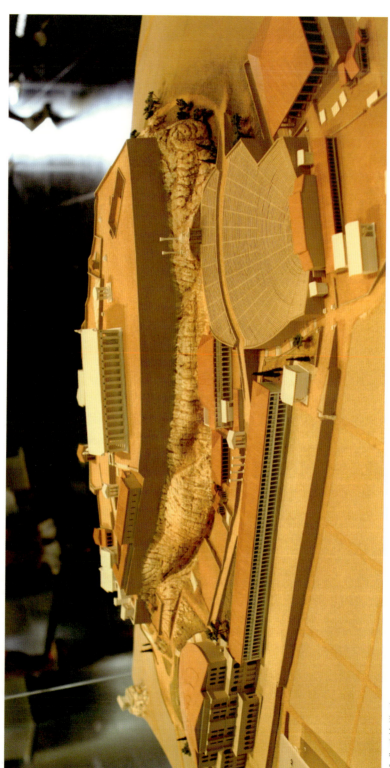

雅典卫城模型

帕台农神庙

帕台农神庙浮雕

厄瑞克忒翁神庙

厄瑞克忒翁神庙雕塑

赫淮斯托斯神庙

雅典娜尼克神庙

凯拉米斯遗址

雅典的奥林匹亚宙斯神庙遗址

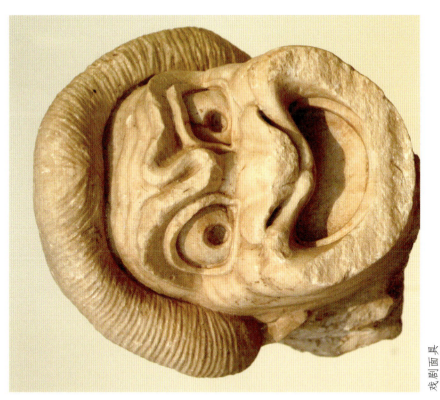

戏剧面具

宙斯（或波塞冬）青铜像

马与骑士青铜像

"一带一路"古文明书系
编写委员会

总主编　杨共乐

顾　问　刘家和　廖学盛

编　委（按姓氏笔画排序）

于殿利　宁　欣　刘家和

杨共乐　易　宁　周启迪

蒋重跃　廖学盛

总　序

2013 年 9 月和 10 月，中国国家主席习近平在出访中亚和东南亚国家期间，先后提出共建"丝绸之路经济带"和"21 世纪海上丝绸之路"（简称"一带一路"）的重大倡议，主旨是通过"一带一路"建设，与世界其他参与国共同打造政治互信、经济融合、文化包容的利益共同体、命运共同体和责任共同体。这一倡议得到了国际社会的高度关注。目前已有 100 多个国家和国际组织积极响应支持，愿意参与的国家还在不断增加中。经过数年的努力，各种建设项目陆续上马。"一带一路"建设必将对世界文明的发展产生巨大影响。

"一带一路"倡议源于历史。历史上众多的政治家、政府使者和商人等都为东西方交往道路的构建作出了贡献。

就陆道而言，西段的建设者应该上溯至亚历山大。公元前 334 年，马其顿国王亚历山大亲率 3 万余精兵东征波斯。波斯国王大流士三世仓促应战，最终为亚历山大所败。公元前 327 年，亚历山大率军来到中亚，灭波斯的地方政权巴克特里亚，并于锡尔河上游筑亚历山大里亚城，派兵加强其对这一地区的统治。欧洲势力开始进驻亚洲腹部邻近中国的地区。此后百余年间，中亚巴克特里亚地区的政权一直掌控在马其顿人和希腊人手里。中国与西方之间在当时虽还没有建立起直接的联系，但西方已经知道了一些中国的消息。希腊人克泰夏斯在其作品中首次提到了东方远国"赛里斯"（Seres）。"赛里斯"也从此成了希腊对包括中国在内的东方远国的重要称呼。

东段的开拓者显然要数汉武帝的使者张骞。他于公元前 138 年至公元前 126 年和公元前 119 年至公元前 115 年两次出使西域,史称张骞"凿空"。张骞"凿空"不但打通了东西方交往的连接点,而且大大开阔了中国人的视野,开创了中西交流的新纪元。此后,东西方陆上交通大开。从中国西去求"奇物"者"相望于道";"一岁中使多者十余,少者五六辈,远者八九岁,近者数岁而反";"一辈大者数百,少者百余人"。① 中国的丝绸随使者不断输出国外。中亚、西亚与罗马都因此留下了中国丝绸的痕迹。罗马的文献中还出现了罗马元老院通过反对男子穿丝绸衣服的禁令。②

东汉时,班超为西域都护,曾经营西域 31 年,政绩卓著,成效明显。西域"五十余国悉纳质内属。其条支、安息诸国至于海濒四万里外,皆重译贡献"。公元 97 年,班超派部下甘英出使大秦(罗马),抵条支,欲渡,为安息船人所阻,只得"穷临西海而还"③。甘英走南道赴大秦,虽中途而归,但其西行的路程远比张骞要长,其实际影响也远比张骞要大。就在甘英出使大秦后不久,也就是公元 100 年,"西域蒙奇、兜勒二国遣使内附"④。东汉朝廷对"蒙奇、兜勒"遣使之事高度重视,还特意"赐其王金印紫绶"。"蒙奇、兜勒"正是"Macedones"(马其顿,时属罗马帝国)之音译。西域远国马其顿遣使内附打通了中西间的直接交往,在中西交往史上占有十分重要的地位。而这件事本身也印证了中国和罗马间陆上交通的存在。

就海道而言,中国至印度一线,为中国人所开拓。海船一般沿着印度半岛与中南半岛海岸航行。公元前 111 年,汉朝用兵南越并在当地置南海、苍梧与合浦等郡。有关合浦以南至印度路线的记载皆保存于《汉书·地理志》中。据《汉书·地理志》记载:"自合浦徐闻(海康)南入海,得大州,东

---

① (西汉)司马迁:《史记》卷 123《大宛列传》。
② Tacitus, *Annals*, 2, 33.
③ (南朝宋)范晔:《后汉书》卷 88《西域传》。
④ (南朝宋)范晔:《后汉书》卷 4《孝和孝殇帝纪》。

西南北方千里，武帝元封元年略以为儋耳、珠崖郡。……自日南障塞、徐闻、合浦船行可五月，有都元国；又船行可四月，有邑卢没国；又船行可二十余日，有谌离国；步行可十余日，有夫甘都卢国。自夫甘都卢国船行可二月余，有黄支国……平帝元始中，王莽辅政，欲耀威德，厚遗黄支王，令遣使献生犀牛。自黄支船行可八月，至皮宗；船行可二月，到日南、象林界云。"据考证，黄支就是印度东岸之 Kanchipura，即后来玄奘《大唐西域记》第 10 卷中所记的达罗毗荼国的建志补罗城。

至于印度至罗马的海路则多为罗马人所开创。船队最初皆绕着南阿拉伯海岸航行。据罗马地理学家斯特拉波的《地理学》记载，在奥古斯都时期，每年都有多达 120 艘船只从埃及的红海港口起航，远航至曼德海峡之外各地，有的甚至远达恒河。[①] 大约在提比略执政时期，有一位名叫希帕鲁斯的罗马商人在长期实践的基础上发现了印度洋季风的规律。罗马人利用季风不但能够直接跨越印度洋，而且还能大大缩短罗马至印度的距离。按英国学者赫德逊测算，从意大利到印度的一次旅程，只要花费 16 个星期。[②] 约在 2 世纪中叶稍前，有一位名叫亚历山大的罗马人越过孟加拉湾，到达日南北部的卡提加拉（Cattigara）。[③] "至桓帝延熹九年（166），大秦王安敦（指罗马元首马尔库斯·奥理略）遣使自日南徼外献象牙、犀角、玳瑁"，来到中国，中西海道"始乃一通"。[④] 当时世界上最强大的两个国家——中国与罗马间开始通过海道直接发生联系。印度和西方古典文献中出现的"秦尼"（Sinae，Thinae）实际上就是西方人对中国的尊称。这一消息应该来源于南部海道。

---

① Strabo, *Geography*, 2，118；15，686；17，708.

② 参见［英］赫德逊：《欧洲与中国》，李申、王遵仲、张毅译，北京：中华书局，1995年版，第 47 页。

③ Ptolemy, *Geography*, 1，16.

④ （南朝宋）范晔：《后汉书》卷 88《西域传》。

在中西陆、海两道开通之时，有许多中国的商品随使者输往西方。据中国的正史记载，从陆道西去的使者常"赍金币帛直数千巨万"①，从海道西航的译使也携"黄金、杂缯而往"②。由此可见，丝织品和黄金一样，都是出访人员必备的物品。

丝织品之所以成为使者出访时首选的重要物品，最根本的原因就在于中国是桑蚕的故乡，在相当长的时间内，中国又是唯一掌握养蚕（Bombyx mori）技术的国家。根据传说，我国"养蚕取丝"的发明者为黄帝元妃嫘祖。她教民育蚕，治丝蚕以制衣服。考古发掘也表明，在距今约6000—5600年的仰韶文化时期，我们的祖先就懂得了"养蚕取丝"的技术。著名学者夏鼐先生曾指出，至迟在殷商时代，我国已能"充分利用蚕丝的优点，并且改进了织机，发明了提花装置，能够用蚕丝织成精美的丝绸"。此后，丝织技术随着时代和社会的变化，又有新的改进和发展。

《史记·大宛列传》有言："自大宛以西至安息……其地皆无丝漆。"这显然是客观事实的真实反映。实际上，不但当时的安息无丝，就是安息以西的罗马也不产丝，所以穿戴中国的丝绸一直是罗马贵族身份的象征。为获取丝绸衣料，罗马人不惜远赴赛里斯，正是"靠着如此长距离的谋求，罗马的贵妇们才能够穿上透明的衣衫，耀眼于公众场合"③。老普林尼坦言："据最低估算，每年从我们帝国流入印度、赛里斯和阿拉伯半岛的金钱，不下1亿塞斯退斯。"④在罗马，不仅有销售中国丝绸的丝绸市场、丝绸商人，还有具体负责丝绸产品再加工的丝绸作坊。丝绸交易的价格曾一度与黄金相等。

随着丝绸西向输出，我国的养蚕和织绸技术也不断西传。5世纪时，

---

① （西汉）司马迁：《史记》卷123《大宛列传》。
② （东汉）班固：《汉书》卷28下《地理志》。
③ Pliny the Elder, *Natural History*, 6, 20, 54.
④ Pliny the Elder, *Natural History*, 12, 41, 84.

中原的种桑、养蚕、缫丝织绸法已传至和阗；到 6 世纪的查士丁尼时代，更传到了罗马的东部世界。从此以后，"在罗马的土地上也能生产蚕丝了"，西方对中国丝绸的依赖逐渐消失。

历史表明，在中国的汉代，也即西方的罗马共和国晚期及帝国时期，世界上确实存在着以丝绸为重要交易物的陆、海大道。19 世纪以后，这两条大道被分别冠以"陆上丝绸之路"和"海上丝绸之路"之称，总称为"丝绸之路"。丝绸之路的起点是中国，终点在罗马。中亚、南亚、西亚是陆上丝绸之路的必经之地，南海、红海、地中海是海上丝绸之路的必过之海，而印度洋则是海上丝绸之路的必跨之洋。丝绸之路的形成既拉近了亚欧各国与各地区间的距离，密切了沿途各国人民之间的关系，又加强了沿途各民族之间的交往，大大地推进了人类文明的进步。

"一带一路"建设植根于历史，面向未来，源自中国，属于世界。当今，中国正通过"一带一路"与世界建立"互联互通"的关系，并取得了令人瞩目的成就。为使"一带一路"建设更好地服务于社会，服务于世界，我们还很有必要对世界上主要的古文明进行深入研究。因为孕育这些文明的几大古国大多分布于"一带一路"沿线，其文化对后世的影响既广泛持久又深远厚重。深入了解这些文明，不仅有利于人们从源头上认清各文明间的差异与特点，整体把握人类文明的发展规则，更有利于人们正确认识中国主倡的"开放包容"、"文明互鉴"精神的重要价值，有效推进"一带一路"朝着更好更快的方向发展。

从 2013 年年末开始，我们在刘家和先生和廖学盛先生的悉心指导下，充分利用和吸纳多年苦读积累的成果，殚精竭虑，协同钻研，经过多年的努力，终于完成了多卷本"'一带一路'古文明书系"的研究和写作任务。

"'一带一路'古文明书系"以"一带一路"所经行且在历史上有重要影响的古文明为研究对象，以中西文明比较为研究特色，既注重宏观的理论思考与对历史的反思，从当下观察古代文明的整体性变迁，以宏大的视角展示古文明的兴衰；又注重具体问题的实证性研究，并反映学术研究的最新动态，用中国人特有的视角审视世界文明的源头，展示人类文明的发展历程及辉煌成就。内容包括古代美索不达米亚文明、古代埃及文明、古代中国文明、古代印度文明、古代波斯文明、古代希腊文明、古代罗马文明，范围涉及非洲、西亚、南亚、东亚和欧洲五大地区。本书系试图回答的问题有：(1)古代文明的成果主要体现在哪些方面？(2)多源产生的文明各有什么特点？(3)各文明区域所产生的成果对后世有何影响？(4)各文明古国的国家治理体系如何构建？政治治理如何运行？(5)国家的经济保障主要体现在哪些方面？居民的等级特点与国家政权之间的关系如何？(6)在古代埃及、两河流域有没有像公元前8—前3世纪的中国、印度和希腊那样出现过精神觉醒的时代？(7)各文明古国所实行的文化政策有何特点？对居民有何影响？(8)古代文明兴起的具体原因以及个别文明消亡的关键因素是什么？(9)中华文明连续不中断的原因究竟在哪里？等等。这些问题或以专题论述，或寓论于事实叙述之中。当然，也有一些问题只是在书中提出而已，要给予很好的解决还有待于新材料的不断出现。

　　"'一带一路'古文明书系"追求雅俗共赏的行文风格，在保证体例基本一致的情况下，充分发挥作者的学术特长，体现作者的主体思想。为使读者更好地领略古代作家的写作风采，书系中还刻意保存了原作中的部分重要内容。我们衷心希望我们的研究能为学界提供一种新的视角，为我国的"一带一路"建设贡献微薄的力量。

杨共乐

北京师范大学历史学院

北京师范大学史学理论与史学史研究中心

2017 年 3 月 15 日

目　录

1

前　言

　　古代的希腊，是一个地域概念，主要包括现在的希腊半岛、爱琴海诸岛、小亚细亚西海岸、黑海沿岸和西西里岛等地区。在这片广袤的大地上，古代希腊人建立了众多的城邦，创造了灿烂的古希腊文明。

　　在希腊半岛和爱琴海诸岛，旧石器时代以来就有人居住。约公元前2000年，爱琴地区的克里特岛出现城市国家，兴起了克里特文明。约公元前1600年，希腊大陆南部兴起迈锡尼文明。迈锡尼文明逐渐取代克里特文明，成为希腊早期文明的中心。约公元前11世纪，迈锡尼文明衰亡了，希腊社会出现倒退，原始氏族社会取代了城市文明。在希腊历史上，此时期被称为"黑暗时代"。不过，"黑暗时代"的希腊社会虽然出现倒退，然而倒退中也孕育了新的社会政治经济发展因素。约自公元前9世纪始，希腊社会经济出现复兴。希腊人开始迈向一个新的、更为发达的文明时代。

　　公元前8世纪至前6世纪，是希腊历史上的古风时期，即希腊城邦兴起的时代。此时期，在希腊地区出现了众多的城邦。希腊人的城邦以城市为中心，结合周围的乡村组成，具有小国寡民特点。对于城邦，希腊人赋予了特定的含义：城邦在本质上是公民自治、自主的政治团体。所以，无公民权的自由民和奴隶是没有政治权利的。在古风时期，斯巴达和雅典经过一系列改革，逐渐形成了自己的政治经济特色，成为希腊世界最强大的两个城邦。古风时期也是希腊文明向外扩展的时代。希腊城邦进行了广泛的殖民活动，在地中海、黑海沿岸等地区建立数以百计的城邦。新建的城邦对于母邦而言，可视为子邦。这些新建的城邦在政治经济上一般都是独立的，但与母邦有着千丝万缕的联系。母邦与子邦之间错综复杂的关系，贯穿于希腊城邦兴衰史之中。希腊人的殖民活动，大大地扩展了希腊文明的范围，增强了与东方文明的交流，对于希腊文明的发展产生了重要影响。

公元前5世纪至前4世纪后期，是希腊历史上的古典时期。在古典时期，希腊文明发展至鼎盛阶段，随后经历了由盛而衰的过程。公元前492年爆发的希波战争，是希腊历史的一个重要转折点。这场时断时续长达几十年的战争，最终以希腊人的胜利而结束。这场大战对希腊社会产生了极为深远的影响，希腊社会政治经济有了迅速发展。由于雅典在战争中起了重要的领导作用，其实力大大增强。雅典的民主政治发展至鼎盛，奴隶制有了长足的发展，各地文化名流汇集于雅典，雅典成为希腊文化的中心。雅典还控制了有众多城邦参加的提洛同盟，成为希腊世界的一大霸主。然而，雅典势力的发展引发了与斯巴达的矛盾。雅典及其同盟者与斯巴达及其同盟者之间的斗争，成为希腊邦国关系的主线，其中反映的就是雅典和斯巴达两大霸国之间的争夺。此两大霸国的争夺，最终于公元前431年引发了伯罗奔尼撒战争。这场长达约27年几乎波及全希腊的战争，给希腊世界带来巨大的灾难，成为希腊历史发展的另一个转折点。在这场战争中，无论是战败国雅典及其盟国还是战胜国斯巴达及其盟国，在经济上均遭受重大损失。战后，希腊诸邦的社会矛盾不断加剧，城邦之间的斗争更为错综复杂。希腊城邦开始走向衰落。

公元前323年至前30年，是希腊历史上的希腊化时代。希腊化时代是希腊历史发展的又一个转折点。希腊城邦失去了原有的独立性，然而希腊文明却在与东方文明广为交流中焕发出新的生机。公元前338年喀罗尼亚战役之后，希腊城邦沦为马其顿王国的附庸。公元前336年亚历山大继承马其顿王位后，发动了大规模的对外征服战争，在很短的时间内建立了一个庞大的帝国。公元前323年亚历山大病逝后，这个大帝国随即分崩离析，分裂为马其顿、托勒密和塞琉古三大王国。亚历山大帝国的存在虽然很短暂，然而却极大地促进了希腊文明与东方文明的交融。托勒密王国和塞琉古王国的马其顿－希腊统治者，采用东方原有的中央集权制度，支持希腊文明与东方文明的交流。马其顿王国统治之下的希腊城邦，与东方文明的交流也不断扩大。更值得注意的是，此时期的希腊城邦失去了原有的特点，城邦之间的界线逐渐模糊，公民团体所拥有的自主自治权力已不复存在。希腊地区已经从城邦过渡到地域性王国。从城邦过渡到地域性王国，是希腊历史的一大进步。这一历史进步，在城邦时代是不可能完成的。至公元前30年，希腊化时代的三大王国先后被罗马所灭，希腊化时代结束。希腊化时代是连接希腊文明与罗马文明的一个重要历史阶段。

　　希腊文明是西方文明的源头。希腊文明对西方文明的发展产生了极为重要的影响。19世纪英国诗人雪莱曾大为感慨地说："我们都是希腊人。"历史悠久的希腊文明不仅内涵丰富，而且形成了自己的特色。在政治制度方面，希腊城邦政体与其他古代文明的政体相比较，更具有多样性。亚里士多德《政治学》把希腊城邦政体划分为6类，即君主政体、贵族政体、民主政体，以及由此3种政体演变而来的僭主政体、寡头政体和平民政体。在希腊城邦政体中，最值得重视的是雅典的民主政体和斯巴达的混合政体。雅典的民主政体具有直接的民主性，较为充分地反映了"政权在民"的思想。斯巴达的政体则混合了贵族制和民主制，反映出"分权和制衡"的思想。此两类思想经过后世的发展，成为西方近现代政治制度的核心理念。希腊经济制度，较之其他古代文明，亦更具有多样性。在希腊城邦，奴隶是"那种本性上不属于自己而属于他人的人"（亚里士多德语），然而在不同的城邦，奴隶的类型则不尽相同，或以国有奴隶为主要类型，或以私人奴隶为主要类型。希腊的农业和工商业的发展，是希腊文明发展的基础，然而农业和工商业发展的情况，在不同城邦亦不完全相同，以至于在对希腊经济属性的认识上，形成了"古史现代化派"和"原始派"两大派别。前者主"工商文明"说，后者则主"农业文明"说。与政治经济方面的情况不同，古代希腊文化则表现出高度的统一性。分立的诸邦遵循同一种文化传统。古代希腊人使用同一种文字。柏拉图和亚里士多德的哲学达到了希腊哲学的顶峰。希罗多德、修昔底德、色诺芬、波利比乌斯等人在史学领域辛勤耕耘，共创了希腊史学的辉煌。伯里克利时期的雅典，作为希腊人的"学校"，几乎汇集了全希腊最优秀的文人。奥林匹亚、德尔菲等地定期举行的泛希腊竞技会，表现出希腊文化所具有的强大凝聚力。博大精深的希腊文化，对后世西方文化的影响是极为深远的。以哲学的发展而言，西方著名哲学家怀特海曾不无感叹地说："两千五百年的西方哲学只不过是柏拉图哲学的一系列脚注而已。"古代希腊文明对西方文明的发展作出了重大贡献。

在人类文明史的研究中，对希腊文明的研究已达到相当深入的程度，积累了丰硕的成果。本书的撰写，重视参考国内外学术界的相关研究成果，而且特别重视参考国内学者的研究成果。近 30 余年来，国内学者对希腊文明史的研究不断深入，在诸多重大问题上均提出了富有创见性的见解。本书引用了较多国内学者的观点，力图反映国内学术界对希腊文明史研究的状况。本书由多位作者合作撰写。在保证全书结构合理、脉络清晰的前提下，充分尊重作者学术思想的自主性。所以本书对某些问题的讨论，存有不同的观点；在引用古典著作时，亦有采用不同版本的情况。本书撰写分工：易宁，负责全书撰写组织及统稿工作，撰写前言、第三章（与李渊合作）、第七章第一节；李永明，撰写第一章、第二章、第七章第二、三节；祝宏俊，撰写第四章、第五章第一节、第二节；王大庆，撰写第五章第三节、第六章；李渊、吴琼、刘亮、于小冉，负责插图编排。西南大学徐松岩教授通阅了全书，提出了宝贵的修改意见。在此一并致以诚挚的谢意。由于作者的学识水平有限，书中可能存有不当之处，恳请专家学者批评指正。

易　宁
2017 年 3 月

第一章　自然环境和早期居民

第一节　"希腊"之词义和希腊的自然环境

一、"希腊"和"希腊人"

希腊，古称"希腊斯"（Hellas，中文或译作"希拉斯"、"赫拉斯"），最初是一个地理概念，大概位于传说中希腊人始祖希伦（Hellen）及其部族所聚居的色萨利南部弗提奥提斯地区。[①] 据公元前 5 世纪希腊古典作家修昔底德记载，起初希腊人诸部族各自为号，并无统一的称谓。希伦时代之前，连"希腊斯"这个名字都不曾存在。只是随着希伦和他的儿子们在弗提奥提斯势力的增长，并且以同盟者的身份被邀请到其他地区之后，诸部才因为

---

① 古希腊作家大都持此说。而近现代一些学者，如英国著名历史学家阿诺德·汤因比认为 Hellas 一词最初是希腊中部弗西斯地区一个地方的称谓，"其（范围）包括位于温泉关附近安西利（Anthela）的阿耳忒弥斯神殿与位于德尔菲的大地女神、太阳神阿波罗和酒神狄奥尼索斯的神殿，这些地方都是备受希腊人崇敬的场所与人们领受神谕的至圣之处。这两处神殿一直由相互毗邻的 12 个希腊城邦管理，这个近邻同盟作为一个整体为自己在希腊世界赢得了一个如此重要的角色，使得那些起初并不是这个近邻同盟成员的一些重要城邦，都争取获得代表席位。近邻同盟的扩大，致使'Hellas'和'Hellenes'称谓的使用广为扩展，直至这些称谓成为整个希腊地区，所有的追随者，以及公元前 11 世纪崛起于爱琴海地区，公元前 8 世纪以后不断发扬光大的这一新文明的标志为止"。参见［英］阿诺德·汤因比：《人类与大地母亲：一部叙事体世界历史》，徐波等译，马小军校，上海：上海人民出版社，2001 年版，第 153～154 页。另参阅 Simon Hornblower and Antony Spawforth eds., *The Oxford Classical Dictionary*, 2nd ed., Oxford: Oxford University Press, 1996, p. 677.

和希伦家族的关系，各自称为"希腊人"（Hellenes，中文或译作"希伦人"）①。甚至在荷马史诗《伊利亚特》中，诗人也从来没有在任何地方用"希腊人"来指称全体希腊军队，而只用它来称呼阿喀琉斯麾下来自弗提奥提斯地区的人。② 直到公元前8—前6世纪的古风时期，随着希腊各地在政治、经济、文化、宗教信仰等方面的交往和融合日益深化，"希腊人"才成为希腊各部族共同的称谓，"希腊斯"也就成为古代希腊人对其所生活居住之地的通称。③ 后来，古罗马人把当时希腊人所聚居的南意大利和西西里岛殖民地统称为"大希腊"（Magna Graecia），称希腊人为 Graeci，今人所熟知的"希腊"（Greece）和"希腊人"（Greeks）二词即由此而来。

二、自然环境

古代希腊在地理范围上包括希腊半岛、爱琴海诸岛、小亚细亚西海岸、黑海沿岸、南意大利以及西西里岛。其中，希腊半岛和爱琴海诸岛是古希腊人活动的主要舞台，在古希腊文明史的发展中居于中心地位。希腊半岛位于欧洲东南部巴尔干半岛的南端，境内3/4的面积为山地，依自然地势，希腊半岛可分为三大部分：北希腊、中希腊、南希腊。北希腊包括伊庇鲁斯、色萨利和马其顿三个地区。伊庇鲁斯位于品都斯山西侧，山地崎岖，

---

① ［古希腊］修昔底德：《伯罗奔尼撒战争史》，Ⅰ.3，徐松岩、黄贤全译，桂林：广西师范大学出版社，2012年版。

② ［古希腊］荷马：《伊利亚特》，Ⅱ.684，罗念生、王焕生译，北京：人民文学出版社，1994年版。

③ 需要指出的是，"Hellenes"一词最初是源于地名 Hellas，还是源于希腊人始祖希伦的名字 Hellen，自古以来颇有争议。阿波罗多洛斯《书库》（*The Library*，Ⅰ.7.3，1921，Reprint，Cambridge，MA：Harvard University Press，1995. 此书中文名或译作《书藏》、《神话全书》、《希腊神话》，参见［古希腊］阿波罗多洛斯：《希腊神话》，周作人译，北京：中国对外翻译出版公司，1999年版）与《帕罗斯碑》铭文（参见张强：《〈帕罗斯碑〉译注》，载《古代文明》2007年第2期）均认为"Hellenes"系由希伦的名字 Hellen 一词衍变而来。而根据波桑尼阿斯《希腊纪事》（*Description of Greece*，1921，Reprint，Cambridge，MA：Harvard University Press，1993.），以及上文所引的荷马史诗《伊利亚特》，"Hellenes"则源于北希腊色萨利南部弗提奥提斯地区的一个名为 Hellas 的地方。

地薄人稀，经济、文化落后；色萨利地区是一片群山环抱的平原，土地较为肥沃，但也因此纷争不断，其东部的奥林匹斯山即是传说中诸神居住之所；马其顿扼希腊半岛的东北部要冲，地理位置异常重要，后来成为亚历山大帝国的起源地。北希腊与中希腊通过靠海的德摩比利峡谷相连接，公元前480年希波战争中著名的温泉关战役就发生在这里。中希腊包括阿提卡、彼奥提亚、弗西斯等八个地区。阿提卡地区的雅典和彼奥提亚地区的底比斯都是古希腊历史舞台上的重要角色，尤其雅典是古希腊重要的政治、经济、文化中心。位于弗西斯的德尔菲神庙是古希腊最著名的神谕圣殿。南希腊即伯罗奔尼撒半岛，包括阿哥利斯、拉哥尼亚、美塞尼亚、阿卡迪亚、阿卡亚等七个地区。美塞尼亚和拉哥尼亚皆为适宜农耕的地带。古希腊历史舞台上的重要角色之一斯巴达就位于拉哥尼亚平原的南部，欧罗塔斯河的西岸。阿哥利斯则是古希腊青铜文化晚期的文明中心迈锡尼所在地。科林斯地峡是中希腊和南希腊之间的陆上交通要道，附近有麦加拉和科林斯两个重要城邦。

希腊大陆东临爱琴海，西接伊奥尼亚海，南隔地中海与非洲大陆相望，海岸曲折漫长，多天然良港，延伸至海的山脉形成了无数的岛屿。希腊诸岛大都分属于基克拉底（Cyclades）群岛、南北斯波拉底群岛和伊奥尼亚群岛。基克拉底群岛由散布于爱琴海西南海域的提洛、优卑亚、安德罗斯、派罗斯、纳克索斯等岛屿构成，以提洛为中心。提洛是古希腊传统的宗教、商业中心，公元前5世纪雅典海上同盟的总部金库即设于此岛，故该同盟又称"提洛同盟"。这里是爱琴文明最早的发源地，代表古希腊早期青铜时代文化的基克拉底文化即由该群岛得名。由小亚细亚西岸延伸的斯波拉底群岛包括列斯堡、开俄斯、萨摩斯、罗德斯等主要岛屿。伊奥尼亚群岛则是希腊西岸沿海的长列岛群，由科西拉、凯法利尼亚等大岛和附近小岛组成。科西拉岛地处南意大利和西西里与希腊本土航线的中心，因而自古就具有重要的战略地位。除上述岛群外，横卧在爱琴海南部的克里特岛则是

3

爱琴海诸岛中最大的岛屿，也是古希腊青铜时代文明最重要的中心。

古希腊大部分地区属典型的地中海气候，温和适宜，全年气温变化不大。夏季干热少雨，冬季温暖湿润，多数降雨集中在冬季。这种气候对种植葡萄、橄榄非常有利，所以葡萄和橄榄是古希腊最为重要的两大类经济作物，葡萄酒和橄榄油是古希腊对外贸易的重要出口产品。粮食生产主要以谷物为主，包括大麦、小麦、豆类等，产量不高，另外也种植一些蔬菜和水果作物。由于古希腊山多地狭，无大河滋养，再加上气候等原因，不少地区不太适合发展农业生产，有一些地区（特别是雅典）的粮食出产难以自给，通常要依赖进口，这也迫使古希腊人从很早的时候起就到海外殖民，以解决生计问题。在高原山区，主要发展畜牧业，养殖马、牛、羊、猪等牲畜。而在临海的地区，鱼类和海产是日常食物的重要来源。古希腊有较丰富的矿产资源如金、银、铜、铅等，有利于金属加工业和商业的发展。位于阿提卡东南山区的劳利昂矿是古希腊著名的银矿，曾经为雅典城邦的发展提供了大量的财源。一些山区和岛屿盛产优质大理石和陶土，为建筑、雕塑和制陶业的发展提供了较充足的原料。古代希腊的制陶业发达，生产了大量制作精良的陶器，畅销地中海及周边地区。

古希腊独特的地理特征不仅与古代亚非大河流域文明沃野千里的特色形成了鲜明对比，而且也在一定程度上影响了其自身历史的发展。古希腊岛屿众多，陆上由高山深谷分割成无数小块区域。陆路交通不便，各地区相对独立，经济文化发展也不平衡，缺少天然的政治中心。因此，爱琴海诸岛和希腊大陆上的林立邦国虽然在语言、文化、风俗等方面有较深的认同感①，但在古代始终未能获得较高程度的统一，小国寡民是古希腊城邦的一个显著特征。另外，希腊半岛三面环海，拥有漫长的海岸线和众多优良的港湾，还有众多大小岛屿位于爱琴海上，这一切为古希腊人发展航海

---

① ［古希腊］希罗多德：《历史》，王以铸译，北京：商务印书馆，1985年版，Ⅷ.144。

业和商业提供了得天独厚的便利条件。古希腊人从大陆出发，向东可达小亚细亚，穿过今天的达达尼尔海峡和博斯普鲁斯海峡可进入黑海；向西沿伊奥尼亚海可抵达意大利和西西里岛；从爱琴海南部最大岛屿克里特出发往东往南，便可到达埃及。高度发达的航海业不仅促进了爱琴海地区之间的商贸往来和整体联系的加强，而且极大地拓展了古希腊人的活动空间。在古代不同的历史时期里，古希腊人曾先后移民于小亚细亚西海岸以及黑海沿岸、爱琴海北岸、南意大利和西西里岛等地区。古希腊人通过爱琴海上的便利航道接触到了更为先进的东方文明，吸收和借鉴西亚及北非的先进文明成果，创造出了自身独特的文化，对后世欧洲的历史文化发展产生了巨大影响。

第二节　早期居民

一、远古石器时代的居民

据考古资料显示，希腊大陆很早就有人类活动。1961 年在希腊北部的卡尔西狄斯(Chalcidice)地区曾出土了属于尼安德特人的头骨化石。迄今为止，在希腊大陆和爱琴海诸岛上所发现的旧石器时代文化遗址已有 20 多处。中石器时代的遗址也有相当广泛的分布，其中最著名的是南希腊阿哥利斯地区发现的弗朗克提洞穴，"洞内人类居住留下的痕迹厚达 4 米，从中石器时代晚期一直延续到新石器时代(根据碳 14 测定，时间为公元前 19530 年至前 4300 年)"[1]。洞穴内还出土了黑曜石制成的工具，而黑曜石只有位于基克拉底群岛的米洛斯岛才出产，说明希腊大陆和邻近岛屿之间很早就有了交流往来。

---

① ［美］保罗·麦克金德里克：《会说话的希腊石头》，晏绍祥译，杭州：浙江人民出版社，2000 年版，第 18～19 页。

图 1.1　塞斯克罗出土的新石器时期的彩绘

约在公元前 70 世纪，希腊大陆上出现了新石器时代的定居点。20 世纪中期，在希腊半岛北部的色萨利，相继发现了亚尔吉萨、塞斯克罗和索弗里三处无陶新石器时期的原始农民公社遗址。根据发掘成果大概可以推知，村民居住在土丘村落里，房屋布局和构造皆与西亚早期新石器时代的农民公社相类似。居民主要从事农业和畜牧业，同时也进行渔猎采集。种植的农作物有小麦、大麦、小米、豆类等；畜养的家畜包括绵羊、山羊、猪、牛等。主要使用的工具为石器（主要由燧石和黑曜石制成）和骨器。

公元前 60 世纪前后，希腊大陆步入有陶新石器时代，在马其顿的尼亚-尼科米底亚新石器村社遗址中出土了彩陶、印章以及长头细眼的泥制母神像。在色萨利北部的奥查基也发现了新石器早期的文化遗存。希腊大陆中期和晚期新石器文化分别以色萨利的塞斯克罗遗址和狄米尼遗址为代表。与原来新石器早期文化相比，新石器中期以后希腊大陆的定居点发生了较显著的变化。首先是城堡式村落的出现。"塞斯克罗地势险要，位于两条河流之间一个封闭的山谷中……在卫城西南，人们发现了属于新石器时代 B 期城墙的遗迹。城墙还可能是双重的。"而在晚期的狄米尼卫城，则"至少有 6 道同心圆式的环形城墙"。建筑技术显示，狄米尼人已经有了相当高的筑城技艺及防御经验。① 其次，其主要建筑已开始带有门廊厅房，呈现出麦加伦式建筑风格，其中以新石器晚期的狄米尼卫城中央的长方形大厅式建筑表现得尤为明显。另外，聚居区内房屋的大小及分布也有了明显区别。塞斯克罗城内最大的房子后面还附有 3 间内室，其中一间可以从里面锁上。狄米尼卫城的其他较小房屋则有规则地围绕在中心方形大厅的周围。这种情况表明，最迟在新石器时代晚期，希腊大陆的居民中已经开始出现了某种分化。

二、来自小亚细亚的新居民

虽然关于古希腊新石器时代居民以及文化的起源等内容，目前仍有很多问题不甚清楚；但正如考古资料所显示的，古希腊新石器时代文化的发展无疑受到更早进入新石器时代的西亚文化的影响。在新石器时代晚期，约公元前 40 世纪末，大概有一批人从小亚细亚来到希腊大陆和爱琴海诸岛，他们不属于印欧语族，所操语言也非希腊语，一般称之为地中海族。他们的很多词汇，包括地名、人名及其他很多名词都为以后的希腊语所继承。希腊大陆、克里特岛和小亚细亚等地的一些非希腊语的地名（如科林斯、克诺索斯、哈利卡纳苏斯等）就是由他们留传下来的。② 一般认为，希腊古典文献中的佩拉司吉人、勒勒吉人或卡利亚人，大概指的就是这些操非希腊语的人。前者主要居住在希腊大陆，后者主要分布在海岛上。

据修昔底德记载，在"希腊人"的统称形成之前，佩拉司吉人在希腊大陆各部族的名号中占重要地位。③ 希罗多德也说佩拉司吉人是一群讲非希腊语的异族人，很早就在希腊大陆生活，"从来没有离开过自己的居住地"，

---

① ［美］保罗·麦克金德里克：《会说话的希腊石头》，第 20～21 页。

② N. G. L. Hammond, *A History of Greece to 322 B.C.*, Oxford：Oxford University Press，1959，p. 39.

③ ［古希腊］修昔底德：《伯罗奔尼撒战争史》，Ⅰ.3.

后来其中一部与在阿提卡的希腊人混合，融入了希腊族伊奥尼亚人之中，在语言上也改说希腊语，用希氏的话说便是"必定忘掉了自己的语言而学习了另一种语言"①。

图1.2　扎克罗斯出土的蛇纹石角状酒杯

至于克里特岛和爱琴海诸岛的早期居民，则主要是勒勒吉人或卡利亚人。希罗多德在谈及克里特岛的居民时说："卡利亚人是从岛屿上到大陆上来的一个民族。在古昔的时代，他们是国王米诺斯的臣下，他们当时被称为列列该斯（即勒勒吉）人，居住在岛屿上面。在据我所知道的最遥远的时代，他们从没有义务对任何人纳贡，只是在国王米诺斯需要的时候，供给他的船只以乘务人员。因此，既然米诺斯是一个征服了许多土地并且是一个在战争中经常取得成功的国王，卡利亚人在他的统治时代，是远比其他一切民族要著名的民族。……在米诺斯之后很长一个时候，卡利亚人被伊奥尼亚人和多利亚人逐出了海岛，于是便定居在大陆上了。"②关于勒勒吉人或卡利亚人的来源，希氏认为"美西亚人和吕底亚人是卡利亚人的同胞民族"③。而考古发掘的一些情况也表明，他们可能是从小亚细亚地区迁徙而来的。大概在早期青铜时代，陆续又有从小亚细亚来的移民迁徙到基克拉底群岛和克里特岛的东部和中部地区，并与当地较早到来的居民融合在一起。另外，可能还

---

①　［古希腊］希罗多德：《历史》，Ⅰ.56，57，58。
②　［古希腊］希罗多德：《历史》，Ⅰ.171。
③　［古希腊］希罗多德：《历史》，Ⅰ.171。

有一些来自非洲海岸的移民到岛上定居。[①]

三、印欧语系诸部落的迁入

据希罗多德记载，古希腊人是富有流动性的民族。约公元前 2500 年以后，一批操希腊语的印欧人大概从多瑙河流域南下入侵希腊大陆北部的马其顿、色萨利和伊庇鲁斯地区。约公元前 2000 年以后，北方的印欧语族诸部先后多次南下，侵入希腊半岛中部和南部的伯罗奔尼撒地区，与当地居民混合同化而形成了希腊人。传统认为，公元前 12 世纪以后，伴随着包括多利亚人在内的北方人群的南侵，希腊世界又发生了一次较大规模的民族迁徙。直到公元前 10 世纪初，希腊人各部族在古希腊地理范围内的分布才基本稳定下来。马其顿人居住在北希腊的马其顿地区；伊奥尼亚人分布于中希腊的阿提卡、爱琴海中部诸岛、小亚西海岸的中部；埃奥利亚人分布在北希腊和中希腊大部分地区、爱琴海北部诸岛、小亚西海岸北部；阿卡亚(中文或译作"亚该亚")人主要分布在伯罗奔尼撒的阿卡迪亚和阿卡亚地区；多利亚人则占据了伯罗奔尼撒大部地区，爱琴海南部诸岛，还有小亚西海岸的南部。

---

① N. G. L. Hammond，*A History of Greece to 322 B. C.*，pp. 24-25.

第二章　爱琴文明

　　爱琴文明是爱琴海地区青铜文明的统称，主要包括基克拉底文化、克里特岛的米诺斯文明和希腊大陆的迈锡尼文明三大史前文化与文明。约公元前3500年，爱琴地区的基克拉底群岛最早进入早期青铜时代(铜器时代或金石并用时代)，基克拉底文化因此而得名。约公元前2000年，克里特岛进入青铜时代，并出现了爱琴地区最早的城市国家文明。在克里特文明的影响之下，公元前1500年左右，南部希腊也产生了迈锡尼等城市国家，迈锡尼文明开始兴起与繁荣。一个世纪之后，迈锡尼取代克里特岛成为爱琴地区青铜文明的中心。由于克里特岛和迈锡尼先后为爱琴文明的两大主要中心，故而爱琴文明又被称为克里特-迈锡尼文明。自爱琴文明始，古代希腊史大致可以分为以下五个阶段：(1)爱琴文明时代或克里特-迈锡尼文明时代(公元前20—前12世纪)；(2)"黑暗时代"或荷马时代、英雄时代(公元前11—前9世纪)；(3)古风时期(公元前8—前6世纪)；(4)古典时期(公元前5—前4世纪后期)；(5)希腊化时代(公元前4世纪后期—前1世纪后期)。

　　爱琴文明是希腊文明乃至整个欧洲文明的开端。然而不幸的是，克里特文明于公元前20世纪中叶中断，迈锡尼文明在公元前12世纪也灭亡了。古希腊大多数地区又暂时退回到原始公社时期。不仅恢宏的王宫、陵寝和精美的手工艺品等物质文明被摧毁，甚至克里特文明的线形文字A和迈锡尼文明的线形文字B也被人遗忘了。整个爱琴文明只在《荷马史诗》和其他一些古希腊文献中留下了一些传说。近代英国著名的希腊史大家乔治·格罗特在其传世名作《希腊史》中，就以公元前776年(即首届奥林匹亚竞技会举行之年)为界，将古希腊史分为传说时代和历史时代两个阶段。直到 19 世纪 70 年代之后，依靠学者们在考古发现和古文字释读方面所取得的巨大成就，原本深陷重重迷雾之中的爱琴文明才得以重见天日，逐渐清晰地重现在人们的视野之中。

爱琴文明的发现，是近代西方考古学上的一项巨大成就。德国业余考古学家海因里希·谢里曼(1822—1890 年)是从事爱琴文明考古发掘的先驱者。谢里曼出身贫寒，后因经商致富。他终生醉心于《荷马史诗》，坚信诗人荷马所描绘的特洛伊战争是真实发生过的历史事件，并通过自学掌握了希腊语、拉丁语等多种语言。谢里曼认定土耳其境内达达尼尔海峡附近的西萨尔立克山丘就是史诗中特洛伊遗址的所在地，于 1870 年开始组织考古发掘，经过 3 年多时间的发掘，谢里曼发现了多层城池遗址，并从自下而上的第 2 期遗址中出土了大量的铜器、青铜器和贵重的金器、银器等，即著名的"普里阿摩斯国王的宝藏"。他宣称该层就是《荷马史诗》中所歌咏的特洛伊城。谢里曼又陆续在该地进行考古发掘工作，共区分出 7 个重叠的城市遗址。后来他的助手威廉·道普菲尔德经进一步研究，将特洛伊遗址分为 9 期，并认为自下而上第 6 期遗址才是《荷马史诗》中描述的特洛伊城。20 世纪 30 年代，美国考古学家卡尔·布列根率领辛辛那提大学考古队又对特洛伊遗址进行了仔细的考古发掘，在每层遗址中进一步细分为若干亚层，共计 46 个亚层。布列根修正了道普菲尔德的说法，认为遗址自下而上繁荣的第 6 期毁于地震；第 7 期 A 层才是被希腊人战火所摧毁的特洛伊城。

除了特洛伊之外，迈锡尼文明最初为世人所知，也得益于谢里曼的发现。1876 年，谢里曼在伯罗奔尼撒半岛迈锡尼遗址的狮子门内侧发掘出数座保存较为完整的竖井墓葬圈，出土了大量珍贵的金器饰物，他称之为"阿伽门农王的陵寝"。他的发掘工作，证实了神话传说中迈锡尼"多金"的传闻。1884 年，谢里曼又在提林斯发掘出了一座宫殿遗存。

在谢里曼的重大考古发现的影响和推动下，一些考古学家试图寻找古

图 2.1 　海因里希·谢里曼

希腊神话传说中克里特岛的克诺索斯"迷宫"。1878 年，克里特人米诺斯·卡罗凯利诺斯在克里特岛凯拉托斯河畔的克法拉山丘发掘出一座史前宫殿的一部分遗址，他认为找到了神话传说中的"迷宫"。1886 年，谢里曼亲临克里特岛，考察了该克诺索斯遗址，决定进行系统发掘。但由于与该地业主就土地出让价格问题未能达成一致，最终不得不放弃发掘的念头。1900 年，英国考古学家亚瑟·伊文斯组织了对克里特岛克诺索斯遗址的考古发掘，成功地发掘出规模宏大的米诺斯王宫遗址和大量珍贵文物，其中有大批的泥版文书，包括象形文字、线形文字 A 和线形文字 B。随后，考古学家们又不断在希腊大陆、爱琴海诸岛等地进行考古发掘，取得了丰厚的成果，不断地丰富了人们对希腊青铜时代文明的认识。特别是英国年轻的建筑师迈克尔·文特里斯于 1952 年成功地释读了线形文字 B，使人们对辉煌的爱琴文明有了更为深入的了解。

　　参照古埃及年表及出土文物的碳 14 测定，希腊大陆、克里特岛及爱琴海诸岛的青铜时代文明大致被分为早、中、晚三个时期，其中每个时期又细分为若干小的阶段。

图 2.2 迈锡尼字母表泥板

第一节 基克拉底文化

基克拉底群岛系巴尔干山脉的延伸，是爱琴海西南海域围绕在提洛岛周围的一片环状岛屿的总称，包括提洛、优卑亚、安德罗斯、派罗斯、纳克索斯等诸多岛屿。"基克拉底"一词，在希腊语中即"环"的意思。基克拉底群岛由于地理位置的便利，早在新石器时代就与希腊大陆、克里特岛以及小亚有海路交通往来，并成为小亚文化向古希腊各地传播的海上中转站，故而在早期爱琴文明的发展中处于领先地位。

一、早期基克拉底文化

(一)建筑和墓葬

约公元前 3500 年始，基克拉底群岛在爱琴地区中率先步入了早期青铜时代(约公元前 3500—前 2000 年)。根据考古发掘情况，早期基克拉底文化可分为三个阶段，分别以派罗斯岛的墓葬群遗址、叙罗斯岛上的查兰德里尼遗址和西非诺斯岛上的哈吉奥斯·安德里阿斯遗址，以及米洛斯岛上的菲拉可比遗址第 1 期为代表。19 世纪末，希腊考古学家冲塔斯在阿莫尔格斯、派罗斯以及临近岛屿上发现了几百座墓葬。其中在派罗斯岛上的 190 座墓葬群中发现了少量的铜。这一时期诸岛的居民点还比较分散，也没有出现防御设施。而在叙罗斯岛上的查兰德里尼，冲塔斯找到了 500 座墓葬，以及一个有双重围墙的卫城，其中内圈城墙还附带有 5 座塔楼。同样，在西非诺斯岛上的哈吉奥斯·安德里阿斯，也发现了一座有双层城墙的卫城遗址，且设计精巧，城门窄小，很难强行通过。19 世纪末至 20 世纪初，考古学家又多次对米洛斯岛上的菲拉可比遗址进行了发掘，出土了大量的陶片。考古学家将该遗址划分为三个阶段，其中菲拉可比第 1 期的居民点遗址规模不大，也没有发现城墙，房屋呈现典型的安纳托利亚样式。约公元前 1900 年，该城与希腊大陆上的许多定居点一样，被武力所摧毁。①

这一时期，基克拉底群岛的坟墓多为厚石板建成的箱形墓，也有方形和圆形的石砌墓，由小一些的扁平石板按叠涩法②砌成尖顶或圆顶，上面覆盖石板。坟墓面积不大，一般是单人的小墓，但也有六七个人的墓被发现，可能是家庭的集体墓葬。随葬品有青铜工具、武器、石制和陶制人偶等。

(二)雕塑和手工业

早期基克拉底文化最著名的文化遗产是大理石人偶雕像。纳克索斯和派罗斯等岛屿都盛产优质的大理石，为创作雕像提供了充足的原料。人偶雕像的题材大多为女性雕像，可能是自新石器时代以来大地母神的新的表现形式；也有一些表现战士的男性雕像，身穿盔甲，或佩带着匕首等武器；另外还有一些乐师雕像，或端坐或站立，演奏着乐器。基克拉底文化的大

---

① ［美］保罗·麦克金德里克：《会说话的希腊石头》，第 38～42 页。

② 叠涩法是一种古代砖石结构建筑的砌法，用砖、石，有时也用木材通过一层层堆叠向外挑出或收进，向外挑出时要承担上层的重量，常见于古代砖塔、石塔、砖墓室等建筑物。

理石人偶雕像形状多样，其中最典型的特征为双臂交叠于胸前。雕像在尺寸上也大小不一，微型雕像只有10余厘米，大型雕像则高达150多厘米。雕像形象古拙，雕刻手法冷凝简练，风格抽象，均堪称杰作。雕像通常作为死者陪葬的物品在墓穴中被发现，但关于它们具体的身份及象征意义，目前人们还不是很清楚。基克拉底文化早期的大理石人偶雕像在希腊大陆与克里特均有发现，这说明它们在爱琴地区较为流行。

早期基克拉底文化第一期的陶器在形式和装饰上还较为简单。早期基克拉底文化第2期，许多陶器在形状上则多仿效同时代的石制器物，如一些带项圈、罐足和鼓胀罐腹的陶罐等。其他还包括带盖的圆柱形盒状陶器，可能用来盛放化妆品。较有特色的是著名的"煎锅"状陶器，上面大量的螺旋形和三角形装饰图案引人注目，那些三角形装饰以及底部更小些的装饰部分可能代

图2.3 基克拉底文明石像

表着女性的生殖器官。① "煎锅"下部还刻有一个船状装饰以及交织在一起表示波浪的螺旋线条。有学者认为，"煎锅"内盛上水后，则有镜子的功用。另外，还有一些陶器上装饰以刺猬等动物图案，反映出自然主义的色彩。

---

① ［美］约翰·格里菲思·佩德利：《希腊艺术与考古学》，李冰清译，桂林：广西师范大学出版社，2005年版，第35页。

至早期基克拉底文化第 3 期，则出现了"珂尔诺斯(Kernos)"样式的陶器，这是一种献祭时使用的复合型瓶状器皿，可以同时向神供奉多种祭品。[①]

二、中后期基克拉底文化

(一)中期基克拉底文化

约公元前 2000—前 1900 年，基克拉底群岛进入中期基克拉底文化时期。这一时期，随着基克拉底群岛与克里特岛联系的日益密切，基克拉底文化越来越受到米诺斯文明的影响。中期基克拉底文化初期，陶器与早期基克拉底时期的陶器大同小异，尚没有明显变化。在中期基克拉底文化第 2 期，受克里特的影响，开始出现了喙嘴瓶口的陶罐，亮底黑饰，缀以水平线、螺旋曲线以及圆点。至中期基克拉底文化第 3 期，这种造型的陶器在米洛斯大为盛行，装饰图案也更为丰富，包括植物、动物(鸟、鱼)、人物等，其中一个陶罐上还出现了四位渔夫提鱼行进的图案。

另外，考古学家在提洛岛、克阿、库特拉、菲拉可比、特拉、瓦菲奥和陶里科斯等地 121 个遗址中都发现了克里特人的物品。米洛斯岛上的菲拉可比第 2 期就是一个典型的中期基克拉底文化的城市遗址。菲拉可比第 1 期城市被毁灭之后，新的城市又在原址上得到重建，并修建了双重城墙。其街道陡而直，呈直角交叉，并铺设了排水系统，房舍的排列相当拥挤。考古学家在菲拉可比第 2 期城市遗址中发现了线形文字 A 符号和房间里的飞鱼壁画，与飞鱼壁画一起发现的还有卡玛瑞斯风格的陶器，时间约为公元前 1600 年前后，这无不显示了克里特岛米诺斯文化的巨大影响。也许此时的米洛斯岛已经成为克里特岛的米诺斯王朝的殖民地。[②]

---

① [英]莱斯莉·阿德金斯、罗伊·阿德金斯：《探寻古希腊文明》，张强译，北京：商务印书馆，2010 年版，第 675 页。

② [美]保罗·麦克金德里克：《会说话的希腊石头》，第 85 页。

(二)后期基克拉底文化

后期基克拉底文化，特别是约公元前 1450 年以后，日渐受到希腊大陆的迈锡尼文化的影响。基克拉底群岛的纳克索斯、克阿、提洛、库特诺斯、色里弗斯、阿莫尔格斯、派罗斯、西非诺斯、特罗斯、基莫罗斯等岛屿都出土了晚期迈锡尼时期的文物。考古学家在米洛斯岛上的菲拉可比第 3 期首次发现了一个宫殿建筑物和中心神殿的遗存，宫殿中有长方形的大厅和一个圣灶，均呈现出明显的希腊大陆风格。该遗址中发掘的陶器如"渔民花瓶"等，也和迈锡尼文明时期的陶器风格相近。而随着约公元前 12 世纪多利亚人的入侵，菲拉可比第 3 期的城市也和同时期希腊大陆上的众多城市一样逐渐衰落，最终落入入侵者之手。从此，基克拉底群岛如同爱琴海中的其他岛屿一样，进入所谓"黑暗时代"。

第二节 克里特文明

一、新石器时代与早期青铜时代的克里特岛

(一)克里特岛的自然环境

克里特岛位于爱琴海的南端，东西长约 250 千米，南北则较狭窄，其最窄处仅 12 千米，最宽处也不过 60 千米。岛屿西部为高原山地，人烟稀少，较为落后，只有北部沿海的苏达湾地区适宜农耕。中部屹立着全岛最高的伊达山，伊达山的东面、南面与北面分布着较为富饶的平原，其中山南侧的墨萨拉平原是全岛面积最大的平原。岛屿东部绵延着挺拔秀美的狄克特山，拉斯提平原就位于该山的北侧。克里特岛地势南高而北低，南部海岸陡峭，缺少良港；北部沿海地区地势则较为平缓开阔，拥有天然的港湾和肥沃的平原。全岛的居民主要集中在中东部的平原及北部海湾地带。

克里特岛地处西亚、北非和南欧的交界点，地理位置优越，海上交通

便利，成为古代爱琴地区与古代西亚和北非之间联系的枢纽，便于吸收古代东方的先进文化，因此成为爱琴海地区青铜时代最重要的文明中心。在克里特文明的演进过程中，宫殿建筑具有重要地位，它们屡次被毁，又屡次得以修复、重建。学者们依据各期宫殿遗存，结合当时物质文化发展状况，将克里特文明的发展分为前王宫时期（约公元前 3000 年）、古王宫时期（约公元前 2000—前 1700 年）、新王宫时期（约公元前 1700—前 1450 年）和后王宫时期（约公元前 1450—前 1100 年）；并根据希腊神话中克里特岛有米诺斯王的传说，称克诺索斯的王朝为米诺斯王朝，故而克里特文明又被称为米诺斯文明。

(二)新石器时代文化

早在新石器时代，克里特岛上就有人居住。考古学家在克诺索斯、法埃斯特宫殿废墟下以及一些洞穴中都发现有新石器时代的文化遗存。其中克诺索斯宫殿西殿下面的新石器时代遗物的堆积层厚度有 7 米多，包括 10 个连续的考古文化层，时间跨度达 3000 年之久，其最底层（即第 10 层，属无陶新石器时代）经碳 14 测定，约为公元前 6100 年。岛上的居民或住在洞穴中，或居住在村落里。在克诺索斯新石器遗址中，发现了房屋的遗迹，随着时代的延续，房屋的规划排列越来越整齐，并出现了一系列小房间围绕一个主要房间的格局。通常屋墙的下部由石料奠基，上部则用砖垒砌，初为火烧砖，后改用泥砖。[①] 屋子内部设有长凳和平台，地面上还铺着鹅卵石。

在新石器时代，岛上的先民主要以石制或骨制的工具和武器（石斧子、石箭头等）从事农耕和渔猎为生。需要指出的是，与希腊大陆一样，在克里特岛新石器遗址中也发现了出产自米洛斯岛的黑曜石制成的工具和武器。

---

① Sinclair Hood, *The Minoans：Crete in the Bronze Age*, London：Thames and Hudson, 1971, pp. 22-28.

这一时期岛上出土的陶器还很朴素，大多为涂着黑、褐、黄和红色的手制单色陶，有的装饰有直线、曲线、菱形的几何线条图案。克诺索斯的新石器时代遗址还出土了一些形象古拙的陶像，身材粗短，胸部、臀部和腹部异常突出，可能是早期先民所崇拜的"大地母神"的象征。

（三）早期青铜时代文化

约公元前 3000 年，克里特岛进入早期青铜时代（约公元前 3000—前 2000 年，包括早期米诺斯 1、2、3 期）。居民开始使用铜制的短剑、匕首、扁口斧、双面斧、刀子等金属武器与工具，青铜尚未出现。约公元前 2500 年以后，铜器得到更为广泛的应用。居民主要从事农业和畜牧业，种植大麦、小麦、橄榄树和葡萄树，也饲养各种家畜如绵羊、山羊、猪和牛等，并制作陶器、雕像和纺锤。这一时期岛上还没有建造大型的宫殿，因此也被称为前宫殿时期，但类似"宫殿"的建筑已经开始出现了。在岛屿东部建于瓦西利基山顶之上的一个居民点遗址中，可能出现了双层楼房建筑，并被划分为多个较小的房间。而在岛屿东部靠近南部海岸的米亚托斯村落遗址中，已经有工作区、生活区的明显区域划分，在储藏区中的很多房间里都发现了大型的陶罐。位于克里特岛北海岸的阿吉亚·弗提厄的一处村镇遗址尤其引人注意，这座建筑大约建造于公元前 2000—前 1900 年，共有 30 多个房间，分布在一个东西向的狭长庭院两侧，其布局与克里特岛青铜时代出现的宫殿建筑有一些类似。

在早期青铜时代，氏族公社仍是爱琴地区人类社会的基本组织形式。该时期克里特岛盛行的较大规模的氏族墓葬可为明证。考古学家在克里特岛发现了大量多人合葬的大墓，世代反复使用，葬者累计有数百人之多，应为氏族或大家族的公共墓地。墓室一般建于地面之上，或略低于地表，在建筑结构和形式上可分为长方形的屋宅式墓室和圆形墓。前者多出现在克里特岛中北部地区，后者则主要分布在南部的墨萨拉平原一带。长方形墓室的设计类似居住的房屋，里面有彼此相邻的房间。而在岛屿南部流行的圆形墓可能有一个穹隆状的顶子，与青铜时代晚期希腊大陆上广泛分布的圆顶墓有相似之处。圆形墓通常有一些附属房间，可能是作为祭拜之所，考古学家在墓室外面也发现了类似的祭拜场所。很多大墓在公元前 2000 年左右的古王宫时期和新王宫时期仍继续使用，有的甚至一直沿用到公元前 15 世纪中期新王宫灭亡的前夕。早期青铜时代末期，克里特岛上也出现了陶缸墓和陶棺墓，将死者的尸体用陶缸或陶棺收殓，或单独埋葬，或直接葬于公共墓室中。

图 2.4　植物纹鸟嘴形陶壶

这一时期，克里特岛的制陶工艺有所发展。陶器形状各异，在色彩上既有单色（灰色或红色），也有白底黑饰或黑底白饰。早期米诺斯 1 期陶器包括皮尔戈斯陶和圣奥诺弗里奥斯陶。皮尔戈斯陶经过抛光处理，其中一种带基座的高脚酒杯形式的饮具造型独特。圣奥诺弗里奥斯陶中较典型的是圆底水壶形陶器，其装饰通常为浅色的底色上点缀深色，有一些陶器的表面还有重复环绕的线条，构造出菱形的图案。早期米诺斯 2 期较典型的陶器是瓦西利基陶，多为陶杯和长嘴壶，壶身带有混合色（黑色、红色和褐色）装饰，有些点状或者管状的图形呈对称排列。至早期米诺斯 3 期，混合色装饰则被几何装饰（黑底白饰陶器）所取代。①

自公元前 30 世纪中期起，克里特岛的居民开始制造石瓶，其技术大概是从埃及和基克拉底群岛传来的。石瓶形状多样，色彩鲜亮，但尺寸较小，可能是作为殉葬品而设计生产的。一些石瓶上配有盖子，瓶盖上有趴卧着的狗等动物形象的雕塑。印章和金银制品在这一时期也出现了。印章多由兽骨、象牙和皂石等材料制成，形状包括棱柱体、锥体、立方体、纽扣状、长颈瓶状、滚筒式和各种动物造型等，并饰以一些人像、动物和几何图案等。泥封加印，意味着对私有财产拥有的证明和保护。

二、古王宫时期

（一）宫殿建筑和早期国家的出现

早期青铜时代是原始氏族公社逐渐解体并由野蛮向文明过渡的时代。早期青铜时代末期，随着生产工具和生产技术的进步以及手工业的发展，劳动分工、商品交换和社会分化日益加剧。约公元前 2000 年，克里特岛进入青铜时代，并出现了最初的国家。

古王宫时期（包括中期米诺斯 1、2 期）是克里特文明形成和初步发展期。考古学家在克里特岛中部和东部地区，包括克诺索斯、法埃斯特、马里亚等地，均发现了城市宫殿建筑遗址。大型宫殿的出现，一般意味着王权的形成和国家的产生。克里特岛在古王宫时期尚处于小国分立的状态，其中以克诺索斯最为强盛。考古发掘显示，位于克里特岛中部北岸的克诺索斯和位于岛屿中部南岸的法埃斯特之间有道路相连接，说明当时岛上各城市国家之间存在着某种政治和经济方面的联系，可能至古王宫末期，克诺索斯的统治者已获得诸邦国霸主的地位。

在城市宫殿中，以克诺索斯、法埃斯特两地的王宫建筑规模最为宏大。

---

① ［英］莱斯莉·阿德金斯、罗伊·阿德金斯：《探寻古希腊文明》，第 674～675 页。

王宫一般由中央宫殿、中心庭院、柱廊、议事厅、仓库、储藏室、祭祀厅、寝宫、手工作坊等建筑构成，结构复杂，功能齐全，分区合理，并配有较完善的排水系统。宫室里已经出现了壁画装饰，多为几何图案，在古王宫后期还出现了浅浮雕壁画。

古王宫初期(中期米诺斯1期)，克诺索斯、马里亚等王宫一度在靠近沿海地带修筑围墙等防御工事，以防海盗或其他来自海上的侵扰。然而从中期米诺斯2期开始，各期宫殿均不再建造围墙望楼等防御设施，这与其他文明古国多重视壁垒高墙的城防建设大相径庭。或许当时岛上诸国已经具有相当强大的海上实力和防卫力量，足以肃清海盗，保卫城市。

(二)文字和手工业

这一时期，克里特岛开始出现了作为文明时代重要标志之一的文字，这也是欧洲最早的文字。初为图画样式，然后发展为象形文字，在泥板文书、花瓶和石制印章上都有发现。目前这种文字还没有释读成功。

古王宫时期，青铜器在克里特岛上开始大量出现，青铜斧头、短剑、长剑、矛头、凿子、刮刀等武器和工具日渐普及。生产工具的革新促进了社会生产力的提高，农业和手工业有了很大发展。农作物品种以谷物(包括大麦、小麦等)、橄榄、葡萄为主，粮食、橄榄油和葡萄酒是农业生产的大宗。而手工业已经从农业中分离出来，生产工艺取得了突出进步，青铜器、金银器、印章、雕像特别是陶器的制作达到了很高水平，以精巧秀丽著称于世。

陶轮制品在古希腊早期的青铜时代末期就已经出现，古王宫时期，陶轮已被普遍应用于克里特岛的陶器生产之中。该时期岛上盛行卡玛瑞斯风格的陶器，这是一种风格典雅、制作精良的轮制陶器，因首次发现于伊达山的卡玛瑞斯洞穴中而得名。卡玛瑞斯陶的主要造型包括单柄的茶杯、有嘴罐和喙嘴水壶等。器身装饰为黑底白纹，并加入了红、黄、橙等多种颜色，浆料装饰开始出现。装饰图案既包括较为抽象的螺旋纹、锯齿纹等几何图形，也有花瓣、树叶状的植物图形。"蛋壳陶"是古王宫时期卡玛瑞斯陶中最为著名的精品，器壁薄如蛋壳，酷似金属器皿，大多为茶杯样式，体现了高超的陶器制作工艺，极具审美价值。卡玛瑞斯陶的生产和使用主要集中于克诺索斯、法埃斯特和马里亚的宫殿内部，在诸宫殿外面的一些宗教祭祀场所也有少量发现，这说明卡玛瑞斯陶主要是供各国统治者使用的王宫用品，兼作宗教祭祀的礼器。另外，该时期还出现了一种亮底黑饰风格的陶器，可能是一般居民家庭日常使用的器皿。

克里特人的金属加工技艺在古王宫时期也取得了很大进展。在古尔尼亚遗址，考古学家曾发现了一个深底双耳的银杯。而该时期金属制品的典型代表是20世纪30年代出土于马里亚旧宫殿遗址的黄金垂饰，其基本造型为两只黄蜂环绕蜂巢，交头接尾，头顶上为一个圆形的小笼子，内有金珠，两翅和双尾相接处悬挂着3个饰以细小黄金颗粒的圆片。整件饰品造型别致，精美绝伦，并嵌有宝石，充分运用了金属丝细工、粒化技术及金属浮雕工艺。①

由于工具的革新，硬度较大的水晶、碧玉、玛瑙、红玉髓等成为这一时期制作印章的主要材料，印章造型以棱柱体和圆盘为主，主题图案包括动物形象、几何纹及象形文字等。

在雕塑方面，早在前王宫时期，克里特人就已开始从事象牙雕刻，进入古王宫时期，牙雕技艺日渐精湛。石瓶制作仍继续进行，鸟巢状及花瓣状的石瓶造型典雅。微型的赤陶和彩陶塑像通常作为神庙中的祭品献给神灵。男性塑像通常腰间系带，斜插匕首，双臂平举至胸前，姿态恭敬。女性塑像则头戴冠冕，胸部袒露，下身着长裙，手臂上举。

(三)海外贸易

在社会经济增长的推动下，古王宫时期克里特的海上交通，特别是海

---

① ［美］约翰·格里菲思·佩德利：《希腊艺术与考古学》，第47页。

外贸易进入了快速发展的阶段。克诺索斯、法埃斯特等较大的城市国家都拥有海港，建造了大量的舰船，克里特人的海上商队在地中海各地往返穿梭。克里特的出口商品主要是粮食、葡萄酒和橄榄油等农副产品以及各种各样的手工艺品，精美的卡玛瑞斯陶尤其畅销。而岛上手工业制造所需要的象牙、皂石、大理石、金刚砂、黄金、白银、铜、锡、水晶、玉石等大都通过进口获得。这一时期，克里特与埃及、小亚细亚、爱琴海诸岛以及希腊半岛等地皆有广泛的海上交通和商贸往来，而与埃及的联系尤其密切，重要的手工业用料和满足统治者需求的高级奢侈品很多都来自埃及。通过发展海上交通和对外贸易，克里特人不仅获得了手工业发展的重要原材料，而且还广泛吸收了东方文明一些先进的文化与技术，从而进一步促进了岛上各城市国家的社会和经济发展，为继起的新王宫时期更高程度的繁荣奠定了坚实基础。

约公元前1700年，克里特岛各城市宫殿均遭到严重毁坏，其具体原因目前尚不明确。人们在旧王宫废墟中并没有发现火烧等人为破坏的痕迹，因此通常将这次大破坏的罪魁祸首归于强烈的地震。另有些学者鉴于这一时期王宫废墟中少有珍贵物品的遗存，认为王宫在毁坏前曾被洗劫一空，或是外族侵入所致，或是由于克里特岛各地发生了激烈的人民暴动。

三、新王宫时期

(一)克诺索斯的崛起

古王宫被摧毁后不久，更为雄伟的新宫殿建筑在原宫殿废墟瓦砾之上拔地而起，克里特岛也随之步入了更为繁荣昌盛的新王宫时期(包括中期米诺斯3期、晚期米诺斯1期)。尽管岛上的各城市宫殿大约于公元前1600年又一次被严重毁损(可能由大地震所致)，但这并没有阻止克里特文明前进的脚步，不仅经过重新修建的大宫殿越发富丽，而且众多中小型的宫殿、"大厦"或"别墅"等建筑也大量出现，故而克里特岛在《荷马史诗》中有"百城”之誉。① 在这一时期，克里特岛上大概仍然处于小邦分立的状态，尽管克诺索斯可能已经称雄岛上，但中央集权的帝国并未出现。

新王宫时期是克里特文明的鼎盛时代。据估算，克诺索斯城此时已有 8 万余人，如果再加上海港的居民，总人口可达 10 万，是当时地中海上最大的城市国家。相传克诺索斯王米诺斯是古代希腊最早建立海军的人。他不断对外扩张势力，统治了爱琴海诸岛，建立了海上霸权。希罗多德说，“米诺斯是一个征服了许多土地并且是一个在战争中经常取得成功的国王”，他统治各岛上卡利亚人的方式，是使他们在必要时提供船上人员，而不是令他们纳贡。② 修昔底德提到：“根据传说，米诺斯是第一个组织海军的人。他控制了现在希腊海的大部分，他统治着基克拉底群岛。在这大部分的岛上，他建立了最早的殖民地；他驱逐卡利亚人之后，封他的儿子为这些岛上的总督。我们很有理由料想得到，他必定尽力镇压海盗，以保障他自己的税收。”③米诺斯还侵犯希腊半岛，围攻麦加拉和雅典，甚至一度迫使雅典纳贡。④ 后来，米诺斯为了寻找能工巧匠代达罗斯，率兵远征西西里，但被当地人设计害死。⑤ 以上希腊古典作家所记载的有关米诺斯王朝的传说，从某种程度上说，是这一时期克里特文明盛世气象的反映。新王宫时期，克里特人在强大海军的护卫下，积极拓宽海上商道和对外贸易，并开展殖民运动，其商站和殖民点遍布爱琴海诸岛，东可达罗德斯岛和小亚的米利都，西北至希腊半岛的迈锡尼、雅典和底比斯，最西可达意大利的利巴拉群岛，几乎垄断了东部地中海的海运贸易网。克里特的商品和文化也随之输出，在整个地中海世界中产生了广泛影响。此外，克里特和埃及之

---

① ［古希腊］荷马：《伊利亚特》，Ⅱ.649。

② ［古希腊］希罗多德：《历史》，Ⅰ.171。

③ ［古希腊］修昔底德：《伯罗奔尼撒战争史》，Ⅰ.4。

④ ［古希腊］希罗多德：《历史》，Ⅰ.172；［古希腊］普鲁塔克：《忒修斯传》，ⅩⅤ，见《希腊罗马名人传》上册，黄宏煦等译，北京：商务印书馆，1990 年版。

⑤ ［古希腊］希罗多德：《历史》，Ⅶ.170。

间的政治、经济联系也有了增强。克诺索斯宫殿遗址曾出土了一个雪花石膏瓶盖，上面刻有古埃及第 15 王朝的法老——以"太阳之子"自居的希安王的象形文名号；而在古埃及第 18 王朝的王公大臣的墓室壁画中，克里特使节进献方物的情景也屡次出现。① 商业和贸易的繁荣促使了货币的产生，克里特岛上出土了这个时期的许多铜锭，可能当时就是作为货币使用的。

（二）克诺索斯的王宫和王权

新王宫时期，克里特岛上主要有四座宏大的城市宫殿建筑，除了克诺索斯、法埃斯特、马里亚三地的宫殿外，岛屿东部沿海的扎克罗也建造起了壮美的宫殿。诸宫殿在整体布局、建筑类型等方面体现出较统一的风格和特征，其中，以"迷宫"著称的克诺索斯王宫规模最大，内部结构也最为复杂。

图 2.5　克诺索斯宫复原图

① 参见王以欣：《寻找迷宫：神话·考古与米诺文明》，济南：山东画报出版社，2010年版，第 205～211 页。

克诺索斯宫是克里特辉煌的青铜时代文明的集中体现。今天世人所知的有关克里特文明的珍贵考古资料，大多都得自于这座王宫。目前克诺索斯王宫遗址已经被充分挖掘，一些重要的建筑被部分复原。王宫占地总面积约 2.2 万平方米，有大小宫室 1500 余间，各宫室错落有致地分布在宽敞的露天矩形中央庭院周围，形成了一组大型的多层楼房建筑群。王宫倚山而建，中央庭院西侧地势较高，宫室建筑有两三层楼；东侧则地势陡降，低于中央庭院地表很多，其总楼层数可能达四五层。整座王宫楼层重叠相接，梯道走廊曲折复杂，厅堂宫室错落密布，布置精巧，不求对称，加之底层房间多狭小幽暗，仅借天井取光，人若置身其中，难免有迷离若失之感，因此在古希腊传说中，克诺索斯宫又被称为"迷宫"。

图 2.6 克诺索斯宫的"御座间"

中央庭院是王宫的中心，南北长约 60 米，东西宽约 30 米，地面以石灰石铺砌，可能是国家举行重要政治或宗教礼仪的场地。

庭院西侧是国王处理政事、祭祀及王室储存财物的区域，主要建筑包括大殿、"御座间"、神殿区和西仓库等。"御座间"的北墙中央立着一个高靠背的石膏宝座,周围沿墙铺设有长长的石凳,墙上有鹰首狮身神兽("格里芬")壁画。西仓库包括数十座狭长的储藏室,室内有石料砌成的方坑,还有一些容量很大的陶缸,用来存放从城市和属地征收来的粮食、橄榄油、酒、铜、青铜、银子和金子等贡品。迷宫西北角还有一座类似露天剧场的建筑,中间有一块灰泥铺砌的长方形场地,在中心场地的东、南两侧设有看台,在两看台相接处筑以高台,可能专供王室使用。

庭院东面分布的主要是家居区,内有国王日常生活起居的"双斧大厅"、王后寝宫、手工作坊等建筑。"双斧大厅"分前后两室,前室有天井取光,北墙设有宝座,可能是国王的会客室;后室是主厅,为国王的起居室,与一露天庭院相连。王后寝宫与国王的居所距离很近,室内装饰典雅,墙壁上有海豚戏水的彩绘壁画,形象而生动。与王后寝宫相配套的还包括浴室、冲水厕所、仆役的房间、珍宝储藏室等。在王后寝宫附属的收藏室中,发现了大量由黄金、青铜、象牙、彩釉、玉石、水晶所制的奢侈品的残片,表层上还存有印章压痕的封泥。手工作坊区位于宫殿的最东端,王室起居室的北面,包括手工作坊、存放原料的库房、可能是"学校"或"教室"等建筑。

在中央庭院的东西两侧均修建了大楼梯,分别将庭院与东西两侧的楼层建筑连在一起,其中庭院东侧回旋式的中央大楼梯最为壮观,为古代王宫建筑的杰作。

王宫中有大量的装饰壁画,色彩缤纷,刻画精细、逼真,描绘的主题也极为丰富,包括抽象图案、自然景观、植物、器物、动物和人物等,特别是那些描绘宗教祭仪、宫廷和社会生活的绘画,不仅有极高的艺术和观赏价值,也是人们了解这一时期克里特文化的重要依据。

在克诺索斯及其他城市国家的王宫周围及村镇之上,还分布着众多"别墅"、"大厦"等规模较大,类似宫殿的建筑群,它们或为国王夏宫,或为皇

图 2.7　克诺索斯宫壁画

家别墅，或为高官显贵的府邸，或为地方行政中心，大多功能齐备，装饰
精美，并集中了大量珍贵财物和奢侈品，与普通平民居所相比高下立现。
这说明在新王宫时期，尽管氏族组织仍然继续存在，但克里特社会已经发
生了严重的分化。这种社会分化在墓葬上也有所体现。原来多人合葬的氏
族公墓在新王宫时期仍继续沿用，同时也出现了统治阶层专用的豪华陵墓。
考古学家曾在克诺索斯南部发现了该时期的一座颇为气派的双层神庙陵墓，
上层为神庙，下层墓室有庭院和厅堂、廊柱。墓室中出土了金指环、象牙
梳子、青铜刀、祭祀礼器、香炉等珍贵物品。

　　王宫是克里特各城市国家政治、经济、文化的中心。气势恢宏、壁画
琳琅的宫殿以及充斥其中的大量社会财富，无不说明了当时克诺索斯王权
的强大。国王安居于王宫之中，可能通过一套行政体制，管理国家的各项
事务。传说中克诺索斯城的国王米诺斯也是一位伟大的立法者，后来斯巴
达的法制就源于他的遗制。① 从城市和属地征收来的各种贡品，则集中储

---

　　① ［古希腊］亚里士多德：《政治学》，吴寿彭译，北京：商务印书馆，1965 年版，
1271b20～30，1272a1～40。

存在王宫的仓库里，以便进行再次分配。宫殿中还有各种手工作坊，聚集了大量优秀的工匠，在此生产青铜器及其他金属器皿、珠宝首饰、印章、陶器、石器等各种工艺品和高级奢侈品，以满足王室或城市其他地区的生活需求，可能也用于出口，其产品也存放于王宫内设置的储藏室中。财物的收缴、管理和劳动力的分配都有专职的人员负责，并作相应的记录。根据考古资料，在克诺索斯王宫等城市宫殿中，可能有专门制作泥板的"学校"或"教室"，王宫书记官在这里学习制作泥板和书写技艺。可见，文字的产生和发展，正是出于当时日益复杂的经济事务管理以及国家行政的需要。

(三)文字和宗教

这一时期，产生于古王宫时期的象形文字仍继续沿用。出土于法埃斯特宫殿遗址的一个陶制圆盘上印有 45 个不同的象形文字符号，这些象形文字符号多重复出现，呈同心圆分布。[①] "法埃斯特圆盘"是目前发现的保存象形文字最多的铭器。同时，一种新的线形文字，即线形文字 A 开始在岛上流行，并逐渐得到广泛应用，甚至远播爱琴海诸岛。线形文字 A 是一种音节字，包括一些表意符号等，可能由象形文字简化而来。文字多被刻写在泥板、石瓶、雕刻等各种器物上，在克里特岛多处新王宫遗址中均有所发现，其中仅在哈吉亚·特里阿达皇家别墅遗址一处就发现了约 150 件线形文字 A 泥板文书。目前，线形文字 A 还没有被释读成功，但学者们基本断定它并非希腊语。

另外，王宫还是克里特各城市国家的宗教中心。在克诺索斯王宫中，神殿占有重要地位。正如迷宫的发掘者伊文斯爵士所言，王宫西区建筑很大一部分就是由诸神殿及"地下柱厅"构成的。"地下柱厅"包括两个彼此相通的房间，室内中心皆立有方形石柱，上刻神圣的双面斧符号。"地下柱厅"附近还有两间密室，可能是圣物储藏室，考古学家从其中一间的地下石

---

① ［美］保罗·麦克金德里克：《会说话的希腊石头》，第 99～100 页。

图 2.8　法埃斯特圆盘

坑里发现了蛇女神彩陶像及大量祭神礼器。伊文斯最初从世俗行政的意义上将"御座间"解释为国王的会议室，但"御座间"中除了有石膏宝座、石凳、神兽格里芬壁画，还有沉于地下的除垢池，室内中央的石膏地板也被涂成红色，充满了神秘的宗教色彩，故而伊文斯后来又认为这个地方是大祭司主持宗教典礼的场所。此外，神圣的双面斧和公牛角符号或模型在宫殿里随处可见，装饰宫墙的壁画以及一些手工雕塑和造型也多以宗教典礼为描绘的主题，这无不说明宫殿具有重要的宗教职能。君主可能集王权与神权于一身，既是世俗社会的最高统治者，主宰行政；同时也是最高祭司，拥有沟通天人的身份。[①] 克诺索斯宫殿出土的"祭司王浅浮雕壁画"和哈吉亚·特里阿达宫殿出土的"酋长瓶"所描绘的场景似乎流露出这方面的一些

---

　　① 也有学者提出，当时并不存在集王权和神权于一身的男性或女性国王，王宫可能由一个统治群体或家族共同领导。参见 N. Marinatos，*Minoan Religion*，Columbia：University of South Carolina Press，1993，pp. 60-75.

信息。伊文斯认为，古希腊神话传说中的克里特王米诺斯，其实并不是某个具体国王的名号，而是青铜时代克里特诸王共有的神性称号，与古埃及国王的"法老"称号相类似。①

考古资料证明，妇女在克里特社会宗教领域中占有重要地位。高贵的女神或主持祭仪的女祭司形象在壁画、雕塑、印章、石瓶、陶器等造型中大量出现，或威仪万千，或雍容华贵；而偶尔出现其中的男性祭司则明显处于从属地位，至于男性祭司主持典礼的场面则更为鲜见。这大概与克里特长期盛行的大女神崇拜有关，也可能是古老的母权制在宗教信仰上的延续。女祭司在宗教仪式上扮演着重要角色，地位显赫，并有可能获取了一些政治特权。② 有学者甚至认为，以最高女祭司为首的僧侣集团不仅作为大女神的代言人，具有至高无上的宗教权威，可能也掌管着国家的行政大权。③

克里特人的宗教崇拜可能包括游行、舞蹈和献祭等一系列活动仪式，其中，一种类似斗牛杂技的"公牛舞"，在该时期的壁画和雕塑、印章等各种器物上屡次出现，引起了学者们的注意。从克诺索斯宫出土的"公牛跳跃壁画"来看，"公牛舞"是一种惊险的、颇具技巧性的杂技表演。画面中有一名年轻女子勇敢地迎面抓住飞奔而来的公牛的尖角，一名年轻男子则在公

---

① 参见 Arthur Evans，*The Palace of Minos：A Comparative Account of the Successive Stages of the Early Cretan Civilization as Illustrated by the Discoveries at Knossos*，Vol. 1，London：Macmillian and Co. Limited，1921，pp. 1-5；王以欣：《克诺索斯"迷宫"与克里特的王权》，载《世界历史》1998 年第 2 期。

② Sinclair Hood，*The Minoans：Crete in the Bronze Age*，p. 117.

③ Rodney Castleden，*The Knossos Labyrinth*，London & New York：Routledge，1990，pp. 171-173. Castleden 认为，克诺索斯宫并不是国王的宫殿，而是供奉米诺大女神的大型神庙，以最高女祭司为首的庞大的僧侣集团才是其真正的主人。原先被误认为是国王居所的双面斧大厅实应为神殿，室内的宝座乃是主持宗教仪式的女祭司专席，或是用来供奉大女神像。王后寝宫亦是神祠，王后浴室实为除垢池，海豚壁画也具有宗教意义，代表灵魂的解脱。而宫殿中所储藏的大量财富，并非国家征收所得，而是源于神庙自身的生产，也包括地方、个人的供奉等。参见 Rodney Castleden，*The Knossos Labyrinth*，p. 76，pp. 90-92，p. 166. 另参见 R. F. Willetts，*The Civilization of Ancient Crete*，London：Batsford，1977，p. 112.

牛的背上潇洒娴熟地翻跟斗，另一名年轻女子立于牛后，双臂前伸，似乎在保护、接应在牛背上翻跟斗的男子。关于"公牛舞"的性质与意义，学者们意见不一，或认为"公牛舞"是克里特人纪念大女神的一种祭祀仪式[①]；或主张其仅仅是一种世俗的大众娱乐活动，斗牛士由俘虏担任，并将"公牛舞"与米诺陶的传说相联系，认为米诺陶的故事实际上是"年轻的男女俘虏为之丧命的危险斗牛活动的记忆的神话变形"[②]。另有学者提出，"公牛舞"是克里特王周期性登基祭礼的一部分。"克里特半神的国王是有任期的，每过8年都要履行再登基仪式，'公牛舞'正是该仪式的一部分；……公牛的血被认为具有神奇的巫术再生力量，'公牛舞'旨在显示和证明被祭公牛的力量和神性，从而利用公牛的血使受洗礼者象征性地获得再生，进入一个新的生命和人生阶段。"[③]

(四)手工业

新王宫时期，也是克里特手工业发展的全盛期。手工业的分工更为细致，各种工艺也越来越成熟，精美的工艺品层出不穷。古王宫时期盛行的卡玛瑞斯陶在新王宫早期仍然沿用，但在装饰风格上逐渐由原来的黑底白纹向白底黑纹转变，器身的装饰图案也更为密集，而曾风行一时但不太实

图2.9　公牛头形奠酒瓶

①　Arthur Evans, *The Palace of Minos: A Comparative Account of the Successive Stages of the Early Cretan Civilization as Illustrated by the Discoveries at Knossos*, London: Macmillian and Co. Limited, Vol. 3, 1930, p. 203, pp. 226-227.

②　M. P. Nilsson, *The Mycenaean Origin of Greek Mythology*, 1932, Reprint, Berkeley: University of Carlifornia Press, 1972, pp. 176-177.

③　王以欣、王敦书：《克里特公牛舞：神王周期性登基祭礼的一部分》，载《世界历史》2000年第2期。

用的"蛋壳陶"已过时了。至新王宫中期，这种白底黑纹的陶器已经相当普及、螺旋纹装饰和花卉装饰风格的陶器开始流行，多彩的花草植物体现出一种令人愉悦的自然主义情趣。新王宫晚期，除花卉装饰的陶器外，海洋风格的陶器开始兴盛，其装饰图案主要是海洋生物，诸如章鱼、海豚、鱼、海草等。

这一时期，青铜器皿的使用日趋普及，金银器加工工艺也有了很大进步，石瓶制作更是达到了前所未有的水平。克诺索斯宫殿附近出土的牛头角状杯造型独特，雕刻精准，颇为传神。出土于哈吉亚·特里阿达皇家别墅遗址的"丰收瓶"、"酋长瓶"、"拳师瓶"，装饰画面栩栩如生，有的器身还镀有一层金箔，精美绝伦，无不显示出匠人高超的石雕技艺。扎克罗宫殿遗址中也有大批石瓶被发现，其中包括晶莹剔透的水晶瓶、双耳大理石瓶、圣餐杯等，皆造型优雅，雕工精湛，堪称杰作。象牙雕刻则精细入微。考古学家在克诺索斯宫发现了一组表现斗牛杂技的象牙雕像，"斗牛士"两臂向前伸展，头往后倾，动作舒展，线条优美，动感十足，身上的肌肉甚至手背上的血管都清晰可见。印章制作依然很盛行。新王宫早期流行的多为透镜状、杏仁状和扁平滚筒样式的印章，同时，类似戒指形状的黄金和青铜材质印章也开始出现，上面多刻植物、昆虫、鱼类等图案。

图 2.10　持蛇女神彩陶像

新王宫中晚期，印章表现主题更为丰富，既有自然主义风格的图案，也有表现宗教典礼和斗牛杂技的图案，另外，海洋生物、甲虫等主题图案也大量出现。在彩陶塑像方面，该时期的代表之作是出土于克诺索斯宫神殿仓库废墟中的持蛇女神彩陶像，服饰华美，神采奕奕，呈现出高度拟人化的倾向。

四、后王宫时期

(一)新王宫的毁灭和迈锡尼人入侵

在经过了一段较长时间和平稳定的繁荣期之后，一场突如其来的灾难又一次打乱了克里特文明的发展历程。大约公元前 1450 年，法埃斯特、马里亚、扎克罗等地的新宫殿以及岛上一些重要的港口、市镇均被大火焚毁，旋遭废弃，只有克诺索斯宫幸免于难，成为这次大灾难过后克里特岛上仅存的一座大宫殿。自此，克里特文明进入了后王宫时期(包括晚期米诺斯 1 期、2 期、3 期)。

关于克里特新王宫遭焚毁的原因，学者们众说纷纭，或归之于锡拉火山引发的地震①，或归之于希腊大陆的迈锡尼人入侵，或认为是岛上各城市国家间的内战所致，至今难以定论。不管如何，考古证据显示，约公元前 1450 年之后，克里特岛已经江山易主，来自希腊本土的迈锡尼人成功地入主克诺索斯王宫，掌握了克诺索斯城邦的政权，至少控制了克里特岛的中部和东部地区，可能也接管了对爱琴海的控制权。

(二)文字、建筑和墓葬

约公元前 1450 年以后，克诺索斯王宫出现了新的线形文字，即线形文

---

① 人们一度认为，公元前 1500 年左右锡拉火山的爆发摧毁了克里特(除了克诺索斯宫外)的诸宫殿，导致了克里特文明的衰亡。但现在这一观点已不被大多数学者所接受。最新的研究将锡拉火山爆发的时间提前至公元前 1628 年左右，而据考古证据，克里特诸新宫殿毁于约公元前 1450 年(一说约公元前 1500 年)，因此锡拉火山的爆发可能对克里特文明的衰落有一定的影响，但并非决定性的因素。

字 B，而原来新王宫时期流行的线形文字 A 已不再使用。考古学家在克诺索斯发现了将近 4000 块线形文字 B 的泥板文书，大多为王宫库存的收支账目清单。岛屿西部的坎尼亚也有少量泥板出土。另外，在后王宫末期生产的一些马镫形陶罐上也刻有线形文字 B 的铭文。线形文字 B 被释读后，证明它是一种古老的希腊语。因此，线形文字 B 泥板的出现通常被认为是迈锡尼人主宰克诺索斯政权的标志，他们在克里特人线形文字 A 的基础上创造了自己的线形文字 B。

迈锡尼人是一个尚武精神突出的民族。后王宫时期，克诺索斯宫出现了军事题材的壁画。克诺索斯宫出土的一些线形文字 B 泥板也刻画有战车符号图案，说明该时期统治克诺索斯的迈锡尼人王朝可能已经建立了一支战车军队，这些泥板就是其人员和武器装备的库存清册。

克里特岛上的墓葬形式也发生了显著变化。原来沿用了很长时期的多人葬大墓消失了，家庭小墓流行开来，坟墓类型多为竖井墓、圆顶墓、石窟墓等，体现了浓厚的希腊本土特色。特别是数量众多的"武士墓"的出现，更凸显了迈锡尼人尚武好战的特性。在克诺索斯城周围，如扎弗尔·帕普拉、塞罗波罗、卡特萨姆巴、阿尔卡尼斯等地，分布着大量类型各异的"武士墓"，可能是驻守克诺索斯城的迈锡尼士兵及其家属的坟墓。墓室陪葬品中，武器显著增多，另外还包括青铜器皿，以及一些带有典型大陆风格的陶器。

这一时期，克里特岛上盛行的是带有典型迈锡尼文明特色的"宫殿风格"陶器，如一种希腊语称为"安佛拉"的三耳宽口大陶瓶。陶器尺寸较大，彩绘装饰华丽，其装饰图案多取材于花鸟动物和海洋生物，但质地相对较差。另外，一些具有希腊大陆风格的陶器，如厄菲拉高脚杯和矮而圆的仿雪花石膏陶瓶，也在克诺索斯出现了。

(三)克里特文明的衰亡

约公元前 1400 年或前 1375 年，克诺索斯宫也被大火焚毁，具体原因不详。可能是地震引发了火灾①，也可能希腊大陆的迈锡尼人又对克里特岛发动了大规模的入侵②，或克里特人发动了起义，以反抗迈锡尼军事王朝的统治③。克诺索斯宫遭火焚毁之后，克里特文明就此衰落了。该时期前一阶段大量出现的武士墓不再沿用，希腊大陆"宫殿风格"的陶器也同时消失了。克诺索斯宫被大火焚毁之后，可能又经过部分修复或重建，直至公元前1300—前1200年最终被毁灭。在后王宫晚期，克里特社会动荡不安，经济也失去了活力，居民点逐渐减少。公元前12世纪末，多利亚人入侵克里特岛，克里特的青铜时代文明也随之结束了。

第三节　迈锡尼文明

迈锡尼文明一般是指公元前1600—前1200年期间南希腊的迈锡尼、提林斯、派罗斯等地的青铜文明。随着约公元前14世纪初克里特文明的衰落，爱琴文明的中心便由克里特岛转向希腊大陆南部的迈锡尼。迈锡尼文明成为古希腊青铜时代晚期文明的代表。

一、"希腊底"文明

迈锡尼文明是新石器时代以来希腊大陆社会历史发展的结果。④ 同时，

---

① Arthur Evans，*The Palace of Minos*：*A Comparative Account of the Successive Stages of the Early Cretan Civilization as Illustrated by the Discoveries at Knossos*，Vol. 4，London：Macmillan and Co. Limited，1935，p. 944.

② Sinclair Hood，*The Minoans*：*Crete in the Bronze Age*，p. 60.

③ 参见 L. R. Palmer，*Mycenaeans and Minoans*，London：Knopf，1965，p. 176.

④ 也有一些学者认为，迈锡尼国家之所以在公元前21世纪中叶突然兴起于希腊本土，是埃及或印欧人移民或征服的结果。参见 I. E. S. Edwards，C. J. Gadd，N. G. L. Hammond and E. Sollberger eds.，*The Cambridge Ancient History*，Vol. 2，Part 1，London：Cambridge University Press 1973，pp. 627-658；Robert Drews，*The Coming of the Greeks*，Princeton：Princeton University Press，1988，pp. 158-196. 关于其他观点，参见王以欣：《迈锡尼时代的王权：起源和发展》，载《世界历史》2005年第1期。

作为后进的文明，迈锡尼文明也受到更先进的古埃及文明，特别是克里特文明的很大影响。

(一)早期"希腊底"文明

希腊半岛的青铜文明得名于"希腊斯"，又被称为"希腊底"文明（Helladic Civilization）。与基克拉底文化和克里特文明相比，希腊底文明起步较晚，相对落后。大约公元前2600年左右，希腊的中部和南部地区才开始进入早期青铜时代（即早期希腊底，包括早期希腊底1、2、3期）；而北希腊的马其顿和色萨利等地，由于被一支从多瑙河流域南下的操希腊语的印欧人所侵占，仍旧保持着新石器时代的社会文化生活，直至约公元前30世纪末，才蹒跚地迈入早期青铜时代的门槛。

早期青铜时代，农业氏族公社仍然是希腊大陆上基本的社会组织形式。人们开始使用铜制的匕首、凿子等武器和工具，青铜直到早期希腊底的晚期才出现。居民点多分布在希腊半岛的中部和南部，如中希腊的底比斯、奥科美纳斯、欧特里西斯、勒夫坎地（Lefkandi）、阿斯克塔里奥、阿伊奥斯-科斯马斯等地，以及南希腊的祖格里斯、提林斯、列尔纳、伊利斯、阿伊奥斯-德米特里奥斯、阿科维提卡、弗德科里亚等地[①]。考古学家在以上地区均发现了早期青铜时代的遗址。

在早期希腊底1期（约公元前2600—前2500年），希腊大陆上的社会发展相对平缓。居民的房屋一般呈圆形或半圆的马蹄形，建筑在石基之上，面积不大，极少设防。早期希腊底2期（约公元前2500—前2200年）以后，希腊大陆获得了较快发展，像同时期的克里特岛一样，也出现了一些类似"宫殿"的较大型建筑。如列尔纳著名的"瓦房"（因瓦片屋顶而得名），长25米，宽12米，呈长方形，内部有多间房屋，外部有走廊，四面均有入口，

---

① Oliver Dickinson，*The Aegean Bronze Age*，Cambridge and New York：Cambridge University Press，1994，p. 52.

可以通往走廊和房间。"瓦房"建在石基之上，墙壁则用一米多厚的泥砖垒砌而成，而且经过灰泥粉刷。在中心聚居点的周围，还有双层围墙环绕，并设有塔楼。另外比较著名的还有提林斯的圆形建筑，也建在石基上，周长达 88 米。据测算，其高度约有 26 米，支撑墙的厚度可达 4.7 米。[①] 关于这类较大型建筑的性质与功用，目前尚难以确定，它们可能是氏族首领的私人居所或地方的行政中心，也可能作为公共建筑，召开氏族会议或举行祭祀仪式，或者是集体的粮仓。不管怎样，这些规模较大的"宫殿"和围墙的修建工程，非一家一户所能单独完成，说明在当时的氏族社会中，可能已经形成了某种相对集中的公共权力。[②] 早期希腊底 3 期（约公元前 2200—前 2000 年），希腊大陆上开始出现一种带有长方形大厅的长形房屋，或设有门廊，开了晚期希腊底时期迈锡尼式建筑的先河。

早期青铜时代，希腊大陆上的墓葬多为家族小墓，几个人葬在一起。墓葬的形式有岩穴墓、坑式墓和石建的墓室，包括圆形或箱形石墓等。有的箱形石墓可能受基克拉底群岛丧葬风格的影响，部分建于地下，部分则如同小型房屋那样建在地上。陪葬品多为一些日常的生活器皿以及由基克拉底群岛而来的大理石小雕像等。

这一时期，希腊大陆上出现的典型陶器是一种外表光滑、宛若古漆的黑色陶器。其主要造型包括"船形调味盏"，以及带嘴的陶罐和碟子等。至早期希腊底 3 期，则出现了经过简单抛光或绘有图案的陶罐，以及带几何装饰的器皿（黑底白饰及白底黑饰器皿）。主要类型有：双耳大杯，带喇叭形罐口及耳状手柄的大罐，以及小型的圆柱形杯子等。需要指出的是，陶轮在早期希腊底 3 期开始出现，希腊大陆该时期的一些遗址中有少量的轮制陶器出土，是中期希腊底盛行的米尼亚陶的前身。

---

① ［美］保罗·麦克金德里克：《会说话的希腊石头》，第 32～33 页。

② Emily Vermeule，*Greece in the Bronze Age*，Chicago：University of Chicago Press，1972，p. 36.

另外，与克里特等其他爱琴地区一样，在希腊大陆早期青铜时代遗留的许多器物或者物品上，都留有印章的痕迹，特别是在列尔纳遗址中有较多发现。这些印章或许是私有财物的证明，或许是作为某种行政管理之用。

(二)中期"希腊底"文明

在早期青铜时代末期，大约公元前30世纪末至前20世纪初（约公元前2200—前2000年），有一支说希腊语的印欧人从北方侵入中希腊和南部的伯罗奔尼撒半岛，继而进入基克拉底群岛，从而在爱琴世界引发了一次较广泛的移民运动。随着希腊大陆上第一代希腊语人的南侵，原希腊半岛上分布的居民点大多被摧毁，奥科美纳斯、欧特里西斯、提林斯、列尔纳等重要早期青铜时代遗址在早期希腊底末期均发现了火焚的痕迹，希腊大陆也开始进入了中期希腊底时代。

中期希腊底（约公元前2000或前1900—前1550年）时期，北方的希腊语人多次南侵，与希腊大陆上的原住居民之间的联系不断加强。通过长期的交往和融合，逐渐形成了后世的希腊人。不过，希腊语人的入侵，无疑打断了希腊大陆原住民的正常生活，并在一段时间内造成了文化迟滞的局面。但随着民族间融合程度的深化，希腊大陆上逐渐又恢复了繁荣，至中期希腊底末期，希腊大陆无论在物质文化还是在社会组织方面均有了较大的发展。

在城市建筑方面，一种带有矩形大厅的长形房屋在早期希腊底3期就已经出现，至中期希腊底时期，开始成为希腊大陆上新移民的典型住屋。它们或建于原定居点的废墟之上，或另辟新址，以泥砖砌成，大都较狭而长，屋顶呈三角形，并有木梁支撑。这种长形房屋一般包括3个房间，正室里装有壁炉，有的也沿墙设置长凳，而里屋则作储藏室用。约至中期希腊底后期，希腊大陆又出现了设防的居民点，其建筑规划也较为整齐。如美塞尼亚的马尔提有一处较大的中期希腊底居民点，设有厚度不等的围墙，可能还有塔楼等防御设施。一座包括十多个房间的大房子立于中央区域，其余的众多房屋皆依围墙而建。另一个典型的中期希腊底遗址是特尔斐的港口基尔哈，包括一系列长房子建筑和大量墓葬。考古学家在该遗址中发现了大量的陶器，其形制与早期希腊底陶器有联系。另外还出土了以象牙装饰的铜制匕首、青铜工具和一些黄金制品。① 中心建筑物的出现和居民点的统一布局规划，以及较贵重物品相对集中的出现，说明在中期希腊底后期，氏族社会似乎已经出现了分化。

在墓葬方面，家族小墓在这一时期仍然沿用，墓葬形式多样，包括深坑墓、箱形石墓和陶棺墓等。早夭的婴儿或儿童则埋葬在居室的地板下。在里斯特里亚遗址，考古学家在其中一个房间的地板下就发现了 9 具儿童的骸骨。大多数墓葬差别不大，陪葬品也比较少。但至后期有所变化，在少量的墓葬中，出现了一些较贵重的陪葬品。

中期希腊底时代，随着陶轮在生产中的广泛运用，轮制陶器开始盛行。其中最典型的是米尼亚陶。米尼亚陶得名于神话传说中的奥科美纳斯国王米尼亚，是一种由坚硬的黏土烧制而成的单色陶，初为灰色，后为黄色，表面非常光滑。这种陶器的造型非常简单，只有粗颈的高脚杯及用陶轮制成的深底饮具。另外，还有一些同期的其他陶器，表面涂料粗糙，饰有几何图案。主要样式有大储藏罐、鸟嘴状瓶口的陶罐以及深底饮具等。

二、竖井墓王朝与早期圆顶墓王朝

至中期希腊底末与后期希腊底初，希腊大陆南部的社会发生了重大变革。其最典型的表现，便是迈锡尼竖井墓的出现。通常认为，竖井墓的主人是希腊语族中的阿卡亚部落，他们大约于公元前 1600 年前后移居到伯罗奔尼撒半岛，与当地人共同开创了辉煌的迈锡尼文明或晚期希腊底文明。而在古希腊神话传说中，则将迈锡尼城邦的建立归功于天神宙斯之子，伟

---

① ［美］保罗·麦克金德里克：《会说话的希腊石头》，第 36～37 页。

大的英雄珀尔修斯。

(一)竖井墓王朝

在迈锡尼文明的早期，阿卡亚人的墓葬多为竖井墓，因此，在考古学上，这一时期通常被称为竖井墓（或坑墓）王朝（约公元前 1600—前 1500 年，包括中期希腊底末及后期希腊底 1 期）。其最主要的遗迹是迈锡尼的两个竖井墓圈。墓圈 A 在 1876 年由谢里曼发现（谢氏曾误认为是"阿伽门农王的陵寝"），约属公元前 1600—前 1500 年。20 世纪 50 年代，希腊考古学家约翰·帕帕迪米特里奥和希腊裔美国人乔治·米罗纳斯又发现了墓圈 B，约属公元前 1650—前 1550 年。墓圈 B 中一些坟墓的修建年代略早于墓圈 A，其余墓葬与墓圈 A 大抵同期。墓圈 B 包括 24 个坟墓，其中有 14 座竖井墓，还有一些中期希腊底时期普通的箱形石墓。墓圈 A 包括 6 座竖井墓，每个墓穴中埋葬 2 到 5 人不等，共葬有 19 人，男性、女性都有，另包括两名儿童。两个墓圈都是当时迈锡尼人氏族部落（可能是部落首领）的集体墓葬，风格相近，石墙建造的矩形墓室深入地下，上覆盖以石板、圆木或涂泥树皮，墓前皆树立有明显的"石碑"标志物。墓中出土了金面具、金王冠、金耳环、金叶、金杯等大量珍贵的黄金制品和装饰精美的青铜武器如长剑、短剑、匕首等，以及各式金银花瓶、天青石甲虫护身符、公牛头角状杯、彩陶、琥珀、象牙等。陪葬品不仅数量巨大，种类繁多，而且奢侈豪华，令人震惊。根据陪葬品的造型和风格判断，其中有些是希腊本土所出产，有些可能来自埃及和叙利亚，而另一些则鲜明地体现了克里特文明的特征。关于这一时期迈锡尼人财富急剧增长的原因，目前还没有确切答案。从墓中出现的大量武器来看，迈锡尼人尚武好战，这些财富可能通过武力劫掠所得，也可能通过商品交换而来。

竖井墓王朝时代适值希腊大陆由中期希腊底向晚期希腊底过渡的阶段，也是由原始社会向阶级社会过渡的阶段。当时国家还没有产生，也没有出现规模宏大的王宫之类的建筑，因此称之为"王朝"可能不太准确，但正如考古证据所显示的那样，一些氏族贵族实力已经非常雄厚，积累了大量财富，过着奢华的生活，氏族社会已经出现了严重分化，濒临瓦解，这一切都为阶级的产生和国家的出现做好了准备。

(二)早期圆顶墓王朝

约公元前 1500 年，圆顶墓代替了竖井墓，迈锡尼文明步入圆顶墓(或蜂房墓)王朝时代(约公元前 1500—前 1100 年，包括后期希腊底 2 期、3 期)。其后在迈锡尼、提林斯、派罗斯等地出现了宫殿和城堡，产生了一批最初的国家，希腊半岛进入了阶级社会。

与竖井墓相比，圆顶墓规模更为宏大，建筑结构也更为复杂。圆顶墓墓室平面为圆形，砌石为墙，按叠涩法砌成圆锥形的顶子，通常有一条石凿或砖砌的墓道与墓室相通。圆顶墓早在约公元前 1600 年就已出现在北希腊的色萨利和南希腊的美塞尼亚等地。也有学者认为，圆顶墓是由公元前 30 世纪克里特岛上出现的圆形墓演变而来的。圆顶墓规模巨大，需要投入大量的人力、物力，因此，圆顶墓的出现，意味着"新的权力中心的产生，新的政治和社会形势"[1]出现。后期希腊底时期，圆顶墓遍布希腊半岛各地，在希腊大陆及其邻近岛屿上已有近 80 座圆顶墓被发现。考古学家在派罗斯宫殿附近三座约属于公元前 14 世纪的圆顶墓中，发现了黄金猫头鹰、黄金念珠、狮身鹰首神兽的印章、野猪牙印章、象牙雕刻、宝石、琥珀、紫水晶、彩陶，以及数量众多的青铜武器。而在迈锡尼，则集中分布有 9 座宏大的圆顶墓，其中规模最大也最为著名的是"阿特柔斯宝库"，约修建于公元前 1250 年。圆形墓室由 33 层石块逐层垒砌而成，从墓顶到地面的高度超过 13 米，墓室的门高约 5 米，支撑墓门横梁的巨石块重达 120 吨。通向墓室的墓道长约 35 米，宽约 6 米，由切割过的石块铺就。遗憾的是，

---

① I. E. S. Edwards，C. J. Gadd，N. G. L. Hammond and E. Sollberger eds.，*The Cambridge Ancient History*，Vol. 2，Part 1，p. 641.

墓中的宝藏早已荡然无存。而迈锡尼东南部登德拉的一座圆顶墓，则幸运地保存完好，从中出土了大量珍贵文物，其中有一把装饰精美的青铜剑，剑柄镂金，并饰以象牙等材料；另外还有金戒指、迈锡尼项链、源自埃及的鸵鸟蛋形瓶、刻有章鱼图案的金杯、牛头状金杯等。在另一座登德拉的墓中则发现了一副完整的青铜胸甲。①

图 2.11　阿特柔斯宝库

自圆顶墓王朝以来，迈锡尼国家进入了快速发展的阶段。虽然迈锡尼文明作为后进的文明，起步较晚，但由于能广泛吸收更为先进的古埃及文明和克里特文明，因此发展势头强劲，大有后来居上之势。早在竖井墓时代，迈锡尼人就与埃及、叙利亚和克里特等地有密切的商贸和文化联系，在借鉴其他文明的同时，又体现出自身鲜明的文化特征和民族特性，如嗜

———————

① ［美］保罗·麦克金德里克：《会说话的希腊石头》，第61～62页。

好金银，追求奢华，崇尚厚葬，豪迈粗犷，尚武好战，其各种手工制品和器物也多采用战争、狩猎、马拉战车等军事主题图案。圆顶墓王朝时期，迈锡尼人在金属冶炼和金银器加工，特别是陶器制作等方面迎头赶上，有的甚至超过了克里特文明的水平，其产品开始在希腊大陆上广泛传播，并远销海外。如前节所述，至后期希腊底 2 期（公元前 1500—前 1400 年），具有典型迈锡尼文明特色的"宫殿风格"陶器，以及厄菲拉高脚杯都已经出现了，并在新王宫晚期和后王宫时期的克诺索斯广为流行。

三、迈锡尼文明全盛及衰落

（一）文字、建筑和手工业

约公元前 1450 年，希腊本土的迈锡尼人成功地入主克里特岛的克诺索斯王宫，获得了克诺索斯的政权，这对迈锡尼文明的发展产生了深远影响。一方面，迈锡尼人取代了克里特人的海上霸主地位，垄断了东部地中海的商业贸易网络，迈锡尼的商品和文化遍及爱琴世界及周边地区。另一方面，统治克诺索斯的迈锡尼人在原克里特人线形文字 A 的基础上，创造出了一种新的希腊语文字，即线形文字 B。克诺索斯出土了近 4000 块线形文字 B 的泥板文书，年代约属公元前 1450 年；1939 年以后，考古学家在希腊大陆的派罗斯陆续发现了约 1200 余件线形文字 B 泥板文书，其年代约属公元前 1200 年。另外在迈锡尼、提林斯、底比斯等地也有少量的线形文字 B 泥板文书出土。学者们推测，希腊本土的线形文字 B 可能是在克诺索斯的迈锡尼王朝以及克诺索斯末期王宫被摧毁（约公元前 1400 年或前 1375 年）之后，由一些懂得这种文字的迈锡尼人带回希腊大陆的。经过一二百年的传播后，开始在希腊大陆特别是南希腊普及，因而才有派罗斯等地的线形文字 B 文献流传于后世。

公元前 1400 年左右，迈锡尼文明步入了全盛时期。在南希腊的迈锡尼、提林斯、派罗斯、斯巴达以及中希腊的雅典、底比斯等地都有大型宫

图 2.12　迈锡尼卫城

殿与城市建筑遗址分布。根据考古资料，公元前 1500—前 1200 年，很多宫殿城堡都曾历经多次扩建，规模也越来越宏大。而且迈锡尼等城邦的宫殿一般都建立在地势险要之处，绝大多数（只有派罗斯王宫例外）都以城墙设防，构成一个坚固的城堡，这与克里特岛诸宫殿几乎全无防御设施大相径庭。迈锡尼卫城环山而建，其城墙由巨石砌成，厚达 6 米，高约 8 米，全长近千米。卫城的入口就是著名的狮子门。狮子门位于城堡的西北方，颇为雄伟壮观，其巨石横梁重达 20 吨，门楣上有三角形石雕，一根上粗下细的石柱立于中间，两头狮子左右拱卫，相向而立，象征着宫殿主人的崇高权威。王宫是卫城的核心，建于山顶之上，以长方形的麦加伦式大厅为主体，附属有门厅柱廊和宽敞的庭院。厅内灰泥地面饰有彩绘，四周铺以石膏板；中央设圆形圣灶，高于地面；圣灶周围立有四根木柱支撑着屋顶，每根柱子的基座都包有青铜；墙壁上则布满了以武士、驭者、马匹、战车以及妇女为题材的壁画。大厅的四周分布着浴室、储藏室、会客室和祭堂。宫殿东西两侧靠近城墙的地方都有大型房屋的遗迹，可能是王室官员的府邸。另外，卫城里还有很多手工作坊，考古学家在遗址中发现了象牙、金叶、青铜、皂石、颜料等大量手工业原材料。提林斯等其他卫城，特别是其宫殿建筑，与迈锡尼的宫殿城堡具有大体相同的特征，皆规模宏大、气势巍峨、装饰豪华，堪称青铜时代建筑的巨作。只有伯罗奔尼撒半岛西岸的派罗斯宫殿没有设防，考古学家在王宫西南角的档案库中发现了1200多块线形文字 B 泥板文书，对日后学者成功释读迈锡尼文字有很大的帮助。

公元前1400年以来，迈锡尼等城邦的手工业也更加繁荣。象牙雕刻和彩陶塑像都达到了很高水准，且出产量很大，在爱琴世界及周边地区的迈锡尼文化遗址中多有发现。除了微型雕塑外，迈锡尼人大型雕塑的工艺亦相当精湛，其中最著名的当属狮子门巨石浮雕，约有 3 米高，颇具特色。在陶器制作方面，晚期希腊底 1 期、2 期（公元前 1400—前 1200 年）图案风格的陶器广为盛行，主要造型有酒杯、带盖大杯、带有马镫形手柄的储藏罐、雪花瓶等。其风格严谨规整，装饰由原来的自然主义图形逐渐变为横向的带状图形等抽象图案。还有一些图画风格的陶器，器身多绘制驭者、两轮战车、战马、武士、各种动物以及神话形象的图案，体现了鲜明的迈锡尼特色。尤为值得一提的是，在一些用于盛酒和橄榄油的大型陶罐上还绘有线形文字 B 的图案。至晚期希腊底 3 期（公元前 1200—前 1100 年），图画风格的装饰继续沿用，著名的迈锡尼战士花瓶便是其中的代表。同时，陶器的装饰日益多样化，又出现了圆形风格和紧缩风格。圆形风格尚比较简单，一般表现为黑色横向带状装饰，或带有弯曲的线条。紧缩风格的装饰主要用于大储藏罐，绘有众多的动物和海洋生物图案，并被各式各样的几何图形，如交叉的菱形、三角形、锯齿形和半圆形等所环绕。图案排列紧密，绚丽多彩，因此这种装饰风格也被称为狂野风格。①

盛期的迈锡尼文明不仅广泛散布于希腊本土、爱琴海诸岛，而且远播至爱琴世界以外的地区，其影响力与克里特文明相比有过之而无不及。目前在希腊本土和爱琴海诸岛上已经发现了共计 1000 多处迈锡尼文明遗址。

---

① ［英］莱斯莉·阿德金斯、罗伊·阿德金斯：《探寻古希腊文明》，第 677～678 页。

图 2.13　狮子门局部

埃及、叙利亚、腓尼基、特洛伊、塞浦路斯、西班牙以及意大利南部、利巴拉群岛等地均有迈锡尼的文物出土，且在数量上较克里特岛更多，可见当时迈锡尼等城邦海上交通和对外商贸的繁荣兴盛。

（二）政治和经济制度

20 世纪 50 年代，迈锡尼人的线形文字 B 被学者释读成功，这使得我们对晚期青铜时代迈锡尼人国家的政治和经济制度有所了解。正如宏大的宫殿建筑所昭示的那样，迈锡尼等城邦都是中央集权的君主制国家，已经形成了一套十分完备的行政官僚体制。国王是国家的最高统治者，其称号为瓦纳科斯（wanax）①。国王的权力高度集中，不仅有权任命官员，而且控

① 　该词在荷马时代仍继续沿用，在《荷马史诗》中主要指称迈锡尼国王，同时也是希腊盟军的最高统帅阿伽门农、特洛伊国王普里阿摩斯以及其他贵族英雄的称号。参见晏绍祥：《荷马史诗中关于政治领袖的术语》，载《华中师范大学学报》2002 年第 1 期。

制着各类产品的生产、销售和分配。除了掌管国家的行政和经济大权，国王还兼及宗教事务。派罗斯王宫里的神兽格里芬壁画，以及一些描绘宗教典礼的壁画都显示出国王的宗教职权。[①] 后世希腊宗教中占主导地位的奥林匹斯众神，绝大部分已经出现在线形文字 B 泥板文书中了，如宙斯、赫拉、波塞冬、阿瑞斯、赫耳墨斯、雅典娜、阿耳忒弥斯、狄奥尼索斯、赫法伊斯托斯、德墨忒尔等。泥板文书中还有国王瓦纳科斯向海神波塞冬献祭的记录，有学者甚至认为迈锡尼等城邦的国王具有神性，他们作为现世的神或神灵的代理人接受祭品，供人崇拜。[②]

国王之下，设有大将军，名为拉瓦格塔斯（lawagetas）。拉瓦格塔斯是王国最高军事将领，位高权重，享有特权。有学者推测，拉瓦格塔斯可能也是王室成员，或王国的储君，居住在宫殿里。[③] 另外还有赫克特（e-qe-ta）和特勒太（te-re-ta）。赫克特也属王公贵族，可能在王宫中充当国王的扈从，在军队中服役，并配备战车。[④] 特勒太亦是服务于王室之人，可能是国王的重臣或宠臣。[⑤]

在地方管理上，迈锡尼等城邦可能实行行省、行政区和村社的管理制度。如派罗斯王国大体被划分为两个行省，16 个行政区。每个行政区都设有一个总督（ke-re-te）和一个副总督（po-ro-ko-re-te）进行统治，其主要职能

---

① K. Kilian, "The Emergence of Wanax Ideology in the Mycenaean Palaces", *Oxford Journal of Archaeology*, Vol. 7, No. 3(1988).

② 参见 T. G. Palaima, "The Nature of the Mycenaean Wanax: Non-Indo-European Origins and Priestly Functions", in *The Role of the Ruler in the Prehistoric Aegean* ed., P. Rehak, Aegaeum 11 Austin: University of Austin, 1995.

③ P. Dyczek, *Pylos in the Bronze Age: Problems of Culture and Social Life in Messenia*, Warszawa: Wydawnictwa Uniwersytetu Warszawskiego, 1994, p. 83.

④ J. Chadwick, *The Mycenaean World*, Cambridge and New York: Cambridge University Press, 1976, pp. 72-73.

⑤ L. R. Palmer, *The Interpretation of Mycenaean Greek Texts*, Oxford: Claredon Press, 1963, p. 85; J. Chadwick, *The Mycenaean World*, p. 76.

大概是为国王征集黄金、青铜等贡物，同时负责海防之类的治安任务。①
王国的基层还存在着若干农村公社(pa-ro，da-mo)。荷马时代位高权重的
军事首长巴赛勒斯(pa-si-re-u)在迈锡尼时代还只是一个职位不高的地方贵
族或官员，承担着向王宫纳贡，领取配给的食物等任务。不过巴赛勒斯也
有自己的扈从，可能是基层公社的首领。②

与中央集权的君主制相适应，王宫在迈锡尼诸邦的经济结构中也占有
绝对的中心地位，形成了所谓"宫廷经济"的模式。王宫，作为王室的居所，
不仅是国家的行政中心，也是国家经济管理的中心，掌管着全国农业、手
工业、纺织业等各行业的生产，以及生产资料、原材料的配给和产品的再
分配、劳动力的使用、税收贡赋、商业贸易等一系列经济事务，这也是克
诺索斯和派罗斯宫殿出土的线形文字 B 所记录的主要内容。

图 2.14　迈锡尼武士瓶

国家最重要的农业生产资
料——土地大体分为以下三类：
te-me-no、ki-ti-me-na、ke-ke-
me-na。③　其中 te-me-no 是国
王和高级权贵的专有领地，在
派罗斯的宫廷文书中，只有国
王瓦纳科斯和将军拉瓦格塔斯
有资格享有。相关文书记载国
王占有 30 个单位的 te-me-no

---

① J. Chadwick，*The Mycenaean World*，pp. 73-75.

② M. Ventris，J. Chadwick，*Documents in Mycenaean Greek*，Cambridge：Cambridge
University Press，1956，pp. 121-122.

③ 另外还有一种 ka-ma 类的土地，学者一般认为是 ke-ke-me-na 类土地的进一步分类。
参见 Emmett. L. Bennett, Jr. "The Landholders of Pylos"，*American Journal of
Archaeology*，60，No. 2(1956)；黄洋：《古代希腊土地制度研究》，上海：复旦大学出版社，
1995 年版，第 15～22 页。

类土地，而将军占有此类土地的数量是国王的 1/3，为 10 个单位。ki-ti-me-na 类的土地是私有地，一般为统治阶层所占有。特勒太是迈锡尼等城邦中重要的土地占有者，屡次出现在记录土地占有关系的线形文字 B 泥板文书中，其土地可能来自国王的赏赐。[①] 赫克特等官员、将领和祭司阶层也拥有一定数量的 ki-ti-me-na 类土地。ke-ke-me-na 是公社或集体所有的公有地，关于这类土地在公社内部具体的分配情况还不是很清楚，但在泥板文书中已经出现了公社土地被强占或兼并的事例。ki-ti-me-na 和 ke-ke-me-na 两类土地均可出租。总的来说，无论是土地的占有还是租用，均毫无例外地同一定义务紧紧地联系在一起，即土地的占有者或租用者必须为王室或村社承担一定的义务如劳役或贡赋等；作为报偿，他们能得到土地的所有权或使用权。[②] 各种类型的土地占有和租用情况都被记录在案，作为税收和贡赋的依据。

国内各种手工业、纺织业的生产也在王室的严格控制之下，原材料和劳动力的配给都由王室统一监管。王室所拥有的大量宫廷奴仆，如陶匠、青铜匠、绳工、纺织工、漂洗工、碾米者、束发带制作者等，被集中于王室的各手工作坊中劳动，每月从宫廷领取口粮，或取得土地的使用权。和农产品一样，手工业和纺织业的产品也以贡赋的形式集中到宫殿之内，由王室进行支配，除了满足王室日常消费和生活需求之外，也用于对官员的赏赐等再次分配，或进行出口贸易。

另外，以线形文字 B 书写的泥板文书中也有很多关于神坛供品的记录，可能祭祀供品也是王室经济的一个重要组成部分。

由此可见，王室正是通过对土地等重要生产资料的占有和对大量劳动者的奴役剥削，集中、积累了大量的社会财富，获得了雄厚的经济实力，

---

① L. R. Palmer, *The Interpretation of Mycenaean Greek Texts*, pp. 190-196.

② J. Chadwick, *The Mycenaean World*, p. 71.

从而为强大的王权提供了坚实的经济基础，并足以维持行政官僚体系的运行。而迈锡尼文明的繁盛也与集权的君主制和"宫廷经济"模式紧密相连。正如有学者所言，在晚期青铜时代的希腊大陆，并未出现社会生产力的巨大飞跃。"迈锡尼国家的产生，更多的是因为生产组织形式的变革（控制剩余产品）与对外贸易的组织，以及宫廷对贵金属资源的垄断。"①

(三)迈锡尼文明的衰落及其原因

公元前 13 世纪中后期，迈锡尼文明依然保持着繁荣兴盛，但危机也随之出现了。迈锡尼社会内部的阶级矛盾非常尖锐，古希腊的一些神话传说中曾隐约提及由此引发的王朝更迭，以及迈锡尼人诸国之间的战争。约公元前 1250 年以后，迈锡尼、提林斯等国均大规模地加强了卫城的防御设施，可能就是这一时期不稳定局面的直接反映。稍后，公元前 1240 年前后，希腊诸邦在迈锡尼的领导之下组建联军，以迈锡尼国王阿伽门农为统帅，发动了对小亚细亚城市特洛伊的跨海远征，即希腊古代历史上著名的特洛伊战争。关于特洛伊战争的起因，古希腊神话传说认为是特洛伊王子帕里斯诱拐了美貌的斯巴达王后海伦所致，而真实的原因可能是迈锡尼人试图在爱琴海地区进一步扩张势力或劫掠特洛伊的财富。特洛伊位于小亚细亚西北部沿岸，扼赫勒斯滂海峡（今达达尼尔海峡）的要冲，向经过赫勒斯滂海峡的船只课税，优越的地理位置使其成为爱琴海区域、黑海沿岸及西亚之间重要的货物集散地和中转站，商旅云集，繁荣富饶，被誉为一座"富有黄金和青铜的城市"，故而引发了迈锡尼人的贪欲。希腊盟军的围攻遭到特洛伊等盟国的顽强抵抗，大概由于金钱和给养的缺乏，希腊人无法集中全部兵力攻城作战，一部分希腊军队不得不从事海上掠夺或耕种土地，因此战事拖延了 10 年之久。② 据荷马史诗《伊利亚特》记载，最后希腊人巧

---

① 晏绍祥：《迈锡尼国家的起源及其特征》，载《华中师范大学学报》2006 年第 6 期。
② ［古希腊]修昔底德：《伯罗奔尼撒战争史》，Ⅰ.11。

施"木马计"，才将特洛伊城攻陷。

远征特洛伊是希腊人第一次大规模的集体行动，也标志着迈锡尼文明发展的巅峰。不过，迈锡尼诸国尽管取得了战争的最后胜利，但也在漫长的战争中遭受极大的损失，元气大伤，迈锡尼文明自此衰落。公元前1200年前后，派罗斯王宫被大火焚毁，化为一片焦土，派罗斯城邦灭亡了；迈锡尼、提林斯的宫殿、城堡及其他迈锡尼人居址也遭到不同程度的破坏。虽然迈锡尼、提林斯残存了下来，甚至一度出现了一些复兴的迹象，但毕竟大势已去，无力回天了。公元前12世纪中后期，希腊大陆中部和南部的迈锡尼诸邦和居民点又多次遭到严重破坏，迈锡尼文明渐趋衰亡。这一时期，迈锡尼社会动荡不安，人口锐减。迈锡尼人纷纷远离故土，迁入伯罗奔尼撒半岛北部的阿卡亚、中希腊的阿提卡地区，或遁入阿卡迪亚山区，甚至逃往海外的塞浦路斯、克里特岛等地，而原来人口稠密的阿哥利斯、拉哥尼亚、美塞尼亚等地则人烟稀少，一片荒芜。①

传统上一般将公元前1200年前后派罗斯诸邦宫殿的毁坏以及此后迈锡尼文明的衰亡归结于多利亚人的征服，认为大约自公元前1200年至随后的一个世纪里，北方的多利亚人多次南侵，最终征服了伯罗奔尼撒半岛，摧毁了迈锡尼文明，进至爱琴海诸岛，从而引发了公元前12世纪末至公元前10世纪初希腊人诸部落的又一次大迁徙。

多利亚人的南侵在古希腊的神话传说中被称为赫拉克勒斯后裔的回归。相传赫拉克勒斯是迈锡尼城创建者珀尔修斯的后裔，宙斯与底比斯王安菲特律翁之妻阿尔克墨涅所生之子。宙斯意欲让赫拉克勒斯继承迈锡尼王位，但因赫拉女神的嫉恨和陷害，赫拉克勒斯不仅失去王位继承资格，而且被迫为迈锡尼国王欧瑞斯透斯服苦役。而多利亚人据说是希腊人始祖希伦之

---

① V. R. d'A. Desborough, *The Last Mycenaeans and Their Successors*, Oxford: Clarendon Press，1964，pp. 251-252.

子多罗斯的后裔，原居于多利斯①，其国王埃吉米乌斯一度被色萨利部落拉庇泰人驱逐，后在赫拉克勒斯的帮助下才得以复国。因此当赫氏之子叙罗斯前来求援时，埃吉米乌斯以 1/3 国土相酬，多利亚人的一个部落也以叙罗斯的名字命名，另外两个部落则得名于埃吉米乌斯的两个儿子潘菲洛斯和达马斯。② 后赫氏之子叙罗斯率领族众和多利亚人，在雅典人的帮助下，杀死迈锡尼国王欧瑞斯透斯及其诸子。迈锡尼人遂请求珀罗普斯之子阿特柔斯为王。按照修昔底德的说法，"这一则由于迈锡尼人害怕赫拉克勒斯的后裔，二则由于阿特柔斯势力强大，而且他一直注意赢得民众的支持。"③赫氏后裔在雅典支持下向伯罗奔尼撒进军，在地峡处与迈锡尼人（包括阿卡亚人和伊奥尼亚人）相遇。叙罗斯提出愿与伯罗奔尼撒军队中最优秀的勇士单独决斗，获得迈锡尼人的同意。双方缔结誓约，如果叙罗斯获胜，赫氏后裔准许返回故土；如果失败，他们在 100 年内不得再返回伯罗奔尼撒。决斗中，叙罗斯当场阵亡，赫氏后裔无奈撤走。④ 一说赫氏后裔在杀死迈锡尼国王欧瑞斯透斯后，成功占领了伯罗奔尼撒全境。但不久天降瘟疫，神谕说是由于他们回归过早所致，于是他们又离开了故土。后来，赫氏后裔曾多次尝试回归，均以失败告终，直至特美诺斯、阿里斯托德墨斯和克里斯丰忒斯这一代才得以成功征服伯罗奔尼撒，而多利亚人另外两族的首领潘菲洛斯和达马斯均在战争中丧命。赫氏后裔遂通过抽签瓜分了伯罗奔尼撒的领土：特美诺斯占领了阿哥斯，阿里斯托德墨斯的双生子厄里斯特尼斯和普罗克里斯分得拉哥尼亚，克里斯丰忒斯靠使诈得到了富饶的

---

① 希罗多德根据希腊神话关于希腊人来源的传说，认为多利亚人原住在泰奥特斯，在希伦的儿子多罗斯统治的时代移住到欧萨山和奥林匹斯山下的希斯夏奥特斯地区，定居在品都斯，从那里再一次迁移到德律欧拔司。而最后又从德律欧拔司进入了伯罗奔尼撒，结果他们就成了多利亚人。参见［古希腊］希罗多德：《历史》，Ⅰ.56。

② Diodorus, *The Library of History*, 1935, Reprint, Cambridge, Massachusetts and London: Harvard University Press, 1994, Ⅳ.37, 58.

③ ［古希腊］修昔底德：《伯罗奔尼撒战争史》，Ⅰ.9。

④ ［古希腊］希罗多德：《历史》，Ⅸ.26；Diodorus, *The Library of History*, Ⅳ.57-58.

美塞尼亚。埃托利亚人奥克斯罗斯则分得许诺给他的伊利斯地区。① 迈锡尼等地的阿卡亚人逃往伯罗奔尼撒半岛北部的阿卡亚,伊奥尼亚人逃到阿提卡并进而移民至小亚西海岸,派罗斯的王族也逃往阿提卡,只有美塞尼亚人留了下来,愿意接受赫氏后裔的统治。② 赫拉克勒斯后裔的回归传说与后世希腊语族,特别是多利亚人在希腊世界的分布情况相符合,因此多利亚人的南侵无疑是客观的历史事实,而所谓赫拉克勒斯后裔回归的传说则可能是后世的多利亚人(阿哥斯人或斯巴达人)出于政治需要编造出来的,目的是为他们对伯罗奔尼撒的占领和统治披上一件合法性外衣。③

不过,这一时期希腊大陆上有关多利亚人入侵还存在一些有争议的问题。考古发掘显示,公元前1200年左右派罗斯、迈锡尼等宫殿被毁坏后很长的一段时期内,并没有任何新移民定居的痕迹。考古学家曾在阿哥利斯、阿提卡等地以及特洛伊7期第二阶段遗址发现了一种粗糙的手制抛光陶,通常被认为是北方入侵者进入伯罗奔尼撒和特洛伊的证据④,但是由于这种陶器只在少数遗址中被发现,且数量甚少,难以令人信服。从墓葬特征上来看,约公元前1200年以后,阿提卡、阿哥利斯、彼奥提亚、科林斯、伊利斯等地单人葬的石棺墓和坑墓取代了圆顶墓和石窟墓,还出现了火葬,原来也被认为是北方入侵者所引入的丧葬风俗。可正如有的学者所指出的那样,石棺墓在希腊早有先例,不必非从外部引入。且石棺墓出现在遭受破坏并不严重的阿提卡,而不见于拉哥尼亚、美塞尼亚等传说中多利亚人所占领的地区。⑤ 据相关学者的研究,火葬最初的起源地也是阿提卡,并

① Apollodorus, *The Library*, Ⅱ.8.

② Pausanias, *Description of Greece*, Ⅷ.1, Ⅱ.18, Ⅳ.3.

③ Eugène Napoléon Tigerstedt, *The Legend of Sparta in Classical Antiquity*, Vol.1, Stockholm: Almqrist & Wiksell, 1965, pp.34-35.

④ Jeremy B. Rutter, "Ceramic Evidence for Northern Intruders in Southern Greece at the Beginning of Late Helladic ⅢC", *American Journal of Archaeology*, Vol.79, No.1(1975).

⑤ A. M. Snodgrass, *The Dark Age of Greece*, Edinburgh: Edinburgh University Press, 1971, pp.177-187, 314-317.

非是多利亚人引入的。① 其他如弓形衣针、铜剑等公元前 1200 年以前在迈锡尼等地就有所发现，而铁器和原始几何陶都是公元前 11 世纪中期以后才出现在希腊大陆上的，因此与这一时期北方民族的入侵也没有直接的联系。

现在关于多利亚人南迁的具体时间和过程已难以稽考②，学者们意见纷纭。③ 但由于缺乏充分的考古证据，大多数学者倾向认为公元前 1200 年左右发生于派罗斯、迈锡尼等邦的劫难并不是多利亚人的大规模迁徙移居所造成的。公元前 1200—前 1100 年，北方异族（包括部分多利亚人在内）可能多次入侵希腊大陆，他们摧毁了迈锡尼人各文明中心的宫殿、城堡，劫掠一番，然后扬长而去，并没有定居。由于缺乏安全感，大部分迈锡尼人被迫远走他乡，只有一小部分人遁入山区，使迈锡尼文化得以残存。而多利亚人大概直到公元前 12 世纪末前 11 世纪初或者更晚才移居于希腊大陆，他们也可能分批前来。而此时迈锡尼世界已经濒临灭亡，多利亚人遂顺利征服并接管了原迈锡尼人统治的地区，成为伯罗奔尼撒半岛新的主人。④

也有学者提出公元前 1200 年前后发生于派罗斯、迈锡尼等邦的灾难并不是外来入侵者所致，而是诸邦之间的内战和国内下层民众的暴动造成的。⑤ 修昔底德《伯罗奔尼撒战争史》记载："就是在特洛伊战争以后，希腊也依然常常处于迁徙和移居状态之中，因而没有获得和平发展的时间。希腊人离开伊利昂之后很久才返回故里，这一事实本身引发了许多革命。几乎每个

---

① H. L. Lorimer, *Homer and the Monuments*, London: Macmillan, 1950, pp. 103-110.

② 据修昔底德记载，在特洛伊战争结束的 80 年后，多利亚人和赫拉克勒斯的后裔成了伯罗奔尼撒的主人。参见《伯罗奔尼撒战争史》，Ⅰ.12。

③ 参见王以欣：《多利亚人入侵的历史谜团》，见彭小瑜、张绪山主编：《西学研究》第二辑，北京：商务印书馆，2006 年版。

④ 参见 V. R. d'A. Desborough, *The Last Mycenaeans and Their Successors*, pp. 220-232, pp. 244-257; R. A. Tomlinson, *Argos and the Argolid*, London and Boston: Routledge & K. Paul, 1972, pp. 51-57.

⑤ J. T. Hooker, *Mycenaean Greece*, London and Boston: Routledge & K. Paul, 1976, pp. 179-180.

城邦都有内部纷争，而建立城邦的人就是那些被驱逐的流亡者。"①据修氏说，特洛伊战争之后，迈锡尼诸邦中爆发了激烈的阶级斗争，而迈锡尼人的宫殿和城堡可能也在冲突中化为废墟，并导致了迈锡尼等邦的政权土崩瓦解。

另外，还有学者认为是海上民族劫掠式的入侵摧毁了派罗斯、迈锡尼等邦的宫殿城堡建筑，而被统治者则乘机发动暴动，推翻了原来的王朝，从而使统一的迈锡尼社会分裂成一个个相对独立的地方氏族集团。②

总之，大概在城邦内部革命和外族多次入侵的双重打击下，迈锡尼文明在公元前 12 世纪末也随之灭亡了。宏大的宫殿、城堡、王陵变为一片废墟，精美的手工艺品和泥板文书则深埋于废墟之下。由于新来的多利亚人等北方蛮族尚处于由野蛮向文明的过渡阶段，希腊大陆以及爱琴地区大体上退回到原始公社时期，曾经光辉灿烂的爱琴文明渐渐被后世遗忘，只留下了一些模糊的神话传说供人追忆。

---

① ［古希腊］修昔底德：《伯罗奔尼撒战争史》，Ⅰ.12。
② 参见 J. Chadwick，*The Mycenaean World*，pp. 173-179.

第三章　黑暗时代

第一节　"黑暗时代"与《荷马史诗》

大约从公元前1200年开始，即特洛伊战争结束后不久，迈锡尼文明逐渐衰落了，随后希腊社会的政治、经济和文化出现了明显的倒退。该局面从公元前11世纪一直持续到公元前9世纪左右，长达数百年。有关此时期的历史，我们主要从《荷马史诗》得到一些了解。所以学术史上，一般称此时期为"黑暗时代"(Dark Age)，亦有人称之为"荷马时代"。

一、"黑暗时代"

(一)"黑暗时代"名称之由来

"黑暗时代"之称谓，是西方古典学者对公元前11—前9世纪希腊历史状况作出分析后提出的。如前所述，一些学者认为多利亚人的入侵导致了迈锡尼文明的崩溃，此时期希腊社会出现了明显的倒退：线形文字消失了（希腊文字真正再次出现可能要晚至公元前750年前后）。定居点数量急剧减少，据斯诺德格拉斯统计，在公元前13世纪时希腊地区大概有320处定居点，到公元前11世纪时只有大约40处①，数量大约下降了7/8，而且此时定居点的建筑多为泥土和茅草盖的小屋，建筑技术与迈锡尼文明相比明

---

① A. M. Snodgrass，*The Dark Age of Greece*，pp. 363-365.

显衰落。人口数量也随之下降，乔纳森·豪尔提出，这一时期尼克利亚
(Nikhoria) 地区人口数量大约只相当于迈锡尼后期的 1/10。莫里斯
(I. Morris) 也认为，青铜时代后期的城市大概有几公顷至几十公顷，人口
最多可达 1.5 万人左右。公元前 1200 年以后，大部分定居点退化为小的村
落，有的村落居民只有几十个人，大的定居点人口亦未超过 2500 到 5000
人。[①] 以上的衰退证据都是很明显的，斯诺德格拉斯由此提出，定居点和
人口大量减少充分说明当时出现人口长时期衰退的情况，而非临时性的人
口变化。结合这种情况与希腊历史后来的变化，他提出著名的"衰落—复
兴"的理论，指出希腊社会在迈锡尼文明崩溃后出现明显的倒退，至公元前
8 世纪前后人口和定居点数量迅速恢复，进入复兴时期。他在《古风时代的
希腊》一书中，将此过程称为"结构性革命"[②]。他同时认为，"黑暗时代"处
于迈锡尼文明和古风时代之间，"黑暗时代"社会的衰退表明这时期的希腊
历史存在一个断裂期，因此迈锡尼文明和古风时代之间没有联系。此观点
在国际古典学界有很大的影响。

(二)对"黑暗时代"的新认识

近几十年来，西方学者对"黑暗时代"的希腊社会状况提出了新的认识。
他们指出，据考古发掘显示，"黑暗时代"希腊社会的发展是不平衡的。希
腊中部和伯罗奔尼撒半岛等地，社会经济出现了明显的衰退，但阿提卡附
近地区并未发生这种情况。由于外地人口的迁入，雅典的人口没有减少，
甚至还有所增加。从陶器类型来看，在迈锡尼陶器的基础上，雅典的制陶
技术很快就有了发展。公元前 1050—前 900 年前后原始几何陶在希腊地区

---

① J. Hall, *A History of the Archaic Greek World*, ca. 1200-479BCE, Malden:
Blackwell Pub, 2007, p. 60; I. Morris, "The Collapse and Regeneration of Complex Society in
Greece, 1500-500BC", in *After Collapse: the Regeneration of Complex Societies* ed., Glenn
M. Schwartz and John J. Nichols, Tucson: University of Arizona Press, 2006, pp. 73-74.

② A. M. Snodgrass, *Archaic Greece: the Age of Experiment*, London: J. M. Dent,
1980, Introduction, p. 12.

开始流行①，其中最有代表性的就是雅典的陶器。"黑暗时代"前期有四种类型的陶器，分别分布于阿提卡附近地区、克里特岛、西部与南部伯罗奔尼撒地区以及从沿海的色萨利直到基克拉底群岛一带②，而雅典的陶器对其他地区影响最大。在建筑方面，优卑亚地区的勒夫坎地发现长数十米、宽十余米的巨型建筑遗址。这个地方还发现有较多贵金属和奢侈品的墓地，有的墓地还有人殉。虽然有学者认为该遗址只是一个特例，不能说明当时的历史全貌③；但也有人指出，这说明"黑暗时期"某些地区社会经济并未发生明显的倒退，甚至还有所进步④。可见，对"黑暗时期"希腊各地区社会状况应作具体的分析，不能一概视之为衰落。现在甚至主张"黑暗时代"衰落说的学者也认为，希腊社会真正的衰落期只是在公元前1200—前1000年，而公元前1000—前800年为低潮，公元前800年前后就开始了复兴。⑤

对于迈锡尼与古风时期的关系，有的学者指出，不能以"黑暗时代"的出现而完全割裂之。⑥ 实际上古典时期的希腊人在追寻祖先时，都习惯于把自己与迈锡尼时期的阿伽门农等人联系起来，因此古希腊人并没有"黑暗时代"的概念。⑦ 而且迈锡尼文明衰落后，其文明的因素也并非荡然无存。

---

① 这种陶器类型形状紧凑、优美，主要是因为在制作过程中用快轮拉坯制成。器物的主要装饰一般位于肩部，上面绘制的图案主要是用圆规和刷子绘制的密集圆形、半圆形和平行线，线条之间有的存在菱形图案，此类陶器被称为原始几何陶。参见 A. M. Snodgrass, *The Dark Age of Greece*, pp. 45-47.

② I. E. S. Edwards, C. J. Gadd, N. G. L. Hammond and E. Sollberger eds., *The Cambridge Ancient History*, Vol. 2, part 2, Carabridge and New York: Cambridge University Press, 1975, p. 672.

③ J. Hall, *A History of the Archaic Greek World*, ca. 1200-479BCE, p. 64.

④ 黄洋:《迈锡尼文明、"黑暗时代"与希腊城邦的兴起》, 载《世界历史》2010年第3期。

⑤ I. Morris, "The Collapse and Regeneration of Complex Society in Greece, 1500-500BC", in *After Collapse: the Regeneration of Complex Society*, p. 84.

⑥ 黄洋:《迈锡尼文明、"黑暗时代"与希腊城邦的兴起》, 载《世界历史》2010年第3期。

⑦ 希腊人在发动对波斯的战争时，习惯于将其与阿伽门农对特洛伊的远征相媲美。可参考 Isocrates, *Panathenicus*, Cambridge and London: Harvard University Press, 1928, p. 78.

上文谈到的"黑暗时代"的几何形陶器，与迈锡尼陶器类型就有一定的继承关系。迈锡尼文明的线形文字 B 破译后，可知此种文字与后来的希腊语有着联系。《荷马史诗》也多有涉及迈锡尼时代历史的内容，如"船表"、战车等，这都说明迈锡尼时代的某些历史内容一直留存在希腊人的记忆中。

由于这段时期的历史存在上述现象，有的学者对"黑暗时代"提出了新见解。他们提出，"黑暗时代"一词源自于 19 世纪末英国学者派特里 (F. Petrie)对迈锡尼文明的认识。他把迈锡尼文明的毁灭定在公元前 1200 年前后①，这与古风时期之间存在数百年的空档期。由于当时缺乏了解这一时期历史的资料，学术界将其称为"黑暗时代"。根据当时的考古资料和《荷马史诗》的有关内容，与迈锡尼文明相比较，将公元前 11—前 9 世纪前期视为"黑暗"是可以理解的。但不断发掘出来的考古材料已证实，所谓的"黑暗"，即社会的衰退，并不是所有地区普遍发生的情况，"黑暗时代"这一术语并不能全面地反映希腊社会变化的情况。同时，"黑暗时代"术语的提出，与西方主流价值观念有联系。西方学者为了强调希腊城邦民主制

图 3.1　荷马头像

① I. Morris，"The Collapse and Regeneration of Complex Society in Greece，1500-500BC"，in *After Collapse：the Regeneration of Complex Society*，p. 72.

度的优越性，试图将古风时期的希腊与迈锡尼王国割裂开来，以说明作为现代西方文明源头的希腊城邦文明所具有的特殊性①。

据上所述，对公元前11—前9世纪前期希腊社会的认识，仍是一个需要继续讨论的问题。依据现存的史料，既不能否定迈锡尼文明之后希腊社会所出现的倒退趋势，也不能否定此时期希腊各地发展不平衡，某些地区的社会经济并未出现衰退的情况，所以本章仍然采用传统的说法，把这一时期称为"黑暗时代"。

二、《荷马史诗》与"黑暗时代"

(一)《荷马史诗》的内容和作者

图3.2　克里特的"游吟诗人"

反映"黑暗时代"的文献资料，主要来自《荷马史诗》。《荷马史诗》包括《伊利亚特》和《奥德赛》两部。《伊利亚特》描写特洛伊战争特别是此战第十年期间，希腊人两位领袖阿伽门农与阿喀琉斯之间的内讧。全诗结束于特洛伊英雄赫克托耳的葬礼。《奥德赛》则描述希腊英雄奥德修斯在返乡途中的遭遇及其回国后重新夺取权力的过程。

传统上一般认为《荷马史诗》的作者是古希腊诗人荷

---

① 黄洋：《迈锡尼文明、"黑暗时代"与希腊城邦的兴起》，载《世界历史》2010 年第 3 期。

马。不过，此说未见于早期希腊文献记载。因此，关于《荷马史诗》的作者问题一直存在争议。有的学者认为，诗人荷马只是后人虚构的人物。① 现代学者对史诗的作者是否名为荷马已不太关注，而更关心史诗创作是否由同一人完成。有的学者仍坚持史诗主要由一位作者完成。② 不过，据这两部史诗描写内容存在的差异，很难说史诗是由一人完成的。所以，较多的学者认为，《荷马史诗》完成于多人之手。如著名学者芬利(M. I. Finley)就指出："《伊利亚特》和《奥德赛》很可能不是出于一个人而是出于两个人之手。"③还有的学者指出，《荷马史诗》是在长期流传过程中经过多代诗人的创作而完成的④，因为史诗不仅记载迈锡尼时期的事情，而且记载了更多迈锡尼文明衰落后几百年内发生的事⑤。史诗亦提到公元前 8 世纪的陶器和壁画，有的学者据此认为，史诗的最终完成时间是在公元前 8 世纪前后。⑥

(二)《荷马史诗》所反映的时代

《荷马史诗》描写的内容比较庞杂，时间跨度亦很长。属于迈锡尼时期的事物，有特洛伊战争，"船表"以及部分人名和官名，等等⑦。较后时期的内容，则记载了铁器的使用等。斯诺德格拉斯认为，史诗并没有描绘出一幅完整的希腊社会关系或物质文化和精神文化的图像，所记载的只是不

---

① M. L. West, "The Invention of Homer", *The Classical Quarterly*, New Series, Vol. 49, No. 2(1999), pp. 364-382.

② 转引自晏绍祥：《荷马社会研究》，上海：上海三联书店，1999 年版，第 6 页。

③ M. I. Finley, *The World of Odysseus*, London：Plmlico, 1999, p. 15.

④ 这种学术观点被称为分析派，又称小歌派。参见晏绍祥：《荷马社会研究》，第 6~10 页。

⑤ I. E. S. Edwards, C. J. Gadd, N. G. L. Hammond and E. Sollberger eds., *The Cambridge Ancient History*, Vol. 2, part 2, p. 831.

⑥ M. I. Finley, *The World of Odysseus*, p. 15；晏绍祥：《荷马社会研究》第一章。

⑦ D. H. F. Gray, "Mycenaean Names in Homer", *The Journal of Hellenic Studies*, Vol. 78(1958), pp. 43-48.

同时期历史内容的混合物。① 不过，许多学者仍高度重视史诗的史料价值，尽管他们的侧重点有所不同。莫里斯指出："《荷马史诗》是我们理解公元前8世纪无价的史料来源……它所描述的公元前8世纪社会是微妙而复杂的。"②有的学者具体分析了《荷马史诗》的史料与研究"黑暗时代"历史的关系。芬利在《奥德修斯的世界》一书中，把史诗所描绘的历史时期定位在公元前10—前9世纪。他认为，《荷马史诗》主要反映了迈锡尼文明衰落之后的政治和经济生活情况。史诗中虽有迈锡尼时代的事物如战车等，但这些东西的使用方式与迈锡尼时代不尽相同。这点也说明了诗人对于迈锡尼时代是相当陌生的，只是记住了其中的一些历史片段而已。③ 芬利的观点在学术界有较大的影响。有些学者对于《荷马史诗》主要反映黑暗时代哪一阶段历史与芬利的看法有所不同，但他们

图 3.3 原始几何陶

---

① A. M. Snodgrass, "An Historical Homeric Society?", *The Journal of Hellenic Studies*, Vol. 94（1974）, pp. 114-125. 另见 A. M. Snodgrass, *The Dark Age of Greece*, p. 389.

② I. Morris, "The Use and Abuse of Homer", *Classical Antiquity*, Vol. 5, No. 1 (1986), p. 129.

③ M. I. Finley, *The World of Odysseus*, pp. 44-48, 另见其 *Economy and Society in Ancient Greece*, London: Chatto and Windus, 1981, pp. 199-232.

多认为史诗涉及迈锡尼文明崩溃后(或迈锡尼晚期)至公元前 8 世纪以前较长时期的历史。① 如上所述，其中出现的分歧主要是由于史诗中混杂了不同时期的历史事件及器物。《剑桥古代史》作者指出，史诗所反映的历史可能涉及公元前 13—前 8 世纪的任何时间段。② 但就其内容而言，可能更多地反映了公元前 10—前 8 世纪希腊世界的历史。③

《荷马史诗》涉及很长时间段的历史内容，但其编撰手法则较为一致。晏绍祥列举了大量的证据对此作了讨论。史诗有后人统一编撰的过程，因此《荷马史诗》对于研究"黑暗时代"的历史有重要史料价值，但同时也应看到其所存在的局限性。研究"黑暗时代"的历史，还需要借助更多的考古资料。目前学者们运用勒夫坎地、雅典等地的考古发掘成果研究这段历史，已取得某些方面的突破。关于这点，将在下文介绍。

第二节　社会经济与政治

一、社会经济状况与社会阶层的分化

(一)社会经济状况

在"黑暗时代"的研究中，社会结构是学者们最为关注的问题之一。"黑暗时代"是一个很长的历史阶段。在"黑暗时代"早期，整个希腊地区的社会分化应当并不明显。当时的社会组织可能是原始公社。公社首领和普通成员之间的贫富差别不大，他们的住房是用泥土和茅草盖的，坟墓陪葬品也

---

① 关于此项研究，可参见晏绍祥《荷马社会研究》第二章。

② I. E. S. Edwards, C. J. Gadd, N. G. L. Hammond and E. Sollberger eds., *The Cambridge Ancient History*, Vol. 2, part 2, p. 821.

③ 晏绍祥认为，史诗主要反映的是公元前 10—前 8 世纪的社会面貌，他将此阶段称为"荷马社会"。参见其《荷马社会研究》，第 49 页。

没有十分明显的差别。

大约从公元前 10 世纪开始，社会分化逐渐明显了。这与当时社会经济状况的变化有联系。这一时期，社会经济较之早期有了发展，铁器已用于农业生产。希腊地区的铁器出现在迈锡尼时代末期，但当时铁器的使用并不广泛，青铜仍然是人们使用的主要金属。在"黑暗时代"，铁器的使用出现了关键性的转折，逐渐在军事和生产中占据重要地位，希腊社会进入以铁器为主的时代。当时的希腊，特别是希腊大陆及伯罗奔尼撒半岛的东部、克里特岛东部以及小亚地区发现了相当多的铁器，如勒夫坎地、雅典、克诺索斯、迈锡尼、科斯岛等地都出土了铁制品。《荷马史诗》也多有提到铁器的地方，铁器主要用于军事方面，如铁制的箭头、剑等，但也提到铁制的生产工具，主要有锄头、斧子和铁锤等。铁器特别是铁制农具的普遍使用，是经济发展的重要标志之一。

铁器的使用，促进了社会经济的发展，生产方式逐渐由畜牧业向耕作农业转变。据赫西俄德所载，他所生活的时代耕作农业在社会经济中已占主导地位。在希腊地区，畜牧业向农业的转变发生在"黑暗时代"①，这是"黑暗时代"中后期经济发展的重要标志之一。在耕种农业中，谷物生产是很重要的。公元前 9 世纪前后在希腊考古墓地出现一种圆形陶器，这种陶器被认为是谷仓的象征。由此可见当时谷物生产在农业生产中的地位。《荷马史诗》中描写了大麦、小麦和黑麦的耕作和收割的景象，甚至不种植庄稼也被看成是野蛮的象征。② 除了谷物以外，水果以及橄榄等经济作物的种植也比较普遍，史诗不止一次提到了葡萄的种植，甚至提到贩卖葡萄酒的生意人。不过，此时畜牧业在生活中仍有较重要地位。在"黑暗时代"的考古发掘中，常见到动物的遗骨，可能是食物的残余。③ 史诗也提到，奥德

---

① A. M. Snodgrass，*The Dark Age of Greece*，p. 378.

② ［古希腊］荷马：《奥德赛》，Ⅸ. 106～110。

③ A. M. Snodgrass，*The Dark Age of Greece*，p. 379.

修斯的牧猪奴管理的母猪大约有 600 头，还有一些公猪。① 此外，奥德修斯还有相当数量的羊群。埃涅阿斯提到他的祖先埃里克托尼奥斯有 3000 匹马。② 马不仅用于战争，在闲暇时节还会以赛马作为娱乐活动。③

（二）贵族阶层

社会经济的发展，剩余产品的增多，加速了社会分化。贵族、平民和奴隶等阶层也出现了。贵族拥有特权，他们在社会分配中占有更多财产，如贵重金属、牲畜、食物等。据《荷马史诗》记载，奥德修斯的仓库中有大量财物。④ 阿喀琉斯有三足鼎，许多马匹、骡子、犍牛等牲畜，还有青铜、铁等金属。阿伽门农作为军事统帅，拥有的财富更多，他不但在战利品的分配中占尽优势，而且还能以财富拉拢其他贵族。如他许诺给阿喀琉斯若干三足鼎、黄金，以及牲畜和妇女。⑤ 居民的分化从考古发现也能看出。有些地区已经出现了大型建筑，如勒夫坎地遗址，发现宽十余米，长四五十米的建筑遗迹，其规模形制虽不能与迈锡尼文明宏大的建筑相比⑥，但与那些简陋的居民住房相比形成明显的反差。

《荷马史诗》的描写，也反映了贵族与平民的区别。例如对攻击阿伽门农的士兵，奥德修斯可以肆意辱骂和殴打，并对他说："你安静地坐下，听那些比你强大的人说话，你没有战斗精神，没有力量，战斗和议事会都没有分量。"⑦阿喀琉斯不仅在战场上对待敌人极为凶悍，对待士兵也同样无情。他的朋友说："他是一个可怕的人，（其他人）很容易无辜地受他指责。"⑧贵族阶层重视自己的"高贵血统"。墨涅拉奥斯称赞其他贵族的子嗣，

---

① ［古希腊］荷马：《奥德赛》，XIV.13～20。
② ［古希腊］荷马：《伊利亚特》，XX.219～222。
③ ［古希腊］荷马：《伊利亚特》，XXIII.638～642。
④ ［古希腊］荷马：《奥德赛》，XIV.95～98。
⑤ ［古希腊］荷马：《伊利亚特》，II.226～230；IX.264～295。
⑥ J. Hall, *A History of the Archaic Greek World*, ca. 1200-479BCE, p.126.
⑦ ［古希腊］荷马：《伊利亚特》，II.198～202。
⑧ ［古希腊］荷马：《伊利亚特》，XI.653～654。

说他们没有失去高贵的血统，一看就知道是贵族子弟，而与平民子弟不同。① 在史诗中，几乎所有的贵族都将自己的身世与神灵联系在一起，如阿喀琉斯等人就一再强调自己与宙斯之间的血缘关系。为了保持血统的纯洁性，他们更注重贵族内部的通婚。② 阿喀琉斯说，如果他愿意，他可以任意从阿卡亚首领的女儿中选取一位作为自己的妻子。③ 他还让儿子和墨涅拉奥斯的女儿通婚。④ 尽管有时候他们可能也通过抢占女奴为自己延续子嗣，但是在父系社会中，子嗣的地位是由父亲决定的，因此可能并不影响其血统的纯洁。

贵族阶层出现之初，人数可能并不多，其地位也不像后世那么突出。据估计，厄立特里亚在公元前8世纪大概有1000～2000人，但目前的考古发现仅见16处陪葬品较多的墓葬。⑤ 贵族的地位与个人能力和财富有直接关系。奥德修斯的儿子凭借财产能保持贵族的地位，但如果他的财产被求婚者耗尽，其社会地位就可能受到威胁。许多贵族还不能完全脱离生产。奥德修斯本人从事农业和其他生产活动，他还与其他人比赛割草等农活。⑥ 贵族家庭的女性也从事生产劳动，如奥德修斯的妻子女工水平很高。⑦ 海伦也曾将亲手纺织的华美衣服赠予特勒马科斯。⑧

(三)平民阶层

《荷马史诗》主要记载贵族的言行，所以有人称之为贵族的赞歌，但从

---

① [古希腊]荷马：《奥德赛》，Ⅳ.62～64。

② 胡庆钧、廖学盛主编：《早期奴隶制社会比较研究》，北京：中国社会科学出版社，1996年版，第267页。

③ [古希腊]荷马：《伊利亚特》，Ⅸ.395～397。

④ [古希腊]荷马：《奥德赛》，Ⅳ.3～6。

⑤ J.豪尔根据富裕墓葬数量的统计，认为当时共同体内富有者的数量不多，不可能形成贵族阶级(J. Hall, *A History of the Archaic Greek World*, *ca. 1200-479BCE*, p.128)。不过，这种统计本身只是个例，而且贵族数量的多少并不从根本上影响他们作为一个社会现象的存在。

⑥ [古希腊]荷马：《奥德赛》，ⅩⅧ.365～375。

⑦ [古希腊]荷马：《奥德赛》，Ⅱ.116～117。

⑧ [古希腊]荷马：《奥德赛》，ⅩⅤ.125～126。

史诗中也可看出平民阶层的重要性。有的学者指出，平民与贵族是当时两个最重要的群体。① 平民战时从军，平时从事生产。当时奴隶的人数不多，所以农业劳动主要由平民承担。平民也经营商业，不过，商人的地位较低。奥德修斯因自己被人视为商人，颇有被歧视之感（参见《奥德赛》，第 8 卷）。随着社会的发展，平民之间逐渐产生贫富分化，有的平民很富裕，有的则沦为乞丐和雇工。据《荷马史诗》记载，奥德修斯返国途中装扮成一个流浪汉，实则等于乞丐。求婚者问他是否愿意做雇工②，阿喀琉斯也说若自己不死，宁愿在人间当个雇工③。可见当时雇工的地位并不高。平民的社会地位较之贵族要低，常常作为贵族的追随者而出现。④ 不过，史诗也反映了平民与贵族之间的矛盾，如平民常对战利品的分配表示不满。⑤ 平民与贵族矛盾的加深和平民力量的逐渐发展，预示着希腊社会已经站在了古风时代的门口了。⑥

（四）奴隶阶层

"黑暗时代"的奴隶阶层，随着社会经济的发展也在发生变化。有学者指出，迈锡尼文明衰落后，"黑暗时代"之初奴隶阶层有一个衰退期。⑦ 这种观点是合理的。在生产力水平较低，不能产生较多剩余产品的情况下，奴隶人数不可能很多。随着社会经济的发展，奴隶数量逐渐有了增加。奴隶的来源主要有两类：一是战俘⑧，据《荷马史诗》记载，战俘奴隶主要是

---

① 晏绍祥：《荷马社会研究》，第 61 页。
② ［古希腊］荷马：《奥德赛》，ⅩⅧ.356～361。
③ ［古希腊］荷马：《奥德赛》，Ⅺ.488～490。
④ 晏绍祥：《荷马社会研究》，第 217 页。
⑤ ［古希腊］荷马：《奥德赛》，Ⅹ.28～55。
⑥ Walter Donlan，"The Social Groups of Dark Age Greece"，*Classical Philology*，Vol. 80，no. 4(1985)，p. 308.
⑦ Yvon Garlan，*Slavery in Ancient Greece*，Ithaca，New York：Cornell University Press，1988，pp. 29-30.
⑧ 胡庆钧、廖学盛主编：《早期奴隶制社会比较研究》，第 254 页。

女奴,绝大多数男性被俘后会被杀死或作为人质;二是抢劫来的人。如奥德修斯家中的牧猪奴原来并非奴隶,而是被掳掠后贩卖为奴的。① 奥德修斯返回国内后,装扮成流浪汉,差点被人贩卖到国外。② 有的学者提到,家养奴隶也是奴隶的一个重要来源。不过,也有学者指出,能够结婚的奴隶很少,因此很难说有相当数量的家养奴隶。③

奴隶没有人身自由,贵族对奴隶有生杀大权。奥德修斯曾经处死了一批奴隶。但是奴隶的处境不尽相同,奴隶的价格因外貌、技能之差异而有区别。奥德修斯家的保姆欧律克勒亚被买来时,花了20头牛的价格④,而一个家政熟练的妇女只值4头牛,约为一个三足鼎价格的1/3⑤。奴隶与主人的关系也有区别。奥德修斯家中的牧猪奴可以管理奥德修斯农场的事务,而且他还买了一个奴隶。⑥ 这说明,奴隶阶层内部也有分化。当时奴隶的人数不多,也没有成为生产活动的主要承担者。他们多依附于贵族而为贵族家庭的成员。

从"黑暗时代"中后期开始,随着社会经济的发展,社会分化日益严重。贵族、平民及奴隶阶层的出现,他们之间矛盾的不断加深,表明希腊社会离国家的出现已经不远了。

二、摩尔根的《古代社会》与"黑暗时代"社会政治制度

(一)对《古代社会》有关氏族组织论述的争议

"黑暗时代"的社会组织和社会性质,是希腊史研究的一个重要而且存有争议的问题。传统的观点以摩尔根的研究成果为代表。摩尔根认为,"英

---

① [古希腊]荷马:《奥德赛》,XV.403～484。
② [古希腊]荷马:《奥德赛》,XX.382～383。
③ 晏绍祥:《荷马社会研究》,第262～264页。
④ [古希腊]荷马:《奥德赛》,I.430～431。
⑤ [古希腊]荷马:《伊利亚特》,XXIII.703～706。
⑥ [古希腊]荷马:《奥德赛》,XIV.452。

雄时代"（即"黑暗时代"）希腊社会处在原始社会末期氏族社会阶段。此时期的社会组织为氏族、胞族、部落和民族。[①]氏族组成胞族，胞族组成部落，氏族为社会基本组织。

摩尔根的观点在《荷马史诗》中能找到某些证据，如《伊利亚特》第 2 卷中，涅斯托尔建议，"把你的将士按他们 phylon 和 phretrae 分开，阿伽门农啊，让 phylon 帮助 phylon，phretrae 帮助 phretrae。"此外，涅斯托尔还提到："一个喜欢在自己的人中挑起可怕的战斗的人，是一个没有 phretrae，没有炉灶，不守法律的人。"[②]摩尔根的观点不仅依据《荷马史诗》等希腊传统文献，也得到他在北美印第安氏族部落实地考察所获史料的支持。摩尔

图 3.4　摩尔根头像

根的观点对"黑暗时代"社会制度的研究产生了很大的影响。

近几十年来，学者们对摩尔根的观点作了深入的思考，提出了新的认识。他们指出，摩尔根采用人类学调查成果与古典文献史料相结合的方法，证明"英雄时代"的希腊处于氏族社会，这种研究方法有重要的价值。不过，摩尔根的研究也有一定的局限性。因为没有证据表明古代希腊社会经历了与北美印第安人部落完全相同的发展阶段，印第安人部落社会的情况并不能作为论证"英雄时代"希腊社会情况的直接证据。再则，《荷马史诗》中表

---

① ［美］摩尔根：《古代社会》，杨东莼、张栗原、冯汉骥译，北京：商务印书馆，1981年版，第236～242页。

② ［古希腊］荷马：《伊利亚特》，Ⅱ.362－363，Ⅸ.62～65，参见晏绍祥：《荷马社会研究》，第72页。

示氏族部落的词语，似乎尚无确定的内涵。例如 phyle、phratra 等在史诗中出现的次数并不多，而且这些词语未必就是指有血缘关系的部落和胞族，也可能仅指军事组织。① 古典时期表示氏族的 genos 一词，虽然在《荷马史诗》中出现了，但更多地指有共同认同感的群体，表示出生、起源和后代的意思，尽管偶尔也有族系、家庭的意思。② 所以，《荷马史诗》中的 genos 很难说已有确定的氏族含义。

关于氏族和部落在社会经济生活中的作用，也是值得思考的。有学者指出，有些研究过于夸大了部落和氏族在早期希腊社会中的重要性。③ 实际上，家庭(oikos)在当时的社会中起了十分重要的作用。oikos 不同于后世的 family。oikos 不仅包括有血缘关系的家庭成员，而且包括奴隶，甚至家庭所拥有的物资，如土地与其他财产等。在《荷马史诗》中，贵族面临利益抉择时一般不提及氏族和胞族等群体，甚至很少考虑城镇的利益。如赫克托耳出征，其妻勉励他勿使妻儿成为寡妇和孤儿。赫克托耳很担忧一旦城被攻破后妻子将面临的灾难："你将流着泪被披铜甲的阿卡亚人带走，强行夺取你自由自在的生活。"④据《奥德赛》记载，奥德修斯出征后，特勒马科斯在面临求婚人要夺取其家产时，连自己的祖父(他祖父没与他们一起居住)都不能依赖，而只能信赖家中的牧猪奴等少数人。这些例子说明，当时家庭较之氏族、胞族和部落在社会生活有更为重要的作用。有的学者指出，此时期的社会成员之间的关系与其说是血缘的，不如说是为了共同利益形成的集团⑤，尽管这种观点还可以进一步讨论。

---

① 晏绍祥:《荷马社会研究》，第 71～73 页。

② Walter Donlan, "The Social Groups of Dark Age Greece", in *Classcial Philology*, Vol. 80, No. 4(1985), p. 295.

③ 黄洋:《试论荷马社会的性质与早期希腊国家的形成》，载《世界历史》1997 年第 4 期。

④ [古希腊]荷马:《伊利亚特》，Ⅵ. 432—465。

⑤ 郭长刚:《试论荷马社会的性质》，载《史林》1999 年第 2 期。

(二)对《古代社会》有关军事民主制论述的争议

摩尔根认为，英雄时代的雅典（希腊）属军事民主制时期，主要特征是"在其政府方面有三个不同的部分或权力机构，这三者在某种意义上是平等的，第一是酋长会议，第二是阿哥腊，即人民大会，第三是巴赛勒斯"。巴赛勒斯位于中心地位，是级别最高、权力最大、地位最重要的一个职位；同时，他又认为"酋长会议"拥有至高无上的权力，"至少据推测是至高无上的"，它有拟定公务措施方案的大权；但"人民大会"则具有最后的决定权，因此人民是自由的，政治的精神是民主的。他将这种政治制度称为军事民主制。[①] 在摩尔根看来，军事民主制建立在氏族社会的基础之上，而三大机构具有相对明确的权力分工，其结构也比较稳定。

近年来，对于"黑暗时代"的社会政治制度，学术界也提出了新的观点。国内学者参考西方学者的研究成果，大致提出了两类观点，一类认为，在黑暗时代或至少在黑暗时代的中后期，已经出现了国家形态，在政治、经济、军事乃至社会生活领域已经呈现出某些国家或古典城邦的特征。荷马社会"一方面继承了迈锡尼时代的王权，另一方面发展了新的政治组织，即公民大会和元老会议。王权的存在和较为复杂的政治组织出现说明，在荷马社会早已存在着国家形态"[②]。还有的学者指出，"荷马时代"的 polis 成员已经具有共同体意识，军事和宗教领域的变化反映出一种"新的国家形态"，与古典时期的城邦有联系。[③]

另一类观点认为，"黑暗时代"尚未发展到国家形态，是介于部落和国家之间的社会形态。郭长刚认为"黑暗时代"尽管已不是氏族社会，但王权与管理组织尚不具有稳定性，公民大会、贵族会议与贵族首领之间的分工并不是很明晰，同时也不具备领土意识和国家观念，很难称之为国家。他

[①] ［美］摩尔根：《古代社会》，第244～249页。

[②] 黄洋：《试论荷马社会的性质与早期希腊国家的形成》，载《世界历史》1997年第4期。

[③] 晏绍祥：《荷马社会研究》，第77～118页。

依据西方人类学理论，认为此时期的希腊处于酋邦时期。[①]

以上观点均有其史料依据，之所以产生争议，主要还是由于缺乏充分的史料从总体上来说明"黑暗时代"社会制度的性质。以目前情况而言，《荷马史诗》仍是了解此时期社会的重要史料，下面主要依据《荷马史诗》并结合有限的考古材料来叙述"黑暗时代"的社会机构及其之间的关系。

三、"黑暗时代"的社会机构和早期国家的出现

(一)贵族首领

在《荷马史诗》中，与贵族首领有关的称谓比较多，如瓦纳科斯、巴赛勒斯等。[②] 瓦纳科斯本是迈锡尼时代最高统治者的称谓，在《荷马史诗》中

图 3.5　阿伽门农的金面具

[①]　郭长刚：《试论荷马社会的性质》，载《史林》1999 年第 2 期。
[②]　关于这一时期的统治者的称谓可参阅晏绍祥：《荷马社会研究》，第 119～132 页。

只用来称呼阿伽门农、普里阿摩斯等人。"巴赛勒斯"原指迈锡尼时代的小官员,在史诗中则为某些贵族的称谓。需要说明的是,它与古典时期的巴赛勒斯不同,后者被译作王(king),一个城邦一般只有一个或两个巴赛勒斯。而史诗中的巴赛勒斯则比较多,可能是指地位较高的贵族。在《伊利亚特》中,除了阿伽门农、阿喀琉斯之外,不少将领也有此称谓。据《奥德赛》记载,在费埃克斯,除了阿尔基诺奥斯之外,还有十二个巴赛勒斯;在伊塔卡,"还有许多其他的阿卡亚巴赛勒斯(basileus)"①。史诗中出现较多的巴赛勒斯,可能因为他们在征伐特洛伊的希腊联军中只是作为将领,然而他们在自己生活的国家或部落中则是首领,所以称为巴赛勒斯;也有可能某个大的部落是由多个小的部落合并而成的,这些小的部落合并后,其首领仍保留了巴赛勒斯称谓。②

尽管在史诗中,包括瓦纳科斯在内的称谓都没有成为希腊社会最高首领的固定称号,但无论是在希腊地区还是在特洛伊等地区,都有一个地位高于其他贵族的首领,如特洛伊的老国王普里阿摩斯、费埃克斯国王阿尔基诺奥斯等人。普里阿摩斯对于军政事务有最高的裁断权,而且能够决定继承人选;费埃克斯的多个巴赛勒斯之中,只有阿尔基诺奥斯是全国民众"强盛和威力的体现",他的地位要高于其他的巴赛勒斯。格洛兹(G. Glotz)指出,荷马社会的巴赛勒斯有很大的权力,而且权力不限于摩尔根所说的军事和祭祀领域,也扩展到了其他领域。③ 阿尔基诺奥斯拥有日常的管理权力,甚至对于安排奥德修斯返国这样的事情,也要由他做最后决策。此外,首领们还往往拥有立法和司法权,他们的权杖与法律联系在一起。阿

---

① [古希腊]荷马:《奥德赛》,Ⅷ.390;Ⅰ.391~395。

② 参见 J. Hall, *A History of the Archaic Greek World*, *ca. 1200-479BCE*, p. 128.

③ G. Glotz, *The Greek City and Its Institutions*, Reprint, London and New York: Routledge, 1996, pp. 39-46; pp. 93-94.

伽门农的权杖和习惯法据称是宙斯同时赐予的。① 而阿喀琉斯的法令也在其权杖下得到执行。② 因此，可能在"黑暗时代"，各共同体一般都有最高统治者，他们的权力涉及内政、外交、军事等各个领域。在某些地区，首领的父子继承制已形成。阿伽门农的王位是继承而来的，而且在他的家族内传承了许多代；特洛伊王位也在家族内部传承，如果不是因为战争导致城市毁灭，王位很可能传给普里阿摩斯的儿子赫克托耳。

(二)贵族会议

贵族会议和人民大会在"黑暗时代"也有重要的作用。据《荷马史诗》记载，贵族商议重大事件时需要聚集起来开会。这种集会被称为 boule，即会议。希腊联军与特洛伊交战时，双方首领阿伽门农、赫克托耳等人都曾召集会议。而在各共同体内部则由首领召集，如费埃克斯的贵族会议由阿尔基诺奥斯等人召集。贵族会议人员一般由他们选定，也有未被选定的人（如墨涅拉奥斯）参加的情况。③ 贵族会议往往讨论比较重大的军政问题。在《伊利亚特》中，多讨论与战争有关的事情；《奥德赛》记载了讨论安排奥德修斯返国的事情。贵族会议通过的决议一般在会后就直接执行了。就一般情况而言，贵族会议的程序比较民主，大体上能做到畅所欲言。但在贵族会议中，贵族领袖如阿伽门农等人的地位十分重要，他们决定议题，选定参会人员，对于议题能否被采纳有重要的影响。可见，贵族首领在会议中的作用是十分重要的。

(三)人民大会

人民大会由氏族部落的成员组成，即使在战争中，也存在由全体战士组成的会议。人民大会有一定的作用。据《荷马史诗》记载，墨涅拉奥斯和阿伽门农的分歧公布于人民大会，由于大会成员的意见不统一，最终导致

---

① ［古希腊］荷马：《伊利亚特》，Ⅸ.98～99。
② ［古希腊］荷马：《伊利亚特》，Ⅸ.156。
③ ［古希腊］荷马：《伊利亚特》，Ⅱ.409。

联盟的分裂。① 但人民大会并没有完全的决定权。因为在人民大会上发言的一般都是贵族首领如阿伽门农、阿喀琉斯等人，一般贵族很少发言，更何况普通的民众。《伊利亚特》提到一个平民名叫特尔西斯，他在会议上公开抨击阿伽门农的政策，但他是一个被丑化的人物，甚至被奥德修斯殴打后，也没得到其他阿卡亚人的同情。此外，占卜师卡尔卡斯也曾在人民大会上发言②，他的地位可能比普通平民要高。人民大会对贵族会议提交的议案没有绝对的决定权。有时人民大会的召开与贵族会议没有联系，而由贵族领袖直接提议召开。《早期奴隶制社会比较研究》一书列举了《伊利亚特》记载的三次人民大会，即处理阿波罗降下的瘟疫，解决阿喀琉斯和阿伽门农的矛盾，解决特洛伊战争结束后的问题。③ 此三次会议都是由阿伽门农等人直接召开的，未通过贵族会议，也未提交任何决议表决，讨论的议题也由他们决定，反映的意见仍主要代表了贵族特别是贵族领袖的意志。④

　　在《荷马史诗》中，贵族首领、贵族会议和人民大会是"黑暗时代"三个重要的权力机构，然而其权力分配及其关系并不十分确定。贵族首领已有凌驾于贵族会议和人民大会之上的趋向，但他们处理重大事情，至少在形式上需要通过人民大会或贵族会议，这两个会议对他们有一定的制约作用。

（四）大人社会

　　在"黑暗时期"，希腊各地区的发展并不是很均衡的。有的学者指出，在某些地区似乎具有"大人社会"的特征。⑤ 所谓"大人社会"是指一个不大

---

① ［古希腊］荷马：《奥德赛》，Ⅲ.137～156。

② ［古希腊］荷马：《伊利亚特》，Ⅱ.212～277；Ⅰ.68～83。

③ 胡庆钧、廖学盛主编：《早期奴隶制社会比较研究》，第246～249页。

④ 晏绍祥：《荷马社会研究》，第212页。

⑤ 有学者指出，"黑暗时代"的某些地区，并不像雅典、阿格斯那样发展稳定，它们的社会结构类似于"大人社会"。参见 J. Whitley, "Social Diversity in Dark Age Greece", *The Annual of the British School at Athens*, Vol. 86(1991), pp. 341-365；有关"大人社会"，还可参见 Elman Rogers Service, *Origins of the State and Civilization: The Process of Cultural Evolution*, New York: Norton, 1975; M. Sahlins, "Poor man, rich man, Big-man, Chief: Political Types in Melanesia and Polynesia", *Comparative Studies in Society and History*, Vol. 5, No. 3(1963)。

的共同体，其中心人物就是"大人"。他们在群体中得到家庭成员、近亲属和随从的支持，主要通过个人能力，如巫术、胆识、演说及其财产确立自己的权威。"大人"的统治并不稳固，他们的能力削弱后，其统治就难以持续。"大人社会"的存在，在考古学上似乎能找到一些证据。迈锡尼文明崩溃后，有些定居点的人口数量急剧下降。例如在相当长时间内，尼克利亚的人口只有一百到两百人左右，还有许多定居点的人数也难以超过数百人。由于规模较小，这些共同体很可能由某些强有力的个人进行领导。此外，在勒夫坎地遗址有座巨型建筑物，被认为是共同体首领的居所。这座建筑物的建造和废弃可能不超过半个世纪。有学者认为，这可能与首领的去世或失去权力有关①，这说明当地统治者的权威并不稳定，可能与个人的能力密切结合。

从"黑暗时代"总的发展趋势看来，至少在后期阶段已开始向早期国家过渡。社会贫富分化加剧，贵族统治者的势力加强。考古学家在麦士那地区发现了大约建于公元前9世纪的城墙，修筑城墙显然要征集较多的劳动力，而且城墙的出现表明有支配力量的政治权力存在。迈锡尼文明衰落之后，希腊大地终于再次升起了文明的曙光。希腊人正在大步地迈入一个新的文明时代。

(五)希腊人的自我认同意识的出现

关于"黑暗时代"的研究，学者们对此时期希腊人是否已形成自我认同的意识，也是比较关注的。

据学者们考证，Hellas 和 Hellenes 两个词在《荷马史诗》中已经出现。这两个词后来分别有"希腊"和"希腊人"的意思。不过，如前所述，史诗中

---

① J. Hall, *A History of the Archaic Greek World*, *ca. 1200-479BCE*, pp. 122-126.

的 Hellas 还没有整个希腊地区的意思，而仅指色萨利的一小片区域。①《荷马史诗》也出现了一些与希腊共同体有关的词语，如阿卡亚人、达奈人、阿哥斯人。这三个词有时用来指代希腊人，而且在使用上似乎没有太大的区别②，其中阿卡亚人使用更为频繁。

对于希腊人自我认同的模式，美国学者乔纳森·豪尔提出了"内聚型"（aggregative）和"对立型"（oppositional）两种理论，在学术界有重要影响。他认为，公元前 5 世纪之前希腊的自我认同主要为"内聚型"模式，与后来出现的"对立型"模式不同。"内聚型"不是从外部（from without），而是从内部（from within）为"希腊人"定义，重在寻找希腊人的共同特点。③ "内聚型"建构的重要方式之一，是通过将整个希腊民族构建为希伦（Hellen）的子孙而完成的。这种"内聚型"建构在约公元前 6 世纪出现的伪赫西俄德的《名媛录》等文献中最终形成。"对立型"认同则主要从外部寻求希腊人自身与其他族群的差异，由此建构希腊人自我认同的观念。"对立型"认同模式主要形成于公元前 5 世纪以后，大体是在希波战争之后形成的。

豪尔似乎并不赞成"黑暗时代"的希腊人已经形成自我认同的观念，这可能与他认为《荷马史诗》主要反映的是古风时期的希腊社会有关系。不过，如前所述，不少学者都认为《荷马史诗》主要反映"黑暗时代"中后期的历史，同时也保留了较早时期的内容。尽管当时没有出现类似古典时期的希腊人的观念，但希腊人的自我认同意识的源头似乎可以追溯到此时，甚至更早的迈锡尼文明时期。《荷马史诗》描述希腊不同地区的人联合起来，发动对

---

① 乔纳森·豪尔将 Hellas 这个词的演进过程分为三个阶段，经过几个世纪的发展才由色萨利南部的小区域发展为整个希腊地区的共同称号。参考 J. Hall, *Hellenicity*: *between Ethnicity and Culture*，Chicago：University of Chicago Press，2002，p. 127.

② 徐晓旭：《古代希腊民族认同的形成》，复旦大学博士后出站报告，第 35 页。

③ J. Hall, *Ethnic Identity in Greek Antiquity*，Cambridge and New York：Cambridge University Press，1997，pp. 42-47. 豪尔提到《名媛录》大约形成于公元前 6 世纪左右，但他承认此种以"希伦"为希腊人共同祖先建构起的希腊人族群认同观念的产生时间应当比这更早。

特洛伊的军事行动，这已经说明他们有了彼此认同的思想，而且这种思想随着特洛伊战争的故事而流传下来，这也说明即使是后来的希腊人也认同这种源于迈锡尼文明末期的思想。① 在特洛伊战争中，希腊联军虽然只是一个临时性的军事共同体，他们的行动夹杂着各地区（或部落）的利益，但他们对特洛伊人的敌视以及从敌人那里获取财富的欲望等，反映了他们意识到希腊人的共同利益所在，意识到他们与异族的区别。据考古发现，"黑暗时代"的希腊人之间已经有了很多的经济往来。"黑暗时代"后期已出现了希腊人的殖民活动，希腊人与其他地区的往来也逐渐频繁。② 希腊人之间的往来及其与希腊之外地区的往来，也会增强希腊人的自我认同以及他们对自我与异族差异的认识。

古希腊史学家希罗多德对希腊人与蛮族人的区分作过明确说明："全体希腊人在血缘和语言方面是有亲属关系的。我们诸神的神殿和奉献牺牲的仪式是共通的，而我们的生活习惯也是相同的。"③他将希腊人的族群认同归结为共同的语言、血缘、宗教活动和生活习惯。希罗多德的话，代表了古典时期希腊人自我认同的观念。在"黑暗时代"，希腊人对自己与异族的区别不可能有希罗多德那样的认识，他们的认识还是较为模糊的。例如，史诗中有些表示不同城镇人的词语如 xeion 等，并不限于希腊人或特洛伊人一方使用。④ 有的学者指出，古典时期的希腊战士善于使用长矛，而射箭则是蛮族的专利，这反映了在"蛮族"观念形成过程中，希腊人将自己刻画得更为勇敢，更善于近身搏斗。⑤ 当然，据《荷马史诗》描述，希腊人与

---

① 参见徐晓旭：《古代希腊民族认同的形成》，复旦大学博士后出站报告，2003 年，第73～74 页。

② J. Hall, *A History of the Archaic Greek World*, ca. 1200-479BCE, pp. 255-257.

③ ［古希腊］希罗多德：《历史》，Ⅷ.144。

④ 转引自 Edith Hall, *Inventing the Barbarian*, *Greek Self-definition through Tragedy*, Oxford：Clarendon Press，1989，p. 13.

⑤ Edith Hall, *Inventing the Barbarian*, *Greek Self-definition through Tragedy*, p. 42.

特洛伊人的武器装备并没有太大区别，特洛伊的赫克托耳会使用长矛，而希腊人也不乏射箭的例子。① 在特洛伊战争中，诸神以宙斯为首的一派支持特洛伊，以赫拉为首的另一派则支持希腊人，然而诸神均出自奥林匹斯神系，而且交战的双方在祭祀神灵的某些仪式上也具备明显的一致性。②

　　尽管在"黑暗时代"，希腊人对自己与异族之间区别的认识还较为模糊，但这种意识无疑已经出现了。除了针对特洛伊等外族的军事行动所表现出的一致性外，《荷马史诗》中出现的 barbarophonoi 一词也值得重视③，它是barbaros 的形容词形式，barbaros 在古典时期意指"蛮族"（barbarians），含有贬义，但在史诗中尚无这种意思，而是指说不好希腊语，听起来像是发出"巴拉巴拉"声音的人④，主要指说外族语言的卡利亚人。不过barbarophonoi 的出现，也说明希腊人已有从语言上区别自己与异族的意识。由于史料的限制，对于"黑暗时代"希腊人的自我认同及其对异族的认识，很难作出详尽的讨论。但是公元前 6 世纪至前 5 世纪形成的希腊人自我认同意识与"蛮族"的观念是有其渊源的，其渊源可以追寻到"黑暗时代"的后期。

---

　　① ［古希腊］荷马：《伊利亚特》，Ⅲ.76～80，Ⅳ.242。

　　② ［古希腊］荷马：《伊利亚特》，Ⅰ.447～474，Ⅱ.403～432。

　　③ ［古希腊］荷马：《伊利亚特》，Ⅱ.867。

　　④ Strabo, *Geography*, Cambridge, Massachusetts and London：Harvard University Press，1988－1999，ⅩⅣ.2.28。

第四章 古风时期

公元前 8 世纪，古代希腊进入古风时期。西方学者认为，古风时期至公元前 479 年结束。公元前 479 年是希腊打败波斯侵略的关键之年，在希腊历史上具有重要的意义。古风时期之名源自于此时期的陶器制作，以几何陶为代表，几何陶的装饰画古朴而简洁。古风时期的希腊人进行了大规模的殖民活动，所以此时期也被称为希腊殖民时期。

古风时期的希腊历史进入了一个新的阶段，颇具特色的城邦制度和持久且发达的民主政治逐渐形成。古风时期是希腊历史发展进程中一个十分重要的阶段。

第一节 希腊城邦的形成和早期僭主政治

一、城邦的形成

(一)城邦形成的社会基础

荷马时代中后期，希腊的社会经济开始恢复和发展。原先荒芜的土地得到开垦和利用，原先互相隔离、联系不多的居民点之间的联系开始日益密切起来，城邦产生的社会基础已经形成。亚里士多德说，城邦是若干村落的结合体。① 这个过程被称为"塞诺西辛"。

---

① ［古希腊］亚里士多德：《政治学》，1252b27。

但是塞诺西辛只是城邦产生的一
个方面，更主要的原因是社会内部矛
盾的激化。贫富分化在荷马时代就已
经开始，而且已经引起人们的不满。
特尔希特斯在特洛伊前线就抱怨：你
的营帐里装满了青铜，还有许多妇女，
那是阿卡亚人攻下敌城时我们首先赠
你的战利品。① 阿喀琉斯也抱怨："同
敌人不断作战，得不到应有的酬谢，
那待在家里的人也分得同等的一份。

图 4.1 几何图案装饰的雅典大锅

胆怯的人和勇敢的人荣誉同等，死亡对不勤劳的人和非常勤劳的人一视同
仁。我心里遭受很大的痛苦，舍命作战，对我却没有一点好处，有如一只
鸟给羽毛未丰的小雏衔来它能弄到的一切，自己却遭受不幸。"②这种社会
不公在古风时期更为严重，富人们相信"力量就是正义"，"劳动乃是耻辱"，
他们不是勤劳致富，而是崇尚暴力，贪污贿赂，欺骗撒谎，巧取豪夺。富
人就像暴戾的鹰隼肆意欺凌柔弱的夜莺——普通劳动者。生活在当时的农
民诗人赫西俄德称这是历史上最糟糕的时代——黑铁时代。日益尖锐的社
会矛盾需要一种社会机制来保护各阶层的利益，下层居民期望它来践行正
义，保护自己不受贵族的欺凌，而贵族则希望借助这一组织镇压人们的反
抗，维护自己的利益。国家因此应运而生。古风时期的希腊国家被西方学
者称为城邦。

城邦问题是国际古典学界激烈讨论的问题之一。这个问题涉及历史学、
政治学、人类学等多学科的知识。对城邦问题的研究，可以从物质、制度、

---

① ［古希腊］荷马：《伊利亚特》，Ⅱ.225～229。
② ［古希腊］荷马：《伊利亚特》，Ⅸ.317～322。

文化等多层面展开。学者们对城邦物质层面特征的看法，没有太多的分歧。一般认为，城邦以一个或几个城市为中心，结合周围的乡村组成，具有小国寡民的特点。但从历史、政治制度的层面研究城邦，则存在较多的分歧。有的学者认为，城邦是国家产生的初级形式，原生态的国家都具有小国寡民的特征。有的学者不同意这一种观点。他们认为，过于强调城邦小国寡民的特点，岂不是可以把中古后期意大利的城市国家甚至当代的新加坡都视为城邦？还有的学者认为城邦是所有地区的国家尤其是原生态的国家产生的普遍形式。对此观点，学界也有不同的看法，指出只有希腊才形成了城邦。这一观点主要依据对城邦本质特征的界定。对于城邦的本质特征，大多数学者认为，城邦是公民自治、自主的政治团体。不过，城邦作为一种国家同样是由领土（country）、国民（nation）和制度（state）三部分组成的。过于强调"公民自治"的特性就会削弱国土的政治意义，也会影响对制度的认识。领土、国民是城邦的物质基础，没有领土、没有国民就没有城邦，也就没有多种多样的城邦体制。总之，城邦的定义仍是学界有争议的问题。

早期的城邦领土主要通过联合形成。斯特拉波提到，伯罗奔尼撒的曼提尼亚通过5个部落的联合而成为一个城邦，提该亚（Tegea）起源于9个村落，赫拉亚（Heraea）也是如此，由9个村落联合而成，埃吉翁（Aegion）起源于7或8个村落①，帕特莱（Patrae）由7个村落联合而成，伊利斯则在希波战争结束之后才走向联合。

城邦领土的联合，有的是通过自愿，如雅典。传说阿提卡居民原先居住分散，很难聚集在一起处理有关政务，甚至彼此之间还时常发生矛盾和斗殴。提修斯（Theseus）逐个走访所有的村镇，劝说他们接受他的计划，终于取消了各个村镇里不同种类的地方政府、议事会和行政机构，在雅典卫城建立了统一的政府和议会。有的则是通过强制方式吞并土地。如公元前4

---

① Strabo，*Geography*，Ⅷ.3.2.

世纪建立的麦伽勒波利斯（Megalopolis），就是由底比斯强行剥夺了斯巴达北部的部分领土和阿卡迪亚的部分地区而组建的一个新的城邦。在伯罗奔尼撒战争时期，马其顿的佩狄卡斯二世（Perdiccas Ⅱ）劝说查尔西迪斯（Chalcidice）半岛的居民离开他们的沿海城镇，到奥林托斯城定居，以逃离雅典的霸权。① 强制组建城邦往往因为当地居民的反对而宣告失败，如在伯罗奔尼撒战争期间，密提林人想把所有的累斯博斯人驱赶到他们的城市中，泰涅多斯人和麦塞姆那人反对，最终受到雅典的干预而失败。②

城邦的领土，除了联合之外还有通过征服方式而形成的，主要的形式是殖民。一些志同道合的或有着共同命运的人组织起来，到其他地区寻找新的居住地。这种殖民，是先有公民群体，后才有城邦领土，再后建立政治制度。这类城邦在希腊的城邦中占大多数。以斯巴达为例，传说赫拉克勒斯的后裔在赫拉克勒斯死后被迫流亡，寄居在多利斯，在这里得到多利亚王子的支持，他们一起南下，试图收复宙斯允诺赐予赫拉克勒斯的土地，经过五代人的努力，最终获得胜利。在这个故事中，显然先有了后来的斯巴达群体，这个群体包括许罗斯（Hylleis）、迪马尼斯（Dymanes）和巴姆菲洛斯（Pamphyloi）。斯巴达殖民地塔林顿则是由斯巴达妇女与黑劳士所生的子女，即处女之子赴海外殖民的结果，传说这些殖民者先到了非洲，建立了昔兰尼，但后来遭到当地人的驱逐，转而来到意大利。

（二）城邦的政体

从整个古代希腊的历史来看，城邦是古希腊政治发展史的重要环节。在古风时期之前，希腊已经经历过克里特文明、迈锡尼文明和荷马时代。克里特文明和迈锡尼文明时期实行君主制度，国王是国家政治的中心。荷马时代，以前的政治体制被推翻，曾经的地方贵族和地方性官员巴赛勒斯

---

① Diodorus, *Library of History*，Ⅻ. 34.
② ［古希腊］修昔底德：《伯罗奔尼撒战争史》，Ⅲ.2。

成为实际的统治者。他们一方面继承了以前政治文化的传统，另一方面自身不具有王的权威，所以不得不与其他的贵族和官僚分享政治权力。另外，迈锡尼晚期南下的多利亚人在入侵之前还处于原始社会后期，其政治结构与王政瓦解之后的希腊本土政治文化基本相似。因此，城邦形成之后的政治制度的发展既是希腊政治史的逻辑的发展，也是多利亚民族原始社会解体、国家产生的历史跨越。这双重历史元素决定了古风时期希腊政治文化和政治制度的复杂多样性。

古代希腊产生了许许多多的政治模式。柏拉图把这些模式分为荣誉政治、民主政治、贵族政治、僭主政治四种。亚里士多德则进一步按执政宗旨分为正宗和非正宗两大类，即为执政者个人、集团或全体公民；再按最高执政者人数多寡分为六大种，即一人执政的王政和僭主政治、少数人执政的贵族政治和寡头政治、大多数人执政的共和政治和平民政治(亦称民主政治)；每一种政体又分为若干亚种，总数达 18 种。从历史发展的角度看，早期的城邦政治大致上也经过了权力集中的过程，建立了贵族政治和僭主政治。贵族政治从荷马时代而来，僭主政治则是权力的集中。但是城邦政治的独特之处在于僭主政治尽管在许多城邦产生过，但始终没有发展为覆盖整个希腊世界的普遍的专制独裁。僭主制在希腊历史上存在的时间很长，但在个别的城邦存在的时间却很短。城邦政治的特殊之处在于权力集中还没有发展到专制的程度时就开始了权力的分散，部分城邦建立了民主政治。

(三)城邦的特征

古希腊城邦呈现出小国寡民的特点。最大的城邦是斯巴达，它在兼并美塞尼亚之后面积大约 8400 平方千米，人口约 40 万人。第二大城邦是雅典，国土面积只有 2550 平方千米，人口最多时(公元前 5 世纪中期)约 30 万人。其他的城邦更小，大量的城邦面积不足 100 平方千米，人口只有几千人，甚至数百人。如优卑亚岛面积为 3770 平方千米，分为 6 个城邦，每邦人口不过几万人；中希腊的弗西斯地区面积只有 1650 平方千米，却有 22

个城邦，平均每个城邦面积不到 100 平方千米，人口不到万人。小国寡民的形成既与希腊特殊的地理环境有关，也与希腊自身的历史发展有关。从地理环境看，希腊半岛以山地为主，耕地狭小，不适合大政治团体的存在。从历史发展看，希腊传统的复杂国家机器毁灭，新出现的国家发展还很落后。

大多数城邦都有独立的政治地位，或者都珍视政治独立。在小国林立的情况下，某些版图较为辽阔、人口较多的城邦凭借实力控制一些弱小的城邦，被控制的城邦失去部分独立的地位。但它们失去的也主要是外交权力，承担提供军队、缴纳贡赋等义务，其内部管理仍然保留了大量的自治权。即使那些不得不屈从于强大城邦的小邦也无不怀着追求独立的梦想，它们时常举行暴动或起义。

从城邦治权理论来看，政治权力掌握在公民集体的手中。一个城邦无论实行僭主制、寡头制、民主制，一般都建立有公民大会、贵族会议等集体性的权力机构。大多数官职都是集体职务，且多是一年一任。这种制度设置使得公民有机会参加公民大会、担任国家官职。但在不同的政治体制下，公民的集体治权大小不同。一般来说，民主制之下公民大会是国家最高的权力机构，有关国家的重大问题如战争、媾和等一般均由公民大会投票表决；而寡头制之下政治权力主要掌握在贵族会议手中，真正享有政治权力的公民集体的规模相对于民主政治要小得多；僭主制下政治权力主要掌握在僭主一人手中，其他集体性的权力机构虽然存在但没有实际作用。

城邦公民是相对封闭的群体，公民必须符合基本的要求，如：父母一方或双方必须具有本邦血统；公民必须是合法婚姻所生，否则一般不能成为公民；公民要达到一定年龄，通常是 20 岁；公民必须是男性。没有本邦血统的人以及有本邦血统的妇女、儿童等都没有公民权，不属于公民。在不同的城邦、不同的国家，公民资格的基本条件也有所变化。如雅典在伯里克利时期曾经改变父母一方是雅典公民即可获得公民身份的规定，要求父母双方都必须是公民；雅典男性 18 岁就可以成为公民，而斯巴达男性到

30岁才成为真正的公民。公民要有独立的经济基础，尤其是土地，以确保其有能力为国家履行义务。但不同的城邦具体规定也不相同，如在斯巴达公民一旦失去土地，不能足额纳税就失去公民权，而雅典早在梭伦改革时期就规定不得以人身作抵押借贷，使得经济状况与公民身份联系不那么紧密。公民必须为国家承担一定的义务，主要是自备武装为国从军，缴纳赋税或捐助财物，参与国家政治活动，如参加公民大会、民众法庭及担任国家公职等。没有实力或拒绝履行义务的人，以及违背国家法律的人，有可能失去公民身份。

（四）城邦的社会阶层

对城邦居民的划分有多种标准，这些标准有助于充分认识城邦的特征。第一种常用的标准是奴隶和自由民。奴隶往往是俘虏或购买的人，他们是主人的私有财产，没有自由权利，没有土地、房屋等不动产，少量的动产也不是完全私有，可以被主人随时剥夺。自由民的最大特征是具有自由身份，可以拥有私有财产，可以参加公共活动，付清债务之后可以自由迁徙。在自由民和奴隶之间还有一个中间阶层，色萨利的佩勒斯太（Penestae）、克里特的庇里阿西人（Perioeci）、斯巴达的黑劳士是其代表[1]，他们有自己的家庭、有私有财产，可以长期使用土地，但不能随意迁徙，必须向主人或国家缴纳赋税，必须服兵役。

第二种常用的标准是公民、非公民。公民首先必须是自由民，即享有自由身份，但不同于一般自由民之处是他必须具有本邦血统，享有政治权利，可以参与本邦的政治活动，担任国家官职，亚里士多德甚至认为担任官职是公民的主要标准。非公民在理论上应该包括除了公民之外的所有的国家居民。被释放奴隶，或因为各种原因失去政治权利的公民严格来说不

---

[1] 关于黑劳士的性质，参见祝宏俊：《关于斯巴达征服美塞尼亚的反思》，载《西南大学学报》2013年第1期。

属于公民，尽管他们或被称为"新公民"，或被称为"下等公民"。

第三种标准是平民与贵族。平民与贵族同属于公民阶层。贵族有较强的经济实力，他们往往依靠世袭而拥有较多、较肥沃的土地，有的则拥有矿山、手工工场等其他产业。他们拥有奴隶和雇佣劳动者，靠剥削生活。他们还拥有较多的政治权利，甚至世代担任高级官职，这类官职虽然不是世袭的，但是他们可以凭借经济实力和政治实力去影响选民，甚至通过收买选民、发起暴动来窃取高位。贵族常常通过联姻等形式互相勾结，形成一个封闭的群体，垄断国家政权。而平民一般只拥有少量贫瘠的土地，这些土地的出产只能供应家庭的日常生活，有些家庭还无法满足日常需要，家庭成员必须外出打工以补充家用。他们必须自己亲自参加劳动，他们中的一部分拥有少量奴隶，但无论是否拥有奴隶，他们必须参加劳动。

第四种标准是富人与穷人。这主要是从财产的角度划分的，也可以分为"极贫、极富和中间阶层"三个等级。城邦初期，内部贫富分化加剧，如在雅典，有人年收入在 500 麦斗以上，有人则不到 200 麦斗，有人可以靠地租不劳而获，有人则不得不靠为别人打工为生。公元前 6 世纪的诗人提奥格尼斯（Theognis）说："财富对任何人都不嫌多，已有巨额财富的人还想使自己的财富翻倍。"①"贫穷的人既没有权力谈论任何事，也没有能力做成任何事，他的舌头被牢牢地束缚住了。"②"对穷人来说与其生活在可悲的贫困中，不如死亡。"③富人群体中包含了贵族、部分公民和自由民，而中间阶层则以平民、普通公民和自由民为主，穷人则是那些贫困化的公民、自由民和奴隶。

在贫富分化浪潮的冲击下，首当其冲的是平民阶层。贫富分化带给他

---

① Theognis, *Greek Elegiac Poetry*, Cambridge, Massachusetts and London: Harvard University Press, reprinted in 1999, fr. 227-232.

② Theognis, *Greek Elegiac Poetry*, fr. 173-178.

③ Theognis, *Greek Elegiac Poetry*, fr. 181-182.

们的不仅是经济的贫困化，还有政治地位的下降，因此他们对贵族的盘剥、社会的变化感受更为深切。如果仅就某一方面来说，矛盾似乎并不激烈，如雅典的"六一汉"（Hektemorôi）只需交纳收成的 1/6，但是陷入债务就意味着失去公民权，就意味着可能沦为奴隶，这些加剧了平民的不满，从而引发了雅典社会的德拉古改革、基伦暴动和梭伦改革等社会运动。平民与贵族的斗争往往采用立法、改革、移民等手段解决。城邦早期，希腊世界出现了一轮立法高潮，涌现了扎琉科斯（Zacleucus）、卡荣达（Charondas）、腓洛劳斯（Philolaus）、斐冬（Pheidon）、奥诺玛克里托斯（Onomacritus）、来库古（Lycurgus）、梭伦等人的立法活动。① 这些立法大多有利于贵族，当然也在一定程度上满足了平民的要求，但这些改革并没有彻底解决平民与贵族之间的矛盾。

平民与贵族之间的矛盾很少演变成暴动起义，但这种矛盾往往为贵族利用。一些贵族常常以平民代表自居，争取平民的支持，与自己的政敌进行斗争，这些人被称为平民领袖，他们和他们的同党则被称为平民派或民主派。如克里斯提尼、伯里克利都出身于贵族。他们当初都热衷于夺权斗争，在形势不利时才成为平民领袖。这些贵族在掌权之后，往往会采取一些有利于平民的改革措施。在某些城邦，失败的一方会寻找国外力量支持，从而引发暴力冲突，甚至大规模的战争。如公元前 435 年的科西拉事件就是因为国内的平民派和贵族派的斗争而引起的。

(五)城邦的殖民扩张

在城邦产生的同时，希腊人开始了大规模的扩张活动。这场活动集经商和征服于一体，或以经商为主，或以占地为主，经商的同时伴以设置商

---

① 扎琉科斯为洛克里人立法，卡荣达为卡塔纳和意大利地区的卡尔西斯人殖民地立法，腓洛劳斯为科林斯立法，斐冬为阿哥斯立法，来库古和梭伦为斯巴达、雅典立法，详见下文。奥诺玛克里托斯据说是洛克里人，原来是巫师，后到克里特学习，自己没有立法，但他是来库古、扎琉科斯的老师。

业据点，也带有占领土地的性质。因此，学者们常常称之为"殖民活动"。这场活动的高潮在公元前 8 世纪至前 6 世纪。

在西亚、北非地区发达文明的推动下，地中海世界的商业活动很早就活跃起来。但公元前 14 世纪，埃及与赫梯在东地中海沿岸进行的争霸战争，使商业一度遭到破坏。公元前 13 世纪埃及、赫梯衰落后，巴勒斯坦、以色列等地区先后独立，生活在这里的腓尼基人发挥自己的特长，展开了范围广阔的海上贸易活动，其足迹遍布地中海东岸、南岸，向西直至意大利、西班牙地区。希腊神话称宙斯诱拐了欧罗巴，将她藏在克里特，欧罗巴的哥哥卡德摩斯寻找妹妹不得，无法回家，于是在底比斯建城。这个神话故事表明，腓尼基人可能也曾经来到希腊。

希腊人积极参与了海上商业活动。在公元前 9 世纪至前 8 世纪前夕，希腊人在叙利亚、巴勒斯坦、西里西亚地区建立了商业据点。希腊人开辟了自己的商业路线，如他们曾经沿着土耳其和叙利亚之间的奥隆特斯河向上游开展商业活动。公元前 800 年左右，来自优卑亚的希腊人在奥隆特斯河河口修建了阿尔明那城。此后的三百年中，这里成为希腊与东方开展贸易的重要港口城市。这里有整齐的街道，有专业化的生产贸易区，有仓库、商店、办公场所。希腊人、腓尼基人、塞浦路斯人聚集在这里从事商业活动。优卑亚岛在黑暗时代仍然保持了社会发展的延续性，是黑暗时代希腊世界经济最发达的地区，较早开始了海外商业冒险活动。除了在东方修建阿尔明那城外，他们还向西扩张。公元前 753 年，他们在意大利的庇达库斯岛殖民，后迁到意大利本土的库麦。这时希腊人的海外活动主要是经商牟利，而不是为了占领土地。

希腊由经商向殖民的转变可能与公元前 8 世纪中后期亚洲和希腊本土政治形势的改变密切相关。公元前 10 世纪，亚述帝国再次崛起，开始了对外扩张。亚述初期的扩张主要以掠夺财物为主。公元前 9 世纪，亚述国王改变策略，着手建立帝国，开始了开疆拓土的征服战争。此后历代国王在

300 年的时间内几乎没有停止过战争的步伐。公元前 8 世纪中期，亚述国王提格拉特帕拉萨尔三世（公元前 745—前 727 年）即位，开始更大规模的征服战争。亚述帝国将希腊、腓尼基的商业势力逐出了亚洲，希腊人不得不将商队开往西部地中海。商业形势的恶化导致了希腊世界内部矛盾的加剧。约在公元前 750 年（一说公元前 710 年），希腊最富裕地区优卑亚岛上的两个主要城邦卡尔西斯和厄立特里亚为了争夺肥沃的拉兰丁平原发生战争，史称"拉兰丁战争"。这场战争将许多希腊城邦卷入其中，萨摩斯、色萨利、科林斯、斯巴达支持前者，而米利都、开俄斯、麦加拉则支持后者。战争导致许多人流离失所，不得不迁居海外，寻找新的生活空间。公元前 734 年，优卑亚人在西西里岛建立了纳克索斯；公元前 729 年，在这里建立了莱翁提尼（Leontine）、卡塔纳（Catana）；公元前 712 年，在意大利南部靠近西西里的地区建立了勒基乌姆（Rhegium）。

与此同时，伯罗奔尼撒半岛上的多利亚各城邦也向西部扩张。他们扩张的主要动力可能是内部的土地之争，这在斯巴达的"处女之子"事件中表现得较为明显。"处女之子"一说是斯巴达人与黑劳士妇女所生之子，一说是斯巴达妇女在战争的情况下与黑劳士男子所生之子，总之是斯巴达人阶层的不合法婚姻所生子女。他们要求平等分得土地，并秘密组织暴动。于是斯巴达政府出面，提供必要的物质支持，组织他们外出殖民。他们先到非洲殖民，但遭到当地居民的抵制，殖民一度遭受挫折，他们企图回国，但被国人拒绝，转而到意大利南部殖民。公元前 712 年，他们在这里建立了塔林顿。此外，阿卡亚人在意大利中部的锡巴里斯（Sybaris）和克罗顿（Croton）建立殖民地。科林斯是伯罗奔尼撒地区对外殖民最为成功的城邦。科林斯的商业较为发达，公元前 8 世纪末率先制造出具有东方文化元素的陶器。可能也受到亚洲政治变化的影响，他们全力向西部扩张，在亚得里亚海南部建立的科西拉、在西西里岛建立的叙拉古都是希腊世界重要的城邦。科西拉的海军在公元前 5 世纪的希腊世界属于第三大海军。而叙拉古则是地中海地区最强大的城邦之一，曾与迦太基、罗马鼎足而立。

古希腊人对西部地中海的殖民不仅仅限于意大利和西西里，部分居民走得更远。小亚的佛凯亚人在西班牙、高卢南部建立了殖民地。公元前600年，他们在罗恩河口建立了马赛，并以此为据点，在尼凯亚（Nicae）和安提波利斯（Antipolis）以及西班牙北部的安普瑞亚斯（Ampurias）地区广泛殖民。

锡拉人在非洲北部建立了昔兰尼。锡拉人的殖民有更多的文献材料记载，这些文献表明这次殖民属于希腊殖民扩张的另一种类型。据说，锡拉岛经历长期干旱，食物匮乏，于是政府出面，采用抽签制，从多子女的家庭选出一名成员出海殖民。国家为他们配备船只、食物，任何拒绝接受抽签结果参加殖民，或隐匿已中签的公民、间接破坏殖民活动的人都将被处死。锡拉人先在靠近非洲的普拉提亚岛殖民，但普拉提亚岛的自然条件恶劣，他们迁居到非洲大陆北部利比亚地区的阿奇里斯。后来，在利比亚人的劝说下，他们离开阿奇里斯来到昔兰尼。他们在这里生活了几十年之后，大批的锡拉人和希腊人也来到这里，导致了殖民者与土著之间的土地之争。利比亚人投靠埃及，借助于埃及军队对殖民者发动战争，但是遭到失败。[①]昔兰尼殖民地的建立过程表明，殖民活动不仅仅是商人的冒险活动，也是国家组织的政治行为。殖民者的殖民活动伴随着与当地土著之间的复杂矛盾。

公元前6世纪，中部地中海南岸的腓尼基的殖民地——迦太基强大起来，与意大利北部的伊达拉里亚人联合，排挤腓尼基和希腊人的势力。希腊在西部的殖民进入尾声，重点转向希腊东北部和黑海。希腊对黑海沿岸的殖民实际上很早就开始了，奥尔科莫诺斯的王子逃亡科尔基斯、伊阿宋到科尔基斯盗取金羊毛的故事反映了希腊人到黑海地区殖民的历史。在这里殖民的主要是米利都、麦加拉。米利都人共建立了70多个殖民据点。早

---

① ［古希腊］希罗多德：《历史》，Ⅳ.151～159。

在公元前 8 世纪上半期，米利都就在黑海南岸建立了锡诺普，公元前 756 年又建立了特拉佩佐斯，公元前 680 年建立了阿比多斯，公元前 675 年建立了库齐库斯(Cyzicus)。但对北部希腊和黑海地区大规模的殖民则始于公元前 6 世纪。公元前 600 年前后，他们在克里米亚半岛建立了潘提卡彭，公元前 550 年前后他们在现在的乌克兰地区建立了奥尔比亚。麦加拉也在这里进行了大规模的殖民，他们在博斯普鲁斯海峡两岸建立了卡尔西冬(Calchedon，公元前 685 年)和拜占庭(公元前 668 年)，公元前 560 年，他们又在小亚细亚建立了赫拉克希亚。

公元前 6 世纪之后，大规模的殖民活动趋于停止。不过，特殊情况下的殖民活动还在零零星星地发生。如公元前 435 年，亚得里亚海的爱皮丹努斯与科西拉发生冲突，他们向科林斯求援。科林斯决定在当地建立一个殖民地，凡自愿前往的人都可以享有平等的政治权利，凡不准备马上前往的只要缴纳 50 德拉克马就可以在殖民地享有一份权利，而自己不必前往。规定一出，许多人响应。随后，科林斯政府请求各邦提供帮助，或提供船只，或提供金钱，最后有 8 个城邦提供了 40 多艘船只，3 个城邦提供数量不详的金钱。[1]

古希腊的殖民活动实际是城邦的复制和分裂。殖民地相对于母邦是子邦，但在政治上是独立的、平等的。与近代从属于宗主国的殖民地不一样，古希腊的殖民地只是在道义上或礼节上尊重母邦而已，而母邦对子邦也没有政治控制的要求，有时候，母邦和子邦之间为了政治、经济利益还会兵戎相见。公元前 435 年的爱皮丹努斯事件就是由子邦和母邦之间的复杂矛盾引起的。爱皮丹努斯是科西拉的殖民地，科西拉是科林斯的殖民地。爱皮丹努斯内部发生党派之争，贵族派被驱逐，他们祈求母邦科西拉的帮助遭到拒绝，转而祈求科林斯的帮助。科林斯此时则因为科西拉在公共节日

---

① ［古希腊］修昔底德：《伯罗奔尼撒战争史》，I.27。

上不尊重科林斯，决定插手爱皮丹努斯的内政。最终，科林斯与科西拉之间发生公开的军事冲突。

殖民扩张对希腊历史的发展带来了重大的影响。

殖民扩张是希腊城邦内部矛盾的调节器。在城邦早期发展中，自然灾害、土地分配不公、贫富分化、权力之争等因素导致各种复杂的社会矛盾，这些矛盾积聚到一定程度，势必会引起社会的动荡。通过殖民扩张，冲突双方找到了一种化解矛盾的方法，避免了社会的剧烈动荡和矛盾双方的激烈冲突。

殖民扩张还是希腊社会经济的助推器。通过殖民扩张，希腊人的活动空间大为增加，原先的希腊人局限在爱琴海地区和希腊本土，现在希腊人的足迹遍及黑海沿岸、西部地中海等地区，这为希腊人提供了更为广阔的市场。希腊的陶器、葡萄酒、橄榄油销往更遥远的地区，而地中海世界各地的商品，如谷物、兽皮、金属、奴隶等输入希腊，希腊人还通过从事区域间的转手贸易获取利润。这些都刺激了希腊世界的经济发展。

殖民扩张是不同文化交流的加速器，一方面将希腊的宗教神话及其他文化成果输往地中海各地，如希罗多德就说，色雷斯地区崇拜的扎尔摩西斯神实际上最初是萨摩斯哲学家毕达哥拉斯的奴隶，他回国后宣传灵魂不灭的思想。[①] 另一方面，其他地区的文化也输入希腊本土，大大促进了希腊本土的文化发展，如腓尼基的文字、埃及的建筑、吕底亚的音乐纷纷传入希腊，希腊艺术中出现了大量的东方社会的元素，被学者称为"东方化革命"。希腊本土之外各地之间的文化交流也比较频繁，如毕达哥拉斯本是萨摩斯人，但他曾经到过埃及，最后来到意大利的克罗顿。

殖民扩张还是希腊政治模式的播撒器。殖民地的奠基者大多是由母邦指定的贵族首领，出发之前他们从母邦的神坛取得火种，然后奔赴殖民的

---

① ［古希腊］希罗多德：《历史》，Ⅳ.95。

征程。通常参加殖民的人数在 200 人左右，在夺取殖民地之后，他们常常要修建城墙、堡垒、神坛等公共建筑，在成员之间分配土地，为了防止土著居民的进攻以及对土著居民进行剥削，他们通常结成政治共同体。这样他们就把希腊的城邦模式带到地中海各地。

二、早期僭主政治

"僭主"一词希腊文写作 Tyrannos，关于这个词的来源有不同的说法，一说是来自意大利的第勒尼安人，一说是来自小亚细亚的吕底亚，一说是来自腓尼基人。[①] 不管分歧如何，一个共同点是该词不是源于希腊语本身，而是外来词语。最早使用这一词汇的是公元前 7 世纪的萨摩斯诗人阿基洛霍斯(Archilochos)。[②] "僭主"一词是当时人们对某一类统治者的特殊称呼，这类统治者拥有更大的权力，处理政务更加独断专行。

(一)早期僭主政治形成的背景

僭主政治是荷马时代以来希腊国家权力逐步集中、强化的结果。荷马时代是城邦的孕育期。这一时期的初期，作为国家最高权力象征的王权一度被削弱，在此后的历史发展过程中，王权逐步强化。在不同的城邦，王权强化的进程不同，或快或慢。如前所述，在《荷马史诗》中就存在两种不同的王政体制：一种已经形成了世袭制，相对比较稳定，如迈锡尼的王权从佩洛普斯到阿伽门农，世代相传了四代，吕凯亚的王位也父死子继了三代，特洛伊则传了五代。王位世袭说明王权政治比较巩固。另一种还没有形成世袭制，权力不稳定。如伊塔卡的奥德修斯家族王权靠奥德修斯的个

---

① 施治生、刘欣如：《古代王权与专制主义》，北京：中国社会科学出版社，1993 年版，第 89~90 页；[英]奥斯温·默里：《早期希腊》，上海：上海人民出版社，2008 年版，第 128 页。

② 他的一篇残诗说：我不在乎居吉斯和他巨额的财富，我既不羡慕也不嫉妒天神的功业、僭主的伟大；这一切都不在我的眼下。

人实力维持，奥德修斯不在时其父只能到乡下隐居。部分早期僭主就是从国王发展而来，但比荷马笔下的国王权力更大。还有部分僭主则是利用城邦内部社会矛盾紧张之际通过政变等手段夺取政权。

希腊城邦形成之际的主要矛盾是平民与贵族之间的矛盾。古风时期，希腊社会贫富分化加剧，少数贵族通过强占土地、发放高利贷积聚起大量财富，而更多的人则日渐贫困，这引起了平民与贵族之间的激烈斗争。如米利都的平民用牛踩死富人，麦加拉的平民则把侵占公共土地的贵族的牛羊全部杀死，斯巴达"处女之子"因为土地分配不公而密谋发动暴动，雅典欠债的"六一汉"因为债务问题几乎"对每一件事都不满"。盘踞社会上层的贵族与大量的外来人口之间也处于紧张的矛盾之中。随着社会经济的增长，越来越多的人脱离了氏族组织，他们在希腊各城邦之间不断流动，寻求谋生的机会，但氏族贵族利用特权排斥、剥削外来人口，这使得那些工商业比较发达的城邦的社会矛盾尤其复杂、尖锐。

虽然平民遭到贵族的压迫与剥削，但由于历史的原因，平民在城邦社会中的实力不容忽视。尽管平民的经济地位不及贵族，但其差距并没有人们认为的那么大。在梭伦改革时的等级标准中，最高一级的财产标准是年收入在 500 麦斗以上，而最低等的第四等级的年收入是 200 麦斗以下。另外，平民还通过军事改革巩固了自己在城邦社会中的地位。公元前 8 世纪，希腊战争艺术发生巨大变化，荷马时代的军队由以贵族为中心的骑兵和普通士兵组成，战斗主要取决于贵族之间的个人决斗；古风时期则采用了重装步兵和方阵战术，普通公民（即平民）自备武装参军入伍，在战斗中他们与贵族士兵一起组成方阵，投入战斗。军事变革提高了平民的社会地位。

这样，平民成为城邦社会不可忽视的政治力量，成为少数政治家、野心家可以凭依的力量，而平民也期望借助于某位杰出人物来维护本阶层的利益。

(二)科林斯的僭主政治

科林斯位于伯罗奔尼撒半岛的东北部，通过科林斯地峡与大陆相连。这里扼爱琴海和亚得里亚海、伯罗奔尼撒半岛与希腊半岛的交会处，自古就是商业中心、军事要塞。凭借得天独厚的地理位置，古风时期早期科林斯的商业迅速发展，成为希腊世界商业最发达的地区之一。来自东方的商品大多从这里穿越地峡进入亚得里亚海，输往西北部希腊、意大利等地。人们在科林斯发现了来自东方的圣甲虫宝石、护身符、进口的陶瓶和扣针等。受东方艺术的影响，科林斯首先生产出具有明显东方特色的陶器，直到公元前 6 世纪，这种陶器在希腊世界都大受欢迎，畅销各地。科林斯商品通过阿尔明那、瑙克拉提斯(Naucratis)销往小亚、埃及。公元前 733 年，科林斯建立了叙拉古和科西拉两个重要的殖民地，后来它们成为西部希腊最强大的城邦。科林斯商人可能已经来到意大利北部经商，后来夺取罗马政权的塔克文家族就是科林斯商人的后裔。得益于发达的商业，科林斯成为当时希腊世界最富裕的地方。古代有一句名言："不是每个人都能去科林斯"，反映了科林斯的生活标准是比较高的。公元前 8 世纪后期，科林斯已经成为希腊最发达的城市。公元前 650 年修建的赫拉神庙的遗物一直保存到现在。据说神庙内曾有 1000 名妓女，为来往商旅提供服务。公元前 581 年，科林斯设立了地峡竞技会，吸引了众多的竞技高手和观众。赫拉神庙的建造和地峡竞技会虽然稍晚些，但在一定程度上也与早期的经济繁荣相联系。

经济的发展促进了科林斯国家的形成。大约在公元前 8 世纪后期，8 个村落联合建立了科林斯城邦。传说科林斯的统治者来自赫拉克勒斯家族，大约在公元前 747 年，巴奇斯为王，他比以前的统治者拥有更高的声誉，成为科林斯王室的名祖。传说巴奇斯之后该家族统治了约 144 年，传 5 代。① 巴奇斯家族约有 200 多户家庭，实行严格的内婚制，以维护自己高

---

① Diodorus，*Library of History*，Ⅶ.79.

贵的门第。① 他们大力提倡商业活动，使科林斯成为当时希腊"最不鄙视商业"的城邦。② 他们自己也积极从事商业活动，成为科林斯对外扩张的先导，叙拉古殖民地就是由该家族的阿基亚斯所建，切尔西克拉特斯则建立了科西拉殖民地。他们通过经商和征收贸易税积累了大量的财富。依靠财产优势，巴奇斯家族牢牢控制着国家政权，实行严格的长子继承，一年一度的名年官全部从巴奇斯家族选举产生。巴奇斯家族的统治实际上已经成为王权政治。

图 4.2　科林斯花瓶

　　进入公元前 7 世纪，巴奇斯家族的实力开始衰落。大约在公元前 700 年或稍后，科林斯曾经与麦加拉发生战争，失去了曾占领的麦加拉领土。公元前 664 年，科林斯与自己的殖民地科西拉之间发生了修昔底德所知的最早的一场海战。这场战争使科林斯失去了对西部贸易商路的控制。商业上的失败动摇了巴奇斯家族的统治。公元前 657 年，巴奇斯家族的统治被推翻。

　　推翻巴奇斯家族统治的库普塞洛斯与巴奇斯家族有一半的血缘关系。他的母亲拉布达来自巴奇斯家族，因为天生跛足而被本族男性所歧视，无法婚嫁，不得不嫁给拉皮泰族的埃提昂，生下库普塞洛斯。巴奇斯家族的国王曾经得到神谕，认为拉布达的后裔将会推翻自己的统治，因此，当库普塞洛斯诞生后，巴奇斯家族派人试图杀死他，库普塞洛斯被迫流亡海外。

---

① ［古希腊］希罗多德：《历史》，Ⅴ.92。
② ［古希腊］希罗多德：《历史》，Ⅱ.167。

他长大之后，重新回到科林斯，当选为高级军事指挥官——波勒马科斯。他在任期间，善待债务人，大大提高了自己的社会威望，成为"人民领袖"①；他网罗党羽，密谋夺取权力。公元前657年，库普塞洛斯发动政变，放逐巴奇斯家族成员，没收其财产，并将反对者安置到殖民地，召回那些被流放的人。他成为科林斯新的统治者，被后人称为僭主。

库普塞洛斯家族的僭主统治历经三代：库普塞洛斯（公元前657—前627年）和他的儿子佩里安德（公元前627—前586年），佩里安德的侄儿普撒麦提库斯（公元前586—前582年）。库普塞洛斯家族统治的主要特点集中体现在库普塞洛斯和佩里安德的统治时期，普撒麦提库斯的统治仅有4年。

库普塞洛斯家族的僭主政治措施明显倾向于平民阶层。在希罗多德记载的关于库普塞洛斯统治的神谕中就说，他将为科林斯带来正义。古典作家称他们对内竭力争取普通民众的支持，统治温和，遵守法度，轻徭薄赋，满足于市场税和港口税，出入不带卫士。② 他们采取措施鼓励发展工商业和海外殖民，铸造货币，设立海湾市场，吸引各方客商。科林斯还是九个出资在古埃及建立殖民地瑙克拉提斯的希腊城邦之一。他们铺设横跨地峡的石路，石路中间有凹槽和车轮，可以把船只从一边的海湾拽到另一边，大大缩短了行驶距离。科林斯僭主积极支持海外殖民活动，在希腊半岛西北部又建立了安布拉西亚、阿波罗尼亚等殖民地，在东北部设立了波提狄亚。

在外交方面，科林斯执行和平的外交策略，它改变了与米利都为敌的外交政策，双方建立了良好的外交关系，共同分享黑海的商业利益；它在仲裁雅典和密提林关于西吉乌姆城的归属时将该城判给雅典，从而与雅典建立了良好的关系；它在德尔菲建立了金库，同时大量奉献，赢得了德尔

---

① ［古希腊］亚里士多德：《政治学》，1310b10。

② ［古希腊］亚里士多德：《政治学》，1315b13～22，1313b22；［古希腊］希罗多德：《历史》，Ⅴ.92。

菲的支持；科林斯与小亚国家吕底亚之间也有着良好的关系，吕底亚曾经借用科林斯在德尔菲的金库①；科林斯与埃及也保持着良好关系，佩里安德的侄儿与埃及法老普萨美提克同名。

佣主政治时期，科林斯的文化获得显著发展。列斯波斯的诗人阿里翁成为佩里安德的座上宾②，并发展出一种新的诗歌体裁——颂歌。科林斯还发明了泥制铸模技术，生产用于建筑的装饰件。著名的地峡竞技会可能也是在这个时期创立的。迄今所知第一届地峡竞技会大约举办于公元前582年。佩里安德本人被誉为希腊七贤之一，与改革家梭伦、哲学家泰勒斯等人齐名。

但是在佩里安德统治后期，科林斯的僭主统治逐渐腐败。佩里安德铲除才能杰出之人，禁止会餐、结党、教育，以及类似的事情，"凡是一切足以促使民众产生互信和足以培养人们志气的活动"都加以制止；他还通过贿赂、恐怖、密探、制造分裂、大兴土木等手段加强对人民的控制。他谋杀妻子，放逐贤子，驱逐身为爱皮丹努斯国王的岳父；他穷兵黩武，吞并爱皮丹努斯，攻打科西拉，将300名科西拉儿童送到波斯做阉人。③ 传说他为了安慰妻子的亡灵，将科林斯妇女全部骗到一起，将她们的衣服剥光，然后将那些衣服焚烧献给他的亡妻。佩里安德的行为引起人们的普遍不满。他死后他的侄儿继位，人们把对他的不满全部发泄到他侄儿身上，仅4年，人们就推翻了他侄儿的统治。库普塞洛斯家族的僭主统治宣告结束。

(三)阿哥斯的僭主政治

在伯罗奔尼撒半岛的东北部有一片平原，它因古风时期最强大的古国阿哥斯而得名阿哥利斯。这里在迈锡尼文明时期曾经建立了迈锡尼、提林斯等著名古国。公元前11世纪，多利亚人南下，毁灭了迈锡尼文明。传说

---

① ［古希腊］亚里士多德：《政治学》，1313b19；［古希腊］希罗多德：《历史》，Ⅰ.14。
② ［古希腊］希罗多德：《历史》，Ⅰ.23。
③ ［古希腊］希罗多德：《历史》，Ⅲ.48。

赫拉克勒斯的后裔特美诺斯占领了阿哥斯地区，建立起王政统治，但这种王政是亚里士多德所说的那种选王制。[①] 阿哥斯王政一直延续到斐冬建立僭主政治。

阿哥利斯地区耕地辽阔，土壤肥沃，使得这里在荷马时代成为希腊世界最富庶的地方。居住在此地的人很早就生产金属器，约公元前 1000 年就开采银矿。阿哥斯很早从事商业活动，传说伊娥就是被腓尼基商人劫走的，伊娥被劫到埃及，她的后代成为埃及法老，但因为家族内部的矛盾，伊娥的后代达那奥斯带领 50 个女儿回到阿哥斯，并成为阿哥斯的国王。这个神话故事表明阿哥斯很早就与腓尼基、埃及等地有了商业联系。人们在埃及的瑙克拉提斯也发现了大量阿哥斯风格的陶器。"七将攻忒拜"的故事表明阿哥斯曾经与中部希腊建立了密切的联系。

公元前 8 世纪后期，阿哥利斯地区的社会经济迅速发展。当地人在借鉴雅典原始几何陶的基础上，创造出新的晚期几何陶。这种陶器形制、图画、工艺十分精美，对科林斯、斯巴达、雅典的陶器制作产生了重要影响。这种陶器畅销希腊各地，人们在提该亚、厄基那、德尔菲、麦加拉、伊塔卡、特洛伊等地都发现了这种陶器。阿哥利斯地区的金属生产也引人注目，尤其是盔甲生产。人们在赫埃乌姆（Heaeum）地区发现了 6000 件青铜器物。阿哥斯人生产的青铜盔甲可能行销于意大利、克里特、亚洲等地。据考古资料可知，此间人口增加了。人们在一度荒芜的迈锡尼、提林斯等地重新发现了这种新式陶器，意味着这些地区被重新开发出来。居民点不仅分布于迈锡尼时期的旧址，甚至散布到阿斯匹斯（Aspis）山地。居民点内开始建筑大型的建筑物，如用砖坯、木料建成神庙。赫拉乌姆（Heraeum）距离阿哥斯城约 8 千米，公元前 8 世纪末这里新修了石材建造的赫拉神庙。这个

① Plutarch，*Moralia*，Vol. Ⅳ，1936，Reprint，Cambridge，Massachusetts and London：Harvard University Press，1993，340c.

神庙台基长达 55 米，大的石材长 5 米，高 2 米。

经济恢复和发展，使国力大大增强，阿哥斯开始了对外扩张。大约在公元前 8 世纪后期，阿哥斯在希腊率先实行军事改革，建立起重装步兵。人们在一个属于公元前 710 年左右的墓穴中发现了全套的盔甲。重装步兵的战术与荷马时代不同，大量手持盾牌、身穿盔甲的战士，肩并肩集结在一起，排成方阵，就像一道由盾牌、头盔和长矛组成的厚墙。战斗时，方阵整体一起冲锋，前排的战士持矛刺敌，杀死敌人；后面的战士奋力前挤，挤散敌阵。凭借这支武装，阿哥斯或通过直接的武力征服，或通过间接的军事威慑实现政治联盟。亚辛（Asine）就是在武力胁迫之下被彻底废弃，居民流亡海外。大多数地区则惧怕阿哥斯的武力，被迫建立联盟，如提林斯、瑙普利亚、迈锡尼等。

公元前 8 世纪，阿哥斯内部社会矛盾复杂。首先是征服者与被征服者之间的矛盾。阿哥斯内部共有四个部落：许罗斯（Hylleis）、迪马尼斯（Dymanes）、巴姆菲洛斯（Pamphyloi）和赫尔纳托伊（Hyrnathioi）。前 3 个属于多利亚人，后一个则是当地土著部落。其次是贫富之间的矛盾。部分富人占有大量财富，其墓穴规模宏大、建造精美，殉葬品工艺精湛、数量众多。有一个墓葬中出土了完整的青铜铠甲、精致陶瓶、3 个金戒指，还有一些金叶碎片、2 把双面斧、12 枚铁质货币。与此同时，阿哥斯存在一个"裸汉"阶层。裸汉是一批经济地位低下、缺衣少食、不能从军打仗的社会成员。统治阶层内部也存在矛盾。阿哥斯控制阿哥利斯地区主要通过联合的方式，这些被迫臣服的地区并没有真心实意地服从阿哥斯的统治，提林斯、瑙普利亚有自己的度量衡制度，迈锡尼则在公元前 8 世纪后期开始崇拜阿伽门农，而不是赫拉克勒斯。

复杂的社会矛盾需要强大的王权来应对，也为强权政治的建立提供了机遇，而重装步兵则成为王权利用的社会力量。方阵战术需要大量的士兵，这使得以前处于较低层的社会成员也被吸收到军队中。战争胜负也不再取决于少数贵族精英的单打独斗，而是军队的整体行动，日常生活中的贵族这时失去特权，他们与普通士兵平等地排列在方阵中。这种军制的变革一方面提高了国家的军事力量，同时也提升了普通士兵的政治地位。

约在公元前670—前660年，斐冬建立僭主政治。斐冬是特美诺斯家族的第十代国王。在担任一段时间国王之后，斐冬摆脱贵族的制约，行使了超越以前国王的权力，被后人称为僭主。亚里士多德称，斐冬起初为王，后来终于做成了僭主[1]。斐冬可能是通过逐步篡取权力而成为僭主的，这种权力过渡可能比较平稳。

史料关于斐冬在内政方面的措施记载极少，只知道斐冬成为僭主之后，制定了新的度量衡制度。这一制度在当时影响极大，希罗多德称这一制度通行于伯罗奔尼撒半岛，一直到公元前5世纪都在使用。这一制度具有双重功能，一是有利于工商业的发展，二是抑制贵族的不公平买卖，有利于平民。斐冬还可能平均分配过土地[2]。史料对斐冬的对外扩张记录较多，约在公元前669年阿哥斯在许西埃战役中打败斯巴达，夺回库努里亚(Cynouria)。次年，阿哥斯出兵厄利斯，帮助匹萨提亚人(Pisatian)夺回奥林匹克竞技会控制权，并亲自主持了当年的竞技会。斐冬发动了多次对外征战，曾经与西昔翁、科林斯、斯巴达、厄基那交战，互有胜负。据说，斐冬自己也在干预科林斯时战死。通过战争，阿哥斯控制了阿哥利斯地区，并一度占领伯罗奔尼撒半岛东部沿海的大部分地区，向南直到麦利亚(Melea)海角，包括基塞拉(Cythera)岛。

斐冬之后，他的儿子拉克戴斯(Lacedes)和孙子迈尔塔斯(Meltas)相继即位。迈尔塔斯统治时期，阿哥斯国力衰退，在战场上多次败于斯巴达。公元前6世纪中期，斯巴达东向侵入提该亚。提该亚位于阿哥利斯平原南

---

[1] ［古希腊］亚里士多德：《政治学》，1310b27。

[2] Plutarch, "Lives' Lycurgus", 7, in *Plutarch's lives*, 1914, Reprint, Cambridge and London: Harvard University Press, 1993.

部，是进入阿哥斯的南大门。阿哥斯举措不力，斯巴达约在公元前 550 年控制了这一地区。战场上的失败加剧了阿哥斯国内的矛盾，迈尔塔斯未能满足下层人民平分土地的要求，平民可能举行了暴动或抗议，迈尔塔斯不得不流亡境外。一份属于公元前 570—前 550 年的碑铭中出现了新的官员——Demiourgoi，却没有国王的名字。Demiourgoi 人数或 9 个或 6 个，表明阿哥斯建立了贵族寡头制度。

寡头统治并不稳定，最高官员人数变化不定，在此后的特定时间内还曾经一度恢复过王政。寡头统治也没能挽救阿哥斯。大约在公元前 549 年，阿哥斯在"锦标之战"中牺牲了 300 名战士，丢失了库努里亚。此后，麦利亚海角、基塞拉岛也相继被斯巴达占领。公元前 494 年，斯巴达国王克里奥墨涅斯率军攻入阿哥斯本土，在塞皮亚（Sepeia）打败阿哥斯，杀死 6000 名战士，致使阿哥斯人口急剧减少，不得不释放奴隶为公民，而奴隶趁机控制了国家政权①。

（四）西昔翁的僭主政治

西昔翁位于伯罗奔尼撒半岛的北部，东西分别与科林斯和阿卡亚接壤，北面是科林斯湾。新石器时代这里就有人居住，公元前 1900 年左右，阿卡亚人在这里建立定居点。多利亚人南下之后，原先居住在这里的阿卡亚人则退缩到伯罗奔尼撒半岛的中部和西北部，这里一度成为多利亚人的地区。

公元前 7 世纪前半期，西昔翁与西部的佩勒讷（Pellene）发生战争。佩勒讷位于西部的阿卡亚境内，他们之间的战争可能是征服者与被征服者之间传统斗争的延续。在这场战争中奥塔格拉斯家族（Orthagoras）开始崛起。奥塔格拉斯的父亲是个厨师，这表明奥塔格拉斯的出身低下。奥塔格拉斯参加了与佩勒讷的战争，起初只是普通士兵，后来他凭借军功逐步得到提

---

① ［古希腊］亚里士多德：《政治学》，1303a6；［古希腊］希罗多德：《历史》，Ⅵ.83，Ⅶ.148；Pausanias, *Description of Greece*，Ⅲ.4.1；Plutarch, *Moralia*，245f.

升，成为西昔翁的高级军事将领，最后被士兵拥戴为国家的最高统治者。在奥塔格拉斯的领导下，西昔翁获得了对佩勒讷的军事胜利，并向艾吉拉（Aigeira）进军，艾吉拉人趁夜间在羊角上装上火把，伪装援军，终于打退西昔翁军。大约在公元前 670 年，奥塔格拉斯利用军事上的成功，建立起僭主政治。

奥塔格拉斯的统治节制温和，遵循传统法制，因而其统治受到平民的支持。他的这一政策也为后来者所继承，这使得西昔翁的僭主政治在早期希腊的僭主中持续时间最长。奥塔格拉斯之后弥戎（Myron）即位。他只统治了 7 年就被他的弟弟伊索戴莫斯（Isodemos）暗杀。据传弥戎曾经参加第 33 届奥林匹亚竞技会，获得赛车的胜利。他还在奥林匹亚修建金库，奉献物品。伊索戴莫斯统治的时间更短，第二年即公元前 600 年，就被克里斯提尼（Cleisthenes）用计夺取了权力。克里斯提尼先是作为伊索戴莫斯的助手，但他迎娶科林斯僭主库普塞洛斯家族的女子，赢得了该家族的支持，随后驱逐伊索戴莫斯，自立为僭主。亚里士多德称克里斯提尼的僭主政治形式不同于弥戎，可能指的是两人获取权力的方式不同，后者是继承的，而前者则是通过阴谋手段夺取的。

克里斯提尼是一位颇有作为的僭主。他可能通过联姻稳固了与科林斯的关系，然后领导了第一次神圣战争。在历史上，德尔菲周围的城邦为了保证宗教祭祀的正常进行，建立了近邻同盟。公元前 6 世纪初，科阿（Kirrha）经常劫掠来往朝圣的人。公元前 590 年，近邻同盟决定发动战争惩罚科阿，这就是第一次神圣战争。克里斯提尼率军围困科阿城，断绝水源，企图用饥渴迫使守军投降。但科阿城内有一股泉水，泉水有暗河与城外相连。克里斯提尼见围困无效果，就在暗河里投放从植物中提炼的毒汁，使得守军全军腹泻，失去战斗力。神圣战争的胜利使得西昔翁控制了德尔菲及其周围地区，克里斯提尼重组了皮提亚竞技会，并在第二次皮提亚竞技会上获得赛车冠军。同时，他还在德尔菲建立金库。在稳定北方之后，克里斯提尼谋求彻底摆脱阿哥斯的控制。他取消了对阿哥斯始祖阿特拉斯托斯的崇拜，在西昔翁城内塑造了阿特拉斯托斯的敌人、底比斯英雄麦那涅普斯（Melanippos）神像，同时把原来献给阿特拉斯托斯的歌舞转献给狄奥尼索斯。克里斯提尼显然有意识地利用了多利亚人与阿卡亚人之间的矛盾，他把3个多利亚部落改名为"猪部落"、"小猪部落"、"驴部落"，另外设立一个"统治者"部落。克里斯提尼还与雅典建立联盟，将女儿嫁给雅典的阿尔克密尼德（Alkemeonid）家族的麦伽克里斯（Megakles）。后来雅典著名的政治家克里斯提尼就是他的外孙。

公元前570年，埃斯奇尼斯（Aeschines）继位，成为僭主。这时，斯巴达开始强盛起来，频繁对外发动攻势，这种攻势在阿纳克桑德里戴斯（Anaxanderides）统治时期达到顶峰。据史书记载，阿纳克桑德里戴斯的监察官基隆（Chilon）率军推翻了许多希腊僭主，其中包括埃斯奇尼斯。基隆约在公元前556年担任监察官。也就说，西昔翁的僭主政治大约在公元前556年结束。

（五）麦加拉的僭主政治

麦加拉位于科林斯地峡的北部，阿提卡半岛的西部。传说多利亚人南下时，攻阿提卡半岛不下，就在麦加拉定居建城。定居下来的多利亚人的部落逐渐发生变化，他们把当地人降为奴隶。而原先的多利亚血缘部落演变成5个地缘部落：赫拉利亚（Heraia）、佩拉利亚（Peraia）、库诺索拉（Kynosoura）、特里波迪斯科斯（Tripodikos）、麦加拉（Megarian）。每个部落各选举产生一个最高长官——Demiourgoi，组成国家的最高统治集团；另外还选举5个军事指挥官，负责军事事务。公元前8世纪这些部落开始联合成一个国家，并一度为科林斯的巴奇斯家族所控制。约在公元前720年，他们在奥斯普斯（Orsippos）的率领下重新获得独立。

麦加拉独特的地理位置有利于从事连接爱琴海和亚得里亚海的中转贸易。麦加拉人的海外活动与科林斯相似，在科林斯到西西里殖民不久，他们就在叙拉古附近建立殖民地特洛提隆(Trotilon)，后来因受到叙拉古的压迫，参加了卡尔西斯的殖民活动，但为后者所排挤，最后建立了塔普索斯(Thapsos)，后来又建立了麦加拉·赫波拉亚。由于受到科林斯和卡尔西斯的排挤，麦加拉在西方的殖民并不成功，他们转而向北部希腊和赫勒斯滂、黑海地区殖民，建立了卡尔西冬(公元前 680 年)、拜占庭(公元前 660 年)、塞利姆布里亚(Selymbria，公元前 662 年)。

公元前 640 年，提阿格尼斯(Theagenes)建立起僭主政治。由于史料缺乏，人们对他的了解还很模糊。提阿格尼斯的字面意思是"神的后代"(God-descended)，可见他应该属于贵族阶层，但提阿格尼斯宰杀了富人放养的大群牛羊，从而成为麦加拉僭主，他可能发动了平民反对富人的斗争。约于公元前 600 年，他在麦加拉城内建立了一个"水房"，为麦加拉居民提供饮水。提阿格尼斯统治时期麦加拉国力得到很大的提升，他曾经与雅典争夺萨拉米岛，并一度占领该岛，迫使雅典制定法律，禁止人们讨论夺取萨拉米岛。在他统治晚年，麦加拉贵族可能发动政变，驱逐了提阿格尼斯，提阿格尼斯逃到塔索斯(Thasos)，被当地居民当作神崇拜。

在提阿格尼斯的短暂统治之后，麦加拉建立了贵族寡头统治。麦加拉社会陷入内忧外患之中。在国内，贫富矛盾加剧，生活在此时期的诗人提奥格尼斯说："贫穷比其他任何邪恶，包括老年和疾病，更易征服一个人。你无法逃避，除非跳入巨浪汹涌的大海，跳下陡峭的悬崖。事实上，一个贫穷的人既没有权利谈论任何事，也没有能力做成任何事，他的舌头被牢牢地束缚住了。""对穷人来说，与其生活在可悲的贫困中，不如死亡。"麦加拉政府失去了对国家的控制，致使盗匪猖獗，不少人抢劫前往德尔菲的朝觐者，殖民地之一塞利姆布里亚也被萨摩斯所征服，麦加拉为此牺牲了 600名战士。萨拉米被庇西特拉图派来的雅典军队夺回，不仅如此，还丢失了尼塞阿(Nisaia)港。在这种情况下，麦加拉平民发动暴动，建立了短暂的民主政治。民主政府制定了有利于平民的法律：退还利息。但由于史料的缺乏，麦加拉政治的详情仍不太清楚。

（六）早期僭主政治的特点及其历史地位

根据亚里士多德的研究，古希腊的僭主政治具有三个方面特点。一是他们都是通过非法的手段取得权力。按亚里士多德对法的解释，法主要包括习惯法和人定法两种。依法取得权力，具体的表现就是通过选举取得权力，无论是有条件的推选或选举，还是无条件的普选。而僭主大多是通过其他途径获取职位，庇西特拉图三次上台的方法颇具代表性，第一次通过自我伤残骗取雅典人

图 4.3 骑马人像

的同情，第二次通过伪造神谕，第三次通过军事政变。由于传统的推选方法多有利于贵族，因此通过非法手段上台者大多是普通民众或下层贵族，如前述的奥塔格拉斯就是普通民众，而库普塞洛斯则是下层贵族。

二是他们都拥有不受限制的权力，职位世袭。僭主往往控制了全国的权力，而且有的人恣意妄为，如佩里安德的种种恶行。但最有代表性的是密提林僭主庇塔库斯。庇塔库斯与诗人阿尔凯奥斯本是反对僭主政治的斗士，事情失败之后，阿尔凯奥斯流亡海外，庇塔库斯留在国内。但公元前580年，雅典与密提林发生领土争端，庇塔库斯杀死了懈于战争的军事统帅，率军打败雅典军队，并因此被民众推选为最高统治者。10年后，庇塔库斯辞去职位。尽管庇塔库斯经过民选，在任期间也是一心为公，但作为一位战时领袖，他的权力要高于平常人，因此，他也被称为僭主。

三是僭主执政宗旨主要不是为城邦公共利益服务，而是为僭主个人、

僭主家族和亲友服务。由于僭主权力不受限制，虽然不乏庇塔库斯那样的僭主，但大多数僭主只关注自己及其小群体的利益，从而导致权力的滥用和腐败。晚年的佩里安德、希庇亚斯就是其中的代表。

从政治制度的角度看，僭主政治还有第四个特点，即国家政权组织还没有集权化。从荷马时代而来的城邦政权组织是巴赛勒斯、贵族会议和人民大会三个基本权力机构，这种组织结构在僭主制下仍然存在，僭主并没有形成完全从属于自己的、取代了传统的权力组织的政治体系。修昔底德称庇西特拉图家族的统治完全沿用了传统的法律，只是设法保证本家族有一人担任执政官。[①] 僭主通常没有从属于自己的官僚队伍，如庇西特拉图只有一个从属于自己的仪仗队，这个仪仗队是一个准军事组织，用于保卫僭主的人身安全，并不是官僚组织。其他僭主甚至连这种仪仗队都没有。僭主权力还必须在传统的权力体系下运行。这也导致僭主统治不稳固，大多传两到三代就被推翻。已知时间最长的是西昔翁的僭主统治，前后共计约100年，传5代，而中间的两代统治时间不到10年。

除了个人威望之外，僭主权力更多地是依靠民众的支持。如奥塔格拉斯、库普塞洛斯、庇塔库斯等都是凭借军功和民众支持上台。僭主政府也照顾到民众的利益，刻意抑制贵族的专横。如雅典僭主庇西特拉图遏制高利贷、发放低息贷款，组建巡回法庭。这使得贵族往往成为反对僭主制最积极的阶层。僭主尤其是第一位僭主，往往都关注国家事业，积极推动经济发展，从而使得国力迅速提升，无论是科林斯、阿哥斯还是西昔翁等。僭主时期一般都是国家经济发展的时期，国家往往成为当时的希腊世界国力最强的城邦。正因为如此，早期的希腊世界往往并不反对僭主制，而是反对个别的僭主。

---

① ［古希腊］修昔底德：《伯罗奔尼撒战争史》，Ⅵ.54。

第二节　斯巴达

斯巴达是古希腊最大的城邦，位于伯罗奔尼撒半岛的南部。鼎盛时期的斯巴达国土包括拉哥尼亚和美塞尼亚两个部分。两个地区由低矮的泰该都斯山隔开，东面是欧拉托斯河河谷地带，比较适合耕种和居住，又称拉哥尼亚，拉哥尼亚的北部便是迈锡尼时代的斯巴达，再向东则是丘陵地带，丘陵地带东侧是沿海的狭小耕地。泰该都斯山以西是由众多河流冲刷而成的河谷地区，其中面积最大的是帕米索斯河（Pamisos）河谷，帕米索斯河的上游是斯腾克拉奥斯（Stenyklaros）平原，下游是马卡利亚（Makaria）平原。河谷的西面则是山区，北部紧邻河谷地区的便是著名的伊托姆山，而山区西侧沿海处较为平缓，涅斯托尔的故乡便位于这里。

迈锡尼时代这片地区还没有得到全部开发，人们主要居住在拉哥尼亚北部和派罗斯地区。荷马时代这里逐步荒芜，人口大量减少，直到公元前10世纪末，才逐步从长期的萧条中恢复过来。由于多利亚人南下，原先的土著居民被迫迁徙，人口居住范围显然扩大了。帕米索斯河和欧拉托斯河下游都被开发出来，成为主要的农业地区。

一、斯巴达城邦的建立

（一）来库古改革和斯巴达城邦的建立

斯巴达早期的历史笼罩在一片神话迷雾中。传说迈锡尼国王埃勒克特律翁招安菲特律翁为婿，但在婚宴上安菲特律翁失手打死岳父，被迫携妻流亡底比斯。宙斯与其妻私通生了赫拉克勒斯，并宣布赫拉克勒斯是迈锡尼国王。但赫拉嫉恨宙斯的风流成性，设计剥夺了他的王位，而把迈锡尼的王位交给了欧瑞斯透斯。赫拉克勒斯被迫流亡到中希腊的多利斯地区。此后，赫拉克勒斯的后裔多次率军攻打迈锡尼企图夺回王位，但均遭失败。

直到第五代，赫拉克勒斯的后裔弟兄三人在多利亚人的帮助下才获得成功，重新占领了迈锡尼、斯巴达、派罗斯等地。胜利后的弟兄三人用抽签的办法瓜分所占土地，特美诺斯得到阿哥斯；阿里斯托德墨斯的儿子厄里斯特尼斯和普罗克里斯分得拉哥尼亚；克里斯丰忒斯则得到美塞尼亚。其实，阿里斯托德墨斯家族最初可能只占领了斯巴达及其周围部分地区。此后，多利亚人四处扩张。

斯巴达首先向北部扩张，与阿哥斯争夺，最后占领了两国之间的库努里亚地区。立奥伯塔斯统治时期，借口阿哥斯唆使库努里亚地区造反，发动对阿哥斯的战争，但没有取得成效。约公元前 750 年，国王阿尔克劳斯与卡利拉奥斯同时率军出征，征服爱吉斯，并将其居民卖为奴隶，彻底控制了北部地区。战争加速了斯巴达社会内部的贫富分化，传说国王阿基斯一世降低南方地区的政治地位从而引起南方暴动，这个传说其实从另一个角度反映了社会矛盾的尖锐，人民因不满而起义。国王特勒克斯率军平息起义，他先征服斯巴达城南方的三镇——阿米克莱、法利斯、吉让色莱，把阿米克莱作为斯巴达人直接控制的村落，而把另外两个镇作为庇里阿西区，这里的居民也成为庇里阿西人。此后，特勒克斯继续南下，占领了大部分领土，只有沿海的黑罗斯（Helos）城的居民坚决抵抗。特勒克斯的儿子阿尔克墨尼首先派军进入克里特，帮助克里特的统治者稳定了统治，同时也阻止了克里特对起义者的支持。然后，围攻黑罗斯，迫使黑罗斯人投降，将黑罗斯居民降为黑劳士。至此，斯巴达国内形成了斯巴达人、庇里阿西人、黑劳士三个基本社会阶层。

扩张之后的斯巴达社会矛盾紧张复杂，具体的情况已经很难弄清楚，但主要矛盾可能是土地问题。斯巴达通常将征服来的土地在斯巴达人之间进行分配，尽管每次分配力求平等，但每次分配的土地数量并不等同，这使得土地的占有很难绝对平等，日积月累，上层成员占有了更多的土地。土地占有的不均使得斯巴达社会内部矛盾紧张。国家形成过程中的权力分配也引起激烈的社会矛盾。部分贵族占有了大量土地，实力坐大，提出权力要求，斯巴达国王被迫让步，这进一步刺激了权力的贪欲。来库古父辈统治时期斯巴达曾经发生暴动，来库古的父亲在平息暴动中被打死。斯巴达内政越来越糟糕。

在这种形势下，约在公元前 8 世纪初，斯巴达实行了来库古改革。来库古的身世已经成为历史之谜，他可能是斯巴达早期的著名立法家，在斯巴达历史上拥有较高的声誉。后世的政治家、历史学家把许多后来的政治措施都归于来库古，尤其是在公元前 3 世纪末，斯巴达发生改革运动，改革者采用了托古改制的方法以求减少阻力，均将自己的改革措施归于来库古的旧制。此外，不少思想家也将斯巴达作为自己的"理想"国度，借斯巴达来叙述自己的政治理想；他们又把自己的政治理想寄托在来库古身上，使来库古的身世更为扑朔迷离。其实，来库古的身世已不重要，重要的是把那些依附在来库古名下的各项改革措施重新归于历史进程之中。

真实的来库古生活在公元前 8 世纪前半期。他召集一批志同道合的人发动政变，推行改革。改革的内容主要围绕政治、宗教和土地问题。宗教方面推行奥林匹斯宗教信仰，在斯巴达为宙斯、雅典娜修建神庙。希腊世界最大的宙斯神庙位于斯巴达以西的厄利斯，这里四年一度的体育竞技会是希腊的盛会。约公元前 776 年，斯巴达派军队干预竞技会。此后斯巴达积极参加该项赛事，多次获得冠军。政治方面，以两位国王取代单一国王，创立了双国王制；重新进行了行政区划分，在保留传统血缘部落的基础上，以地缘关系将斯巴达城加上阿米克莱分为 5 个村落，并以此作为国家的基层组织；改组长老会议，以地缘部落为基础创立了由 30 人组成的长老会议，国王是长老会议的成员；重新界定公民大会的地位，改变了以前无固定会期、固定场所的临时性组织的状况，现在会议固定在"巴比卡（Babyca）和科纳基翁（Cnacion）之间"，每间隔一段时间就召开一次会议。关于间隔的时间学界存在不同意见，有人认为一年一次，克里姆斯认为一个季度一

图 4.4　来库古头像

次，而且其次数可能也有所变化。[①] 但大多数学者认为公民大会是逐月开的，如密西尔、奥利瓦等都认为它在每个月的固定日子召开。[②] 在土地方面将土地重新分配，他按照斯巴达平分土地的传统，在斯巴达人内部实行全面的土地再分配，将拉哥尼亚地区的耕地分成两个部分，一部分是斯巴达人区，共分成 4500 份[③]，另一部分是庇里阿西区，共有约 3 万份。斯巴达人获得的份地属于斯巴达国家所有，个人只享有土地上的出产。份地是斯巴达公民身份的基础，失去土地就失去公民权，因此，虽然法律没有规定土地不可买卖，但斯巴达公民自己采取各种措施防止土地流失，也在实际上中止了土地买卖现象。

来库古改革曾经遭到巨大的阻力，少数贵族直接对来库古发动人身攻击，致使来库古一只眼睛失明，最后来库古本人也被迫流亡海外。但是，来库古改革对斯巴达的历史产生了巨大影响，它奠定了斯巴达国家的基础，是斯巴达国家建立的标志。

(二)征服帕米索斯河流域

来库古改革并没有平息斯巴达社会的内部矛盾，为了解决内部纷争，

[①]　K. M. T. Chrimes, *Ancient Sparta*, Manchester: Manchester University Press, 1952, p. 488.

[②]　H. Michell, *Sparta*, Cambridge: the Cambridge University Press, 1964, p. 146; P. Oliva, *Sparta and Her Social Problems*, Prague: Academia, 1971, p. 92.

[③]　一说 6000 份，但 9000 份的观点显然是不准确的。

斯巴达需要征服更多的土地以满足人们的需要。斯巴达将征服的矛头对准了西部的美塞尼亚地区。美塞尼亚地区幅员辽阔，土壤肥沃，尤其是帕米索斯河流域，是希腊世界少有的适合于农业生产的地区。公元前8世纪，美塞尼亚地区处于国家形成过程之中，但统一的美塞尼亚国家尚未形成，各地还处于分裂状态。

美塞尼亚地区和斯巴达之间围绕着边界不断发生冲突。拉哥尼亚和美塞尼亚的边境上有一座阿耳忒弥斯神庙，斯巴达人和美塞尼亚人都在这里举行祭祀活动。传说一次祭祀活动中，美塞尼亚青年侮辱了斯巴达妇女，国王特勒克斯前来阻止，在冲突中被杀。但美塞尼亚声称斯巴达青年装扮成少女企图杀害美塞尼亚人。又有传说称，一位美塞尼亚奥林匹亚赛跑冠军因为没有土地，将自己饲养的牛群寄养在一位斯巴达人那里，但这位斯巴达人私下出卖了这群牛并意欲私吞钱财。这位美塞尼亚人讨要未果，自己的儿子反而被贪婪的斯巴达人杀害。他向斯巴达政府提出申诉，没有得到受理。于是，他决心在边界上杀死所见到的每一个斯巴达人。斯巴达提出抗议，没有得到美塞尼亚的积极回应。这件事成为战争的直接导火索。传说反映了双方在宗教、人口、牧场、耕地等方面的矛盾。

其实，斯巴达对美塞尼亚土地的觊觎由来已久。斯巴达征服美塞尼亚也是长期反复的过程。特勒克斯在征服黑罗斯城之后就从南部越过泰该都斯山，入海向北，征服了南部的马卡利亚平原。① 此后，斯巴达转到北面，特勒克斯之死意味着斯巴达在这里的军事行动没有取得成功。阿尔克墨尼继承了特勒克斯的政策，继续从北方向美塞尼亚地区进攻。斯巴达军队出发前立下誓言：不征服美塞尼亚绝不撤军。斯巴达对美塞尼亚的战争进入第一个高潮，这就是通常所说的"第一次美塞尼亚战争"。

第一次美塞尼亚战争的开始时间已经很难考证。一般认为这次战争发

---

① G. L. Huxley, *Early Sparta*, Cambridge：Harvard University Press，1962，p. 33.

生于公元前 740—前 720 年。但赫胥黎依据早期奥运冠军中最后一位美塞尼亚冠军出现于公元前 736 年，推断战争爆发于这一年。[①] 杰弗里认为是公元前 735 年。[②] 由于年代久远和资料匮乏，我们很难给出具体的年份，但大致上可以断定，这场战争发生于公元前 8 世纪末期。

阿尔克墨尼率军袭击北方城市安菲亚（Ampheia）。面对训练有素的斯巴达军队，美塞尼亚并没有放弃抵抗，国王尤菲亚（Euphaea）连忙招募军队，严格训练。第一次美塞尼亚战争很快演变成一场持久战。经过三年的准备，美塞尼亚人发起反攻，就连奴隶也被发动起来，终于打退斯巴达军队。一年后，斯巴达积聚力量，并争取到底比斯的支持，重新发动进攻。美塞尼亚人退守伊托麦山，依托这里有利的地理形势坚持抵抗。斯巴达一时难以取胜。第十三年，斯巴达再次发动大规模进攻，尤菲亚战死，新国王阿利斯托德摩斯继续抵抗。更多的希腊国家卷入战争，阿卡迪亚、阿哥斯、西昔翁支持美塞尼亚，斯巴达得到科林斯帮助。但是，长期的战争已经耗尽了美塞尼亚的力量，在坚持抵抗了 20 年之后，美塞尼亚最终失败了。美塞尼亚人承诺不再发动起义，并为斯巴达人耕种土地，缴纳一半的收成，斯巴达人答应将不会无故出卖美塞尼亚人。战后，美塞尼亚地区的大量居民沦为黑劳士。斯巴达征服美塞尼亚的战争取得了阶段性的胜利，占领了帕米索斯河流域北部的斯腾克拉奥斯平原。这一胜利对斯巴达的历史产生了巨大的影响。

（三）色奥彭普斯改革和斯巴达政制

对美塞尼亚地区战争第一阶段的胜利只是暂时缓解了斯巴达内部的矛盾，新的矛盾随之再起，"处女之子"事件就是这一矛盾的体现。这次事件的具体时间已无法确定，但大致发生在第一次美塞尼亚战争结束后不久。

---

① G. L. Huxley, *Early Sparta*, p. 34.

② H. Jeffery, *Archaic Greece: the city-states*, *c. 700 — 500 B.C.*, London: Emest Benn, 1976, p. 115.

征服美塞尼亚的战争出乎斯巴达的意料演变成持久战，由于大部分成年男子到前线打仗，斯巴达的出生率急剧下降，甚至危及国家的兵源，斯巴达同意斯巴达妇女与黑劳士结合，这样一批非法婚姻所生的后裔被称为"处女之子"①。战后斯巴达在分配土地的过程中拒绝平等地分给他们土地，"处女之子"气愤异常，密谋发动起义。斯巴达政府被迫采取组织移民的方法将他们送往海外，并承诺如果殖民不顺，回国后一定分给他们土地。亚里士多德也提到美塞尼亚战争期间斯巴达人要求重新分配土地。这表明，新土地的分配成为社会各阶层关心的问题，也成为社会矛盾的焦点。

在占领帕米索斯河流域之后，斯巴达一跃成为伯罗奔尼撒地区最大的国家。这就引起周边国家的担忧和猜疑。阿哥斯、阿卡迪亚、西昔翁等国家开始联合起来，抑制斯巴达的发展。此间，阿哥斯在斐冬的治理下国力日升，对斯巴达采取了进攻措施。公元前 669 年，阿哥斯在许西埃战役中打败斯巴达，夺回了被斯巴达占领的库努里亚地区。斯巴达政府面临着新困境。

在这种情况下，斯巴达发生了色奥彭普斯改革。色奥彭普斯改革其实是波吕多洛斯和色奥彭普斯共同完成的，但他们提出的改革措施侧重点不一样。波吕多洛斯对全国的土地进行了新的分配，他将土地连同土地上的人口一起分配给斯巴达人。相比来库古时期，份地总额增加了 4500 份②，全国份地总额达 9000 份。这一份地数量此后基本没有变化，一直延续到希波战争时期。波吕多洛斯同时改革了斯巴达税制，规定了每份土地应缴纳82 麦斗的谷物，以及一定数量的酒和油。③ 这一税制采用定额地租的形式，在一定程度上保护了土地直接耕种者——美塞尼亚人（即黑劳士）的经济利益，对于稳定美塞尼亚人集团、稳定黑劳士阶层具有重要作用。改革措施

---

① 一说是斯巴达男子与黑劳士妇女所生。
② Plutarch, *Lives' Lycurgus*, 8.
③ Plutarch, *Lives' Lycurgus*, 8.

基本上确立了影响斯巴达数百年的黑劳士制度。波吕多洛斯的改革措施深受斯巴达公民的欢迎，享誉希腊世界。①

色奥彭普斯的改革集中在政治体制方面，主要有两项措施，第一项是设置了民选监察官(ephor)。斯巴达监察官由来已久，很难考证，传说来库古改革时就已经设立，色奥彭普斯可能引入了普选制，所有的公民都有选举权和被选举权；改革可能还规定，监察官任期一年，每个地缘部落一人，共5人。监察官主要负责监督，同时兼有军事、宗教和司法方面的权力。监察官可以监督全国所有的人，包括国王在内。色奥彭普斯的妻子曾抱怨这项改革限制了国王的权力。

第二项改革措施是调整公民大会和国王与长老会议的权力。斯巴达的公民大会可以小幅度修订长老会议的提案，但一旦一项提案经过多次修订，就可能出现结果与当初的设想完全相反的情况。所以，色奥彭普斯规定，如果出现这种情况，国王和长老会议可以宣布休会，中止决议的通过。这项改革措施在一定程度上削弱了公民大会的权力，但并没有完全剥夺公民大会对决议讨论、修正的权力。

经过色奥彭普斯和波吕多洛斯的改革，斯巴达国家制度的主要框架基本确定，这个架构一直延续到公元前4世纪。这些改革措施从总体上看有利于普通公民。改革稳定了普通公民的政治、经济地位，增强了国家的向心力和公民内部的团结，斯巴达公民自豪地称自己是"平等者"②。但是，改革也遇到重重阻力。贵族阶层对波吕多洛斯平分土地的措施不满，一位来自贵族家庭的高级军官暗杀了他。

(四)征服美塞尼亚地区

斯巴达在占领帕米索斯河流域之后并没有停止征服的步伐，可能在色

① Pausanias, *Description of Greece*，Ⅲ.3.1.
② 当然，这种平等也不是绝对的，随着历史的推移，公民内部也出现了贫富差异。

奥彭普斯改革期间也没有停止征服战争。现在推测，大约在公元前700年，斯巴达在美塞尼亚湾西部海岸安置了被阿哥斯驱逐的亚辛的居民，新的定居点就称为亚辛。这里此前还有美塞尼亚人居住，因此新据点的建立实际是斯巴达扩张的表现。此后，斯巴达沿着海边继续推进，先后占领了摩特涅（Mothone）、派罗斯，直至进入勒达（Neda）河流域，抵达厄利斯边境。斯巴达沿途征服的具体情况不太清楚，派罗斯附近可能战争比较激烈，此后直到伯罗奔尼撒战争期间这里都人烟稀少。但其他地方似乎没有经过大规模的战争，因而这片地区成为斯巴达的庇里阿西区比较集中的地区，如在北部就有库帕里西亚、奥龙等庇里阿西区。至此，斯巴达可能已经征服了除西北部山区的几乎整个美塞尼亚地区。

斯巴达的进一步扩张引起了其他城邦的嫉妒与担忧。一个反斯巴达联盟逐步形成，参加者包括阿哥斯、阿卡迪亚、厄利斯、匹萨提亚等，领袖是阿卡迪亚国王阿里斯托科拉托斯（Aistocrates）和匹萨提亚的僭主潘塔立翁（Pantaleon）。斯巴达在被征服地区的统治也不太稳定，更多地可能是依靠当地人进行管理。公元前669年的许西埃战役更是激发了美塞尼亚人的斗争欲望。公元前7世纪中期，美塞尼亚地区爆发了反斯巴达暴动，这就是"第二次美塞尼亚战争"。

暴动领导者是贵族青年阿尔托明尼。他联系了一批贵族青年，同时争取到阿哥斯、阿卡迪亚等国家的支持，发动起义。起义的中心在斯腾克拉奥斯平原，南部的摩特涅、派罗斯也曾经起义。但两个地区之间似乎并没有联系，阿尔托明尼从来没有与南方联系，就是在最后失败时也没有逃亡至南方，而是逃到曾经背叛起义的阿卡迪亚。

初期，起义获得巨大胜利，斯巴达军队频遭败绩。斯巴达不得不向雅典求援，声称是阿波罗神的指示。雅典不希望斯巴达很快获得胜利，又不敢违背神谕，派出瘸腿战士兼诗人——提尔泰乌斯。提尔泰乌斯写了许多诗作鼓舞斯巴达军队的士气。斯巴达终于扭转颓势，将起义者挤压在埃拉

(Eira)山。此后，起义者势力衰弱，阿尔托明尼多次孤军深入到拉哥尼亚袭击斯巴达人的老巢。最后，阿尔托明尼组织了 500 人的军队与斯巴达决战，失利后，阿尔托明尼被迫流亡海外。

所谓的"第二次美塞尼亚战争"实际是由社会上层发动的一次局部性的武装暴动，战争具有反斯巴达统治的性质，同时具有上层集团维护自身利益的性质。阿尔托明尼起义失利标志着美塞尼亚地区反抗力量的彻底失败，从此斯巴达稳定了在美塞尼亚地区的统治，并顺势占领了美塞尼亚西北部山区。

二、斯巴达社会结构和伯罗奔尼撒同盟

(一)斯巴达的社会结构

征服美塞尼亚之后，斯巴达社会成员大致分成三个阶层：斯巴达人、庇里阿西人、黑劳士。这三个阶层在生活空间上互相隔离开来，除了少数统治者或异地服役者会生活在其阶层生活区之外，混居杂处的情况较少。

黑劳士的主体是在战争中经过激烈抵抗后失败的、被征服的居民。除了被征服者之外，多利亚人也有部分人因失地贫困、违法犯罪或逃避兵役而沦为黑劳士。黑劳士最初产生于黑罗斯城战役，后来推广到美塞尼亚地区，美塞尼亚起义失败之后，黑劳士制度正式形成。

黑劳士居住在原来的土地上，连同土地一起被分配给斯巴达人，大约 7 户供养一个斯巴达人家庭。黑劳士必须将相当于土地出产的一半数额的实物交给主人，还要承担家内仆役；战时要随主人出征，做好后勤工作；必要时他们还要提供军队，主要是轻装步兵。他们受到斯巴达政府较为严格的控制，不能任意迁徙，必须服服帖帖地为斯巴达人耕种，接受管理，完税纳赋，否则就会受到严厉的处罚。对黑劳士的管理主要采用库普提亚制形式，斯巴达政府每年会在年满 18 岁的斯巴达青年中选出一批优秀代表，到黑劳士区巡游，处理纠纷，催缴税款，对有反抗倾向的黑劳士则不加审

判就处死。对黑劳士的征税，主要由份地主人实施，黑劳士不直接向国家缴纳，而是交给份地主人。

由于特殊的制度规定、管理模式和生活方式，黑劳士拥有一定的权益。如由于斯巴达人主要居住在斯巴达城周围，很少到自己的份地上来，所以黑劳士摆脱了主人经常性的监视。由于实行定额税，黑劳士可以将剩余部分留给自己，部分黑劳士有一定的剩余财富，斯巴达历史上曾经有过两次黑劳士出钱赎取自由的事例。黑劳士有自己的家庭。总体来看，黑劳士的地位至少在早期不同于一般奴隶。据史料记载，第三次美塞尼亚战争之后，斯巴达政府同意起义的黑劳士携妻儿迁居海外，如果擅自回来，一旦被捕就沦为奴隶。

"庇里阿西"的意思是"边区"、"边民"，最初是指居住在斯巴达城周围的居民，后来成为特殊的社会阶层。庇里阿西区也分散到更广阔的地区，其中比较集中的有拉哥尼亚北部、南部以及东部沿海，美塞尼亚的南部和西部沿海地区。庇里阿西人有人身自由，有家庭和财产，可以从事包括农业生产在内的所有经济活动。庇里阿西人居住区有一定的自治权，斯巴达政府在庇里阿西区派驻官员。庇里阿西人与斯巴达人关系密切，拥有较多共同的政治经济利益，通常被合称为"拉西第梦人"。他们可能在理论上也属于斯巴达公民，但因为庇里阿西人大多住在离斯巴达城较远的地区，又要独立从事生产劳动，很少能到斯巴达城内参加公民大会或担任官职，因此，实际生活中庇里阿西人很少享有政治权利。但是，庇里阿西人必须为斯巴达城邦承担一定的义务，其中最主要的是军役义务。

斯巴达人主要由当年征服拉哥尼亚的多利亚人演变而来。在彻底征服美塞尼亚之前，多利亚人也发生了贫富分化，部分人因为居住在边远地区成为庇里阿西人，甚至有少数人沦为黑劳士。但在此后，多数人结成相对封闭的斯巴达人群体，主要居住在斯巴达城及其周围地区，人数维持在9000人上下，古典时期中期之后人数开始下降。斯巴达人一出生就要接受部族长老的检查，体格不合格者就会被抛弃在山谷中，一周后能够存活下来的才被再次收养。这可能是古老的弃婴传统，可以起到保证人口质量、控制人口总量的作用。7岁后斯巴达人进入公立学校接受文化教育和体育训练，14岁之后开始接受军事训练，18岁开始担任库普提亚，到黑劳士生活区履行职责。20岁之后经过考核，合格者加入公餐团，成为准军人，到战场体验生活，如果需要可以参加战争，同时可以结婚生子，但不可以过家庭生活，只能在夜间与妻子秘密会面。斯巴达国家规定，所有公民必须参加公餐团，集体进晚餐，不得随意在家用餐。30岁之后成为正式公民，也成为正式军人，他们可以过家庭生活，可以参加公民大会，可以到市场上参加其他公共活动，但必须履行军役，必须向公餐团交纳一定数量的税赋。60岁后斯巴达人解除军役负担，可以当选为长老会议成员。斯巴达女性也可以进入学校，像男子那样接受教育，同时参加体育训练。成年女子要接受艰苦的训练，以便生育健康的后代。但斯巴达女性不能参加国家政治活动，如担任官职。

具有斯巴达血统的斯巴达男子理论上是准全权公民或全权公民，但是，并不是每一个男子都必然成为全权公民，或一生都是全权公民。如果他们不能足额交纳公餐税，不能通过国家设定的教育考核，尤其是体育考核，不能履行军役负担，不能英勇作战，都将失去公民权，成为下等公民或庇里阿西人，甚至成为黑劳士。

在斯巴达还有"下等公民"。"下等公民"的身份不太明确。他们的来源也比较复杂，包括斯巴达人中因为各种原因失去全部或部分公民权的人。此外，还有"养子"和"新公民"。"养子"是斯巴达家庭为他们的子女配置的陪读者。这些人往往来自社会下层，因为长期与主人生活在一起，在社会上获得某些特殊权利。"新公民"即被释放的黑劳士。黑劳士因为军功或赎买等方式获得公民权，这种公民权可能并不完整。这些群体的社会地位往往复杂多样，但大体上可能近似庇里阿西人。

图 4.5　斯巴达盾牌

(二)伯罗奔尼撒同盟的形成

征服美塞尼亚使得斯巴达成为希腊世界疆域最辽阔的国家,总面积达8400平方千米。而战后斯巴达人群体的逐渐封闭使其难以维护国土的安全。与此同时,伯罗奔尼撒半岛的邻国对斯巴达心怀不满,它们逐渐联合起来对付不断扩张的斯巴达。在这种情况下,斯巴达已经无力继续对外发动大规模的侵略战争,维护国土安全成为国家外交的主要目的。斯巴达停止了大规模对外扩张的步伐,开始采取结盟的外交政策,力求改善与伯罗奔尼撒国家的关系,同时干预新兴国家,防止出现强大的国际对手,以图谋求希腊世界的霸主地位。

公元前 6 世纪斯巴达的扩张主要集中在东部沿海地区,主要是驱逐阿哥斯在这一地区的势力存在。基隆担任监察官(公元前 556 年)前后,斯巴达攻占了一度为阿哥斯占领的西塞拉岛。至此,以扩张领土为目的的战争基本停止。公元前 590—前 580 年,厄利斯向南扩张,斯巴达出于国家利益的考虑，帮助厄利斯征服了庇萨（Pisa），将庇萨人一部分降为黑劳士，一部分降为庇里阿西人。此后，斯巴达又与厄利斯一起两面夹攻特里菲利亚（Triphylia）。通过这些行动，斯巴达争取到了厄利斯的支持。

斯巴达外交的真正转变是在提该亚战争期间。提该亚位于拉哥尼亚与阿哥斯之间，南部与斯巴达之间隔着一片低矮的丘陵，向北有河流与阿哥斯相连。这里是阿卡迪亚和阿哥斯威胁斯巴达的军事要道，斯巴达很早就展开了对这一地区的争夺，但一直未获成功。大概在利翁（Leon，公元前590—前560年）和赫格希克利斯（Hegesicles，公元前575—前550年）联合统治时期战事又起，但一直没能获得胜利。他们的继任者阿那克桑戴里达斯（Anaxandridas）和阿里斯通（Ariston）统治时期，斯巴达改变了传统的外交政策。

改变的标志之一是崇拜阿卡亚人的传统英雄阿伽门农父子。传说他们按照德尔菲神庙的指示，设法从提该亚取回了俄瑞斯忒斯的遗骨，在斯巴达举行隆重的葬礼。大约在公元前550年，阿伽门农在阿卡米莱地区被作为英雄受到崇拜。源自多利亚人的斯巴达人一直以阿卡亚的征服者自居，现在斯巴达开始崇拜阿伽门农，一方面可以争取伯罗奔尼撒半岛上多利亚人的支持，另一方面可以将自己装扮成阿伽门农的继承人，给自己称霸伯罗奔尼撒乃至希腊世界披上合法的外衣。从此，斯巴达不仅标榜为多利亚人，也自称为阿卡亚人。约在公元前510年，斯巴达国王克里奥墨涅斯在雅典的神庙中公开宣布自己不是多利亚人，是阿卡亚人。

改变的标志之二是与提该亚的战争以签署和约的形式宣告结束。提该亚战争是斯巴达第一次以和平方式结束的战争。大约在公元前550年，双方签订和约，他们的和约被刻在阿尔弗斯（Alpheus）河岸的石柱上。提该亚向斯巴达保证，从他们的国家驱逐美塞尼亚人，不接纳他们成为公民。此后，提该亚成为斯巴达坚定的政治盟友。在普拉提亚（Platea）战役前，提该亚人声称自己曾经和斯巴达一起打过许多漂亮仗，同时宣称他们心甘情愿地听从斯巴达的安排。

公元前5世纪后期，以斯巴达为中心的政治同盟——伯罗奔尼撒同盟已经形成。第一批成员国主要集中在伯罗奔尼撒半岛内，有厄利斯、西昔翁、科林斯、麦加拉等城邦。其实在古代，并没有伯罗奔尼撒同盟这个称谓，史书称之为"斯巴达人及其同盟者"或"拉西第梦人及其同盟者"。这是以斯巴达为中心、维护斯巴达国家利益的国际联盟。这个联盟的成员国不断变动，总的趋势是逐步增加，并有大量半岛之外的城邦加入。伯罗奔尼撒同盟的发展得益于希波战争，在外敌入侵面前，更多的希腊城邦同意结成政治同盟，伯罗奔尼撒同盟发展为"希腊同盟"，斯巴达成为这个同盟的领袖。后来希腊同盟面临解体，雅典在希腊同盟之外成立了提洛同盟，于是希腊同盟又缩小为伯罗奔尼撒同盟。

（三）伯罗奔尼撒同盟的邦国关系

伯罗奔尼撒同盟是依据多重双边关系建立起来的松散的国际组织，斯巴达与一个或几个城邦单独签署协约，协约内容大多勒石刻碑，宣示国民，约束政府。协约的主要原则是"同敌共友"，但主要是依据斯巴达的敌友标准。同盟国家承诺：不接受斯巴达的逃亡黑劳士；和平时期，同盟国家各自为政；一旦成员国遭受侵略，各盟国承诺尽其所能提供军队以解危困，提供的军队通常是国家总兵力的2/3。

同盟对成员国没有强制权力，协约内容中没有对违反协约行为处理的条款。同盟的义务大多受制于入盟时的诺言，诺言的约束力来自神意、道德或传统习惯。这种约束力其实很脆弱，有些城邦就以灾异、神谕以及宗教节日等为由违背诺言，甚至退出同盟。每个成员国，包括斯巴达在内，都是平等的，同盟国之间发生矛盾采用第三方仲裁的方式解决以避免战争；同盟大会上，每个城邦只有一票表决权。同盟不对成员国征收任何费用，遇有战事，同盟国自己承担所提供军队的费用。

同盟内部有两个决策机构：同盟大会和斯巴达公民大会。有关同盟的重大事务，尤其是宣战、媾和等大事，一般先由同盟大会讨论，再交给斯巴达公民大会。同盟大会表决后，同盟代表先向斯巴达公民大会通报相关情况，提交相关决定，斯巴达公民大会再进行讨论、表决，讨论中也可能会有不同的意见，最后通常通过呼声表决的方式裁决。斯巴达公民大会在同盟决策中具有举足轻重的地位，因此，同盟国为了实现自己的主张，往往需要先对斯巴达公民大会进行游说，争取支持。

斯巴达是同盟的领袖，也是同盟军队的指挥者。但斯巴达采取温和政策，与盟国保持良好关系。具体表现为：第一，斯巴达不向盟国征收贡金。① 第二，盟国享有在同盟大会或同盟决策机构——斯巴达公民大会上发言的权利。伯里克利曾经指出伯罗奔尼撒同盟的一个特点：他们没有一个议事会可以做出迅速果断的行动，因为他们的每个城邦都有平等的一票表决权，都只关心本邦的利益，这种情况的结果通常是一事无成。② 第三，盟国在内部管理上基本上享有"自治权"，如科林斯曾经两次对斯巴达干预雅典内政表示反对。③ 直到公元前421年，斯巴达与雅典签署《尼西阿斯和约》时，斯巴达还只能一个国家一个国家地去劝说它们接受，而不能强迫。

总之，伯罗奔尼撒同盟是一个松散的国际组织，但它奉行的平等的国际关系准则却是国际政治生活中的重要遗产。尽管伯罗奔尼撒同盟内部关系相对平等，但它仍然是斯巴达称雄希腊的工具，借助这一同盟，斯巴达在公元前6世纪末成为伯罗奔尼撒半岛的霸主，在整个希腊世界也是最有影响力的城邦。

为了维持霸主地位，斯巴达多次干预那些未入盟的、可能成为竞争对手的国家（它们没有承认斯巴达的霸主地位），尤其是雅典和阿哥斯。雅典在庇西特拉图统治时期继续实施梭伦改革时期的措施，国力得到较快发展，

---

① ［古希腊］修昔底德：《伯罗奔尼撒战争史》，Ⅰ.19。
② ［古希腊］修昔底德：《伯罗奔尼撒战争史》，Ⅰ.141。
③ ［古希腊］希罗多德：《历史》，Ⅴ.75，92。

逐步成为斯巴达的威胁。公元前 528 年，庇西特拉图去世，儿子希庇亚斯继位。希庇亚斯违背了庇西特拉图的统治原则，渐趋残暴，引起雅典人民的反对。庇西特拉图昔日的政治盟友阿尔克密尼德家族也被驱逐出国。流亡在外的阿尔克密尼德家族不甘失败，期望借助外部力量回到雅典，他们贿赂德尔菲神庙的祭司，借助神谕要求斯巴达提供支持。公元前 510 年，斯巴达出兵雅典。希庇亚斯得到色萨利的骑兵支持，他打扫好战场，严阵以待。斯巴达的第一次干预失败，统帅安基摩琉斯死于前线。接着，斯巴达著名国王克里奥墨涅斯亲自率军，攻入雅典。在雅典人民的支持下，斯巴达军队将希庇亚斯围在雅典卫城内。但是，斯巴达军队久攻不下，不得不撤军。不过，雅典人民继续战斗，最终迫使希庇亚斯离开雅典。

推翻僭主统治后，阿尔克密尼德家族的克里斯提尼利用民众的支持，击败竞争对手伊萨格拉斯，实行民主改革，雅典国力继续上升。约在公元前 507 年，在斯巴达的强行要求下，雅典政府放逐克里斯提尼及其同党约 700 个家族，扶植伊萨格拉斯建立了僭主统治。但是，僭主统治引起了雅典贵族和平民的一致反对，在议事会的率领下，雅典人民打退了斯巴达军队，推翻了僭主统治，迎回了克里斯提尼。克里奥墨涅斯筹划再次军事干预，他率领军队直抵厄琉西斯，但斯巴达军队在前线发生内乱，盟国科林斯和另一位国王戴玛拉托斯前线撤军，导致干预失败。雅典的民主政治终于建立起来。此后，克里奥墨涅斯计划第四次干预，他邀请希庇亚斯回来，试图帮助希庇亚斯恢复统治，但是由于科林斯的反对，这次干预最后胎死腹中。

阿哥斯是斯巴达东部近邻，与斯巴达长期不和。斯巴达强大之后，不断寻机打击阿哥斯。公元前 494 年，克里奥墨涅斯亲自率军征讨阿哥斯。斯巴达军队取道海上，袭击阿哥斯北部的提林斯，阿哥斯军队原在南部设防，见状急忙回防，双方在塞皮亚展开激战。克里奥墨涅斯多次假意发动进攻，麻痹阿哥斯军队，最后，利用阿哥斯军队用餐的机会，发动突然袭击。阿哥斯军队被迫撤往圣林，斯巴达纵火焚烧，阿哥斯伤亡惨重。这一仗斯巴达取得辉煌胜利，6000 名阿哥斯公民死亡，阿哥斯的奴隶趁机起义，夺取了国家政权。直到公元前 468 年，阿哥斯公民才镇压了奴隶暴动，夺回政权。

尽管斯巴达在希腊半岛积极干预其他城邦之事，但在对波斯问题上，则采取了回避的保守策略，对海洋拓展也毫无兴趣。公元前 499 年，米利都策划反波斯的暴动，寻求斯巴达的支持，但斯巴达以路途遥远为由拒绝。当波斯向希腊本土炫耀武力时，斯巴达为了维护自己的霸权加以反对，但在马拉松战役中，斯巴达却借口未月圆，不符合斯巴达出兵传统，拒绝出兵。温泉关战役前夕，波斯大军压境，斯巴达连续举行公民大会，要选派两个斯巴达青年来抵偿曾经被他们杀死的两个波斯使节，以平息波斯的愤怒，避免战争。公元前 479 年，希腊联军驱逐侵入希腊半岛的波斯军队，战争转入海上，斯巴达主动交出联军的领导权。在很长一段时间内，斯巴达满足于自己作为希腊陆上霸主的地位。

第三节　雅典

雅典位于中希腊的阿提卡半岛，这里在迈锡尼文明时期经济就较为繁荣。《奥德赛》称雅典是一个"街道宽阔的城市"。考古资料表明，当时的雅典卫城就已经建有城堡和防御性建筑。公元前 12 世纪，多利亚人南下时，阿提卡因为土壤贫瘠而没有受到太大的破坏，很多土著居民逃往此地。阿提卡地区存在一些独立的小国家。

一、公元前 11 世纪至前 7 世纪的雅典

(一)阿提卡地区的统一

大约在公元前 11 世纪，阿提卡地区经济开始恢复。雅典率先生产出原

始几何风格的陶器，后来又生产出更精美的几何陶。接下来的荷马时代，希腊陶器一直追随雅典风格。公元前 9 世纪出现了豪华的墓葬。公元前 8 世纪，雅典周边地区人口数量急剧上升，原先人口稀少的阿提卡乡村也出现了新的定居点。在经济恢复的过程中，雅典成为该地区的政治经济中心，各地的独立政权围绕雅典逐渐走向统一。

图 4.6　雅典卫城

　　这个过程开始于公元前 9 世纪，直到公元前 8 世纪末才基本完成，厄琉西斯、萨拉米的并入则更晚。在雅典的历史上，人们把这一过程想象为英雄提修斯的伟业。传说阿提卡地区因为政治分裂，各地之间经常发生冲突、斗殴，提修斯走访各地，倡议在雅典卫城建立统一的政府和议事会。为此，雅典还设立"统一节"(Synoikia)，纪念阿提卡的统一。但阿提卡的统一并不完全是和平的联合，其中也伴随着征服。提修斯的传说中就提到，部分地区是慑于提修斯的威力而联合的，至于萨拉米则是通过战争征服的（详见下文梭伦改革）。

(二)雅典早期政制

早期的雅典政制为王政,但国王的权力有限,长老会议、公民大会依然存在。传说提修斯甚至承诺建立民主政府,此说不一定可信。社会管理组织带有浓厚的氏族部落成分,但与自然生成的血缘组织不尽相同。据史书记载,当时的雅典按一年四季之例设置了四个部落,每个部落又分为3个区,这些区又被称为"三一区"(Thritetyes,又译作"特里提斯")或胞族,每个胞族有30个氏族,对应每月30天。

公元前7世纪,雅典政治演变成典型的贵族政治。传说雅典末代国王骄奢淫逸,在战争上懦弱无能,贵族发动政变,设立军事执政官(Polemarchos)。不久又设立了名年执政官,名年执政官的名字成为当年的年号。原先的国王职权被削弱,成为执政官之一,又称作王者执政官。这些执政官最初是终身任职,后来改为十年一任。公元前7世纪初,雅典增加了6名司法执政官(Thesmothetes),主管司法事务。至此,执政官总人数达9人,成为定制。执政官任期也改为一年一任,一般情况下不得连任。少数贵族垄断了雅典的高级官职,他们被称为"好父亲"集团。贵族掌控的战神山会议(即贵族会议)成为国家最高权力机构,管理"最大多数和最重要的国事",对于违反公共秩序的人,不经审判就可以直接处以罚金或刑罚。[①] 卸任执政官直接进入贵族会议。公民大会依然存在,但权限不清,出席大会的可能是那些经济独立、能自备装备出征的公民。

(三)经济的发展和社会矛盾的尖锐

公元前7世纪,雅典社会的经济持续发展。雅典生产的陶器遍及希腊各地,在小亚的阿尔明那、埃及的瑙克拉提斯城、伊达拉里亚等地都发现了雅典生产的陶器,到公元前6世纪末,雅典陶器排挤了伯罗奔尼撒生产

---

① Aristotle, *The Athenian Constitution*, 1935, Reprint, Cambridge, Massachusetts and London: Harvard University Press, 1996, 4. 中译本参见[古希腊]亚里士多德:《雅典政制》,日知、力野译,北京:商务印书馆,1959年版。

的陶器，而拉哥尼亚陶器甚至销声匿迹了。

经济的发展加剧了雅典社会的贫富分化。贵族阶层利用国家权力盘剥下层平民。他们发放高利贷，要借债人以人身和土地作抵押。一旦债务人不能及时偿还债务，他们或者没收其土地，或者将其子女、妻子甚至其本人拘为奴隶，直至将他们出卖还债。更多的债务者沦为贵族的保护民，这些人被称为"六一汉"。"六一汉"是因为抵押土地，被迫缴纳土地收成的1/6而得名。他们以前是与贵族享有同等政治和社会权利的氏族成员，一旦沦为"六一汉"，他们就失去了政治权利。"六一汉"与奴隶只有一步之遥。生活的困苦、对未来生活的恐惧使雅典的平民阶层产生了强烈的改革欲望。

公元前7世纪末，雅典社会"山雨欲来风满楼"，各个阶层都想按照自己的意愿改造社会，实现自身利益的最大化。公元前632年，雅典发生基伦(Cylon)暴动。基伦出身于贵族家庭，是麦加拉僭主提阿格尼斯的女婿。当时希腊不少城邦实行僭主制，基伦也企图借机在雅典建立僭主政治。他从岳丈那里得到一支军队，同时联络了一批朋友，利用不少雅典人赴伯罗奔尼撒半岛参加奥林匹亚节时发动暴动。基伦希望雅典平民与其他城邦的平民一样，支持他建立僭主政治。但是雅典人得知此事后，迅速从乡村赶来，将基伦包围起来。基伦和他的兄弟设法逃脱，而其他的党羽只能躲藏在复仇女神的神庙内，祈求神的庇护。在久困之后，这些暴动者都被杀死。

基伦暴动失败后，贵族势力得以加强。公元前621年，德拉古(Draco)制定了旨在进一步保护贵族利益的法律。德拉古一方面把一些传统习惯上升为成文法，以巩固贵族阶层的地位，如进一步明确担任国家公职的财产资格，要求贵族积极参与国家政治；另一方面对贵族阶层的专横跋扈加以抑制，抑制私人法庭的活动，要求司法案件交由国家法庭审理。但德拉古法律最引人注意的则是惩罚措施的残酷性，甚至连懒惰、偷菜这样的行为都要判以死刑。有人问德拉古这样做的依据，他回答说：轻罪理当处死，只是重罪没有更合适的刑罚。公元前4世纪的雅典演说家德玛德斯比喻德

图 4.7　绘有屈膝战士形象的阿提卡陶器

拉古法律是"用鲜血写成的"。德拉古法律并没有达到平抑社会动荡的目的。由此可见，贵族政治或僭主政治都不适合雅典社会。

二、雅典民主政治的建立

(一)梭伦改革

基伦暴动和德拉古立法不仅没有达到目的，反而加剧了雅典社会的危机。在政治上，有人形容雅典"有多少不同的地区，就有多少政治派别"。公元前 600 年前后，基伦派势力复苏，与阿尔克密尼德家族展开了激烈的斗争，导致阿尔克密尼德家族被放逐。此后，各派势力逐步整合形成了三个党派：山地派代表山区平民，主张极端民主制；平原派代表贵族阶层，主张极端寡头制；海岸派混合前述两种主张，主张建立混合制政体。政治斗争的背后是经济矛盾，当时雅典社会的绝大部分平民都沦为被保护民或"六一汉"。外交上，雅典屡遭败绩，先在与密提林争夺西格昂的斗争中遭到失败，后在与麦加拉争夺萨拉米的斗争中再遭失败。当时密提林、麦加拉都建立了僭主政治，国力一度有所上升，社会出现了繁荣景象，雅典在与它们的竞争中处于劣势。外交的失败进一步加剧了国内矛盾，雅典贵族采取了高压政策，例如制定法律，禁止讨论夺回萨拉米岛之事。贵族专横进一步激化了社会矛盾，于是，部分平民酝酿发动暴动，推翻贵族的统治，实施彻底的改革。公元前 594 年，梭伦当选为该年度的执政官，开始推行改革。

梭伦出身于贵族家庭，但至其父辈已经家道中落。梭伦从小接受过良好的教育，具有丰富的阅历。他创作了许多政治诗、智慧诗，被誉为希腊"七贤"之一。作为贵族青年，梭伦关注国家的政治。他曾经写诗对那些处于困境中的平民表示关心。在雅典政府禁止讨论收回萨拉米岛时，他装疯卖傻在市民广场朗诵他的诗作，激起人民的斗志，最终他亲自率军征服该岛。通过斯巴达的裁决，雅典获得了萨拉米岛的合法占领权。

梭伦改革的第一项措施是"解负令"。解负令规定取消一切债务，把用作抵债的土地归还给原来的主人，取消以人身为抵押借贷。解负令一度遭到各阶层的反对，富人因为被剥夺债权损失了财产，穷人因为平分土地的要求没有得到满足。但过了一段时间，平民认可了这项改革措施，授予他更大的权力，

图 4.8　古希腊钱币

可以不受限制地制定他认为合适的法律。此后，梭伦又制定了一系列法律，涉及政治、经济、社会生活等方面。

在经济方面的其他措施有：规定土地占有的最高限额（可惜我们不知道这个限额的具体数量），这对抑制土地兼并有重要意义；改革币制，采用优卑亚制，按雅典旧制1明那等于73德拉克马，现在则等于100德拉克马，这一改革有利于有一定经济实力的平民，他们因为货币增值而减轻了负担，同时也有利于雅典与东地中海地区的国际贸易。此外，梭伦还禁止除了橄榄油之外的粮食原料出口，以免粮食因国内价格低于国际市场价格而流向国外。措施还规定：熟练的海外工匠可以携带一人移居雅典；雅典家庭的父亲必须让自己的儿子学会一技之长，否则将来儿子可以不赡养他。这些措施对于促进雅典手工业发展有重要意义。

在政治方面，梭伦把全国公民按年收入分为四个等级，并根据不同等级赋予不同的权利，同时也规定不同的义务。第一等级为年收入500麦斗以上，称为"五百斗级"（又称"富豪级"）；年收入500～300麦斗，或能够养一匹马的，为第二等级，称作骑士级；年收入300～200麦斗的为第三等级，称作双牛级；年收入低于200麦斗的为第四等级，称为日佣级，即"泰特"（Thetes）。不同等级有不同的政治权利，第一、第二等级可以当选执政官、司库官等高级官职，第三等级可以当选其他一般官职，第四等级只能参加公民大会或作为陪审员参加陪审法庭。在实际生活中，不同等级对城邦承担不同的义务，第一等级必须为城邦造船和节庆提供所需要的资财，第二等级提供骑兵，第三等级提供重装步兵，第四等级提供轻装步兵。此项措施一方面扩大了执政官的社会基础，因为五百斗级的人数远远超过了传统的贵族集团，另一方面体现了权利与义务均衡的原则。

梭伦改革的第二项措施是创立了新的负责提案的组织——四百人议事会。四百人议事会由四个部落分别选出100名代表组成。议事会负责预审即将提交公民大会的议案，任何议案不经议事会讨论不得提交公民大会表决。议事会剥夺了原先属于贵族会议的预审权，同时议事会由 400 人组成，使许多非贵族阶层的代表有机会加入，增加了雅典政治的民主成分。

随着四百人议事会的建立，贵族会议的职权也得到一定程度的调整。首先，贵族会议失去了原先的预审权、创制权，成为监督和法律护卫者，保留了监督最重大国家大事、最高司法审批权、审讯国家公敌等职权。其次，执政官卸任之后就成为贵族会议的成员。尽管贵族会议的名称保留，但由于出身平民的执政官人数增加，也就增加了贵族会议的平民色彩。

第三项改革措施是在选官制中引入抽签法。国家公职先由各部落选出候选人，再在候选人中抽签产生最后人选。如执政官，先在各个部落分别选出 10 个人，再从 40 个候选人中抽签产生 9 名执政官。

第四项措施是建立陪审法庭。陪审法庭的审判由陪审员投票表决，而所有的公民都有资格担任陪审员。陪审法庭可以受理任何人提出的上诉。陪审法庭赋予普通公民参与司法审判的权利，这对雅典民主政治的发展产生了重要影响。

在社会生活方面，最重要的是颁布遗嘱法和女继承人法。雅典此前没有立遗嘱的规定，死者的财产留给自己的家族。遗嘱法规定没有子女的人可以立遗嘱把财产赠给指定人选，并且规定遗嘱必须是在没有受到疾病、药物影响和他人强迫之下订立的。遗嘱法使一个人占有的财产成为真正的私有财产，促进了雅典私有制的发展。女继承人法规定女继承人只能与法定监护人和最近的亲属，尤其是丈夫家族内的亲属结婚。此项措施一方面可以保证财产留在男方家族内，同时也可以使遗腹子嗣留在男方家族。此外，梭伦还规定禁止厚嫁厚葬，并对打井、灌溉、种树等事项作出规定。

梭伦是雅典中等阶层的代表，他的改革也体现出"中庸"的色彩，试图在贵族和平民的政治要求之间寻求妥协，维护双方的利益。他说自己是"拿着一只大盾，保护两方，不让任何一方不公正地占据优势"。但是，梭伦的目的并没有达到，平民因为重分一切财产的目的没有实现而不满意，贵族阶层因为取消债务使自己利益受损而心生怨怼。另外，梭伦实施改革时没有注意制定政策时的保密工作，从而使部分人能借机谋取私利。例如有人提前知道"免除债务但不收回土地"的改革措施，事先恶意借贷大肆购地，从而大发横财。此类失误，也招致很多非议。

但是，梭伦的改革措施对雅典国家发展产生了深远的影响。梭伦的经济改革恢复和巩固了雅典的小农经济，特别是禁止以人身作抵押，使得雅典公民不致因为经济上的贫困失去公民权，这些措施稳定了雅典的公民队伍。改革促进了雅典工商业的发展，保证了雅典社会的多元化，为民主政治的建立奠定了社会基础。梭伦的政治改革削弱了贵族的特权，拓宽了平民参政议政的渠道，增强了平民的政治地位，为雅典的政治民主奠定了制度基础。梭伦改革成为雅典政治民主化的起点。

（二）庇西特拉图的僭主政治

梭伦改革没有解决雅典内部的社会矛盾。在他离任之后4年，雅典又发生了激烈的党派斗争，再次形成了三个政治派别互相斗争的格局：以麦伽克里斯（来自阿尔克密尼德家族）为代表的海岸派，他们主张延续梭伦的政策；以来库古为代表的平原派代表了贵族阶层的利益，主张建立寡头制；以庇西特拉图为领袖的山地派，代表下层平民，主张建立民主制。由于斗争激烈，5年的时间内竟然选不出执政官。此后一度恢复执政官职位，但5年后，执政官制就遭到破坏，达玛西阿斯任执政官达两年两个月，随后雅典设立了10个执政官：5个选自贵族，3个选自农民，2个选自手工业者。

庇西特拉图出身于贵族家庭，具有杰出的军事才华，曾经指挥雅典军队打败麦加拉，夺取了萨拉米岛和尼塞亚港口，凭此军功他在雅典城内赢得了不少人的支持。庇西特拉图还具有特殊的政治才干，在山地派和海岸派斗争激烈的情况下，他转而寻求那些因为梭伦的"解负令"而在经济利益上受到打击的富人和因为血统不纯不能充分享受公民权的人的支持。庇西特拉图有强烈的政治野心，一心想建立僭主政治，独揽大权，为此他"三上三下”，数度建立僭主政治。

公元前 562 年，庇西特拉图故意弄伤自己，然后谎称是被敌对分子所伤，有人提议公民大会为其配置私人卫队，公民大会批准了此提议。庇西特拉图遂利用这支卫队发动政变，夺取政权，建立了僭主政治。但麦伽克里斯和来库古很快联合起来反对他，在他执政 6 年之后将其驱逐。12 年后，雅典重新陷入党争之中。麦伽克里斯再度与庇西特拉图结盟，并且把自己的女儿嫁给庇西特拉图，尽管他已有妻室。他们找来一位身材高大、容貌漂亮的色雷斯女子，装扮成雅典娜的模样，带着庇西特拉图回到雅典。庇西特拉图借着“神”的力量再次成为僭主。但庇西特拉图与新妻关系不和，导致他与麦伽克里斯的联盟破裂。庇西特拉图悄然撤出雅典，到北希腊殖民，他在当地发现了一个矿井，并加以开采，积蓄了一笔财富。公元前 547 年，他来到优卑亚，争取到厄立特里亚、纳克索斯、底比斯和阿哥斯的支持，招募了一支雇佣军，然后率军攻入雅典，重新夺回政权，恢复了僭主政治。此时，庇西特拉图还控制了纳克索斯和提洛。公元前 529 年，他在僭主任内去世。[①]

尽管庇西特拉图被称作僭主，但他的统治与独裁统治大不相同。亚里士多德称他“倾向人民，性情温和”，“以宪法的形式，而不是采取僭主作风，处理公共事务”。修昔底德也称雅典人能够忍受他的统治，甚至表扬他有“高度的智慧和高尚的品德”[②]。据史料记载，有人控告庇西特拉图杀人，但他不以权压人，而是亲自到贵族会议接受审判，并自行辩护。贵族在庇西特拉图时代依然保持了特殊地位，如菲拉伊德家族连续赢得三届奥林匹亚竞技会的战车比赛，出自该家族的米尔泰德得到庇西特拉图的支持，成为克尔松尼斯的统治者。但是，庇西特拉图的政策更多地倾向于平民，如

---

① 这里的时间以亚里士多德的《雅典政制》一书推算。
② ［古希腊］修昔底德：《伯罗奔尼撒战争史》，Ⅵ.54。

为平民提供贷款，以帮助他们改善生产，增加收入；减轻税负，只征收1/20的税，有些比较贫瘠的土地甚至免除赋税；设立巡回法庭，到乡间现场解决纠纷，庇西特拉图常常亲自率法庭下乡。庇西特拉图提倡厄琉西斯崇拜和狄奥尼索斯崇拜。厄琉西斯崇拜是雅典乡间的传统宗教，主要祭祀土地女神、丰收女神德墨忒尔，而狄奥尼索斯崇拜通常在普通收获季节举行，崇拜的是酒神狄奥尼索斯。庇西特拉图提倡这两个宗教仪式，表明对农民和农业的重视。庇西特拉图还创立"泛雅典娜节"，节庆时举行各种活动，其中包括《荷马史诗》朗诵竞赛，以招徕各地观众。

庇西特拉图时期是雅典文化的繁荣时期。阿提卡的红陶和黑陶在这期间达到繁荣顶点，出现了许多著名的陶器制作家，他们不仅擅长制作陶器，可能也擅长创作陶画，如尼阿库斯、阿玛西斯、艾克塞基阿斯、安多基德等。庇西特拉图时期也是雅典建筑业颇为繁荣的时期，他似乎要把雅典建成希腊世界新的宗教中心，为此大兴土木，迄今已知他曾经兴修帕台农神庙、宙斯神庙、雅典娜神庙。不过，由于他的统治时间有限，这些神庙大多没有完工。庇西特拉图的宫殿也是诗人时常光顾的场所，著名诗人伊比库斯、阿那克利翁、西蒙尼德斯都曾是他的座上宾。正是在他统治期间，特斯皮斯(Thespis)上演了已知雅典最早的悲剧。

庇西特拉图去世之后，长子希庇亚斯即位。希庇亚斯统治初期尚能奉行庇西特拉图的政策，实行温和统治。但当他的弟弟希帕库斯被谋杀之后，希庇亚斯担心有人想谋杀自己，抓捕了许多无辜的公民，或处死或流放。希庇亚斯的行为引起雅典公民的不满。被流放的阿尔克密尼德家族趁机收买德尔菲神庙的神职人员，让他们每次见到斯巴达的使节时都要求驱逐雅典僭主。尽管斯巴达与庇西特拉图的私人关系较好，但鉴于雅典与阿哥斯的特殊关系，最终还是两次出兵干预。不过两次干预的成效都不明显。后来，雅典公民在一个偶然的机会抓获了希庇亚斯的孩子，他们以孩子相要挟迫使希庇亚斯交出权力。公元前510年，希庇亚斯被迫离开雅典，迁居小亚地区的西格昂，投靠了波斯。

(三)克里斯提尼改革和雅典民主政治的形成

僭主政治被推翻之后，雅典有两个主要派别，一是伊萨格拉斯率领的贵族派，伊萨格拉斯是希庇亚斯的朋友；一是克里斯提尼领导的民主派。克里斯提尼出身于阿尔克密尼德家族，原先也属于贵族派。公元前508年伊萨格拉斯在贵族的支持下当选执政官，克里斯提尼转而寻求平民的支持，提出将政府交给平民。在平民的支持下，克里斯提尼成为公元前507年的执政官。他提出了部落组织改革方案。在克里斯提尼改革之后，历史文献就没有关于他的记载了。有人怀疑他可能被自己制定的陶片放逐法放逐了。陶片放逐法的初期目的主要是为了对付与僭主政治有瓜葛的人，而克里斯提尼的岳父就是西昔翁的僭主，他自己也因为外祖父而得名，可能因此而受牵连。公元前486年，他的兄弟麦伽克里斯被放逐了。第二年，该家族的另一位成员卡里色诺斯被放逐。第三年，与该家族有姻亲关系的桑西巴斯又被放逐。① 在这种形势下，克里斯提尼很可能退出了政治舞台。也有人认为，克里斯提尼尽管不再担任执政官，但可能借助于其他人提出各种改革措施。因此，克里斯提尼改革严格来说不是他个人实施的改革，而是那个时代一些政治改革活动的总称。

克里斯提尼改革的内容按时间顺序主要有：

公元前507年，建立新的地缘部落和基于地缘部落的五百人议事会。这两个措施可能是克里斯提尼提出的。按照部落制改革方案，新的以村落为组成单位的10个部落取代了原先以氏族为单位的部落组织。他把全国分为30个三一区，10个在沿海地区，10个在内地，10个在城市附近。再用抽签的办法从以上地区各选出一个三一区组成一个部落，共组成10个部落。由于人员流动，氏族成员都散居到不同的地方，组成不同的德谟(村

---

① Aristotle, *The Athenian Constitution*，22，5.

落）。过去，在举行政治活动时，他们需要回到各自的氏族去。现在，德谟取代了氏族，成为基层地方政府机构。德谟设有德谟长和德谟大会，负责执行中央指令和地方管理。德谟拥有公民登记的权力，以前的新生公民必须到氏族登记，现在则在德谟登记。公民名册也由德谟保存。新政推行初

图 4.9　克里斯提尼半身像

期，一批本来不属于公民的外邦自由民和被释放的奴隶成为公民。德谟削弱了传统的氏族血缘关系，住在同一个德谟的居民彼此都是村民，不再以祖上的名称相称，而是以德谟的名称相称，在私生活中则以村社的名字为姓。德谟的名称不再是以前沿用的名称，而是从德尔菲神庙通过的神谕所指示的 100 个名称中选出的。

在部落制改革的基础上，把四百人议事会改成五百人议事会，每个新部落选出 50 个人。选举以德谟为单位，代表人数根据德谟大小分配，小德谟的代表只有 1 人，大的德谟代表人数为 10 人或 10 人以上，最大的德谟阿卡奈有 22 人，但每个部落的总人数一定是 50 人。这样，沿海地区的德谟获得的代表总人数是 196 人，内陆的德谟有 174 名代表，城市德谟有 130 名代表，其中雅典城及郊区的代表总数是 57 人。五百人议事会成员任期一年，同一个人不能连续两年担任。第四等级的公民不能当选五百人议事会成员。五百人议事会的主要权力是为公

民大会起草议案，供公民大会决策，并安排公民大会的议程。①

克里斯提尼的上述政策大大提高了普通公民的政治地位，打击了传统贵族的利益。在部落制改革中，大量以前不是公民的外邦人和被释放奴隶成为公民，他们成为克里斯提尼的拥护者，而且他们所在的德谟取代贵族控制的氏族组织成为基层政权单位。五百人会议以地缘性的新部落为基础，这就大大扩大了五百人会议的社会基础和代表性；尽管候选人有财产资格限制，但标准更低，这些使得五百人会议的平民色彩更强。五百人会议取代四百人会议成为雅典政治体制中的提案机构，也就成为雅典国家的权力中枢，从这个角度看，五百人会议也提高了雅典的民主化程度。

克里斯提尼的上述措施同时也加强了自己的政治地位。一般认为克里斯提尼家族的势力范围在沿海地区，现在这里被分成10块，与其他贵族控制的地区共同组成新的部落，而且按照五百人会议代表的分配原则，沿海地区也有更多的代表名额，大量因为新政获得公民权的新公民也成为克里斯提尼的支持者。

公元前504年，建立十将军制，规定每个部落选举产生一名将军，共计10名。但全部军队仍由军事执政官统帅。将军可以连选连任，如伯里克利连续15年担任将军。将军从属于公民大会，但受军事执政官直接指挥。

公元前488年，马拉松战役之后两年，颁布陶片放逐法。制定这部法律的目的是为了放逐当时的僭主派领袖，也是末代僭主希庇亚斯的弟弟——希帕库斯。此法颁布后，前三年连续放逐支持僭主制的政治人物，第四年开始则主要放逐那些势力太大的政治人物。第一个被放逐的与僭主政治无关的人物是伯里克利的父亲——克桑希波斯。陶片放逐法因为使用陶片作为选票而得名。一般在每年12月的一次公民大会上决定是否实施陶

---

① ［英］约翰·索利：《雅典的民主》，王琼淑译，上海：上海译文出版社，2001年版，第28～29页。

141

片放逐,第二年的 2 月或 3 月的一次公民大会决定被放逐的人。只有当投票总数达到 6000 票才有效。在统计票数后,得票最多的人将被流放。流放时间为 10 年,流放期间,被流放者仍保留其公民身份和财产权。

陶片放逐法最初可能是为了打击政治对手而制定,但在此后却成为维护民主制度的措施。从理论上看,陶片放逐法主要针对对城邦危害最大的人,大多属于政治犯而不是刑事犯;从实际效果看,放逐的大多数是贵族;从实施程序看,该法案由全体公民表决通过,尚没有发现投票时设置任何限制,所以,该法律的实施更多地体现了大多数公民的意志和主张。

公元前 487 年,抽签选举执政官,由德谟直接选出 100 名(一说 500 名)执政官候选人,然后再用抽签的办法从中选出 9 名执政官。这一措施大大增加了平民担任执政官的机会。

克里斯提尼改革具有重要的历史意义。它大大提高了平民的政治地位,削弱了贵族的势力,调动了雅典公民的政治热情,促进了雅典国力的提升。更重要的是改革奠定了此后雅典政治制度的基础,为雅典政治的发展明确了方向。尤其是五百人会议的建立,使得雅典国家的立法权基本上掌握在了公民的手中。加之克里斯提尼改革在政治制度方面引入了抽签选举、权力碎化、轮番而治等民主政治的原则,为平民更全面地参与国家政治生活提供了制度保障。这些制度也有效防止了官僚队伍结党营私,削弱了行政官僚队伍的权力,使得立法、司法权在雅典政治生活中的重要地位更加突出,权力分立的结构更加均衡。因此,克里斯提尼改革成为雅典民主政治建立的标志。

第四节　小亚地区的希腊城邦和波斯帝国

一、小亚地区的希腊城邦

在东方的小亚地区，也有众多的希腊城邦。这些城邦在古希腊文明史上占有重要的地位。

在民族大迁徙和大殖民运动之后，希腊人在小亚细亚沿海地区、博斯普鲁斯海峡地区、黑海沿岸以及爱琴海诸岛建立了许多希腊城邦和殖民地，其中较多的城邦建在小亚细亚南部沿海地区和岛屿。这些地区历史上曾经从属于赫梯帝国。公元前 1200 年，赫梯帝国灭亡，小亚地区陷入政治混乱状态。公元前 9 世纪这里曾经建立了弗里吉亚王国（公元前 9 世纪—前 695年），但主要局限在内陆地区，没有统治小亚沿海地带。大约与此同时，小亚以南沿海地区从属于亚述帝国（公元前 10 世纪—前 605 年）。公元前 7 世纪初，小亚半岛上兴起了吕底亚王国，定都萨迪斯，到公元前 560 年，吕底亚控制了博斯普鲁斯、赫勒斯滂地区即半岛南部沿海的希腊城邦。

小亚希腊世界大致上由北向南分为埃奥利亚、伊奥尼亚和多利斯三个地区。埃奥利亚主要在小亚的西部和西北部，南面是伊奥尼亚，东面是吕底亚，主要城市有 12 个，其中代表性的城市有库麦、斯玛尔拉，还有列斯波斯岛上的密提林。公元前 8 世纪初，这里曾经建立起埃奥利亚同盟。伊奥尼亚在小亚细亚的西南部，这里的自然条件优越，也是爱琴海东岸最富庶的地方，小亚的著名城邦多在此处，城市共计 12 个，如米利都、弗凯亚、以弗所、萨摩斯、科洛丰等。它们曾经建立伊奥尼亚同盟。多利斯地区位于伊奥尼亚的南部，这里的城邦主要是由多利亚人所建。代表性的城邦有哈利卡纳苏斯、克尼都斯。除了多利亚人外，当地土著居民卡利亚人也建立了一些城邦。多利亚城邦往往与卡利亚城邦混杂在一起。多利斯作为地名仅见于普林尼的记述。

小亚的希腊城邦毗邻西亚文明核心区，扼黑海出入地中海的交通要道，商业位置极为优越，因此这些城邦很早就开始了航海业和海外贸易活动。同时，特殊的地理位置又为它们吸收西亚文明成果提供了得天独厚的条件。波斯帝国兴起之后，征服了这一地区，扶植僭主政治作为自己的傀儡政权。小亚地区走着与希腊本土不完全一样的历史发展道路。

(一)米利都

米利都位于安纳托利亚西海岸，靠近米安得尔河口。赫梯文献称之为 Millawanda 或 Milawata，《荷马史诗》之《伊利亚特》也提到过。米利都早期的历史模糊不清，赫梯文献称这里曾经卷入反对国王的斗争。这应该是比较可信的历史。希腊文献称公元前 1500 年左右，希腊英雄萨尔佩冬率领克里特居民来此筑城定居。又传说派罗斯国王涅琉斯率众经阿提卡来此筑城，建立统治。涅琉斯的后裔列多玛斯（Ledomas）和安菲特里斯（Amphitres）之间曾经发生权力之争[1]，两人分别带领一支军队对决，列多玛斯获得胜利，成为国王，但安菲特里斯暗杀了列多玛斯，窃取王位。这些传说反映了米利都早期存在政治斗争，但其细节未必可信。

公元前 7 世纪初，米利都卷入了优卑亚的拉兰丁战争，支持厄立特里亚。列多玛斯和安菲特里斯之间的权力之争可能就是以这一历史事件为背景。安菲特里斯建立僭主政治之后，米利都人民举行起义，建立了贵族统治，普利塔尼斯（Prytanis）成为国家的最高官职。拉兰丁战争之后，米利都与吕底亚之间进行了长期的战争，从公元前 7 世纪初持续至前 7 世纪末。长期的战争导致米利都社会矛盾的激化，公元前 6 世纪初，时任普利塔尼斯的色拉叙布罗斯（Thrasyboulos）建立僭主政治[2]，对内加强统治，对外与

---

① V. B. Gorman, *Miletos，the Ornament of Ionia：A History of the City to 400 B.C.E.*，Ann Arbor：University of Michigan Press，2001，p. 90.

② ［古希腊］亚里士多德：《政治学》，1305a17。

科林斯僭主佩里安德保持友好关系①。佩里安德曾经问色拉叙布罗斯如何
维持统治，后者指示他铲除杰出之士。色拉叙布罗斯统治期间，吕底亚与
米利都签署和约，结束战争状态。大概在公元前6世纪中期，色拉叙布罗
斯去世，米利都陷入党派斗争之中，贵族和平民互相残杀，斗争此起彼伏。
这种状况一直持续到公元前6世纪末波斯人占领米利都。大约在公元前546
年，波斯消灭吕底亚，控制米利都，扶植新僭主希斯提埃乌斯（Histiaeus）。
公元前513年，斯基台战争之后，波斯重新扶植新僭主阿斯塔格拉斯。

　　大约在公元前8世纪，米利都就开始了海外商业和殖民活动。米利都
的殖民活动最初集中在赫勒斯滂海峡、博斯普鲁斯海峡的亚洲一侧，代表
性的殖民地有阿庇都斯（Abydos）、库兹考斯（Kyzikos）。公元前8世纪末，
米利都开始向黑海（古称优克星海，Euxin）地区殖民，建立了锡诺普
（Sinope）、阿米索斯（Amisos）、特拉佩佐斯（Trapezous）和伐希斯（Phasis）。
公元前6世纪，他们又在黑海北岸建立少量殖民地。通过米利都人的商业
活动，北方的谷物、大理石、铁、牛、兽皮、蜂蜜、蜂蜡、鱼和鱼干销往
希腊本土，而希腊的青铜器皿、金银珠宝、化妆品、纺织品等销往北方。
米利都还在埃及三角洲地区建立了据点，其商品也在埃及的著名希腊城市
瑙克拉提斯城销售。埃及文化对米利都也有影响，人们在米利都南部的迪
迪玛神谕所发现了米利都人奉献的埃及风格的卧狮献祭物，人们还在这里
发现了埃及法老尼科二世的奉献物。公元前6世纪，米利都开辟西地中海
市场，米利都的羊毛销往意大利南部的锡巴里斯。米利都一直与吕底亚和
波斯保持良好关系，因此它的商业并没有因受这两个国家的控制而遭到严
重损害。波斯统治之后，因为与斯基台人的战争，米利都获得了更广阔的
市场，商业一度出现繁荣景象。

　　米利都地处亚洲，靠近西亚北非古老文明的发达地区。米利都人积极

---

① ［古希腊］希罗多德：《历史》，Ⅰ.20。

吸收这些地区的文明成果，创造了希腊世界早期的文化繁荣，对希腊文明的发展有重要的影响。最有影响力的人物是泰勒斯、阿那克西曼德、阿那克西美尼，他们对世界的本原问题作了开创性的研究。

(二)萨摩斯

萨摩斯位于爱琴海东部，靠近米卡列海峡，这是一个长 43 千米、宽 13 千米的岛屿。最迟至公元前 3000 年，岛上就有人居住。但在公元前 7 世纪之前，萨摩斯的历史模糊不清。相传在多利亚人南下时，爱皮道鲁斯的普罗克勒斯(Prokles)家族逃亡萨摩斯岛，征服了岛上居民，建立起君主政体。但在他的儿子利奥格罗斯(Leogoros)统治时期，以弗所借口萨摩斯执行亲卡利亚人的政策，驱逐了利奥格罗斯。10 年后，利奥格罗斯重新收复岛屿。公元前 8 世纪末，萨摩斯开始强盛起来。它与科林斯保持良好关系，邀请科林斯人阿美诺克利斯(Ameinokles)为萨摩斯建造了四艘三列桨战舰，这是当时希腊世界最先进的战舰。此后战舰数量不断增加，萨摩斯取代米利都，成为爱琴海世界重要的海上力量。①

凭借强大的海上力量，萨摩斯参加了拉兰丁战争，在战争中支持卡尔西斯。同时开展了广泛的商业活动，人们在赫拉神庙旧址发现了来自亚述、叙利亚、塞浦路斯、优卑亚等地的商品。萨摩斯的商业活动在非洲沿岸尤其引人注目，一艘由科拉奥斯(Kolaios)率领的船在前往埃及途中因为风暴偏离航线，驶往西地中海，直达西班牙，在那里他们获得丰厚的回报。②大约在公元前 7 世纪中期，末代国王德摩特勒斯(Demoteles)的统治被推翻，贵族寡头控制了国家权力，贵族会议(Geomoroi，意为土地共享者)成为国家的最高权力机构。

公元前 7 世纪末 6 世纪初，萨摩斯与麦加拉因殖民地之间的冲突发生

---

① 〔古希腊〕修昔底德：《伯罗奔尼撒战争史》，Ⅰ.13。
② 〔古希腊〕希罗多德：《历史》，Ⅳ.152。

战争。约在公元前 602 年，麦
加拉殖民地拜占庭在自己的西
边 30 多千米处建立了殖民地色
里莫布利亚（Selymbria），萨摩
斯在色里莫布利亚西部建立了
殖民地佩林托斯（Perinthos），
佩林托斯扼守在麦加拉商路的
中间。两个殖民地之间发生了
冲突，同时也把母邦卷入其中。
贵族会议挑选了 9 名最高司令
官，率军迎敌，获得胜利。这

图 4.10 全副武装的战士

些司令官在回国后利用麦加拉战俘推翻了贵族会议，建立了寡头统治。

公元前 6 世纪后半期，波吕克拉特斯统治时期，萨摩斯达到鼎盛。约
公元前 535 年，波吕克拉特斯兄弟发动政变，推翻寡头统治。起初波吕克
拉特斯把国土分成三个部分，他自己和兄弟潘塔格诺图斯（Pantagnotus）及
叙罗松（Syloson）共同治理。但不久他杀死了潘塔格诺图斯，驱逐了叙罗
松，成为唯一的僭主。波吕克拉特斯统治时期，萨摩斯拥有 100 艘 50 桨战
舰，在东地中海世界所向披靡，连续攻占了许多岛屿。波吕克拉特斯曾经
打败米利都、厄基那。米利都虽然得到列斯波斯的支持，但仍遭到失败。
波吕克拉特斯与埃及缔结友好关系。波斯崛起后，他转而与波斯和好，派
战舰和战士随冈比西斯远征埃及。约公元前 525 年，应萨摩斯政治流亡者
的邀请，科林斯和斯巴达联合进攻萨摩斯。斯巴达连续围攻 40 天未果，被
迫撤军。此后，萨摩斯购得位于阿哥斯东南部的海德利亚岛，建立殖民地，
并征服了克里特的库多尼亚。

在波吕克拉特斯统治时期，萨摩斯在文化上出现了繁荣的景象。相传
他曾经收集了分散的荷马作品，加以修订。他崇尚文化，瑞吉昂

图 4.11　萨摩斯岛赫拉神庙遗迹

(Rhegium)诗人伊比库斯、提奥斯诗人阿那克利翁都曾经到他的王庭进行创作。古希腊著名哲学家毕达哥拉斯是与波吕克拉特斯同时代的萨摩斯人。在波吕克拉特斯统治时期，萨摩斯完成了三项古代希腊的伟大工程：高和宽大约3米、长约9000米的山底隧道，深入海中达36米多的防洪大堤，高大雄伟的神庙。①

　　公元前522年，波吕克拉特斯被波斯总督骗至萨迪斯杀死。此后，麦安德鲁斯(Maeandrus)为僭主。不久，叙罗松在波斯的支持下成为萨摩斯僭主。② 叙罗松之后，他的儿子埃亚凯斯即位，公元前500年伊奥尼亚暴动时埃亚凯斯被推翻。③

---

① ［古希腊］希罗多德：《历史》，Ⅲ.60。
② 叙罗松的统治何时结束尚不清楚，可能是在公元前500年的伊奥尼亚暴动中被推翻。
③ ［古希腊］希罗多德：《历史》，Ⅵ.13。

（三）密提林

密提林位于爱琴海东北部最大的岛屿——列斯波斯岛上，是埃奥利亚地区最大的城邦。密提林流传下来的历史文献很少，难以恢复其历史发展脉络。传说密提林最早的居民是英雄彭提罗斯（Penthilos）的后代，彭提罗斯是阿伽门农的孙子、俄瑞斯忒斯的儿子。多利亚人南下时，彭提罗斯家族成为密提林的统治家族，垄断了密提林的王位。密提林地处赫勒斯滂海峡与爱琴海的连接点，它充分利用这一有利位置开展商业活动，成为埃奥利亚地区商业最发达的国家，也是埃奥利亚地区唯一一个与埃及开展贸易的城邦。商业的成功使得彭提罗斯家族日益骄奢，也使得密提林社会矛盾日益激化。亚里士多德称密提林国王在路上随意以棍棒打人，麦伽克里斯路见不平，聚众杀死国王。斯梅尔德斯（Smerdes）也因受到不公正待遇杀死一个名叫彭提罗斯的家伙。[①] 可惜这件事发生的年代、过程和结果均不清楚。

大概在公元前 7 世纪末墨兰库斯（Melanchrus）成为僭主。他可能是彭提罗斯家族的末代国王，为了维护家族统治而强化权力，建立僭主统治。贵族阶层对他的统治非常不满，公元前 612 年，他们掀起反抗运动。著名诗人阿尔凯奥斯以及他的哥哥还有好友庇塔库斯成为反抗运动的领袖。公元前 608 年，墨兰库斯被推翻，但胜利的成果被米尔斯劳斯（Myrsilos）窃取，米尔斯劳斯极力打击阿尔凯奥斯集团。反僭主运动发生分化，庇塔库斯投靠了彭提罗斯家族，娶了该家族的女子为妻，而阿尔凯奥斯兄弟被迫流亡海外。女诗人萨福也受到牵连，被驱逐出国。约在公元前 607 或前 606 年，米尔斯劳斯去世，阿尔凯奥斯企图趁机回国。庇塔库斯在民众的支持下，成为新的僭主，打败了阿尔凯奥斯。阿尔凯奥斯和他的哥哥流亡海外，再没有回到密提林，但他对庇塔库斯一直怀恨在心，写了不少诗抨击庇塔库斯，

---

① ［古希腊］亚里士多德：《政治学》，1311b27。

讥讽他"扁平足"、"邋遢鬼"、"大肚皮"、"水桶腰",走路"一瘸一拐"。

庇塔库斯出身低下,其父亲是色雷斯人,母亲是本地人。但他从小受过良好的教育,写了很多哀歌体格律诗,被称为希腊"七贤"之一。他统治期间维持各项制度的延续性和社会的稳定,亚里士多德称他的制度没有新意,只是对醉酒犯罪实施重罚。庇塔库斯政策的重点应该如其他早期僭主一样,倾向于平民,否则很难得到平民的拥护。实际上他在密提林很受欢迎,当地的一首磨面歌唱道:"磨吧,磨吧,因为统治着密提林的庇塔库斯也在磨面。"为了表示对他的热爱,密提林人曾经赠送给他土地。庇塔库斯统治了 10 年,约在公元前 580 年辞去僭主职位,10 年后去世。庇塔库斯之后,密提林可能实行了寡头政体,高级官职被称为普利塔尼斯或巴赛勒斯。

从公元前 7 世纪末始,密提林和雅典为争夺赫勒斯滂地区的斯基翁(Sigeion)地区发生战争。斯基翁位于爱琴海通往赫勒斯滂的入口处。此前,密提林已经在这里建立殖民地。约公元前 620 年,雅典人弗里农(Phrynon)率人来此殖民,双方发生战争。密提林著名诗人阿尔凯奥斯曾经参加战争,据说,仓皇之中他把自己的盾牌弄丢了,为此他还写了一首诗寄给朋友,请他不要担心自己的安全。据说,阿尔凯奥斯的盾牌后来被放在斯基翁的雅典娜神庙中。公元前 607 年,庇塔库斯率军反击。据说弗里农和庇塔库斯约定二人对决,最后庇塔库斯用"渔网、鱼叉和小刀"打败弗里农。但是两邦的争夺仍长期僵持不下,于是请科林斯僭主佩里安德仲裁。佩里安德偏向雅典,决定双方各自占有已控制地区。后来双方继续发生战争,庇西特拉图派人占领了该地,并把自己的儿子赫戈斯特拉图(Hegesistratos)任命为当地的统治者。希庇亚斯被驱逐之后曾经在这里定居,随后又投降了波斯。

波斯西征时,密提林不战而降。但波斯只是剥夺其外交权力,要求提供军队,并没有干预内政。公元前 525 年,密提林海军随冈比西斯远征埃及。同时,密提林还派军队支持米利都反对萨摩斯的战争。米利都失败后,战俘被虏至萨摩斯挖城防壕沟。这条壕沟后来对抵御斯巴达和科林斯的进攻起了重要作用。冈比西斯去世后，密提林可能参加了萨迪斯总督的叛乱，后被大流士征服，大流士立吕卡利图斯为僭主。[①] 公元前 513 年，密提林随大流士远征斯基台，科埃斯建议大流士保留多瑙河浮桥，大流士溃败之时得以顺利回来。[②] 事后大流士为了回报科埃斯，支持他做了密提林僭主。公元前 500 年伊奥尼亚发生暴动，科埃斯被密提林民众以乱石打死。

二、小亚地区希腊城邦与波斯的冲突

(一)波斯的兴起及其对小亚希腊城邦的控制

波斯兴起于伊朗高原的西部，原先从属于米底国家。因此之故，古希腊文献一直将波斯称作米底。公元前 558 年居鲁士二世宣布独立，公元前 550 年推翻了米底的统治。居鲁士二世统治时期，发动大规模的对外扩张战争，到他去世时(公元前 530 年)，波斯几乎占领了中亚以西的全部亚洲版图，包括中亚、两河流域、巴勒斯坦、以色列和小亚细亚等地区。这样，波斯不可避免地与希腊城邦发生了联系。

公元前 6 世纪前半期，小亚中部的吕底亚向西扩张，征服了大多数希腊城邦，将都城迁到沿海的萨迪斯。少数强大的城邦如米利都、密提林虽然保持了独立，但也承认了吕底亚的大国地位，与它建立政治联盟。一时间，吕底亚成为希腊诗人和游客经常光顾的目的地。"希腊的贤者相继来到如日中天的萨迪斯，其中就有雅典的梭伦。"[③]

公元前 550 年，居鲁士消灭米底之后，吕底亚急于向东占领米底的领土，扑灭新生的波斯政权。于是，吕底亚国王克洛伊索斯派了使团到希腊的德尔菲、多铎那，弗西斯的阿拜，底比斯的安菲阿努斯、特洛芬纽斯，

---

① ［古希腊］希罗多德：《历史》，Ⅴ.27。
② ［古希腊］希罗多德：《历史》，Ⅳ.97。
③ ［古希腊］希罗多德：《历史》，Ⅰ.29。

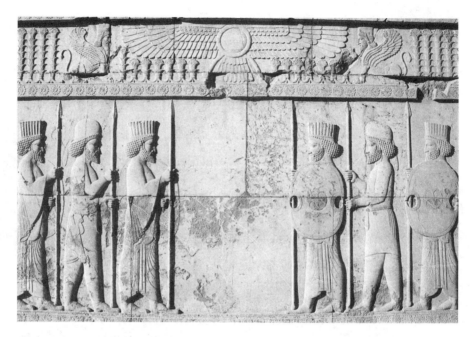

图 4.12　刻有波斯军队的浮雕

米利都的布兰奇代等神谕所，进行广泛的布施奉献，以争取希腊的支持①，
奉献物之丰盛以致在希腊世界"克洛伊索斯"成为富有的化身。最后，克洛
伊索斯争取到了小亚希腊城邦和希腊本土的斯巴达及其同盟者的支持。②
尽管此时米利都可能没有与吕底亚结成公开的军事同盟③，但受制于传统
的政治同盟，米利都还是暗中帮助吕底亚，吕底亚军队就是在泰勒斯的帮
助下才渡过哈律斯河的④。而居鲁士曾经派人联络小亚的希腊城邦，但遭
到拒绝⑤。得到希腊城邦支持的吕底亚与波斯势均力敌。公元前 547 年，
居鲁士率军进攻吕底亚，波斯首次与希腊世界发生军事联系。最终，波斯

①　[古希腊]希罗多德：《历史》，Ⅰ.46。
②　[古希腊]希罗多德：《历史》，Ⅰ.69，77。
③　[古希腊]第欧根尼·拉尔修：《名哲言行录》(上)，马永翔等译，长春：吉林人民出
版社，2003 年版，第 17 页。
④　[古希腊]希罗多德：《历史》，Ⅰ.75。
⑤　[古希腊]希罗多德：《历史》，Ⅰ.141。

军队打败了吕底亚。战后，小亚希腊城邦请求与居鲁士和解，遭到居鲁士的拒绝。① 米利都试图成立伊奥尼亚同盟与波斯对抗，但这个计划也没有实现。② 后来，波斯还是接受了米利都等希腊城邦的投降。③ 居鲁士死后，冈比西斯继位。冈比西斯远征埃及的军队中就包括伊奥尼亚人。④ 但是直到冈比西斯时期，波斯并没有控制小亚附近的希腊岛国，如最强大的密提林只是作为盟军出现在波斯军队中。冈比西斯征服埃及之后以十倍比例屠杀埃及战俘，为牺牲的密提林战士报仇⑤，这显然带有拉拢密提林的意图。萨摩斯也可能只是派遣海军参与了冈比西斯的军队，而其真实目的是铲除国内的政敌。

冈比西斯统治时，波斯国内发生了争夺王权的斗争。首先取得王位的一说是冈比西斯之弟巴尔迪亚，一说是僧侣高墨达，还有一说是马尔多斯。⑥ 多种多样的说法只能说明权力斗争之激烈。最后由大流士争得王位。此时，波斯地方或拥兵独立，或发生起义。当时支持大流士的只有巴克特利亚和阿拉霍西亚行省。地方起义更加频繁，大流士自传中记述当时有 9 个地区发生了起义，依兰、巴比伦等地也多次发生起义。他发动了 19 次战争，才扑灭起义。冈比西斯死后，萨迪斯总督奥罗斯特斯（Oroestes）占地为王，不承认大流士的统治，同时积极扩张地盘，于公元前 522 年诱杀了萨摩斯僭主波吕克拉特斯。大流士平息了萨迪斯叛乱，同时开始经略东地中海地区，这是大流士征服希腊世界的开始。大流士派人护送萨摩斯流亡政治人物叙罗松回国。此时，萨摩斯的老僭主已经被萨迪斯总督剪灭，麦

---

① ［古希腊］希罗多德：《历史》，Ⅰ.141。
② ［古希腊］希罗多德：《历史》，Ⅰ.170。
③ ［古希腊］希罗多德：《历史》，Ⅰ.143。
④ ［古希腊］希罗多德：《历史》，Ⅲ.1，19。
⑤ ［古希腊］希罗多德：《历史》，Ⅲ.13，14，44。
⑥ ［美］A. T. 奥姆斯特德：《波斯帝国史》，李铁匠、顾国梅译，上海：上海三联书店，2010 年版，第 138 页。

安德鲁斯自立为僭主。① 波斯通过血腥屠杀将叙罗松扶植为僭主。至此，波斯基本控制了爱琴海地区和小亚的希腊城邦。

在波斯国内政治动荡之时，北方民族斯基台人也趁机崛起，斯基台王伊当提尔苏斯举兵反对波斯王大流士一世，在政治上统一了斯基台。他们控制了整个南俄罗斯草原，在北部边疆对波斯形成了巨大的压力。公元前519年，大流士打败斯基台人对中亚粟特地区的进攻。公元前513年，斯基台人在西部从黑海南下，袭扰地中海沿岸各地，希腊边境城邦被迫每年纳贡以免遭劫掠。同年，大流士发动反击。希腊各邦参加了大流士的远征，并发挥了重要作用。萨摩斯人帮助波斯搭建了渡过博斯普鲁斯海峡的浮桥。② 伊奥尼亚人则帮助波斯人搭建渡过多瑙河的浮桥，而后来马拉松战役的指挥者之一、雅典人米太雅德（Miltiades）则是驻守这座大桥的首领。③ 大流士的海军主要由伊奥尼亚人、埃奥利亚人和赫勒斯滂人提供。④

斯基台战争之后，波斯控制了色雷斯和赫勒斯滂地区，并在这里设置了行省，任命麦加巴佐斯为总督，阿塔佛涅为萨迪斯总督，奥塔涅斯为沿海行省总督。波斯在赫勒斯滂和色雷斯地区采取攻势，强行迁徙了伊奥尼亚人，征服了控制黑海出海口的拜占庭、卡尔西冬、列姆诺斯、音布罗斯。⑤ 至此，波斯完全控制了博斯普鲁斯海峡。赫勒斯滂地区、博斯普鲁斯海峡以及黑海沿岸历来是希腊主要的商业区，尤其是古风时期以来，这里的商业地位日显重要。黑海沿岸的木材、谷物输往希腊，而希腊的陶器、葡萄酒也大量销往黑海地区。波斯确立了对这一地区的统治之后，这里的商业利益转给了依附于波斯的希腊城邦，小亚希腊世界出现了新的繁荣。

---

① ［古希腊］希罗多德：《历史》，Ⅲ.120～125。
② ［古希腊］希罗多德：《历史》，Ⅳ.87。
③ ［古希腊］希罗多德：《历史》，Ⅳ.137。
④ ［古希腊］希罗多德：《历史》，Ⅳ.89。
⑤ ［古希腊］希罗多德：《历史》，Ⅴ.26。

纳克索斯是当时各邦中最繁荣的，而米利都则达到了国力鼎盛时期，被称为"伊奥尼亚的光荣"①。但是希腊本土的商业却因此受到打击，这成为以后希腊与波斯产生矛盾的重要原因之一。

（二）伊奥尼亚暴动

波斯与希腊的矛盾，首先起于与小亚希腊城邦的矛盾。米利都、密提林等城邦因为在征服斯基台战争中支持波斯，战后得到波斯的赏赐，米利都得到了位于色雷斯的米尔金努斯（Myrcinus），密提林人科埃斯则被波斯扶植成为密提林僭主。② 但是，米利都势力的扩大也引起了波斯的担忧，随后他们的赏赐被剥夺。波斯还拘捕了有独立嫌疑的僭主希斯提埃乌斯，并将一批贵族押往巴比伦，立阿斯塔格拉斯为新的僭主。③ 但阿斯塔格拉斯同样有独立倾向。公元前500年，当纳克索斯流亡分子来到米利都请求他们帮助自己返回故土时，阿斯塔格拉斯见有机可乘，满口应承，以图借波斯之力控制纳克索斯，后来因计划泄露而失败。米利都流亡僭主希斯提埃乌斯也伺机反抗，来信指使米利都发动叛乱。

公元前499年，阿斯塔格拉斯发动叛乱。为了争取民众参加，阿斯塔格拉斯放弃了僭主政治，推行民主政治，同时在伊奥尼亚地区驱逐僭主，扣押当初与他一起进攻纳克索斯的僭主，并引渡其回国，接

图4.13 绘有希腊战船的陶杯

---

① ［古希腊］希罗多德：《历史》，V.28。
② ［古希腊］希罗多德：《历史》，V.11。
③ ［古希腊］希罗多德：《历史》，V.23～25。

受人民审判。阿斯塔格拉斯还努力争取希腊大陆的支持，亲自前往斯巴达、雅典、厄立特里亚等城邦游说。斯巴达拒绝了米利都的请求，但雅典和厄立特里亚接受了请求。雅典和厄立特里亚等国的商业一直比较发达，他们与波斯存在商业之争。当时的雅典正是民主派执政之时。民主派执政之初为了获得权力曾向波斯表示愿意投降，但遭到国民的反对①，现在民主派为了争取民心，洗刷前愆，转而采取了反波斯的策略。厄立特里亚反对波斯，则是因为在以前的拉兰丁战争中米利都一直支持他们。于是，雅典派了20艘战舰、厄立特里亚派了5艘战舰，前来助战。

暴动大致分为三个阶段。公元前499—前498年为第一阶段。起义军一度声势浩大。公元前498年，起义军攻占并烧毁了萨迪斯，但波斯迅速调集军队，在以弗所大败起义军，厄立特里亚的统帅优阿基德斯牺牲，雅典撤回军队。但起义者经过一番准备后，北上进攻赫勒斯滂地区，降伏了拜占庭及其他城邦，然后南下多利斯地区，把当地居民争取到自己的一边。塞浦路斯岛也发起了暴动，萨拉米②的奥涅鲁西斯素有政治野心，企图统治塞浦路斯岛，脱离波斯控制。他借机驱逐了哥哥兼国王戈尔古斯（Gorgus），带领岛上各邦发动暴动。

公元前497—前495年，是第二阶段。波斯派军消灭外围的起义军，战斗首先发生在塞浦路斯。起义者奋勇战斗，波斯指挥官被杀死。但由于库里昂、萨拉米军队在前线投降，导致战争失败，奥涅鲁西斯战死，但岛上居民继续抗战。5个月之后，波斯通过挖地道的方法，攻占了最后一个据点——索罗伊。然后波斯军队分兵出击，进攻其他起义的城邦。波斯军队在赫勒斯滂地区进展顺利。但卡利亚地区的居民却利用机会再次发动起义。波斯将领达乌里塞斯连忙从赫勒斯滂前往卡利亚地区。米利都则派军支援卡利亚，但卡利亚在波斯打击下，连遭两次失败。第三次，他们在波斯军队前进的路上设下埋伏，全歼包括波斯统帅达乌里塞斯在内的波斯军队。

---

① ［古希腊］希罗多德：《历史》，V.73。
② 这里的萨拉米是塞浦路斯岛上的一个城邦，与位于雅典萨拉米港口的岛屿同名。

在伊奥尼亚地区，希腊城邦不断遭到失败。米利都僭主阿斯塔格拉斯见状仓皇逃往色雷斯，在与色雷斯人的交锋中战死。

公元前494—前493年，是第三阶段。波斯调集陆海军，围攻米利都。米利都流亡僭主希斯提埃乌斯返回米利都，企图重新登上僭主宝座，但遭到米利都人的反对。希斯提埃乌斯得到密提林的支持，在赫勒斯滂地区劫持过往船只，组建军队。但波斯并没有把他视为进攻重点，而是把重兵布置在米利都。起义者组建了一支庞大的海军，推举佛凯亚人狄奥尼索斯为领袖，在米卡列附近的莱德海面与波斯军队展开决战。由于起义者内部发生矛盾，萨摩斯和密提林的海军在战斗中逃跑，最终败于波斯军队，狄奥尼索斯逃到西西里岛，建立据点。波斯军队开始全力围攻米利都，他们再次采用挖地道的战术，攻破米利都城墙，起义最后失败，全城居民沦为奴隶。萨摩斯人则集体逃往西西里。希斯提埃乌斯不久也被波斯俘虏，钉死于木桩之上。随后，波斯军队逐步收复了伊奥尼亚、埃奥利亚、赫勒斯滂海峡的亚洲一侧。

伊奥尼亚暴动由小亚希腊城邦的上层发动，但波及了城邦的各个阶层。波斯基层统治的脆弱为地方分离主义提供了温床。波斯对暴动地区实施了残酷的报复，不少地区被抢劫一空，众多的人口被掳掠到巴比伦等地。但战后波斯也开始改善对希腊地区的统治。在波斯主持下，伊奥尼亚各邦签署协议，停止相互间的武装劫掠，协商解决争端；重新丈量土地，并依据新的土地面积规定了贡金数额，税额与暴动之前一样。① 暴动失败强化了波斯在东地中海的存在，战后波斯占领了赫勒斯滂海峡欧洲一侧的领土，并与巴尔干半岛上的希腊城邦发生了直接联系，波斯与希腊世界的冲突在更大的范围内展开了。

---

① ［古希腊］希罗多德：《历史》，Ⅵ.42。

第五章 古典时期

古典时期是古希腊城邦发展至盛极而随后逐渐走向衰落的历史时段。

古典时期波澜壮阔的战争显示了城邦体制的社会整合能力和资源调配能力，荡气回肠的悲剧、气势磅礴的哲学思辨、巧夺天工的艺术作品、宏伟壮观的建筑，显示了城邦体制蕴含的超凡创造能力；但是无休无止的战争、此起彼伏的内部纷争和下层起义也反映了城邦在化解社会矛盾方面的无能为力。公元前4世纪，希腊城邦最后屈从于马其顿王国的统治。

西方学者一般认为，古典时期开始于公元前479年，结束于公元前323年。最近国内有学者指出，西方学者将希波战争中希腊人的胜利作为西方自由民主战胜东方专制主义的标志，过分夸大了希波战争的意义。他们主张将古典时期的开始时间定为公元前500年。[①] 本书将古典时期之开端定到公元前492年，理由有四点：一是希波战争开始于公元前492年大流士发动第一次远征，研究希波战争应从公元前492年开始，将同一事件放在两个历史时段不太合适；二是定在这个时间点更能强调希波战争事件的本身，而不是强调战争的胜利；三是尽管希腊在希波战争中取得了一些胜利，但是直到公元前4世纪，波斯的力量仍然跨越了爱琴海；四是希波战争之后，希腊历史、文化发展呈现出新的特点，如雅典和斯巴达的兴衰更替、价值观念的改变等。

---

① 黄洋、晏绍祥：《希腊史研究入门》，北京：北京大学出版社，2009年版，第33页。

第一节　古典时期的希腊城邦

一、希波战争（公元前 492—前 479 年）

（一）战争的爆发和马拉松战役

波斯发动对希腊半岛的战争可谓蓄谋已久。处于上升阶段的波斯有着对外扩张的内在冲动，居鲁士、冈比西斯、大流士等都有扩张领土的雄心壮志，以大流士女婿玛尔多纽斯为代表的波斯贵族希望在战场上立功，获取奖赏和封土。东地中海世界的复杂矛盾也是诱发希波战争的重要因素。早在伊奥尼亚暴动初期，大流士得知雅典、厄立特里亚背后支持暴动，就立誓要报复雅典。他命令仆人在他每天用餐时不断提醒他："千万要记住雅典人。"①伊奥尼亚暴动平息之后，波斯强占了赫勒斯滂地区欧洲一侧的土地，这为波斯从陆上南下提供了方便。莱德海战之后，波斯得到腓尼基人的海军，海上力量大大加强，也有条件从海上进攻希腊本土。希腊本土的政治斗争也有助于波斯的入侵野心，如雅典僭主希庇亚斯，他在被驱逐之后来到萨迪斯，竭力诽谤雅典，承诺使雅典屈从于波斯，以图换取波斯的支持而重新执政②；色萨利的王族阿硫阿斯家族也曾经派使节来波斯，邀请薛西斯到希腊去，并承诺尽一切力量帮助他们③。希罗多德还记述了当时希腊流行的一种说法：波斯人是应阿哥斯人之邀而入侵希腊的，原因是公元前 496 年，阿哥斯在与斯巴达作战中失利。④

公元前 492 年，波斯发动了第一次对希腊的进攻。大流士对此做了认

---

① ［古希腊］希罗多德：《历史》，Ⅴ.105，Ⅵ.94。
② ［古希腊］希罗多德：《历史》，Ⅴ.96。
③ ［古希腊］希罗多德：《历史》，Ⅶ.6。
④ ［古希腊］希罗多德：《历史》，Ⅶ.152。

真的准备，他委任他的女婿、年轻的玛尔多纽斯为最高统帅。玛尔多纽斯先在伊奥尼亚废除僭主政治，推行民主政治，以巩固后方，争取伊奥尼亚的支持，然后征集军队，从赫勒斯滂地区分水陆两路进发，玛尔多纽斯亲自率领海军。波斯军队沿希腊半岛海岸，水陆两路协调行进。波斯海军首先攻下塔索斯岛，塔索斯人的城防被拆毁，塔索斯人也被迁往阿布德拉。波斯海军继续南下，但在阿索斯海角受到飓风袭击，海军大约损失了一半；陆军在马其顿受到当地居民的进攻，同样损失惨重。第一次进攻无功而返。

大流士转而采用了外交手段，企图迫使希腊投降。他派遣使者到希腊各地索取象征投降的"水"和"土"。许多希腊城邦投降，如阿哥斯、底比斯、岛国厄基那等。雅典和斯巴达拒绝投降，雅典把波斯使节扔下山崖，斯巴达则把波斯使节扔到井里。但是波斯的分化策略引起希腊内部新的矛盾。厄基那是毗邻阿提卡和伯罗奔尼撒半岛的岛国，波斯海军一旦占领该岛，将对雅典和斯巴达构成巨大威胁。在共同的军事威胁面前，斯巴达改变了与雅典对立的外交政策，开始结成政治同盟，共同征伐厄基那。与此同时，大流士重新部署，任命达提斯、小阿塔弗涅斯为指挥官，要求他们征服雅典和厄立特里亚。公元前490年，波斯军队再次出发。

波斯陆军从赫勒斯滂、马其顿南下，海军则从萨摩斯横穿爱琴海，直指希腊半岛。由于距离短，波斯海军很快驶至纳克索斯，纳克索斯人纷纷逃亡，波斯在烧毁了纳克索斯的神庙和城市之后，向北航行。沿途岛国居民或逃或降。最后，波斯海军攻到厄立特里亚。厄立特里亚匆忙准备，他们派人向雅典求援，但厄立特里亚内部却意见不一，有的人主张逃亡，有的人主张投降，还有的人见状通知雅典军队不要前来送死。波斯海军围攻厄立特里亚，进行了6天的鏖战，最后由于叛徒出卖，厄立特里亚被攻占。

随后，达提斯率领波斯军队在希庇亚斯的引导下渡海来到马拉松，与雅典军队发生了著名的马拉松战役。雅典派人向斯巴达求援，斯巴达虽然表面上答应，但又称当天是一个月的第九天，月亮未圆，不适合派军，雅典军队只能孤军奋战了。雅典军队驻扎在附近的山上，而波斯大军则守在山下平原，双方形成对峙。此时，雅典军队内部发生意见分歧，一派主张撤军，而米泰雅德一派主张坚守决战，最后后者占上风。米泰雅德被推举为最高指挥官，他根据敌强我弱的形势，对排兵布阵做出调整，将重兵布置在两端，而中路兵力相对较弱，期望先打败波斯两翼军队，然后集中精力消灭波斯中路军队。战争的进程果真如米泰雅德期望的那样，尽管中路波斯军队获胜，但左右两翼的雅典军队和普拉提亚的援军打败了波斯军队，然后他们会合起来攻击中路波斯军队，最后，彻底打败了敌军。达提斯率领波斯海军撤回亚洲，波斯陆军也无功而返。

（二）希腊联盟和温泉关之役

大流士随后准备发动第二次攻击，但是，随后波斯国内政局发生巨变，延缓了对希腊的进攻。当时大流士年事已高，波斯发生王位继承人之争，埃及趁机发动起义。公元前486年，大流士去世，薛西斯即位，新的统治集团在平息埃及起义还是报复希腊问题上发生分歧，薛西斯决定先征服埃及，后进攻希腊。两年后，薛西斯镇压了埃及起义，决定再次发起侵略希腊的战争。此时，波斯内部再次出现意见分歧，玛尔多纽斯期望攻占希腊，自己担任希腊总督；寄居在波斯的希腊流亡政治力量继续鼓动征讨希腊，流亡波斯的雅典预言家奥诺马克利托斯还为波斯献计在赫勒斯滂海峡架设浮桥①，这一建议后为薛西斯所接受；色萨利王室主动答应帮助波斯进攻希腊，希庇亚斯也提出类似要求，但波斯大臣阿塔班努斯反对进攻希腊。经过一番争论之后，波斯决定征讨希腊。薛西斯为此做了精心的准备，在马其顿境内广泛修建兵库粮站，在赫勒斯滂海峡修建浮桥。公元前482年，波斯水陆大军出动，沿着当年大流士的进军路线，南下进攻希腊。

马拉松战役之后，希腊内部依然忙于彼此纷争，其中最具代表性的是

---

① ［古希腊］希罗多德：《历史》，Ⅶ.6。

雅典与厄基那的战争。厄基那扼守雅典的海上商路，与雅典存在激烈的商业之争；厄基那还拥有强大的海军，成为雅典的海上威胁。公元前483年，雅典发现劳利昂银矿，底米斯托克利建议不要平分银矿收入，而是把这部分收入交给某些贵族，责成他们装备海军，于是雅典海军迅速发展。这支海军后来在萨拉米海战中发挥了重要作用。

公元前481年，波斯大军进入北部希腊，整个希腊都震惊了。中部希腊的大多数城邦纷纷投降，伯罗奔尼撒半岛的城邦还在犹豫，未投降的希腊城邦急忙在科林斯地峡集会，商讨建立反波斯联盟。会上围绕领导权进行了激烈的争论，阿哥斯要求与斯巴达平分最高领导权，遭到斯巴达的拒绝。雅典期望担任海军统帅，但又担心斯巴达不满而退出战争，因此，当叙拉古要求担任海军统帅时，雅典坚决反对，但同意斯巴达担任海陆军统帅。叙拉古、阿哥斯因此退出。色萨利以联军协助其驻防北部边疆为前提，有条件地同意参加联盟。希腊世界另外两个重要城邦克里特和科西拉则作壁上观。阿哥斯虽然派了军队，却没有直接参加希腊联盟，而是准备投入获胜的一方。最后，以斯巴达为首，32个城邦建立了反抗波斯入侵的希腊联盟。

联盟成立之后，组建了一支约一万人的军队，驻扎在色萨利北部。此时，马其顿王子送信，介绍了波斯军队的盛况，驻守军队一听吓得匆忙撤退。雅典被暴露在波斯大军面前，处境非常危险。他们派人指责斯巴达，并以投降波斯相威胁，迫使斯巴达再次出兵。希腊联军兵分两路，一路驻扎在进入阿提卡的沿海交通要道温泉关，一路驻扎在与温泉关隔海相望的优卑亚岛的东北角——阿尔特米西昂。公元前480年，波斯大军兵临温泉关，部分希腊城邦见状悄悄撤军，但是，斯巴达国王列奥尼达斯率领斯巴达和塞斯皮亚军队留在了阵地。

面对波斯大军，列奥尼达斯和他的军队视死如归，浴血奋战。斯巴达军队良好的素养发挥了重要作用，他们采用了"回马枪"战术，当敌人进攻

图 5.1　温泉关

时他们佯装撤退，当敌人追到身后时，他们迅速转身，发动攻击。此时，希腊军队的大型盾牌、长枪和全副武装的盔甲发挥了优势，波斯军队尽管人数占优却难以获胜，伤亡惨重。后来，波斯军队在当地人的带领下，绕道占领温泉关背后的山峰。列奥尼达斯的军队陷入了波斯军队的包围之中，经过一番惨烈的激战，约 4000 名留守战士全部牺牲，其中包括列奥尼达斯和 300 名斯巴达人（只有一人因为眼疾回到斯巴达，另一人因为出使未参加战斗）。温泉关失守后，希腊陆军急忙向伯罗奔尼撒半岛聚集，准备在科林斯地峡建筑防线。波斯陆军趁势攻入雅典，烧毁了雅典卫城，报了当初米利都起义焚毁萨迪斯城之仇。

（三）萨拉米海战和希腊人的胜利

就在温泉关激战的同时，驻扎在阿尔特米西昂的希腊海军也与波斯海军展开战斗，并取得一定胜利。当时，波斯海军兵分两路，一路从优卑亚海峡南下，一路从外海南下再从优卑亚海峡北上，企图南北夹击希腊海军。希腊海军抓住时机与留下的波斯军队展开战斗，取得胜利。绕行外海的波斯海军夜晚遇到风暴袭击，损失惨重。但是温泉关战役失败消息传来之后，希腊军队人心浮动，优卑亚当地的统帅用重金贿赂海军统帅，也未能阻挡他们逃跑的步伐。几天后，希腊海军退守萨拉米湾。此时，希腊海军内部意见仍不统一，斯巴达统帅还想继续逃跑，雅典统帅底米斯托克利主张坚决抵抗，他想出一个令人匪夷所思的计谋，派密使建议波斯海军封锁萨拉米的出海口。希腊海军被围，只能背水一战。波斯战舰船体庞大，在萨拉米港口狭窄的水面上行动不便，而希腊则发挥船体小，行动灵活的特点，从侧面攻击敌人。危急的形势激起希腊军队巨大的战斗热情。希腊全体将士个个奋勇拼杀，获得了萨拉米海战的胜利。面对海军的一再失利，薛西斯担心希腊海军占领赫勒斯滂海峡，切断归路，于是将军队指挥权委托给玛尔多纽斯，匆忙撤回亚洲。战争危机稍微舒缓，希腊同盟内部再次出现不同意见，伯罗奔尼撒城邦主张退守科林斯地峡，雅典人则被迫全体撤往萨拉米岛。国破家亡没有摧毁雅典人的抵抗意志，他们多次拒绝波斯提出的签署和约的要求，坚决主张抵抗。在雅典的一再要求下，公元前479年，希腊联军在著名的斯巴达将领波桑尼阿斯的指挥下北上抗敌，双方在普拉提亚的奥罗普斯河两岸对峙。希腊不断召集援军，波斯派骑兵骚扰希腊后方。双方相持了10天，波斯接受底比斯的建议，派军队绕到后方，试图切断希腊军队的水源和援军路线。希腊被迫改换阵地。斯巴达、提该亚和雅典的军队兵分两路撤退。由于消息封锁严密，波斯毫无知觉，当他们得知消息时，希腊军队已经撤离战场。波斯军队匆忙追击，队形大乱。斯巴达和提该亚抓住时机，奋力反扑。面对优势兵力，希腊将士一度处于劣势，但他们英勇战斗，杀死了玛尔多纽斯，随后，他们乘胜追击，攻占了波斯的大本营。希腊军队最终取得辉煌的胜利，将残余的波斯军队逐出了希腊，并获得大量的战利品，其数量之多，仅被私藏的金银就使得希腊世界的货币贬值。

此后，斯巴达国王克里奥布鲁托斯应萨摩斯之邀，率领希腊海军进抵萨摩斯，驻扎在那里的波斯海军闻讯仓皇逃跑，退往大陆的米卡列。波斯军队把所有的战舰也拖上海岸，组成防御工事。希腊军队紧追不舍，弃船上岸，发起猛攻。当地的伊奥尼亚人也趁机起义，与希腊军队共同作战。惊魂未定的波斯军队毫无斗志，稍一抵抗就逃回内地。希腊军队再次大获全胜。重要的是，这次战斗几乎彻底消灭了波斯海军的有生力量。希腊城邦再次控制了爱琴海和赫勒斯滂海峡及黑海地区。

希波战争是强大的波斯和弱小的希腊之间发生的具有重大历史意义的战争，但战争对双方的意义并不一样。就波斯而言，其战争目的是惩罚雅典及其他城邦，维护自己对小亚希腊地区的统治，从这个意义上讲，薛西斯已经基本达到了自己的战略意图。在波斯的国家利益中，希腊半岛的战略意义显然不及埃及、小亚细亚地区，因此，尽管大流士、薛西斯多次战败，但依然统治稳定。而就希腊而言，战争的胜利维护了本土的政治独立，提升了民族自信心，加强了希腊的民族认同，强化了希腊人尤其是雅典人对自身政治体制、价值体系的自豪感和认同感，促进了独特的希腊文化的发展。

二、雅典的崛起和雅典与斯巴达的争霸

(一)提洛同盟

希波战争导致了希腊世界政治格局的巨大变化，其中最大的变化是雅典崛起。希波战争之后，希腊与波斯的对抗转移到了北希腊。尽管斯巴达仍然领导着希腊联盟，但斯巴达国内对战争已经产生了不同的认识。以波桑尼阿斯为代表的一派主张继续扩张，他们希望借助与波斯的战争一统希腊，建立希腊世界的霸权；另一派则认为战争已经远离伯罗奔尼撒半岛，主张退出战争。对雅典来讲，海上利益具有重大意义，而且现在希腊联军

主要凭借海军与波斯作战，而雅典海军是最强大的，他们不满于斯巴达继续垄断联军指挥权。恰在此时，希腊陆军统帅波桑尼阿斯居功自傲，凌驾于盟友之上，引起同盟国的不满。他还模仿东方习俗，穿王服，行跪拜礼，甚至勾结波斯，企图借助波斯的力量成为希腊之王。斯巴达闻讯召回波桑尼阿斯，雅典趁机获得希腊联盟的领导权。

公元前477年，雅典建立海上同盟。同盟规定，所有入盟城邦不得随意退出同盟，必须缴纳盟金、贡物。同盟金库由10位被称作财务官的雅典官员管理，最初设在提洛上，所以又称为"提洛同盟"。最初加入同盟的城邦约有35个，后来城邦数量不断变化，最多时有250多个城邦。盟邦原则上必须各尽所能缴纳盟金、提供军队，但一般情况下，一些大城邦如列斯波斯、萨摩斯、纳克索斯、塔索斯等主要提供海军，其他小城邦则主要提供贡物和盟金。盟金总额最初是460塔兰特，后来逐步增加。[①]

同盟设有同盟大会，同盟大会预先审议同盟内部的重大事项，讨论决定之后，再交给雅典公民大会讨论表决，实际权力掌握在雅典手中。盟国起初是独立的，可以自行退出，但后来雅典逐步加强对盟国的控制，在各邦派驻代表，监督当地政府，甚至担任要职，或者利用各邦内部政治矛盾支持各邦境内外倾向自己的派别掌握政权，甚至武装支持流亡在外的党派回国夺权。盟邦失去退出自由后，它们缴纳的盟金实际上也变成了贡金。

(二)雅典帝国

提洛同盟成立初期的重点是进攻波斯，主要是波斯控制下的小亚沿海地区，其中有不少希腊城邦。这些城邦虽然摆脱了波斯的奴役，但却受到雅典的剥削。在萨拉米战争结束后不久，雅典军队就围攻安德罗斯，迫使其缴纳数量不菲的钱款。公元前476年，雅典占领了色雷斯的埃伊昂城，从此控制了这一地区的贸易；翌年，攻占斯库罗斯岛。雅典将两地的居民

---

① Plutarch, "Lives' Aristides", in *Plutarch's Lives*, 24.

降为奴隶，并把一些贫困的雅典公民移居斯库罗斯岛，分给他们土地。公元前467年，客蒙率军在小亚的优里密顿（Eurymedon）河口打败波斯海军，击沉战舰200余艘，接着又击沉前来救援的战舰80余艘。波斯被迫签署和约，将军队撤退到离海边马匹一日行程的地域，战舰不再驶往塞阿尼亚岛和克利多尼亚岛以西海域。波斯基本上失去了统治爱琴海、攻击希腊本土的能力。

此后，提洛同盟在攻击波斯的同时，还进攻那些反叛的同盟国和敌对的伯罗奔尼撒同盟的成员。在击败波斯后，部分城邦要求退出同盟，遭到雅典的无情镇压。公元前466年，纳克索斯试图脱离同盟，遭到雅典的围攻，不得不归顺雅典。公元前465年，塔索斯发生起义，客蒙率军坚决镇压，迫使其继续缴纳贡物。

公元前460年，埃及发生反波斯起义，雅典派海军支援。起义一度取得胜利。但5年后波斯大军进逼，起义失败，雅典海军也全军覆没。公元前454年，雅典借口安全问题将同盟金库移至雅典，从此，雅典可以任意动用金库财产。雅典实质上已成为帝国。公元前449年，雅典与波斯签署《卡利亚斯和约》，双方承诺维持现状，雅典放弃解放仍处于波斯统治之下的希腊城邦之打算，波斯则承诺给雅典控制下的城邦以自治权；波斯退守到离海岸三天路程的地方，同时放弃对拜占庭地区的控制，雅典承诺在上述条款得到执行的情况下不进入波斯控制区。[1] 雅典实际上与波斯划分了在小亚地区的势力范围，控制了几乎整个爱琴海。

雅典加强了对盟国的经济控制，提升各邦缴纳盟金的数额。随着战争的推延，一些盟国不愿继续提供海军，代之以提供金钱由雅典负责装备战舰，这笔代役金实际上成为各盟国必须缴纳的贡金。伯里克利时期把各盟国的贡金数额提高了1/3，伯罗奔尼撒战争开始时又增加到每年600塔兰

---

① Diodorus, *Library of History*, XII. 4.

特，后来更增加到每年 1300 塔兰特。① 公元前 430 年，雅典公民大会通过决议，禁止同盟各邦铸造货币。西西里远征失败之后，雅典对提洛同盟境内一切港口的进出口货物一律征收 5％的关税②，还对进出赫勒斯滂海峡的商船征税。通过经济控制，雅典获得了大量的财富。早在公元前 454 年，同盟金库里的库存备用金就高达 8000 塔兰特之多，公元前 446 年，增至9700 塔兰特。另一方面，雅典加强了对各盟国的政治控制，禁止其退出同盟。公元前 446 年，优卑亚各邦暴动，遭到伯里克利的镇压。公元前 441年，萨摩斯退出同盟，同样遭到镇压，雅典围攻了 9 个月，迫使萨摩斯投降。公元前 428 年，密提林起义失败，雅典控制了列斯波斯岛。雅典公民大会竟然通过决议处死所有密提林成年男子，虽然后来改变策略，但还是处死了 1000 名起义者，拆毁了城墙，禁止密提林向其他城邦收税，把列斯波斯岛的土地分成 3000 份，交给雅典移民。其实，雅典不仅在密提林，还在其他国家派驻军队、官员，干预当地的国家管理，强占当地的土地，并派驻雅典公民。这些公民不受当地法律的制约，实际上成为雅典派在当地的驻军。公元前 416 年，雅典使节在米洛斯公然宣传"利益即正义"，"尽可能统治一切是自然法则"，"强者可以为所欲为，而弱者必须逆来顺受"，"强者统治弱者有理"等观点。③ 这些观点尽管发表于公元前 416 年，实际上是其长期政策的总结，也是其帝国主义政策的写照，为其帝国主义政策提供了理论支持。

公元前 5 世纪中期，雅典达到鼎盛时期。雅典海军巡游在爱琴海上，出没于博斯普鲁斯海峡，控制了众多的城邦，成为东地中海的主人。雅典不仅军事强大，在政治制度、社会生活、文化事业方面也呈现出一派繁荣

---

① Plutarch. "Lives' Aristides"，in *Plutarch's Lives*，24.
② ［古希腊］修昔底德：《伯罗奔尼撒战争史》，Ⅶ.28.
③ ［古希腊］修昔底德：《伯罗奔尼撒战争史》，Ⅴ.85~112.

图 5.2 帕台农神庙饰带浮雕

景象。① 凭借各盟国缴纳的贡金，雅典自公元前 5 世纪 70 年代起连续数十年大兴土木，将已经化为废墟的雅典卫城重新建设成当时希腊世界最美丽的城市。帕台农神庙雄伟庄严，神庙上精美的雕塑吸引了无数希腊人前来观瞻，其特殊的庄严神圣至今为人们所景仰。三大悲剧家的作品震撼了无数的观众，无与伦比的艺术魅力感染了古往今来无数的读者。雅典帝国盛极一时。

(三)雅典与斯巴达矛盾的激化

自公元前 479 年到前 431 年伯罗奔尼撒战争爆发，这大约 50 年的时间是希腊历史上最特殊也最关键的时期。在这段时期内，雅典达到了历史发展的顶峰，民主政治更加成熟，文化艺术繁荣，在雕塑、建筑、文学、史学等领域都留下了彪炳千古的作品。希腊世界的国际格局发生了重大变化，原来联合起来共同抵抗波斯入侵的盟友在这段时期内反目成仇，各种政治

---

① 雅典的政治繁荣以民主政治为主要特征，公民广泛参与国家政治。这一点留待下文详述。

力量重新整合，亲波斯与反波斯两大阵营消失，取而代之的是以雅典为代表的新兴政治力量——提洛同盟和以斯巴达为代表的传统政治集团——伯罗奔尼撒同盟的对峙。雅典先与伯罗奔尼撒同盟的主要成员科林斯、继而与斯巴达发生冲突，最终演变成波及整个希腊世界的战争。

在这一时期的前20年，波斯的威胁尚未完全消除，雅典和斯巴达尽管存在着明争暗斗，但表面上还维持着较为缓和的外交关系。萨拉米战役之后，雅典重修卫城和比雷埃夫斯港的城墙。面对这一具有战备意义的活动，斯巴达只是口头抗议，却没有采取切实措施加以阻止。不仅如此，斯巴达认为海上战争于己无利，交出联盟的领导权，退出了战争，放任雅典在爱琴海上大肆扩张势力。公元前471年，雅典放逐底米斯托克利，重用客蒙。客蒙是斯巴达在雅典的外交代表，也是亲斯巴达的代表。

不过，雅典与斯巴达的矛盾由来已久，很难弥合。即使是波斯大军压境的形势下，双方的明争暗斗仍然不断。如普拉提亚战役之后，雅典的反斯巴达派就竭力阻止授予斯巴达人以最高的英勇奖，不允许他们建立胜利纪念碑①；米卡列战役胜利后，斯巴达曾经计划把小亚细亚的伊奥尼亚居民迁移到爱琴海岛屿上，但遭到雅典的激烈反对②。客蒙上台之后，雅典对斯巴达的政策并没有完全转向，客蒙的政治对手厄菲厄尔特依然有着巨大的政治影响力，而厄菲厄尔特是激进的反斯巴达分子。公元前465年，提洛同盟国家塔索斯密谋起义，要求斯巴达支持，斯巴达毫不犹豫地答应了，但斯巴达旋即因为大地震被迫放弃干预计划。这次大地震给斯巴达带来巨大的打击，据说斯巴达城内只剩下5栋房子未倒塌，公民死亡达2万人，儿童伤亡尤其惨重。黑劳士则抓住时机发动大规模的起义，此即"第三

---

① Plutarch, "Lives' Aristides", in *Pluterch's Lives*, 20.
② ［古希腊］希罗多德：《历史》，IX.106。

次美塞尼亚战争"①。斯巴达被迫向原希腊同盟的成员国求助,雅典国内客蒙主张援助,但厄菲厄尔特等人则主张任由斯巴达遭受蹂躏。后来,客蒙终于说服雅典公民,率领一支 4000 人的雅典重装步兵前往斯巴达。斯巴达的军队因为地震削弱近一半,雅典的军队几乎等同于斯巴达的总兵力,这不能不引起斯巴达的疑虑。斯巴达拒绝雅典军队入境,这件事引起雅典的强烈不满。公元前 461 年,客蒙被放逐。同时,雅典调整外交政策,联络阿哥斯和色萨利组建反斯巴达同盟,把原属伯罗奔尼撒同盟成员国的麦加拉接纳为提洛同盟成员。前两个国家在希波战争期间都投靠了波斯,阿哥斯是斯巴达的邻国,一直与斯巴达敌对。反斯巴达同盟建立之后,雅典不仅仅关注海洋,同时开始在希腊半岛发展势力。

公元前 460 年,雅典与科林斯等伯罗奔尼撒同盟国家发生冲突,此即第一次伯罗奔尼撒战争(公元前 460—前 445 年)。战争的导火线是雅典与科林斯争夺麦加拉的控制权。麦加拉位于科林斯地峡北部,与雅典和科林斯毗邻。当时,麦加拉与科林斯发生边界纠纷,投靠雅典,雅典趁机接纳麦加拉加入提洛同盟,并控制了麦加拉的尼塞亚港和佩盖港。这两个港口位于科林斯地峡的东西两侧,大大便利了雅典出入亚得里亚海,从而给科林斯的海上贸易带来巨大威胁。雅典继续采取攻势,派军队在伯罗奔尼撒半岛东北角的哈利埃登陆,派海军围攻厄基那。在哈利埃,科林斯和爱皮道鲁斯军队给予雅典陆军以痛击。科林斯接着转入进攻,派兵攻占格拉内亚,袭扰麦加拉本土。尽管雅典在陆地战争中失利,但在海战中大获全胜。与此同时,埃及发生反波斯大起义,雅典派遣一支由 200 艘战舰组成的海军前往支持。

---

① 一般认为,这次起义发生于公元前 465—前 455 年。但据修昔底德讲,在公元前 463 或前 462 年雅典出兵斯巴达不久,斯巴达就与黑劳士签署了和约,而这时战争已经进行了 10 年。另外,公元前 457 年,斯巴达出兵干预弗基斯入侵多利斯,如果斯巴达内部还发生与黑劳士的激烈战争,那斯巴达很难有机会出兵。

雅典的强大引起斯巴达的恐惧。斯巴达急忙调整政策，与起义的黑劳士和解，允许起义者移居海外，第三次美塞尼亚战争结束。雅典则公开接纳起义者，帮助他们建立了新的定居点瑙帕克都斯。瑙帕克都斯位于科林斯湾西端北岸，这里既是科林斯湾最狭窄的地方，也是出入亚得里亚海的门户，交通和军事地位非常重要。瑙帕克都斯的建立极大地威胁到科林斯对西部希腊的控制。

雅典继续在中部希腊扩张势力，公元前 457 年，雅典支持盟国弗基斯进攻斯巴达的发源地多利斯。接着，斯巴达派尼德米科斯率兵，支持多利斯，迫使弗基斯撤军。面对斯巴达入侵的军队，雅典急忙加强自身防卫，开始修建连接雅典卫城和比雷埃夫斯港的"长城"。斯巴达军队继续在彼奥提亚境内活动，期望引起雅典国内的政治变革，阻止民主政治，停止修建"长城"。雅典则联合阿哥斯等盟友出兵彼奥提亚，双方在塔那格拉(Tanagra)展开激战，斯巴达获胜。斯巴达乘胜攻入麦加拉，在麦加拉境内大肆破坏，以示惩戒。

但在斯巴达班师回国后，雅典再次攻入彼奥提亚，彻底征服了彼奥提亚和弗基斯，拆毁了塔那格拉的城墙，强迫奥彭提亚的罗克里斯人提供人质。公元前 455 年，经过多年的围攻，厄基那向雅典投降，答应拆毁城墙，交出船只，缴纳贡赋。接着，雅典海军袭扰斯巴达沿海，烧毁了美塞尼亚湾西部的港口吉提乌姆(Gytheum)。公元前 454 年，雅典进入科林斯湾，征服西昔翁。西昔翁是科林斯西部邻国。从此，雅典几乎控制了科林斯湾，而且，从这里雅典可以顺利地进入科林斯殖民地云集的亚得里亚海沿岸。

但是，就在公元前 454 年，埃及起义失败，雅典在埃及的海军全军覆没。雅典实力受损，主和派抬头。公元前 451 年，阿哥斯退出提洛同盟，与斯巴达签署"三十年和约"，雅典组建的反斯巴达同盟瓦解了。雅典国内亲斯巴达派的代表客蒙被赦免，回到雅典。第二年，斯巴达和雅典签署了"五年休战和约"。但是，客蒙只是帮助反斯巴达派克服危机的棋子，雅典的危机缓解之后，客蒙就受到排挤，被迫率军远征塞浦路斯、埃及、基提昂，最后死于军中。

雅典的外交政策继续向本土倾斜，与斯巴达在希腊半岛针锋相对地展开竞争。公元前449年，雅典与波斯签署《卡利亚斯和约》，从小亚地区腾出手，与斯巴达在希腊半岛展开争夺，其势力甚至染指伯罗奔尼撒半岛，占领了半岛上的特洛伊曾（Troezen）和阿卡亚。

面对雅典陆地势力的扩张，斯巴达也改变外交策略，与雅典针锋相对、你来我往，大打出手。公元前449年，弗基斯出兵控制宗教圣地德尔菲，斯巴达出兵驱逐了弗基斯。第二年，雅典出兵帮助弗基斯重新控制德尔菲。这件事被称为"第二次神圣战争"。斯巴达同时资助彼奥提亚流亡者回国，帮助彼奥提亚摆脱雅典控制，获得独立。公元前446年，优卑亚、麦加拉先后暴动。斯巴达国王普罗斯托阿纳克斯亲自率军进攻阿提卡，直抵厄琉西斯和特里乌斯，威胁雅典本土。雅典在付出赎金之后才使斯巴达退兵。雅典在解除斯巴达威胁之后，由伯里克利亲自率军，进攻优卑亚，征服全岛。为了安抚当地人民，雅典允许全岛居民按惯例居住，只有赫斯提亚人被逐出庄园，雅典直接占领该地。公元前445年，斯巴达与雅典签署"三十年和约"，雅典放弃占领的尼塞亚、佩盖、特洛伊曾和阿卡亚等地。第一次伯罗奔尼撒战争结束。

"三十年和约"签署后，雅典的外交重点再次转向海上扩张。当雅典忙于本土作战的时候，波斯趁机在亚洲扩张，侵吞雅典的势力范围。现在，雅典重新集中力量恢复对小亚地区希腊城邦的控制。公元前440年，萨摩斯、米利都为争夺普瑞列（Prene）发生战争，雅典趁机介入。萨摩斯、米利都都是提洛同盟的成员国，但因为国力相对强大，又远离雅典接近波斯，所以拥有较多的自治权。相对而言萨摩斯的海军力量更强大，因此米利都寻求雅典的支持。萨摩斯内部的民主派为夺取政权也投靠了雅典。伯里克利亲自率兵征讨萨摩斯，在萨摩斯建立了民主政体。之后雅典继续向黑海沿岸扩张，征服辛诺普。

雅典新一轮的海上扩张不仅面向爱琴海，还面向西部地中海，并再次引起了与科林斯的剧烈矛盾。科林斯在西部地中海有着巨大的利益，亚得里亚海沿岸的科西拉、爱皮丹努斯、西西里岛上的叙拉古都是科林斯的殖民地，并且都是当地经济比较发达的城邦。此前，雅典通过控制麦加拉，建立瑙帕克都斯，占领西昔翁，已经掌握了从萨罗尼克湾直接进入科林斯湾的通道，涉足科林斯的势力范围。雅典的势力还延伸到了意大利。早在第一次伯罗奔尼撒战争期间，雅典就曾经与西西里岛上的塞格斯塔(Segesta)建立起政治同盟。公元前 443 年，雅典在南部意大利建立殖民地图利伊(Thurii)，著名历史学家希罗多德也在这一年来此定居。雅典与科林斯的竞争日趋紧张。

公元前 435 年，科林斯、科西拉围绕殖民地爱皮丹努斯大打出手。科西拉是科林斯的子邦、爱皮丹努斯的母邦。此时爱皮丹努斯内部发生贵族派与平民派的冲突，贵族派失败后寻求周边蛮族的支持。平民派先寻求科西拉支持未果，再向科林斯求助。科林斯因为对科西拉不满立即出兵，试图控制爱皮丹努斯，威慑科西拉。科西拉则将亚得里亚海当作自己的势力范围，企图借此驱逐科林斯的影响。于是，两个城邦发生冲突。科西拉寻求雅典的支持。科西拉海军号称"希腊第三"，为了自己的称霸事业，雅典不顾科林斯的反对与科西拉结成联盟。公元前 432 年，波提狄亚发生起义。波提狄亚位于希腊北部，商业位置优越，原来是科林斯的殖民地，现在属于雅典。此前雅典担心波提狄亚叛变，强迫其拆除城墙，这反而激起了波提狄亚的起义。科林斯公开支持波提狄亚，从而与雅典公开发生冲突。处于弱势地位的科林斯转而寻求盟主斯巴达的支持。

图 5.3 波提狄亚牺牲士兵的墓碑

雅典在这两个地区的扩张不仅与科林斯产生直接冲突，同时还对斯巴达的区域霸权产生威胁。从科林斯的角度来说，如果失去爱皮丹努斯、波提狄亚，加之已经失去的对科林斯湾的控制，科林斯将失去所有的海外影响，重新沦为伯罗奔尼撒半岛内部的一个地方性政权；甚至，面对来自西部、北部和东部的雅典围剿，科林斯的政治独立岌岌可危。对斯巴达来说，尽管爱皮丹努斯和波提狄亚一个在亚得里亚海沿岸，一个在北希腊，远离斯巴达本土，但是它们都位于希腊半岛，雅典的海上扩张已经演变成本土扩张，原先作为斯巴达阻隔雅典陆上威胁屏障的科林斯很可能沦为雅典的附属，这些不仅对斯巴达的区域霸权，甚至对其国家安全都带来了威胁。深陷危机的科林斯不甘于失败，斯巴达也不能坐视雅典扩张。因此公元前432年，当科林斯向斯巴达要求军事援助时，斯巴达公民大会一致认为雅典违背了"三十年和约"，同意对雅典宣战。接着，斯巴达召开伯罗奔尼撒同盟大会，大多数城邦赞成战争。帝国利益、霸主地位、盟主义务，甚至还有嫉妒心理等多重因素终于再次驱动了斯巴达战车。

(四)伯罗奔尼撒战争

公元前431年3月的一天，斯巴达使节麦里西普斯在雅典边境大声宣布：今天是希腊大祸降临的开始！持续 27 年的伯罗奔尼撒战争爆发了。

雅典早已制定好了大决战的策略。雅典认为自己商业发达，经济实力强大，海军战斗力强于斯巴达，但陆军弱于斯巴达。而斯巴达是农业国家，经济贫困，缺少海军，同盟松弛，不能长期作战，也不会长距离作战，更不会长期在境外作战。且斯巴达不可能招募到足够的水手，而雅典则有足够多的水手，其他城邦的水手也不会甘于接受斯巴达的控制。因此雅典应该扬长避短，派海军深入斯巴达本土，修筑要塞；如果斯巴达对阿提卡本土攻击，雅典则撤到雅典卫城暂时躲避。斯巴达的主要策略有两点：一是以解放希腊城邦为号召，争取各邦的支持。当时许多希腊城邦成为提洛同盟成员，受到雅典的剥削，斯巴达的政治主张受到普遍欢迎。二是发挥陆军的优势，从陆上进攻阿提卡本土。斯巴达以农业国家的思维，希望雅典农民在庄园被烧杀掳掠一段时间之后就会迫使雅典政府投降。

但是雅典和斯巴达的战略思路都有巨大缺陷。雅典过于乐观，低估了斯巴达的实力，也忽视了斯巴达军队的韧性，幻想斯巴达短暂进攻之后就会主动撤军。但是实际上斯巴达第一次远征就在雅典边境驻守近 3 个月，大大出乎雅典决策层的意料。雅典缺少长远考虑，对战争的艰巨性和长期性缺少足够的估计，对雅典公民对农业和土地的情感缺少正确的认识，对全体雅典居民迁入城市之后的城市管理尤其是公共卫生管理毫无考虑。而斯巴达的战略过于陈旧，他们对自己的军队战斗力过于自信，低估了雅典海军的实力，忽视了海洋对雅典的重要性；他们以农业国家的思维来揣测雅典，认为雅典农民不可能忍受庄稼被烧、家园被毁，农业遭到严重破坏之后雅典将无法长期坚持，势必会决战，这样斯巴达可以速战速决。基于上述认识，斯巴达忽视了本土防御。但是雅典早已做好了坚守的准备，当斯巴达军队袭扰时，他们退守城堡，发动海上进攻，打破了斯巴达的计划。一场双方都认为会速战速决的战争演变成了旷日持久的消耗战。

公元前 431—前 421 年是战争的第一阶段。这一时期被称为"十年战争”，又称为“阿基达玛斯战争”①。雅典因为准备充分，实力更强，在战场上处于主动地位。它与马其顿、色雷斯缔结联盟关系，获得了北希腊的丰富资源。在周边地区，雅典猛攻罗克里斯、麦加拉和厄基那，控制了这些地区；然后，雅典从麦加拉通过科林斯湾，向西进入亚得里亚海，在科林斯湾沿岸、阿卡纳尼亚地区与科林斯展开激烈的争夺。向南，雅典派海军不断袭扰斯巴达本土的沿海地区。面对雅典咄咄逼人的攻势，斯巴达重点是从陆上进攻雅典本土，同时在彼奥提亚地区展开争夺。由于斯巴达是外线作战，物资供应难以为继，加上雅典早已做了精心准备，因此斯巴达没有实现战略意图。但在彼奥提亚地区斯巴达获得胜利，控制了该地区，迫使这里的大部分城邦加入伯罗奔尼撒同盟。此后斯巴达每年都派兵袭扰，但并没有使雅典屈服。

战争初期的进程由于雅典城内暴发瘟疫而发生变化。由于大量的居民聚集在雅典城内，落后的公共卫生设施不能满足需求，雅典城内连续三年发生瘟疫，瘟疫甚至传染到在前线作战的将士。瘟疫导致约 1/3 的雅典公民死亡，大大减少了雅典军队的人数。瘟疫还导致雅典社会心理的巨变，因为瘟疫来势凶猛，难以治愈，死亡率极高，人们普遍感觉到世界末日来临，病魔往往在法律惩罚之前就夺去了人们的生命。在这种状况下，法律失去原有的社会约束力，违法行为滋生，人们的公共意识淡化。雅典逐步失去了战场上的优势。

公元前 426 年之后，双方都改变策略，在对方的势力范围建立据点。斯巴达在希腊北部建立了殖民地赫拉克利亚，控制雅典与优卑亚和北希腊的联系。翌年，雅典在斯巴达南部占领派罗斯、基塞拉岛，诱使黑劳士逃亡、起义，直接威胁到斯巴达的国内统治。派罗斯战役的失败对斯巴达的社会心理和军队士气造成沉重打击。雅典还在西西里积极扩张，试图从东

---

① 这场战争持续了 10 年，因斯巴达方面的主要指挥者是国王阿基达玛斯而得名。

西两面钳制斯巴达。斯巴达则一反只有国王才能统帅陆军，及只有公民才能当兵的传统，派伯拉西达率军远征北部希腊，伯拉西达的军队除了少量公民兵外，主要是雇佣军和获释黑劳士。伯拉西达拆散了雅典与马其顿和色雷斯的政治同盟，征服了雅典殖民地安菲波利斯（Amphipolis）。这里是雅典木材输入的主要据点，而木材则是雅典建造战舰必需的原材料。派罗斯和安菲波利斯的相继失陷迫使斯巴达和雅典寻求和解。公元前422年，双方最主要的主战派人物伯拉西达和克里昂在安菲波利斯战死，为和谈扫除了障碍。翌年，双方签署《尼西阿斯和约》，和约声称有效期50年。尽管双方停止了直接的冲突，但并没有执行退还所占土地等条款，战争状态并没有停止。同年，双方签署同盟条约，承诺互相支持，共同抵御外来侵略和内部起义，同时动员各自的盟国参加同盟。

公元前421—前416年是战争的第二阶段。这一阶段斯巴达与雅典都暂时停止了直接的对抗与战争，而忙于镇压盟国的叛乱和征服新的地区。斯巴达与雅典签署和约引起了国内外的猜疑与反对。在斯巴达国内，部分主战派反对与雅典和解，反对放弃已经占领的地区；在国外，部分曾经参加斯巴达一方与雅典作战的盟国在心理上难以接受这份盟约，部分在战争中占领新领土的城邦担心一旦接受盟约，就必须按照和约规定交还新占土地，因此，它们都反对斯巴达与雅典结盟，但又担心斯巴达为了讨好雅典而讨伐自己。

这时，阿哥斯因为在前段战争中保持中立，国力得到保存，成为希腊世界中实力最强的国家之一。它试图借雅典、斯巴达国力被削弱之机确立自己在希腊世界的霸主地位。科林斯、曼提尼亚、厄利斯等邦则希望寻找新的同盟者，共同抵抗斯巴达和雅典可能发动的进攻。于是，这些城邦联合起来，成立了阿哥斯联盟。但是，雅典与斯巴达貌合神离，并没有认真执行盟约的各项规定，同时雅典要求斯巴达解除与彼奥提亚的同盟关系，遭到斯巴达拒绝，于是雅典转而与阿哥斯同盟各国签署盟约。斯巴达与雅典的盟约瞬间即逝，但双方还维持了表面上的和平，忙于征讨各自盟国的叛乱，稳定周边地区。

阿哥斯与斯巴达长期敌对。此时斯巴达利用与雅典的短暂和平，全力进攻阿哥斯。公元前418年，斯巴达及其盟友与阿哥斯、雅典等国家在曼提尼亚发生激战，史称曼提尼亚战役。斯巴达大获全胜，迫使阿哥斯、曼提尼亚签署和约。接着，斯巴达支持西昔翁、阿哥斯的寡头党建立亲斯巴达政府。战后，雅典又支持阿哥斯的民主派驱逐了寡头党，建立亲雅典的政府，北上进攻马其顿，南下占领米洛斯岛。

公元前415—前404年是战争的第三阶段。斯巴达与雅典再次爆发大战。此阶段之始，发生了雅典远征西西里的重大事件。西西里岛位于地中海中部，岛上居民结构复杂，主要来自迦太基、希腊和意大利地区。希腊人主要居住在岛屿的东部，其中又以多利亚人为主，他们在伯罗奔尼撒战争初期加入了斯巴达一方，但实际上并没有参加战争。早在公元前427年，雅典就卷入了西西里岛内部的争执冲突。在经历了瘟疫和长期战争的冲击之后，雅典企图占领西西里岛以达到壮大自己、削弱斯巴达的目的。但是雅典对征服西西里岛的艰巨性认识不足，对战争所需的经费也估算不足。这些为战争的失败埋下了伏笔。

公元前415年，雅典军队出发远征。恰在此时，雅典发生严重的党派之争，贵族派借"赫尔墨斯神像事件"要求民主派领袖、远征军统帅阿尔西比阿德回国受审。阿尔西比阿德叛逃到斯巴达，他建议斯巴达在雅典北部边境狄克里亚建立长期的军事据点，从而使雅典无法全力进攻西西里。同时，原先矛盾重重的西西里各邦在叙拉古的领导下团结起来，共同抵抗雅典的入侵。西西里联盟争取到斯巴达的支持。当雅典远征军面临着比预想更强大的敌人时，优柔寡断的雅典统帅尼西阿斯还在战与退之间摇摆不定，迷信占卜家的预言，错失撤军时机。最后，雅典远征军全军覆没。

西西里战争是伯罗奔尼撒战争的转折点。战后，雅典耗尽国库重建强大的海军，一度扭转战场局势。但是，公元前412年，斯巴达和波斯两个雅典最大的政治对手联合起来，并签署协议，斯巴达答应放弃已经归属波斯的小亚希腊城邦，同时约定双方共同打击雅典。第二年，双方再次签署协议，波斯答应为斯巴达提供军费贷款以建造军舰、招募水手。公元前407年，波斯王子小居鲁士就任沿海行省总督，出于争取盟友争夺王位的目的，他全力支持斯巴达。在波斯强大财力的支持下，斯巴达建立起更强大的海军。公元前405年，斯巴达著名将领莱山德在羊河战役中给予雅典海军毁灭性的打击。公元前404年，莱山德率军围攻雅典。雅典战败，被迫签署投降协议，承诺解散提洛同盟，交出大部分战舰，只保留12艘；拆除连接雅典卫城和比雷埃夫斯港的长城。[①] 斯巴达从雅典掠回了大量的财物，据说其数量之多足以冲抵斯巴达的军费开支。斯巴达还在雅典建立了亲斯巴达的"三十寡头政府"。

图 5.4 半圆形城堞中的战斗

三、霸权更替与城邦衰落

伯罗奔尼撒战争虽然以斯巴达和伯罗奔尼撒同盟获胜而宣告结束，但是，希腊世界并没有实现政治上的大一统。相反，希腊各国在战争中互相

---

① 刘家和、王敦书主编：《世界史·古代史编（上）》，北京：高等教育出版社，1994年版，第270页。

残杀，消耗了各自的实力，加上波斯的操控，希腊世界进入了战争频繁、霸权更替的阶段，曾经成就了古希腊无限辉煌的城邦体制也在战火中走向衰落。

（一）斯巴达称霸希腊

伯罗奔尼撒战争结束后，斯巴达再次成为希腊世界的霸主，但与此前不同，现在斯巴达的霸权囊括了爱琴海和小亚希腊世界的部分地区。然而，斯巴达的霸主地位建立之时，也是它走向衰落之日。斯巴达成为霸主之后与盟国的关系开始恶化。早在伯罗奔尼撒战争后期，斯巴达就违背了战争之初提出的"恢复自由"的口号，强迫各个盟邦交足税金以建造战舰。公元前404年，斯巴达拒绝底比斯和阿哥斯等盟友关于彻底毁灭雅典的建议，独占胜利果实，将大量的战利品运回斯巴达，这引起底比斯等主要盟友的反感。斯巴达拒绝毁灭雅典并不是对雅典的格外开恩，而是保留雅典以便制衡底比斯。对此，底比斯当然心知肚明。公元前396年，斯巴达国王阿哥西劳斯率军跨海出征亚洲前，仿效当年的阿伽门农在奥留斯港举行祭神大典，底比斯故意捣乱，使得祭神仪式不欢而散。斯巴达到处扶植亲斯巴达政府，派驻军队，搜刮财富，干预内政，据说每年运回斯巴达的金钱达到1000塔兰特。①

公元前401年，波斯内部发生王位之争，波斯的吕底亚总督、沿海军区统帅、王子小居鲁士率军（其中包括希腊雇佣军）奔赴两河流域，争夺王位，旋即失败。波斯在平息小居鲁士之乱后派提撒弗利斯（Tissaphernse）回到沿海地区，重新就任吕底亚总督。② 斯巴达则派提波戎（Thibron）率军5000人

---

① Diodorus, *Library of History*, Ⅵ. 14.10.

② 公元前413年，提撒弗利斯就任吕底亚和卡利亚总督。公元前412年，他与斯巴达联合占领了小亚希腊地区的大部分，后来他听取阿尔西比阿德的建议，与斯巴达的关系一度恶化，同时与弗吉利亚行省总督法拉巴佐斯关系恶化。波斯对其不满，要求继续加强与斯巴达联盟，公元前408年，剥夺其吕底亚行省总督的职权，委派王子小居鲁士担任。公元前401年，小居鲁士造反，提撒弗利斯支持波斯国王，小居鲁士叛变失败后，提撒弗利斯重新获得吕底亚地区管辖权。

出征小亚。提波戎收留了色诺芬率领的追随小居鲁士的雇佣军残部,在战场上取得局部胜利,但他放纵士兵抢劫当地盟国财产,引起不满。第二年,戴尔西尼达斯(Dercylidas)取代提波戎,他利用波斯总督之间的矛盾,拉拢提撒弗利斯,进攻法拉巴佐斯。公元前396年,斯巴达国王阿哥西劳斯率领2000名被释黑劳士、6000名盟军战士进入亚洲,取代戴尔西尼达斯的职务。阿哥西劳斯拉拢法拉巴佐斯,打击提撒弗利斯。公元前395年,阿哥西劳斯在萨迪斯附近的帕克特鲁斯(Pactolus)打败提撒弗利斯。波斯处死了提撒弗利斯,重新委任提特拉斯特斯(Tithraustes)取代其职。提特拉斯特斯为了转移危机,竟然以邻为壑,诱使阿哥西劳斯进入法拉巴佐斯的辖区,同时派人携款到希腊本土煽动希腊各邦反对斯巴达。

斯巴达远征亚洲有转移国内矛盾、掠夺财富的目的。伯罗奔尼撒战争之后,大批的军人失去职业,也失去了经济来源,斯巴达社会的贫富分化也逐步加剧。特别是厄庇泰德土地法颁布之后,斯巴达土地集中加剧,许多公民失去土地,失去公民权。发动远征既可以将失地无业的人口送往国外,还可以通过掠夺缓解危机。但更重要的还有一点,斯巴达希望借此使自己继续成为"解放希腊"的领袖,为自己的霸权统治提供合法性。

此时,在希腊本土,雅典不甘失败,底比斯等城邦不满斯巴达的霸权统治,在波斯的撮合之下,它们成立了反斯巴达联盟,在希腊本土对斯巴达发动战争,史称"科林斯战争"(公元前395—前387年)。

公元前395年,科林斯战争爆发。战争同时在海上和陆地展开,陆上战争主要在科林斯境内。同年,阿哥西劳斯应国内政府的要求被迫从亚洲撤军,在彼奥提亚境内打败了反斯巴达联军,然后回到斯巴达。波斯趁机从腓尼基征集到大量海军,并邀请雅典著名流亡海军将领科农(Conon)担任统帅,在克涅多斯(Cnidus)彻底消灭留守在亚洲的斯巴达海军,粉碎了斯巴达称霸海洋的梦想。之后,斯巴达策划南北夹击底比斯,但是斯巴达军中将帅不和,南线的国王波桑尼阿斯贻误战机,而北线的莱山德急于争功,擅自开战，兵败阵亡。战后，波桑尼阿斯被缺席判处死刑，流亡海外。由于反斯巴达同盟过于强大，加之国内矛盾重重，斯巴达在战场上节节失败。雅典趁机从战败中恢复。在波斯的支持下，科农回到雅典，重建连接雅典城和比雷埃夫斯港的长城。著名将领伊菲克拉特斯实行军事改革，采用加长的长矛、轻型盾牌，加强军事训练，提高了轻装步兵的战斗力。公元前390年，伊菲克拉特斯指挥新型的轻装步兵彻底消灭了驻扎在科林斯的斯巴达军团。斯巴达不得不再次求助于波斯。

公元前387年，斯巴达派安塔西达前往巴比伦。此时的波斯担心雅典再次强大起来，构成新的威胁，逼迫斯巴达签订了《大王和约》（King's Peace）。和约规定：亚洲及其沿海希腊城邦归波斯统治，其他希腊城邦恢复自治，但兰诺斯、音布罗斯、斯库罗斯仍归雅典；任何一方如果不遵守和约，波斯将与其他接受和约的城邦征讨之。波斯通过国际条约的形式控制了小亚希腊各邦，而斯巴达则得到波斯的支持，解散了反斯巴达联盟，并可以借此解散其他形式的联盟，确保自己的霸主地位。科林斯战争至此结束。

科林斯战争之后，斯巴达不甘霸权旁落，企图凭借波斯的支持打压希腊各邦。公元前382年，斯巴达军队在福比达斯的率领下，利用底比斯寡头派的支持，攻占底比斯。3年后，在雅典支持下，底比斯民主派领袖佩洛庇达斯和伊帕密农达发动政变，夺取政权。底比斯和雅典结盟。但在公元前378年，斯巴达驻特斯皮亚总督斯福德里阿斯（Sphodrias）率军偷袭比雷埃夫斯港，企图控制雅典，尽管雅典一再要求查处，斯巴达却宣告斯福德里阿斯无罪。面对斯巴达的攻势，公元前377年，雅典再次成立了以自己为中心的联盟，史称"第二次雅典同盟"（The Second Athenian Confederacy）。雅典借鉴前次同盟的教训，重申"独立、自治"的国际原则，承诺不征税、不干涉他邦内政，昔日的斯巴达反对派再次走向联合。

(二)底比斯的霸权

在反斯巴达的各派力量中，底比斯日渐凸显出来。底比斯曾建立了彼奥提亚同盟。相对于其他希腊同盟组织，彼奥提亚同盟内部的政治联系更为紧密，底比斯对盟国的控制也更为严厉。同盟最高官职为波奥塔克(Boeotarch)，波奥塔克通常有7位，其中4位来自底比斯。因此，这个同盟实际上处于底比斯的支配之下。底比斯在伊帕密农达等人领导下实行军事改革，组建由300名同性恋伴侣组成的"神圣军队"，采用大纵深方阵及灵活的排阵方式。底比斯开始崛起，成为希腊世界强大的城邦，并试图取代斯巴达，成为希腊世界的霸主。

随着反斯巴达力量的强大，斯巴达不得不作出某些让步。从公元前375年开始，斯巴达加强了外交攻势，多次召集会议，试图按照《大王和约》的原则，实行所谓的"普遍和平"。但是由于矛盾重重，希腊世界一直没有达成真正的普遍和平。公元前371年，希腊各国再次在斯巴达集会，伊帕密农达率团参加。会上斯巴达要求底比斯解散彼奥提亚同盟，底比斯则针锋相对，反而要求斯巴达允许国内各地独立。底比斯从此走上与斯巴达公开冲突的道路。

同年，底比斯军队袭击驻扎在彼奥提亚北部的留克特拉的斯巴达军队。包括国王克里奥布鲁托斯在内的400名斯巴达公民战死。这次战役尽管规模不大，但意义非凡。斯巴达军队不败的神话从此破灭。留克特拉战役成为斯巴达霸权陨落、底比斯霸权崛起的转折点。

次年，佩洛庇达斯和伊帕密农达共同率军南下伯罗奔尼撒城邦，攻入斯巴达城。在他们的支持下，斯巴达西部领土美塞尼亚独立，斯巴达被肢解；接着，底比斯扶植曼提尼亚、阿卡迪亚、提该亚等邦成立阿卡迪亚同盟，在斯巴达北部新建了麦伽波利斯城邦，作为同盟中心所在地。底比斯取代斯巴达成为希腊霸主，斯巴达从此沦为二流城邦。

此时，色萨利境内的费拉(Pherae)开始崛起，莱科弗农一世

(Lycophron Ⅰ)建立僭主统治，并成为色萨利的盟主，但是他的儿子兼继承人多宋(Doson)被费拉僭主亚历山大推翻，色萨利各邦寻求马其顿的支持，而马其顿军队遭到失败，于是他们再次寻求底比斯的支持。公元前369年，佩洛庇达斯率军队进入色萨利。此时的色萨利境内发生权力之争，境内各邦寻求底比斯的帮助，共同抵抗篡权的亚历山大。佩洛庇达斯打败亚历山大，随后进入马其顿，干预马其顿王位继承，迫使马其顿提供人质，未来的马其顿国王腓力就在人质之中。与此同时，伊帕密农达率军南下，在科林斯地峡打败抵抗的伯罗奔尼撒联军，控制了西昔翁和佩勒讷。底比斯霸主地位进一步提升。

公元前368年，佩洛庇达斯再次带军进入马其顿，但由于雇佣军哗变，不得不撤军，途中遭到亚历山大军队的伏击，佩洛庇达斯轻信亚历山大诺言，只身前往亚历山大军营谈判，被拘。伊帕密农达两次率军征讨，才在公元前367年将其解救出来。

底比斯的崛起引起阿卡迪亚同盟和雅典的担忧，阿卡迪亚同盟试图将底比斯的势力逐出伯罗奔尼撒半岛。面对越来越强大的对手，底比斯转而向波斯求助，它利用波斯的支持组建强大的海军，但依仗波斯实现希腊世界"和平"的企图却失败了。公元前364年，佩洛庇达斯率军进入色萨利，在基诺塞弗莱(Cynoscephalae)打败敌人的优势兵力，自己却死于战场。公元前362年，伊帕密农达率领来自彼奥提亚、色萨利、优卑亚等地的军队征讨伯罗奔尼撒半岛，在曼提尼亚和来自阿哥斯、美塞尼亚、斯巴达的军队发生战争。底比斯军队获得战争胜利，但是，统帅伊帕密农达却在与雅典军队的一次战斗中身亡。底比斯霸权昙花一现，从此不复存在。

(三)马其顿和希腊城邦的关系

雅典霸权衰落后一直企图利用机会重振雄风，再建雅典帝国。希腊城邦不仅在陆地上纷争不已，而且在爱琴海地区也发生激烈争夺。雅典重建海上同盟之后的一段时间内还能坚守同盟原则，但很快就故态复萌。雅典虽然停止征收贡赋，却强迫各邦缴纳联盟税；同盟的最高决策机构是雅典公民大会和联盟会议，但各盟国只有一至两名代表，实权掌握在雅典手中；雅典还在盟邦强占土地，安置移民。这些措施引起了盟邦的不满。波斯帝国的卡利亚总督摩索拉斯趁机煽动罗德斯、开俄斯、科斯、拜占庭等国暴动，史称"同盟战争"（the Social War，公元前357—前355年）。雅典出动几乎所有的军队镇压起义。此时，北方的马其顿逐渐强大起来。马其顿在北希腊排挤雅典，扩张势力。公元前357年，马其顿占领安菲波利斯，然后假意用该城和雅典交换皮达纳和波提狄亚，但马其顿在占领两地之后，拒绝交割安菲波利斯，成为希腊半岛新兴的政治力量。公元前355年，在波斯的胁迫下，雅典从东方撤军，承认小亚希腊城邦的独立，实际上承认了波斯对此地区的统治。接着，列斯波斯脱离雅典控制，"第二次雅典同盟"宣告解体。

羽翼渐丰的马其顿时刻期望着征服整个希腊。公元前356年，中部希腊地区爆发第三次神圣战争（公元前356—前346年）。战争的一方是弗西斯、雅典、斯巴达等，另一方是底比斯、色萨利等。在科林斯战争中，弗西斯曾经与斯巴达一道与底比斯作战，但后来斯巴达失败，弗西斯被迫接受底比斯的领导。在曼提尼亚战役（公元前362年）中，弗西斯拒绝出兵，引起底比斯的不满。公元前357年，底比斯利用担任德尔菲近邻同盟主席的机会，借口弗西斯耕种德尔菲神庙的属地，冒犯神灵，要求弗西斯缴纳巨额罚款，引起弗西斯的不满。弗西斯在菲罗莫洛斯（Philomelos）的带领下发动战争，占领德尔菲神庙，利用神庙财产招募了一支强大的雇佣军。但是，公元前355年，在勒翁战役中，弗西斯被底比斯和色萨利打败，菲罗莫洛斯跳崖自杀。公元前352年，底比斯、色萨利联合马其顿在克罗库斯平原再次打败弗西斯。

在第三次神圣战争期间，马其顿趁机在北部希腊扩张势力，占领了雅典的殖民地皮达纳和波提狄亚，从而卷入了第三次神圣战争。公元前352

年，克罗库斯平原战役之后，
马其顿昔日的盟友卡尔西狄
斯同盟担心马其顿的崛起，
转而与雅典结盟，马其顿决
心征服卡尔西狄斯同盟。公
元前349年，战争爆发，第二
年，马其顿打败卡尔西狄斯
同盟。公元前346年，马其顿
军队应色萨利之邀，挥师南
下。弗西斯急忙联合斯巴达、
雅典，派军队驻防温泉关。
就在战争前夕，弗西斯军队
哗变，拒绝战斗。弗西斯被
迫与马其顿国王腓力二世签
署和约，第三次神圣战争结

图 5.5　腓力二世头像

束。此后马其顿实际上统一了彼奥提亚以北地区。

　　马其顿的强盛引起南部希腊城邦的担忧，但是各邦由于利益分歧难以
联合，就是在各邦内部对马其顿也是态度不一，这尤以雅典为代表。在雅
典，以著名演说家德谟斯提尼和伊索克拉底为代表分为反马其顿派和亲马
其顿派。德谟斯提尼不遗余力地攻击马其顿，称它是自由、民主的死敌；
而伊索克拉底则视马其顿为希腊的希望和救星，宣传在马其顿的领导下实
现联合，共同征讨波斯，掠夺亚洲的财富，他劝谏马其顿国王腓力二世"把
战争带给亚洲，把财富带回希腊"。马其顿利用希腊世界内部的纷争在北方
大肆扩张，直到第三次神圣战争结束，在马其顿咄咄逼人的攻势下，主战
派才在雅典占据优势，他们派人到处游说，组建反马其顿同盟。公元前340
年，反马其顿同盟集会，同意对马其顿开战，然而矛盾重重的联军难敌久

经沙场的马其顿军队，公元前 338 年，马其顿在喀罗尼亚打败希腊联军。

公元前 337 年，在科林斯召开希腊各邦集会，建立"全希腊联盟"，马其顿成为盟主。会议承认接受腓力二世及其后裔的统治，若有违反者，希腊各邦必须支持马其顿征讨之。至此，马其顿正式建立了对希腊半岛的控制，希腊城邦实际上已沦为马其顿的附庸。

第二节　雅典和斯巴达的政治制度

一、雅典的民主政体

(一)民主政体建立的过程

古希腊留下来的最宝贵的历史遗产可以说是民主制度。雅典是古希腊民主制度的代表。这一制度在古典时期达到顶峰。

雅典的民主制度是经过多次改革才达到繁荣的。古风时期的梭伦改革、克里斯提尼改革，主要设计了一系列便于平民参与政治的组织制度，但实际上平民的政治参与程度并不高。克里斯提尼改革之后，平民的势力有所上升，改革给予了平民更多的政治权利。克里斯提尼家族为了遏制对手，又制定了陶片放逐法，进一步排挤、打击僭主政治的残余势力，希庇亚斯的弟弟希帕库斯首先被放逐。雅典国力增强之后，开始海上扩张，海军力量得以加强，而平民被大量吸收为水手，平民的政治地位进一步提升，贵族势力受到打击。公元前 486 年、前 485 年、前 484 年，克里斯提尼所属的阿尔克密尼德家族先后有三位成员被放逐，公元前 482 年，马拉松战役指挥官、贵族派代表阿里斯提德也被放逐。但是，公元前 481 年，希波战争进入激战阶段，雅典全民动员投入战争，贵族阶层也积极捐献物资，建造军舰，招募水手。正是依靠海军，雅典取得了萨拉米海战的重大胜利，拯救了雅典，也扭转了希波战争的进程。这使得贵族和贵族把控的战神山会议的势力得以恢复。

　　但是，在大规模的战争结束之后，雅典海军纵横于爱琴海，不断获得胜利，盟金和战利品成为雅典主要的财政来源，贵族捐献失去了往日的意义，平民变得非常自信，他们迫切希望实施民主制度。平民派领袖厄菲厄尔特、底米斯托克利、伯里克利等抓住贵族派奉行的亲斯巴达外交政策遇挫的契机，猛烈攻击贵族派，揭露贵族的腐败，追究战神山会议成员的违法行为，剥夺了战神山会议的几乎所有权力，只保留了审判血亲复仇、放火和谋杀案件的权力。公元前 461 年，厄菲厄尔特遇刺身亡，伯里克利成为平民派领袖。在他的推动下，雅典放逐了贵族派领袖客蒙。公元前 457 年，第三等级获得推举执政官候选人的权力。雅典第三等级约占整个公民群体的一半，这也意味着过半的公民有权当选执政官。最高官职执政官向下层公民的逐步开放是雅典民主发展的一个重要标志。

　　伯里克利（公元前 495—前 429 年）是雅典著名政治家、军事家、演说家。父母均来自雅典贵族家族，其父克桑希波斯曾经担任雅典将军，参加了米卡列战役；其母来自阿尔克密尼德家族，是克里斯提尼的侄女。伯里克利从小接受过良好的教育，成年后热衷于追求政治荣誉，与贵族派领袖客蒙展开竞争。伯里克利家族经济实力逊于客蒙，于是他积极寻求平民的支持，追随厄菲厄尔特，成为平民领袖。公元前 443—前 429 年，他连续担任雅典将军，率领雅典军队进行了多次战争。从公元前 461 年走上政治舞台，到公元前 429 年去世，伯里克利成为雅典政坛上举足轻重的人物，在

图 5.6　伯里克利半身像

他的推动下，雅典实施了一系列有利于平民的政策，在外交方面也不断取得胜利。这段时间也是雅典国力最强盛的时期，同时在文化、艺术、建筑等方面都取得了辉煌的成就，民主制度也达到顶峰，被称为"伯里克利时代"。

伯里克利之后，雅典民主政治进入了后英雄时代。正如修昔底德所说，伯里克利在世时，雅典的权力实际上掌握在伯里克利的手中。伯里克利虽然不是僭主，但他的智慧、品格和长期从政所积累的丰富经验使他赢得了雅典人民的支持，成为雅典的精神领袖。伯里克利之后，雅典政坛风云激荡，矛盾重重，不同派别在公民大会上自由发表意见，而公民则独立地作出自己的判断，投出自己的选票。当然，这种投票也会出现集体性失误，但这种失误不是源自某位最高统治者。伯里克利实施了民众法庭津贴制度，使得大量的普通平民可以参与民众法庭，大大提升了民众法庭的活力，也提升了普通公民的政治权力。亚里士多德因此称民众法庭是平民政治的重要体现。

公元前413年，雅典远征西西里失败，引起希腊世界及雅典国内政治格局的剧烈变动。在国际上，波斯、斯巴达、叙拉古等国结成政治同盟，共同打击雅典；在国内，因为民主派领袖阿尔西比阿德的叛逃，人民对民主派心生怨言。公元前411年，雅典的寡头党发动政变，他们操纵公民大会先选出5人为主席，实际上就是他们自己，再由5名主席选出100人，成立百人委员会；然后每位委员各自挑选3人，建立了"四百人议事会"。四百人议事会取代五百人议事会，其权力也有所增加，它可以任命官吏，这些官吏有权根据他们的意志在遵守国家法律的前提下处理事务；它还有权监督将军的行动。尽管四百人议事会也是集体机构，但实权掌握在5位寡头手中。寡头党重新审定公民名单，选择了"就本人和财产而论最能为国效劳"的5000名雅典人，其他人则被排除在雅典公民队伍之外。就当时雅典的人口状况而言，5000人几乎涵盖了此前雅典公民队伍的绝大部分，如果5000人真正拥有权力，那将大大提升政治民主化的程度，但是5000名公民几乎没有政治权力。同年，四百人议事会被推翻，权力被移交给5000名雅典公民，民主政治得以恢复。①

公元前404年，雅典在伯罗奔尼撒战争中失败。在斯巴达将领莱山德的操纵下，雅典建立了"三十僭主"统治。"三十僭主"从1000名自己的亲信中重新选出了500人组成"五百人议事会"，同时委派自己的亲信担任各种官职。为了应对民主派的反对，"三十僭主"声称允许3000名雅典公民参与国家政治。3000人可能略少于当时雅典合格公民的人数，但是"三十僭主"迟迟不公布名单，不兑现诺言。"三十僭主"对外投靠斯巴达，对内强化统治，打击政治对手，在很短的时间内处死了1500人，还有更多的人被放逐海外。

公元前403年，流亡的民主派在阿哥斯的支持下，由色拉叙布洛斯率领返回雅典，推翻了"三十僭主"的统治，重新建立了民主政治。此时，雅典的公民人数只有3000人。但是，此后公民的权力有所增加，亚里士多德说："人民使自己成为一切的主人，用命令，用人民当权的民众法庭来处理任何事情，甚至议事会所审判的案件也落到人民手里了。"②雅典民主政治进入以民众法庭为中心的新阶段。

(二)公民

公民是认识古希腊城邦体制的关键，也是认识雅典政治的关键。

在古希腊，公民之定义存在巨大争议。现代政治学称公民是根据某国的法律规范享有权利和承担义务的自然人。但在古希腊，曾有过属地原则、血统原则，即父辈、祖辈或更多的祖先生活在特定地区的人就成为公民，或父辈、祖辈或更多世系以上的双方或一方是公民，其后裔就是公民。亚里士多德不同意这种观点，提出了政治原则，即公民是参加司法事务和职

---

① ［古希腊］修昔底德：《伯罗奔尼撒战争史》，Ⅷ.67。Aristotle, *The Athenian Constitution*, 29-31.

② Aristotle, *The Athenian Constitution*, 61.

权机构的人。具体地说，就是担任或有资格担任各种行政职务和参加民众法庭与公民大会的人，如各种官员、陪审员、公民大会成员、议事会议员等。这个定义稍显严格，正如亚里士多德自己说的，它更适合于民主政体下的城邦，而不适合于其他城邦。如在斯巴达，斯巴达人也不是每一个都能担任官职；而僭主制下很少有人能参加公民大会，或者参加了公民大会也没有实际政治意义。即使是民主政体也不完全适合这个定义，有资格参政议政与实际参政议政不同，事实上有相当多的公民因为各种各样的原因不能参加公民大会或担任公职，在雅典就有相当高比例的公民是这样的，他们被称为"沉默的大多数"。雅典公民总人数约 4 万人，但真正参加公民大会的只有 6000 人，在发放公职津贴之前，大部分的农村公民大概也不会去担任耗时费力且没有任何收益的公职。所以很难说没有参政的公民就不是公民了。

其实，除了上述三个原则外还有若干其他方面的规定。首先是经济原则。城邦体制下的公民是独立的经济主体，他们不能欠债，必须拥有足以保证其经济独立、履行国家义务的土地。亚里士多德曾批评斯巴达把向公餐团纳税作为公民身份的前提，最终导致部分无力纳税的人失去了公民权。在土地是主要财富的历史时期，没有土地的人，就没有独立的经济能力，就不能成为公民，因此，拥有土地往往是成为公民的必要前提。其次是社会原则，公民必须具有自由民身份。自由民与公民往往很难区分，大致上，公民必须是自由民，但自由民不一定是公民。如外邦人、具有雅典血统身份的妇女都属于自由民，拥有自由身份，可以自由迁徙，可以作为独立主体参与社会性活动，如从事生产经营、参加宗教祭祀等，但他们却不能参加城邦的政治活动。再次是自然原则。从自然人的角度而言，并不是符合上述条件的人都是公民，还有自然人方面的特殊规定，公民一般是年满 18 岁或 20 岁（斯巴达是 30 岁）的男性，这一属性是承担军役义务的基础。希腊世界一般年满 18 岁为成年，但有的城邦男性成年后并不是公民，还要经过数年磨炼，具有相当多的社会经验后才成为公民。而妇女因为不能承担军役或受到歧视也不能拥有公民身份。总之，古希腊的公民身份整合了地缘、血缘、政治、经济、社会、自然等多重因素。也许对于古希腊城邦来说，这样严格区分并没有任何困难，因为大多数的城邦或有明确的公民册，或因为小国寡民，彼此熟悉，公民与非公民的标准已经了然于心，无须讨论。

古希腊形成了特殊的公民文化。在行为层面上，表现为权利与义务高度统一。公民享有一系列的政治、经济、宗教权利。如前所述，公民可以参加议事会、公民大会、民众法庭，可以担任各级官职。他们有权租用公共土地，有权参与公共财产的分配，享受国家经济援助。如雅典规定：凡财产不足 3 明那又体衰不能工作者，经议事会审查之后每天可以有 2 个奥波尔的粮食津贴。[①] 当雅典发现劳利昂银矿时只是为了造战舰才没有分配银矿收入。伯里克利在阵亡将士的葬礼演讲词中宣布：将由国家出资抚养牺牲疆场的公民的后代。[②] 他们有权参加宗教活动，并参与分享祭品。与此同时，公民也必须承担相应的义务。其实，政治权利也是一种义务，不少城邦在很长一段时间内，公职是没有薪俸的，从业者在享受荣耀的同时也在奉献。任何人不得逃避自己的义务，雅典规定：达到公断人年龄而不担任公断人的人将失去公民权。[③] 第二种主要义务是服军役。古希腊实行公民兵制度，公民必须自备武装为国从军，逃避军役的人将失去公民权。第三种义务就是捐助，捐助的对象或是国家或是公民。如客蒙就允许同村的人到其庄园、住宅随意取食；伯里克利曾在公元前 472 年出资承办埃斯库罗斯的《波斯人》一剧的演出。公元前 483 年，雅典曾经要求众多的雅典富裕公民赞助战舰的建造。对于公民来说，履行义务是成为公民的条件之

---

① Aristotle, *The Athenian Constitution*, 49.
② ［古希腊］修昔底德：《伯罗奔尼撒战争史》，Ⅱ. 46。
③ Aristotle, *The Athenian Constitution*, 53.

一，如果故意逃避义务将被扭送公民大会，接受审判，重者将被剥夺公民身份。基于这种强烈的责任意识，公民热衷于公共事业，古希腊有众多的宗教庆典、戏剧表演、体育竞赛等，这些都需要公民自觉参加。在这些活动中，公民不仅是观众，而且是活动的一分子。

在伦理层面上，柏拉图将公民道德归纳为"正义、智慧、勇敢、节制"四大美德，这个道德体系的核心是正义，基础是公民个体。正义的核心是"国家和国家利益"，智慧的核心也是国家利益，但它以知识的形式内化为公民的主观认识，成为公民的行为准则。勇敢和节制服从于正义，勇敢要求公民为践行正义而克服各种困难，节制则针对人的感性本性，要求人主动克制自己的本能冲动。

雅典是古希腊各邦中公民文化最发达、公民生活最丰富的城邦。最早的公民源自雅典本地的氏族部落成员，后来外来人口不断增加，雅典实行了最早的改革，主要按照血缘原则、以一年四季将居民分为四个部落，这些部落成员成为雅典公民的来源。提修斯实行改革时，阿提卡外来人口增加，社会矛盾复杂化，他主张建立统一政权，承诺给予人们平等的地位。这种平等的地位可能只是给予那些氏族成员，不大可能给予那些新来者。由此，传统的氏族成员转化成第一批公民。梭伦改革之前，雅典社会贫富分化严重，部分人沦为"六一汉"，这部分人当是那些公民，他们以前享有"平等"的政治权利，但现在因为欠债而失去权利，所以对现实不满。梭伦改革规定"不得以人身作抵押借贷"，从法律上保证了普通氏族成员的政治权益。梭伦改革使得雅典的公民队伍开始成为有着特殊共同利益的封闭群体。克里斯提尼改革时规定"以村落登记为标准"承认公民身份，这实际上利用了地缘原则，吸收一批非氏族成员或贫困化的氏族成员成为公民，扩大了自己的统治基础。此后，一些"血统不纯"的外邦人及其后裔通过各种途径成为雅典公民，如克里斯提尼、底米斯托克利的母亲都不是雅典人。

公元前 5 世纪，雅典成为海上霸主，大量的战利品、盟国贡金流入雅典，雅典公民是这些财富的直接享有者。他们不仅免费观看精彩的戏剧表演，还可以领取观剧津贴。雅典还把在海外强占的土地分配给公民，派遣公民驻扎盟国担任总督。公民身份的背后是巨大的政治经济利益，因此雅典开始有意识地控制公民人数。公元前451年，经伯里克利提议，雅典制定法律，只有父母双方都是雅典人的人才能成为公民。雅典公民人数随之大幅减少。此后，公民资格不断被强化，公元前411年，四百人议事会强调公民必须有能力、有实力为国效劳，将公民人数限制在5000人之内。公元前403年，雅典进一步强化公民资格，公民人数被缩减为3000人。雅典还强化了公民登记程序，伯里克利的规定被重申，公民的父母必须具有雅典血统。公民年满18岁之后在所在"德谟"（村社）登记，村社成员对他们的身份和资格进行审查，审查不合格者将被拒绝。不过，当事人可以向民众法庭申诉，申诉成功仍然可以获得公民身份。

相对于希腊世界其他城邦，雅典公民享有更多的政治权利，他们可以广泛地参与各种政治活动，担任各种高级官职，在公民大会上可以自由发言。雅典公民参与政治活动的积极性也更为强烈，雅典青年学习演讲术的热情很高，其目的就是能在各种公共场合发表具有煽动性的演讲，赢得支持。同时，雅典公民的责任感和义务感也更为强烈，雅典青年在公民登记时必须宣誓："我决不使神圣的武器受到侮辱；我决不在战斗中抛弃同伴；无论是一个人，还是和许多人在一起，我都要保卫一切神圣的与崇高的事物；我将不是削弱而是扩大祖国的威力与荣誉；我将循规蹈矩，服从现在的政府，服从已经制定出来的和被公认的法律；假使有人企图破坏法律或是不服从法律，我决不会纵容他，我将一个人或者和大家一起因此而进行反对他的斗争；我将尊重祖国神圣的领土。"在很长一段时期内，雅典公民的经济要求、自然要求比较松弛，特别是梭伦改革禁止以人身作抵押，使得经济状况几乎不再成为公民权的限制因素；父辈、祖辈的公民身份要求在更多的时段内也不是十分严格。所以，相对而言，在希腊世界，雅典是公民总人数最多的国家。

(三)公民大会

公民大会是雅典最重要的权力机构，几乎所有的国家事务都必须在公民大会上讨论解决，诸如财政预算、宣战媾和、盟邦贡金、谷物供应、官员监督、公共工程建造、公共财产租赁、公民权的授予与剥夺、重大复杂案件的审理，等等。它实际上拥有立法、司法、行政、财政、军事、宗教等权力。由于战神山会议的权力被剥夺殆尽，执政官已向第三等级开放，为公民大会起草议案的议事会也掌握在公民手中。因而，公民大会成为雅典最高权力机构。因为立法与行政合一，使得雅典的政治体制具有议行合一的特点；又因为立法、行政与司法合一，使得公民大会的权力几乎不受监督。

公民大会有固定的会期和会址。通常每年召开 10 次，每次会议有 4 次分会，每次分会间隔约 9 天，偶尔也召开临时会议。每次大会分别由 10 个地域部落选出的 50 名议事会成员组成的主席团主持，具体到每次分会则由当天值日的主席主持。每次大会的 4 次分会都有固定的内容，其中一次主要讨论官员的表现、粮食供应、国防大事、国家安全等，在这次大会上原告可以提出没收财产的数目，公布申请继承无继承者财产的人员的名单；一次主要接受公民个人申述，公民可以就任何涉及公共或私人领域的事务向大会提出诉求；其他两次分会主要讨论宗教、外交等事务。在这些会议中，分别讨论 3 件宗教、外国使节和世俗等方面的事件。其中第六次大会（每年的 12 月）要对是否实施陶片放逐法进行表决，对是否受理被控恶意告发者先期告发的案件进行裁决，裁决案件数量限 6 件；讨论是否对在公民大会许下诺言但未兑现者提出诉讼。如果实施陶片放逐法的表决通过，就在第二年的二三月的公民大会上进行表决。公民大会通常在雅典卫城脚下以西的普奈科斯坡地举行，特殊情况下也可能在其他地点举行，如讨论陶片放逐法一般在市民广场举行，而讨论海军事务时则可能会移至海军驻扎的比雷埃夫斯港，公元前 4 世纪，雅典卫城西南的狄奥尼索斯扇形剧场也常常作为公民大会的会址。

雅典公民在理论上均有权参加公民大会。但在古希腊，公民是一个特殊的群体，他们只占居民的一部分，甚至一小部分。由于公民散居在雅典各地，来往于住处和雅典卫城需要耗费不少时间，加之公民大会次数多，所以并不是每一次公民大会所有的公民都来参加。一般情况下，参加公民大会的主要是居住在雅典卫城和近郊的公民，离雅典卫城较远的公民不大可能不顾生产劳动频繁参加公民大会。据统计，经常参加会议的公民人数只占公民群体的 1/5 到 1/3，总人数为 4000～5000 人。史料记载，陶片放逐法实施时与会人数必须达到 6000 人才有效，放逐公民是国家政治生活中的重大事件，需要得到较多人的同意。这表明，6000 人出席公民大会的情况很少见，也就是说，6000 可能是与会人员较多时的数目。

公民大会开会之前，主席团要公布议事会即将提交讨论的问题、日常事务的程序和开会的地点。公民大会召开之时，先由主席团提出议案，然后由与会公民发表意见。从理论上讲，每一位与会公民均有机会发表演讲，但实际上不敬父母、懦弱怯战、挥霍浪费、从事下等职业（如男妓）等有道德污点的人不能发表演讲。发言者在主席台放上一根橄榄枝，以表示自己的发言是出于善意。为了让更多的人发言，发言者只有一次机会，而且必须围绕一个中心，不能诽谤他人，不能用下流语言。据说公元前 5 世纪后期的民主派领袖克利翁是第一个在讲坛上嘶吼、叫骂的人，他被亚里士多德称为最败坏民风的家伙。①

议案提交大会之后，公民就围绕议案展开讨论。当各种意见已经充分表达之后，大会进行投票表决，议案通过须得到多数人的同意，一旦通过就成为必须遵循的法律。在讨论过程中，各种意见激烈交锋，特别是涉及

---

① Aristotle，*The Athenian Constitution*，28.

军国大事时，各个政治派别都希望将自己的意志上升为公民集体的共同意志，公民大会演变成一场演讲赛、辩论赛。对于立志走上政坛的雅典青年来说，高超的演讲才能是他们必备的个人素质，因此，在雅典聚集了一批传授演讲和辩驳技巧的知识分子。他们招生授徒，被称为"智者"或"诡辩家"。公元前4世纪，雅典甚至出现了一个以撰写演讲词为职业的群体，德谟斯提尼、伊索克拉底、埃斯奇尼斯等都是其中的佼佼者。一些重要的决议还要勒石刻碑，昭示国民。碑文的开头写着"议事会和人民决议"或"人民决议"，显示议案的合法性。

这个过程看似民主，但由于表决是当场完成的，公民有时被那些精彩的演讲所征服，将自己的选票投向那些出色的演讲者，没有经过独立、冷静、理性的思考。因此，雅典政治有时被那些演讲才能超群的人所操纵，特别是有些野心家为了达到个人目的，发表哗众取宠的演讲，这样公民大会最后也可能通过华而不实、缺少操作性的决策。这种缺陷很早就引起了希罗多德、修昔底德等人的注意。例如，修昔底德对伯里克利时代的肯定不是针对其制度设置，而是围绕伯里克利的个人品质和能力。他对西西里远征的决策过程的描写则揭示了无良政治家的负面影响：雅典公民为阿尔西比阿德的演讲所征服，失去了理性，将尼西阿斯旨在反对远征的演说当成了支持远征的证据。

(四)议事会

自克里斯提尼改革后，雅典的议事会由500人组成，所以又称五百人议事会，其成员产生沿袭了克里斯提尼时代的方法，从各个部落中抽签产生，但议事会内部的工作程序更加明晰。五百人议事会按地缘部落分为10个团体，用抽签的方法决定先后顺序，分别负责全年1/10时间内的公民大会事宜。每个主席团再用抽签的方法选出一名主席，主席任期一天。主席的主要职能是保管国家金库和档案库的钥匙、保管国玺，主席必须和他所指定的主席团的1/3成员留居在办公厅内，以便及时处理日常事务和突发事件。召开公民大会和议事会全体会议时，主席主持值日主席团和值日主席的选举事宜。他必须在 9 个非值班主席团中分别抽签选出 9 人组成值日主席团，再从值日主席团中抽签产生一名值日主席。然后，他把会议议程和主持权移交给值日主席团和值日主席。

议事会是公民大会的预审机关、公民大会的常设机构和大会决议的执行机构。其中预审是其最主要的职能。古希腊政治生活中的预审权源自于贵族会议。雅典早在公元前 7 世纪就建立起贵族政治，在贵族政治盛行的古风时期，贵族会议掌握了预审权，为公民大会准备讨论和表决的议案。梭伦改革时贵族的这一权力并没有被剥夺。克里斯提尼改革将预审权移交给五百人议事会，也就把预审权移交给了雅典公民。在雅典，尽管存在公民个人直接向公民大会提出议案的情形，但大多数议案均由议事会预审，以书面形式向公民大会提交。通过预审环节，古希腊实现了立法过程的分权，这是议事会最突出的历史贡献。

作为公民大会的常设机构和决议执行机构，议事会负责公民大会休会期间的国事处理，如接待外国使节、接受外交公文、检查公共账目、监督各级官员；审查新选议事会成员和执政官的资格；根据公民大会的决议，负责三列桨战舰以及军港的建造，并成立专门负责战舰建造的十人委员会；监督一切公共建筑物；举报渎职官员。议事会参与大多数行政机构和行政事务的管理，如保管雅典娜神庙财产、出租公共土地矿山、监管公共租金收支、拍卖罚没财产、掌管官员的来往账目等事务。议事会还参与骑兵部队的日常管理和资格审查，如战马的饲养、骑兵资格确认等。议事会还负责各级官员的审判，但是这种审判不是最终审判，当事人还可以向民众法庭申诉。

议事会成员的来源可能采用了代表配额制。这种配额制在克里斯提尼改革之前以血缘部落为单位，每个部落 100 人，之后则以地缘部落为单位，每个部落 50 人，部落名额再分配到各个村落。但公元前 5 世纪后期新成立的四百人会议和五百人会议的代表来源尚不清楚，可能仍然延续配额制。

图 5.7 三列桨战舰石刻

(五)民众法庭

公民集体掌握最高司法权力是雅典民主政治的又一基本特征。民众法庭起源于梭伦改革。组成法庭的审判员不是职业化的法官，而是直接来自公民群体的陪审员。若干陪审员组成陪审团，听取控辩双方的申诉，然后通过投票表决的方法作出结论，得票多者获胜。因此，这种法庭又称为"陪审法庭"①。

陪审员是从年满 30 岁、没有公共债务、没有被剥夺公民权的公民中抽签产生。陪审员早期没有薪水，许多普通公民因此无法参加法庭。公元前 5

---

① 晏绍祥在《世界古代史》一书中称之为陪审法庭，郭小凌在《古代民主与共和制度》一书中称之为公民法庭。

世纪，伯里克利为陪审员提供津贴，使得更多的普通公民有条件参加陪审法庭，陪审员队伍增加到 6000 人。不过津贴制也在雅典社会造成了热衷于从政、热衷于官司的不良现象。阿里斯托芬的喜剧《马蜂》就讽刺了那些热衷于司法诉讼的"菲洛克里昂"们①。公元前 4 世纪，民众法庭日渐成熟，形成严格的组织结构和运行机制。

图 5.8　大理石投票器

民众法庭以司法为主。其司法范围覆盖刑法、民法、公法、私法诸多领域。这种繁杂的内容也表明当时雅典的法制还比较落后。尽管亚里士多德称，梭伦时期民众法

图 5.9　青铜投票器

庭是"一切公私事务的公断人"②，但其实际职能主要局限于私法领域，贵族会议仍然握有较多的司法权。厄菲厄尔特时期，民众法庭的权力大大增加，贵族会议掌控的保护宪法的权力被剥夺，其中一部分交给了民众法庭。③ 公元前 5 世纪末，此前移交议事会的相关权力也移交给了民众法庭④，民众法庭掌握的审理公共事务的权力更大，这些权力主要包括：（1）对叛国罪的终审权；（2）对卸任的但被查出任内有违法乱纪行为的官员的审

①　菲洛克里昂(Philocleon)的字面意思是"喜爱克里翁"，克里翁是古希腊文学作品中国王的常用名。

②　Aristotle，*The Athenian Constitution*，9.

③　Aristotle，*The Athenian Constitution*，25.

④　Aristotle，*The Athenian Constitution*，41.

判；（3）对所有新当选官员进行任前资格审查，主要审查是否具有公民权，年龄是否满 30 岁，任职是否超过两次，是否符合其他特殊规定等事项；（4）对已通过的法律是否合乎立法程序、符合现行法律进行审查。

民众法庭的公法职能是雅典民主政治的重大发展。公民广泛参与民众法庭以及民众法庭对国家政治的干预，使得公民可以更广泛地参加国家政治。民众法庭的法律审查采用了追究个人责任的方法，那些欺骗、误导民众的无良政客将被课以罚金甚至处死，这对那些无良政客是一种威慑，对民主政治也是一种保护。

古典时期的民众法庭形成了复杂的程序，其主旨就是利用抽签方法切断审判员与当事人可能发生的联系和可能滋生的腐败。民众法庭依据部落建制共有 10 个，但是每个法庭并不是由本部落陪审员组成，法庭审理的内容也没有特殊的规定。开庭时，由每个部落抽签产生的陪审员用抽签的方法分派到特定的房间，再由抽签产生的特定职员从每个房间用抽签的方法选出代表，派往特定的法庭。这样的程序完成之后，除了当年的所有陪审员不变之外，其他环节都是一次性的，下一次开庭重新抽签产生具体的陪审员。审判结束后，陪审员领取一次性凭证，以及本次开庭的报酬。民众法庭的规模根据案件的性质和复杂程度不同，有 201 人、401 人、500 人、700 人、1001 人、1500 人、2000 人、2500 人不等，最常见的是 500 人。审判人员的偶然性和审判队伍的规模使得当事人几乎不可能在短时间内、在众目睽睽之下收买所有或大多数陪审员，从而有效地保证了司法审判的独立性和公正性。

庭审大致上分两步，第一步确定是否有罪，先由原告陈述，再由被告申述，法官最后裁决。第二步是量刑，先由原告提出量刑建议，被告再提出自己的意见，此时被告通常会陈述自己的贡献、家庭困难等借口，或采用其他各种方法，请求法庭减轻刑罚。最后，法庭根据双方的陈述，用投票的方法决定刑罚。票数统计由专门的秘书完成，秘书也通过抽签产生。

审判苏格拉底可以说是雅典最著名的审判案例，但是，苏格拉底本人在第一环节并没有做无罪辩护，在第二环节也没有提出从轻量刑的请求，陪审团最终接受了原告的建议，判处苏格拉底死刑。

（六）职官制度

雅典的职官制度也是民主政治的重要特点。尽管雅典国土面积只有2400平方千米，但官员人数却不在少数，可谓"麻雀虽小，五脏俱全"。按照亚里士多德的考察，公元前4世纪，雅典的行政部门有27个之多。每个部门的官员大多是10人，即每个部落1人，极少数部门超过10人，也有5人、1人的部门。这些部门大致上分为行政类、宗教类和军事类。行政类部门包括执政官、公卖官、城市监督、市场监督、度量衡监督、谷物监督、港口监督、财务官及助手、案件提审官、街道建筑官，等等；宗教类官员如雅典娜神庙司库官、神庙修缮官、竞技裁判官、戏剧合唱队队长，等等；军事类官员如将军、

图 5.10　雅典计时漏壶

联队长、骑兵将军、骑兵联队长等；还有各种书记员、秘书，总人数达300多人（这个数字不含陪审员和议事会成员）。

雅典的各种官职中最主要的是执政官和将军。执政官是雅典最高行政官员，共有9位，包括名年执政官、王者执政官、军事执政官各1位，司法执政官6位。雅典原先实行王政，后来先设置了军事执政官，接着设置

名年执政官，原先的国王被剥夺了大部分职权，被称为王者执政官。此后设置了6名司法执政官。执政官权力繁杂、重叠成为执政官制度的显著特点。名年执政官负责宗教节日中的戏剧、合唱、游行等活动，负责有关保护妇女、儿童、长辈以及监护孤儿、遗孀等方面的民事案件；他的名字还是该年纪年的名称，记作"×××任执政官之年"。王者执政官负责的宗教事务包括秘密祭、祖先祭祀、裁决宗教职务继承方面的争执、特批不参加祭祀的申请、祭祀时的火炬赛跑等。在司法方面，王者执政官主要负责受理不敬神罪、杀人案，但杀人罪主要是接受申诉，之后分派到各个法庭审理。军事执政官在宗教方面主要负责祭祀阿耳忒弥斯神和厄尼阿列宇斯神、牺牲将士的葬礼活动及葬礼竞技会、祭祀哈尔莫迪乌斯和阿里斯托格同。在司法方面，军事执政官主要负责涉外的案件，如违背或不经保护人同意的行为案、外邦人的财产和女继承人案，但他也只能把案件分派到各个法庭，无权执行裁决。司法执政官主要负责陪审法庭相关程序事务，如决定、宣告法庭开庭时间，委派各个长官参加法庭庭审；负责保护法律，如审查立法活动的合法性、驳回公民大会通过的不符合程序的法律、复审议事会判决。司法执政官还负责监督各级官员，向公民大会提出撤除公职人员之职、控告主席团主席、审查司令官账目等。司法执政官还负责大多数经济案件，如行贿受贿、贪污公款、涂改账目、商业采矿纠纷案，以及部分民事和刑事案件，如恶意告密、冒充证人、强奸、奴隶诽谤自由人案、官员资格审查案、公民权申诉案，等等。司法执政官还有一项重要职权，即审批国际和约。

雅典的将军有10位，属于军事职位。其中一位主管重装步兵，两位管理比雷埃夫斯港，一位主管富裕阶层提供的军队和负责的军事工作，并受理富人"财产换义务"的请求（雅典部分富人因为各种原因，如身体状况或无暇履行义务，会申请缴纳钱款代替服役）。其他将军没有具体分工，都是临时委派率军出征。当他指挥军队时，有权处置违反纪律的人，通常是拘禁、流放，偶尔还有罚款。司令官采用选举的方法，且可连选连任。

　　雅典的职官制度表现出民主的特点。这首先表现在官员的任用上。在古典时期，雅典的官员主要采用抽签制和选举制，委任制非常少见。古风时期的雅典官员主要采用选举制。从现代政治学的角度看，选举制已经是民主制，但是古代雅典人并不满足于此。从梭伦时代开始，在国家公职人员的任用上开始采用抽签制。相对于抽签制，选举制中选民易受到候选人社会因素的影响，如家产、门第、功劳、个人恩怨等，易产生腐败和不公正，特别是选举会把门第、财富等作为候选人的资格条件。正如亚里士多德指出的，选举产生的人员往往是富人、贵族。抽签制下所有公民不分贫富、不分贵贱，一律平等，这样，所有公民都具有平等的被选举权。古典时期雅典的大部分官员采用了抽签制，只有军职延续了选举制。由于军职需要有杰出的军事才能，另外古典时期雅典战争频繁，国家财政往往不足以支持战争，需要富有阶层慷慨捐助，因此，军职更多地控制在富人手中。

　　其次，表现在职官的集体任职方面。雅典的职官绝大多数都是集体任职，如最高行政官职有 9 位，最高军事官职有 10 位，最高警官 11 位，其他的如神庙修缮、城市监督、市场监督、度量衡监督、谷物监督、港口监督、财会、祭祀官吏都是 10 人，军职中的部落骑兵司令、连队司令等也是 10 人，部分官职有 5 人、3 人或 2 人的，如案件提审官 5 人、街道建筑官 5 人、喜剧合唱队队长 5 人，只有极少数官职是 1 人。任职的机构中没有正副之分，彼此职权和地位相同。一人任职的部门大多不是国家权力的重要部门。部分重要部门的官员甚至不能直接参与相关事务的处理，如司法执政官就不直接负责法庭的审理，只是负责审判员的分派。即使在垂直服从的军职中也是集体负责。传统的说法认为 10 位将军中有一位是首席将军，据学者考证，这种观点是不能成立的。①

---

　　①　参见晏绍祥：《雅典首席将军考》，载《历史研究》2002 年第 1 期。

再次，表现在官员的任期短并且轮番执政方面。雅典的官员大多是一年一任，一年后自动卸职，只有军职可连任。这样，雅典公民在一生中至少有一次机会参加国家管理。在文职中，只有负责泛雅典娜节的神圣裁判官4年一任。但这个官职只负责泛雅典娜节的相关事务，而泛雅典娜节4年才举行一次。实际上在泛雅典娜节结束之后，他们的职能也就终止了。短任期一方面保证了所有的雅典公民都有机会参加国家管理，增加了公民的政治参与度；另一方面防止官员利用职权结党营私，贪污受贿。

最后，表现在对官员的有效监督方面。雅典重视从多个方面对官员实施监督。其一是公民大会的定期审查制度。每次公民大会至少有一次分会要对官员进行审查，这样每个官员每年要接受10次审查。其二是任期满之后的账目审查。每位卸任官员必须把任期内的账目交给会计及其助手，进行审查，一旦发现贪污受贿将被处以10倍的罚款，渎职、失误造成的损失也必须赔偿，在职期间必须等值赔偿，卸任之后则需双倍赔偿。其三是在任期间要接受议事会、公民大会委任官员的监督，尤其是议事会成员常常直接参与各行政机构的活动，他们一般不直接参与行政工作，而是监督官员的活动，一旦发现官员违法就向议事会或公民大会提起诉讼。其四是陶片放逐法。陶片放逐法尽管一年一次，但它的严厉处罚却令所有的雅典人望而生畏。陶片放逐法有可能针对数年之前的事件进行追查，如底米斯托克利就因为早年勾结波斯而在10年后被放逐。

(七)对民主政治的评价

关于雅典的民主政治，自古以来就有争论。希罗多德一方面肯定雅典民主，他说："权力的平等不是在一个方面，而是在一切方面证明是一件绝好的事。因为当雅典人处于僭主统治下时，他们在战争中并不比他们的邻人高明多少，但当他们一旦挣脱这种束缚，他们就证明他们是世界上最优秀的战士。"另一方面他也指出民主政治的不足，认为在民主政治下，民众比个人更容易遭受欺骗。① 修昔底德通过伯里克利的葬礼演讲词，对人们时常攻击民主政治易流于狡辩作了回答，认为准备充分的辩论是成功的前提，充分的辩论是谨慎思考的表现。但他又对雅典民主决策中，公民被蛊惑家迷惑而不能理性地作出决策而感到痛心。古典时期后期，雅典在军事上不断失败，雅典公民大会讨论问题时经常是争论不休，莫衷一是。此时期的思想家对斯巴达政治则充满好感，抨击雅典的民主政治。苏格拉底相信"德性即知识"，认为抽签制选出的是无知群氓，不是治国能人。柏拉图赞同苏格拉底的观点，同时指出在民主政治下公民的自由泛滥，使国家陷入混乱。他讽刺"民主政治下毛驴都需要自由"。亚里士多德一方面回击了前人关于"民主政治是庸人治国"的指责，指出个人理性虽少，但众人的理性势必多于个人的理性；同时也指出雅典民主政治是为了平民阶层的利益，而不是全体公民的利益，易演变成"暴民政治"。

对雅典民主政治的批评不仅在古代就有，而且一直延续到19世纪近代资产阶级民主运动前夕。斯巴达人的严格纪律和英勇精神是近代民族国家兴起所需要的财富，而在法国大革命中参加革命的普通群众背负了血腥、恐怖的恶名，资产阶级对人民群众有着很深的仇视，所以民主政治受到西方知识界的否定。但至19世纪，资产阶级统治已经确立，资本主义经济也获得巨大发展，人民群众强烈要求参与政治，分享经济发展的成果。资产阶级为了稳定统治，扩大统治基础，对民主政治和雅典民主的认识有了积极的变化。

依据现代民主政治理论，雅典民主制度的历史价值在于它实践了"民主"的理念。"民主"思想的核心是"政权为民"。"政权为民"是人类千百年来的梦想和追求。雅典民主制度最可贵之处在于以"政权在民"的方法实践了"政权为民"的理念。雅典民主的思想基础是平等，因此雅典的民主政治也

---

① ［古希腊］希罗多德：《历史》，V.78，V.97。

被人们称为"平等政治"（isonomia）。平等思想在古希腊有着悠久的传统，在《荷马史诗》中，阿喀琉斯就抱怨希腊军中的不平等，称"同敌人不断作战，得不到应有的酬谢，那待在家里的人也分得同等的一份。胆怯的人和勇敢的人荣誉同等，死亡对不勤劳的人和非常勤劳的人一视同仁"①。这是渴望社会平等的首次表述，但这只是物质分配中的平等，如何在政治生活中实践平等还需要有创造性的制度设计。自梭伦之后，雅典在政治生活中采用平等分配权力的方法逐步实现政权在民。雅典采用短任期制和集体任职制，规定官员任职期限，采用了抽签制、选举制选举官员，使每个公民都有平等的参政机会。

雅典民主具有直接民主的特征。直接民主表现为每一位公民能直接参加或有机会直接参加国家政治生活。在雅典，每一个公民都有权参加公民大会。议事会成员和陪审员尽管有年龄（30岁）和财产（无公共债务）方面的限制，但这是针对所有公民设定的。雅典取消了官职在门第和财富方面的限制规定，全部采用抽签制，所有的公民都可以参加议事会、陪审法庭，都有机会担任执政官、财务官等官职。军职虽采用了选举制，但这主要是从军事官员需具备指挥作战的能力来考虑的，而且军事官员也没有门第和财富的规定。

在评价民主政治时，民主化的程度必须高度重视。评价雅典的民主化程度，有两个参照标准：一是国民，一是公民。国民指的是一国的所有居民，公民只是国民的一部分。就国民而言，雅典在古典时期之盛时，国民约有40万人，公民的总数加上他们的配偶、子女约为10万人，公民实则只有两三万人，而经常参加雅典政治活动的只有6000人。如果以公民作为参照标准，雅典参政人数确实达到了较高程度。而且，如前所述，每一个公民在理论上都有机会参与国家的决策、管理和司法审判；特定时间内参

① ［古希腊］荷马：《伊利亚特》，Ⅸ.317～322。

与国家政治活动的人数占公民总数的比例也非常高，如果将公民大会的与会者、陪审员、各种官员计算在内，这个比例可能超过 1/3。但是，如果以国民作为参照，妇女、外邦人、奴隶等社会阶层都没有政治权利，享有政治权利的人数占国民总数的比例可能与其他城邦相差无几。

总之，雅典民主制的伟大意义在于，它在组织制度层面对践行民主做了可贵而有益的尝试。

二、斯巴达的政体

古代斯巴达的政治制度从色奥彭普斯改革之后就基本成形，一直延续到公元前 4 世纪初，在两个半世纪的过程中斯巴达政治体制的主要方面基本未变。这种稳定的结构与雅典政制不断发生变革形成了明显的区别，也受到古典作家的注意。柏拉图、亚里士多德、波利比乌斯称之为混合政体，并将斯巴达的强大归因于这种特殊的政体。其实，斯巴达政体在总体保持不变的情况下，局部也在发生小的变化。

(一)双国王制度

在古代希腊，斯巴达是少数实行双国王的国家。斯巴达国王分别来自两个古老的贵族家族：阿吉斯和欧律丰。两个国王的职权范围没有明确的划分。他们终身任职，任职时间最长的是公元前 4 世纪的克里奥墨涅斯二世，在位约 61 年(公元前 370—前 309 年)。他们的王位世袭，王位继承的原则是长子优先，兄终弟及。如克里奥墨涅斯一世虽是后妻所生，但因为是长子得以就任国王。由于古代斯巴达允许再婚、重婚，有些王后往往带有前夫所生儿子，或在国王就任之前就已生子，一般情况下，国王已出子女拥有优先权，任国王期间所生子女优先，但同时也照顾到年龄因素。如果被怀疑非国王所生，那么虽是出生于王宫也会失去继承权，如阿吉斯二世的儿子被怀疑血统不纯，由他的弟弟阿哥西劳斯继位。斯巴达历史上不乏年幼国王不能亲政，此时一般由长老会议或公民大会为其指定摄政王，摄政王一般来自本王族的男方亲戚，多为叔叔或堂兄。

　　斯巴达国王的职权主要集中在军事和宗教领域。斯巴达国王是最高军事统帅，可以对外宣战，其他人不能加以阻止。在率军出征、离开本邦之后，他们有指挥军事的全权。公元前 6 世纪末之前，斯巴达国王大多同时出征，共享前线军事指挥权，但在这之后，这一制度改为一位国王率军出征，一位留守国内；出征的国王只能携带迪斯科里神像中的一个。迪斯科里是双胞胎神，同时也是斯巴达军队的保护神。只能带一尊神像表明出征的国王并没有独掌斯巴达军权。从此，斯巴达两个国王形成了一强一弱的格局。大致上，在公元前 5 世纪到前 4 世纪的大部分时间里，欧律丰家族占据优势，公元前 3 世纪，阿吉斯家族重新占据优势。长期以来斯巴达以陆军强大著称，斯巴达国王也主要负责陆军，公元前 5 世纪后期，斯巴达海军在波斯的资助下开始强盛，在斯巴达具有举足轻重的地位，海军统帅的权势也变得炙手可热，堪比国王，被亚里士多德称为第三个王室。直到公元前 395 年，出征在外的斯巴达国王才同时兼管海军。但第二年，斯巴达海军在克涅多斯遭到科农率领的海军的毁灭性打击，其地位一落千丈，国王的海军指挥权也变得无关紧要。

　　宗教方面，国王以国家名义主持各种公共祭典。在公共祭祀场合，他们坐在首席，最先受到款待。出征过程中的各种宗教活动也主要由国王主持，他首先在斯巴达城内举行祭祀，走出国境时还要举行祭祀。经济方面，斯巴达国王没有收税权，但他拥有散布在庇里阿西人居住区的多处地产。他们在分配战利品、祭祀物品时可以多分；分配猎获物时有权优先获得一份；在参加公餐或私人聚餐时可以分得双份的份额。国王的收入主要用于国家公共祭祀。在立法、司法方面，国王没有独立的权力，只是作为长老会议的一员与其他成员共同起草法律预案。国王是向公民大会提交议案的当然人选。斯巴达国王的司法权力主要有三项：一是有权决定未婚女继承人的婚嫁，前提是她的父亲没有把她嫁出去；二是有权主持收养养子的仪式；三是公路管理。

　　国王还有其他方面的一些特权。他们的人身不能被侵犯，任何人即使是监察官都无权触摸国王的身体。他们受到特别的尊重，无论在什么公共场合，一旦国王出现任何人都要起身，只有监察官可以例外。他们死后享受特别隆重的葬礼，一旦国王去世，骑士们就到拉哥尼亚各地宣布死讯，市内的妇女则敲着锅到各处去报信，每一个家庭要出一男一女两个自由人去服丧，否则便要受到惩罚。庇里阿西人、黑劳士也要派代表参加葬礼。葬礼人数多达数千人，所有参加葬礼的人必须拼命拍打自己的前额以示无限哀痛。如果国王是战死的，那么就还要为他做一尊塑像，把它放在一张装饰得富丽堂皇的床上，抬着去下葬。在下葬后的 10 天内，要持续举行哀悼活动，不得举行任何市集或选举长官活动。① 这种礼仪几乎把国王当作神，非常人可比。②

斯巴达两位国王之间没有明确划分职权，这使得两位国王经常发生矛盾。这种矛盾和斗争促使斯巴达国王制度发生变化。前文所述两位国王"同时出征"改为"一位出征，一位留守"，就是在与雅典发生冲突时斯巴达两位国王在前线产生严重分歧后出台的。

（二）长老会议

古典时期的斯巴达长老会议形成于来库古改革时期。由 28 位年满 60 岁的男性加上两位国王组成。长老会议成员终身任职。国王在长老会议中坐于首席，是长老会议的主席。

除国王之外的长老会议成员采用选举的方法产生。竞选人先向公民进行游说，争取支持者。选举时先召开公民大会，挑选出若干评委，然后把他们关在会场附近的小房子里。他们看不到别人，别人也看不到他们，但他们能听到会场的声音。参加竞选的人用抽签的办法决定各自的出场顺序，然后依次一个一个被引入会场，再悄无声息地走出会场。民众用呼声对候

---

① ［古希腊］希罗多德：《历史》，Ⅵ.58.

② Xenophon, "Constitution of the Lacedaemonians", in *Srcripta MinoRA*, ⅩⅤ.9, 1925，Reprint，Cambridge，Massachusetts and London：Harvard University Press，1993.

选者表示赞同或反对，小房子里的评委们则在写字板上依次记下每一个候选人赢得呼声的次数和高低，谁得到的呼声最多、最高，谁就当选。①

古典时期的史料很少记载长老会议的活动。公元前432年，斯巴达讨论是否对雅典宣战，但长老会议并没有就此提出议案，而是让雅典、科林斯的代表与国王阿基达玛斯和监察官直接向公民大会发言。国王阿基达玛斯也没有召开长老会议，而是把自己的意见直接提交给公民大会。因此有学者认为长老会议实际上不存在，至少在古典时期如此。但古风时期的史料记载表明，长老会议仅次于国王，比公民大会更重要。古典时期的史料有提到长老，但未提及长老会议的史实。如公元前427年，普拉提亚被迫向斯巴达投降，斯巴达派了5个法官去普拉提亚②，这5个法官不可能是普通公民，监察官不可能一起出国，所以，这5个人应该是长老会议的代表。公元前395年，审判国王波桑尼阿斯时曾经召开过长老会议。这说明在古典时期，长老会议仍然在活动。

从宪制上看，长老会议的职权主要限于国内，主要在立法和司法两个方面。斯巴达的立法活动主要由长老会议和公民大会构成，长老会议拥有创制权，但没有决定权，公民大会拥有决定权，却没有创制权。根据对大瑞特拉和大瑞特拉补充条款的分析③，长老会议先进行预审，提出初步议

---

① Plutarch, "Lives' Lycurgus", in *Plutarch's Lives*, 26.

② [古希腊]修昔底德：《伯罗奔尼撒战争史》，Ⅲ.52, 68。

③ 传说来库古改革时曾经到德尔菲神庙求得一份神谕，这份神谕被称为（大）瑞特拉，来库古正是根据这份神谕进行宪政改革的。色奥彭普斯改革时对国家宪制进行了改革，这些内容也以神谕的形式公布，被称为小瑞特拉，或大瑞特拉的补充条款。其实，据瓦德-盖瑞、哈蒙德等人研究，所谓的瑞特拉不是神谕，也不是斯巴达政府颁布的法律文献，而是他人的转述。参见 H. T. Wade-Gery, "The Spartan Rhetra in Plutarch Lycurgus Ⅵ: A. Plutarchus' Text", *The Classical Quartery*, Vol. 37, 1/2 (1943); "The Spartan Rhetra in Plutarch Lycurgus Ⅵ: B. the Eynomia of Tyrtaios", *The Classical Quartery*, Vol. 38, 1/2 (1944); "The Spartan Rhetra in Plutarch Lycurgus Ⅵ: C. What is the Rhetera", *The Classical Quartery*, Vol. 38, 3/4(1944); N. G. L. Hammond, "The Lycurgus Reform at Sparta", *The Journal of Hellenic Studies*, Vol. 70(1950).

案，由国王提交公民大会审议表决。亚里士多德说国王和元老们的意见一致时，这种提案就自动具有了法律效力，一旦不一致，则把两种意见同时提交给公民大会。但由于斯巴达有两位国王，长老会议有 30 位成员，所以几乎没有见到过意见一致的记载。公民大会可以对长老会议的议案进行修改，为了防止公民大会的修改违背原意，使其合乎自己的意志，长老会议和国王可以行使解散会议，重新组织、召开公民大会的权力，使自己的议案易于通过。从整体上来看，在立法活动中贵族处于主导地位，普通公民虽然拥有否决权，但只能居于次要地位。所以，大致上可以说，长老会议掌握了立法权。但是，长老会议在立法权方面的优势地位似乎主要存在于公元前 6 世纪，古典时期，已经很少看到长老会议为了立法之事而召集开会。

长老会议享有部分司法审判权。长老会议主要负责一些重大案件，包括杀人案①、死刑案、审判国王和高级官员、审判被征服地区的案件等。按色诺芬的说法，长老会议主要负责死刑案。普鲁塔克说，长老是"生死荣辱以及生活中一切重大问题"的真正主宰。② 长老会议还有其他一些特殊权力，公元前 6 世纪末，斯巴达国王阿纳克桑德里戴斯的妻子没有生育，长老会议与监察官一起特别批准国王在保留原配的情况下另外娶妻生子。③ 公元前 395 年，长老会议与监察官一起审判贻误战机、导致莱山德阵亡的国王波桑尼阿斯。最后，14 位长老与国王同意处死波桑尼阿斯。④ 根据法庭组成，应该有 29 位长老和 5 位监察官，显然，监察官的票数没有计算在内，这样以 15 票多数判处波桑尼阿斯死刑。⑤ 可见，长老会议在审判国王

---

① ［古希腊］亚里士多德：《政治学》，1275a11。

② Plutarch, "Lives' Lysander", 26, in *Plutarch's Lives*, 1916, Reprint, Cambridge, MA：Harvard University Press and London：William Heinemann LTD., 1986.

③ ［古希腊］希罗多德：《历史》，V.39。

④ Pausanias, *Description of Greece*, Ⅲ.5.2。

⑤ 这个案例告诉我们，长老会议内部的表决可能采用了多数票制。

活动中有相当大的权力。

(三)监察官

监察官是斯巴达政制中最具有特色的官职,与国王、长老会议、公民大会并列,由公民全体选举产生。监察官共有 5 人,与雅典的大部分官职一样,也是集体行使职权。

监察官的职权包括如下五种权力:一是宗教权力。监察官 9 年观察一次天象,以决定国王是否冒犯神灵,如有冒犯需停官免职①;监察官负责派人到位于美塞尼亚的特拉玛(Thalamae)的派希菲(Paisiphae)神谕所求取神谕的事务②。二是军事权力。监察官有权决定某次战役所应征发的士兵及辅助人员的年龄,征调必需的物资;作为公民大会的召集人,他们有权宣布战争或媾和③,一旦发生战争,有两位监察官陪同国王出征,三位留守国内。随国王出征的监察官一般不直接参加军事活动,主要是监督国王和战争过程是否违背法律和传统。但战争的过程极其复杂,所以在前线的监察官也可能发挥参谋的职能。当前线指挥官不是国王的时候,后方的监察官可以直接遥控战争。例如公元前 412 年监察官曾要求将军阿尔卡门尼斯在率军出征时要"派一名骑兵"及时向他们汇报情况。④ 三是监察权。监察官一词的主要含义就是"监督"(to oversee)。亚里士多德说他们"有权检查一切行政人员的行为"⑤,包括国王和一切大小官吏。监察官有权监督一切伤风败俗、违背旧例、违反法律的行为,可以说事无巨细,无所不包,

---

① Plutarch, "Lives' Agislaus", 11, in *Plutarch's Lives*, 1917, Reprint, Cambridge, MA: Harvard University Press, 1990.

② K. M. T. Chrimes, *Ancient Sparta*, p. 405.

③ Plutarch, *Lives' Agislaus*, X. p. 27.

④ [古希腊]修昔底德:《伯罗奔尼撒战争史》,Ⅷ.11。

⑤ [古希腊]亚里士多德:《政治学》,1271a5。

诸如"刮须修面"①、衣着服饰②之类的琐事也在其监督范围之内。四是司法权。监察官可以直接对部分违法和不道德行为加以惩罚，同时确保其判决得到有效实施。监察官主要负责民事案件，审判的对象从普通公民到大小官吏直至国王，而且在审判时可以不接受被告的辩护，尤其是在审判黑劳士的过程中。③ 因此，亚里士多德曾批评监察官的权力过大。④ 惩罚形式包括鞭打、禁止参加公餐、剥夺公职、囚禁，甚至处死。⑤ 据色诺芬记载，监察官每月都要与国王交换一次誓言，监察官代表城邦起誓，而国王则以个人的名义起誓，坚决执行现行的国家法律，城邦则在国王信守誓言的情况下有义务保证王权不受侵犯。⑥ 五是立法权。这一权力主要集中在监察官作为公民大会召集人的身份和提案权上。⑦ 作为民选官员，监察官在公民中有着较大的影响，从而可以部分影响到立法活动。在公元前 3 世纪的阿吉斯改革中，阿吉斯为了让改革措施更易通过，就支持莱山德参选监察官，莱山德当选后向公民大会提出改革方案。监察官的这一权力不可能是当时新产生的，阿吉斯利用的正是监察官的古老权力以减轻反对派的阻力。监察官有时也会提出议案，如公元前 432 年，监察官斯森涅莱达斯就向公民大会提出立即向雅典宣战的议案。上述阿吉斯改革时，莱山德就曾向长老会议提出阿吉斯授意的法案，在未获通过的情况下，又向公民大会提出该法。⑧

---

① Plutarch, "Lives' Cleomenes", in *Plutarch's Lives*，9，1921，Reprint，Cambridge, MA：Harvard University Press and London：William Heinemann LTD.，1988; *Moralia*，550b，Vol. Ⅶ，1959，Reprint，Cambridge，MA：Harvard University Press，1994.

② Cf. K. M. T. Chrimes, *Ancient Sparta*，p. 158.

③ Isocrates, *Panathenaicus*，Ⅻ. 181，Cambridge，Massachusetts and London：Harvard University Press，1954.

④ ［古希腊］亚里士多德：《政治学》，1271a7。

⑤ Xenophon, *Constitution of the Lacedaemonians*，Ⅷ.3-4.

⑥ Xenophon, *Constitution of the Lacedaemonians*，ⅩⅤ.7.

⑦ ［古希腊］修昔底德：《伯罗奔尼撒战争史》，Ⅰ.87。

⑧ Plutarch, "Lives' Agislaus"，8.

监察官的权力在不同的历史时期侧重点有所不同。监察官可能源自古代斯巴达的宗教人员，帕弗尔·奥利瓦指出，很可能监察官出现之初，并不是主要的官职，只是被委以宗教职能。来库古改革和美塞尼亚战争期间，监察官获得部分世俗权力，主要是征集军队的权力，以及随国王出征、向黑劳士宣战等。监察官一词除了"监督"之意外，还有"挑选"、"征用"、"边境"的意思，这些隐含的、不重要的军事职能都说明早期监察官曾经具有这方面的职能。但到了古风时期后期，监督、司法、立法方面的职能增强了。监察官经常和长老会议、国王一起活动，如监察官与长老会议一起特许阿纳克桑德里戴斯娶第二位妻子以便生子继承王位①，阿里斯通在妻子生育时还在与监察官一起开会。古风时期前期监察官的贵族成分还比较浓，后来平民色彩逐步增强，权力也进一步增强，他们成为斯巴达国家的代表，对包括国王在内的大小官员拥有监督权。修昔底德特别指出，监察官可以将国王投入监狱，希波战争中的斯巴达国王波桑尼阿斯就是由监察官主持审判抓捕的。

(四)公民大会

在古风和古典时期，斯巴达公民大会的政治地位处于不断上升过程之中。古风时期公民大会的发展有两个重要的转折点，即来库古改革和色奥彭普斯改革。来库古改革使得公民大会成为法定的权力机构，大瑞特拉明确规定"要让人民有权力"，公民大会可以对长老会议的议案进行讨论、修订，这种修订甚至可能完全改变原先的主张。色奥彭普斯改革虽然赋予国王和长老会议中止公民大会的权力，但并没有取消公民大会讨论、修订提案的权力，同时，这次改革设置了民选监察官，民选监察官有提案权，因此，公民大会的立法权也相应有所增加。

古典时期，斯巴达公民大会比较活跃。据文献记载，公元前491年，

---

① ［古希腊］希罗多德：《历史》，V.40。

斯巴达召开公民大会选派使节赴波斯求和；公元前 475 年，斯巴达举行公民大会讨论是否从雅典手中夺回希腊联盟的海军指挥权；公元前 432 年的公民大会讨论雅典是否违背停战协定，是否对雅典宣战；公元前 418 年，公民大会惩罚国王阿吉斯；公元前 404 年，雅典使节在斯巴达公民大会上要求允许投降。色诺芬在述及公元前 399 年的基那敦事件时还提到"小公民大会"。这表明，在全民参加的公民大会之外，可能还有由部分群众参加的、常设的另一种形式的公民大会，但具体形式由于资料匮乏不得而知。

斯巴达公民大会由年满 30 岁的男子参加。公民大会的权力范围主要涉及国家的战争与和平，迄今所见的接待外国使节也都与战争有关。监察官是公民大会召集人。会议一般情况下用呼声的方式进行表决，呼声表决无须

图 5.11　赴宴者青铜像

统计投票情况，哪边的呼声高哪边的意见就得以通过。这种表决方式的民主性并不充分，部分公民的意见往往得不到正确的表达，所以，偶尔也会用站队或其他更易统计的方式表决。如公元前 432 年的公民大会就采用了站队方式表决。

在斯巴达公民大会上提出议案的人员主要是国王、监察官、外国使节，偶尔的情况下，普通公民、外邦人等也有权发言，提出自己的主张或建议。公元前 475 年的公民大会最后接受贵族赫托伊马里达斯（Hetoemaridas）的建议，取消对雅典作战。公元前 415 年，雅典逃亡者阿尔西比阿德在公民大会上发言。雅典演说家埃斯奇尼斯曾经说：一次，一位善于演讲但名声恶劣的人在公民大会上提出自己的议案，公民大会准备对他提出的议案进行表决，这时一位元老赶到会场指责公民大会竟允许这样的人发言，建议

指定一位不善演讲，但具有勇敢、公正、智慧的人代其发言。[①] 因此，在公民大会上发言的人必须具有良好的品德，并不局限于国王和监察官。

斯巴达公民大会可以做出自己的独立表决。克鲁伊阿、卡特里奇等人曾经指责斯巴达的公民大会是个橡皮图章，其主要证据有三：一是公民大会没有独立提案权，或者说普通公民在公民大会上没有发言的机会，不能发表自己的意见；二是公民大会没有自己的独立意志，只是附和贵族和国王的意志；三是公民大会是否召开掌握在贵族手中。其实，斯巴达公民大会虽不像雅典公民大会那样有精彩的演讲和激烈的辩论，但是也会进行某种形式的讨论，最终做出独立的判决。公元前432年的公民大会上，阿基达玛斯主张维持和平，拒绝战争，斯森涅莱达斯主张立即宣战，公民大会的表决认为雅典破坏了"三十年和约"，决定开战，但不是马上开战，而是先采取外交手段要求雅典让步[②]，这个决定显然与国王和监察官的提议都不一样。公元前418年，斯巴达公民大会先对阿吉斯提出"拆毁住宅，罚款一万德拉克马"的处罚方案，后经阿吉斯一再恳求，大会同意免予处罚，但设置了一个10人委员会限制其军事指挥权。公元前415年，斯巴达公民大会对是否支持叙拉古举棋不定，恰好阿尔西比阿德叛逃到斯巴达，在公民大会上发表演讲，最后斯巴达公民大会放弃了原先的主张，接受了阿尔西比阿德的建议，决定立即兵分两路，一支进攻雅典本土，一支直奔西西里。[③] 这两次决议显然都是公民大会自己作出的决定。

(五)权力机构之间的关系

斯巴达的四大权力机构组成了斯巴达的国家机构。古典时期，只有长老会议处于相对弱势，但它仍然参加了审判国王等重大事务，表明它仍然

---

① Aeschines, *The Speeches of Aeschines*, 1919, Reprint, Cambridge, Massachusetts: Harvard University Press and London: William Heinemann LTD., 1988, p. 145.

② ［古希腊］修昔底德：《伯罗奔尼撒战争史》，I. 87, 88, 126。

③ ［古希腊］修昔底德：《伯罗奔尼撒战争史》，VI. 88～93。

在运作。四个机构可分为两类，国王和监察官是以个人作为权力拥有者，而长老会议和公民大会则是集体性权力机关。国王和长老会议主要是贵族阶层的代表，国王是长老会议的召集人；而监察官和公民大会主要是平民利益的代表，监察官则是公民大会的主席①，同时也是公民大会决议的执行者。四大权力机构之间的合作使得斯巴达的政治体制具有明显的分权特征。一是国体意义上的分权。贵族与平民共同享有国家权力，联合执政。这种联合是斯巴达国力强大的根源。二是政体意义上的分权。四个权力机构权力的侧重点不一样，监察官以监察权、司法权为主，国王以军事和宗教权力为主，长老会议以预审权和重大案件审理权为主，公民大会以审议、表决权为主。在立法领域，长老会议、国王握有较多的创议权，公民大会握有审议、表决权。在司法领域，国王负责境外出征时的一切司法事务，长老会议负责重大杀人案，监察官负责契约纠纷等民事案件。三是组织意义上的分权。尽管斯巴达官员人数不及雅典，但监察官有 5 人，国王有两人，也体现了组织意义上的分权。

四大权力机构之间不分彼此也使得它们之间存在某种制衡作用。斯巴达政治体制中的分权制衡突出表现为立法权的分权制衡。斯巴达将立法活动分成了预审、提案、审议、表决等环节，预审权由长老会议控制，提案权掌握在国王和长老会议、监察官手中，而审议、表决权则主要掌握在公民大会手中。由于长老会议和公民大会分属不同的社会阶层，这种制度设置实现了在不同社会阶层之间的分权，同时也使得不同阶层之间可以互相制衡。如公民大会可以修改国王或长老会议提出的议案，但不能任意修改；国王或长老会议可以通过"中止投票"干预公民大会的审议，但不能剥夺公民大会的审议权。又如监察官可以拘捕、审判国王，甚至可以拘捕在外带兵打仗的国王，斯巴达历史上的一些著名国王如克里奥墨涅斯、普罗斯托

① ［古希腊］修昔底德：《伯罗奔尼撒战争史》，Ⅱ.87。

阿纳克斯、波桑尼阿斯等都曾经遭受被捕、流放或处死等惩罚；当然，国王也可以利用自己的政治资源影响一年一度的监察官选举。斯巴达国王有两位，彼此在法律上是平等的，这就使得两位国王可以互相牵制，如克里奥墨涅斯曾经因为同僚国王戴玛拉托斯的牵制被迫从阿提卡前线撤军。

（六）寡头政体的建立

直到公元前 5 世纪后期，斯巴达政治体制都带有较多的民主色彩，但是，随着斯巴达成为希腊霸主，斯巴达的政体逐步演变成寡头政体。

这种转变的社会背景是斯巴达公民人数的急剧减少。斯巴达的政治权力主要由斯巴达人集体掌握，公元前 5 世纪初之前，斯巴达公民人数为 8000～10000，这个数据得到希罗多德和亚里士多德的证实。前者记述斯巴达流亡国王戴玛拉托斯曾经告诉波斯国王斯巴达有 8000 名士兵[1]，后者则指出斯巴达在繁盛时期约有 10000 名重装步兵。斯巴达人主要居住在斯巴达城内，有时间、有条件参加公民大会，因此，公民出席公民大会的比例可能高于雅典。所以，尽管斯巴达公民阶层的总人数远远少于雅典公民人数，但这一情形仍然赋予斯巴达政治较多的民主成分。

但是，自公元前 5 世纪起，斯巴达公民人数逐步减少，导致了斯巴达政治体制的改变。斯巴达公民减少可以追溯到公元前 465 年，这一年斯巴达发生大地震，人口死亡大约一半。震后斯巴达为了补充人口，鼓励生育，而斯巴达实行析产继承，女性也可以继承土地，这样兄弟姐妹较多的人成年后分得的土地面积缩小，经济实力下降。斯巴达的公民资格与经济条件密切相关，不能足额纳税和自力从军的人将失去公民身份。公元前 460 年之后，斯巴达对外战争时断时续，特别是伯罗奔尼撒战争绵延近 30 年，不少男性阵亡，不少家庭因此破裂，土地则随着妇女改嫁开始集中，斯巴达因此出现了土地集中的趋势。伯罗奔尼撒战争导致大量的战利品流入斯巴

---

① ［古希腊]希罗多德：《历史》，Ⅶ.234。

达，部分将领和战士因此暴富，他们对土地表现出特别的渴望。为满足他们的贪欲，公元前400年左右斯巴达颁布《厄庇泰德法》，允许一个人在世时将房产和土地赠给他希望赠予的任何人；或在去世后，以遗嘱的形式赠送给任何他希望赠予的人。① 这项法律实际上承认了土地的私有化，承认了土地的转让和买卖。此后土地大量集中，公民人数很快减少到1900人左右，公元前4世纪下半叶公民仅剩1000人。②

建立在区区千余人基础上的斯巴达政权再也不能继续妄称民主了。这突出表现为监察官职务的变化。原先具有民主色彩的监察官不再是普通民众利益的代表，他们与国王和贵族沆瀣一气，贪污受贿，贪赃枉法。公元前403年随波桑尼阿斯平息雅典骚乱的监察官，以及公元前395年随阿哥西劳斯出征小亚的监察官，都公开站在国王一边，参与了国王与莱山德的争权斗争。公元前399年，他们直接指挥，镇压了基那敦暴动。公元前389年，监察官徇私枉法，任命自己的朋友阿那克西比乌斯取代颇有才干、立下战功的前线指挥官戴尔西尼达斯，就任阿比多斯的总督。监察官的权力也增加了，原先监察官主要负责监督，现在他们直接参与国家的军事、外交事务。公元前399年，监察官直接下令特波戎(Theibron)发动进攻卡利亚的战役，颁布法令进攻厄利斯，下令取消莱山德在小亚地区建立的寡头政治，恢复小亚希腊城邦的传统政制。③

其次表现为公民大会、长老会议的权力消失了。虽然公民大会还在召开，但实际上已经没有任何意义。公元前371年，留克特拉战役失败的消息传到斯巴达，监察官竟然不立即召开公民大会，而是让公民继续观看演

---

① Plutarch, "Lives' Agislaus", 5.

② ［古希腊］亚里士多德：《政治学》，1270a33～34。

③ Xenophon, *Hellenica*, Ⅲ.4, 2, Cambridge, Massachusetts and London：Harvard University Press，1997.

出。① 史书上再也见不到公民大会讨论表决的影子。其实，即使公民大会继续召开，区区千余人也不能代表数十万斯巴达国民。长老会议的活动更少。公元前 4 世纪，斯巴达产生了一个特殊的"三十人"组织(trikonta)。公元前 397 年，国王阿哥西劳斯和莱山德率军远征亚洲，军中只有 30 名斯巴达人，他们显然不可能是普通士兵。② 后来，莱山德带着这 30 人回国，赫里庇达斯(Ierippidas)又带了 30 人前往亚洲。③ 在斯巴达有"国王与长老会议的一致意见自动具有法律效力"的传统④，这种不见于其他史书的 30 人可能是"影子"长老会议，大权在握的阿哥西劳斯正是利用这一传统来达成自己的目的。

公元前 4 世纪，国王权力实际上掌握在一个人的手中，到公元前 3 世纪之间，偶尔有双王并峙的局面，通常情况或是一人掌握实权、一人成为附庸，或是一人大权独揽，另一位很快就被驱逐。如公元前 4 世纪前半期，国王阿吉斯波利斯对阿哥西劳斯言听计从；克里奥墨涅斯二世在位 60 余年（公元前 370—前 309 年），但文献上几乎没有见到他的事迹；公元前 3 世纪，克里奥墨涅斯三世、阿吉斯四世则驱逐了另一位国王，大权独揽。斯巴达政权掌握在某位强势国王、监察官和少数长老手中。大约在公元前 4 世纪前半叶，斯巴达进入寡头政治时期。

(七)对斯巴达政体的评价

相对于雅典政治，斯巴达政治存在如下特点：一是等级差别比较明显。斯巴达等级之间的差异远远大于雅典，尤其是政治权利。古典时期，雅典四个等级均有权担任包括执政官在内的各级官职，可以参加公民大会、民众法庭，但在斯巴达，只有斯巴达人有权参加公民大会，担任官职，庇里

---

① Xenophon, *Hellenica*, Ⅵ.4, 16.
② Xenophon, *Hellenica*, Ⅲ.4, 2.
③ Xenophon, *Hellenica*, Ⅲ.4, 20；Ⅳ.1, 5, 30.
④ ［古希腊］亚里士多德：《政治学》，1273a5。

阿西人几乎不享有政治权利,黑劳士则被完全排除在国家政治之外。二是民主因素在一定程度上存在。在斯巴达政治中存在公民大会、长老会议、监察官等具有民主性质的组织机构,和选举制度、轮番执政、集体协议等具有民主色彩的制度设置。三是政治稳定。古代斯巴达没有像雅典那样发生频繁、激烈的政治斗争,按照亚里士多德的总结,雅典历史上发生了11次政治变革,斯巴达历史上尽管存在政治变革,但远没有这么多。

这种特殊的政治体制很早就受到希腊知识分子的推崇。早在公元前7世纪,斯巴达诗人提尔泰乌斯就称赞斯巴达政治制度为"优良政体"(eunomia)。公元前4世纪,斯巴达在伯罗奔尼撒战争中战胜雅典,斯巴达政治体制稳定、政治生活有序的特点引起了希腊知识分子的更多重视,他们称斯巴达政体为"混合政体"。

柏拉图在《理想国》中称斯巴达政治体制介于贵族政体与寡头政体之间,兼有两者的优点,受到广泛的欢迎,是仅次于贵族政体的优秀政治制度。尽管这时柏拉图还称斯巴达政体为"荣誉政体"(timocracy),但混合政体的思想已经出现。① 在《法律篇》中柏拉图认为斯巴达的政治体制是最优秀的体制,它介于民主制与君主制之间,综合了民主制和君主制的优点。柏拉图认为,斯巴达政治体制中国王、监察官、长老会议、公民大会之间互相制衡,兼具集权和自由、公平与效率,这种体制保证了斯巴达社会的稳定、有序,保证了斯巴达政治的清正廉洁。② 亚里士多德进一步发展了柏拉图的思想,认为斯巴达政体是贵族政体和民主政体的综合,兼顾美德和多数决定两大原则,也属于第二位的优良政体。③

① Plato, *Republic*, 544C, 545C, Cambridge, Massachusetts and London: Harvard University Press, 1926. 中译本参见[古希腊]柏拉图:《理想国》,郭斌和、张竹明译,北京:商务印书馆,1986年版。
② Plato, *Laws*, 691e-692a, 693d-e, Cambridge, Massachusetts and London: Harvard University Press, 1926.
③ [古希腊]亚里士多德:《政治学》,1293b16,1294b18~34。

还有些思想家与柏拉图、亚里士多德一样，把斯巴达政体视作理想政体，但不是两种政体的混合体，而是三种政体，即君主制、寡头制和民主制的混合，他们认为二王代表君主政体，长老会议代表寡头政体，监察官代表民主政体①。这种政体在他们看来是最优秀还是次优秀不得而知。但是深受希腊文化熏陶的罗马历史学家波利比乌斯继承了古希腊思想家的观点，认为斯巴达政体是最优秀的，这一政体将君主政体、贵族政体和民主政体很好地结合在一起。他认为单独一种政体都有不可克服的缺点，君主政体效率高但无法避免独裁倾向，贵族政体只有少数人执政，民主政体易诉诸暴力。因此，三种政体都不可避免地演变成自己的对立面，只有混合政体发挥了各自的优势，又克服各自的缺陷：君主的傲慢与独裁被民众参政所制约，民众由于畏惧长老会议不敢无视国王，长老会议由于产生于选举而具有崇高的美德，奉行正义的原则②。这样的政体既兼采众家之长，又克服了各自的缺陷，是唯一能长久存在的政体。

其实，无论是"优良政体"还是"混合政体"，实质都一样，那就是在等级制度基础上的有限度的、不彻底的民主制度。

第三节　古典时期的希腊经济

进入古典时期，希腊各个城邦的经济发展水平与古风时期相比都有着不同程度的提高，尤其是雅典。雅典依靠其自然资源、地理位置及海上力量的优势地位，手工业、商业和对外贸易在这个时期都取得了前所未有的发展，成为古典时期的经济和贸易中心。如果说古典时期希腊的农业在作物的种类、耕作的技术以及产量等方面基本上还停留在原有的发展水平上

---

① ［古希腊］亚里士多德：《政治学》，1265b34～39。

② Polybius, *The Histories*, Ⅵ.10, Cambridge, Massachusetts：Harvard University Press，1979—1999.

的话，那么手工业和商业与从前相比则出现了十分明显的进步。这不仅表现在手工业生产规模的扩大、分工的细化、商品种类的丰富和产量的提高上，也表现在手工业和商业的从业人员，尤其是公民中从事或参与工商业活动的人数的明显增加上。市场在城邦中的作用日益加强，人们的生产和生活与市场的联系越来越紧密。奴隶在历史上第一次被广泛和大量地使用在诸如手工业、采矿业等生产部门。也正是在这个时期，作为现实的经济发展在思想和观念上的反映，关于农业、手工业和商业活动的记述或讨论开始大量地出现在戏剧、哲学和艺术作品中，思想家们纷纷对农工商业在伦理道德上的正当性进行全面的反思，出现了类似于中国先秦时代的以农为"本"、以工商为"末"的经济观念。他们在肯定手工业和商业活动在社会分工和人们的生活需要上的合理性的基础上，大多给予了农业以高度的评价，对人们在工商业活动中所表现出的对金钱的无限欲求和欺诈行为予以谴责，并建议城邦的执政者对工商业的发展予以严格的监管和限制。固然，"重农抑商"观念的产生不但不能否定古典时期工商业发展的事实，反而说明了工商业活动在生产和生活中的重要地位和影响，但是这种观念毕竟是传统社会的农业和农村生活占据主导地位的社会经济结构的一种反映。

在希腊古典时期的工商业出现较大发展的同时，以雅典为代表的城邦民主制度也进入完备和稳固的时期。产生于 19 世纪末 20 世纪初并在古史学界乃至东西方学术界产生广泛影响的"古史现代化学派"，正是以此为出发点看到了古代世界和现代资本主义发展道路的相似性，给古代希腊贴上了"工商业文明"的标签。经过几代学者的不断研讨和反思，"古史现代化学派"逐渐退出了历史舞台，不过，其影响至今仍然存在，而且，把古希腊经济看成是自给自足的农本经济的"原始派"尚未取代"古史现代化学派"。"原始派"的学说，近年来也不断受到挑战。所以，如何确定农业和工商业在古希腊经济生活中的比重、影响和地位，依然是一个需要深入研究的问题。

一、农工商业的发展

(一)农业

希腊城邦的本质特征是公民团体。梭伦把公民权总结为三个要素：公民的人身自由、政治权利和土地所有权。可以说，公民和非公民之间在经济地位上最重要的区别就是是否可以拥有土地。保有一块份地既是公民的特权，在一定程度上也是维持公民权的重要保障。"古典城邦中自由民最重要的特征包括，国家对农民和他们的土地不征收固定的人头税和财产税，同时只有公民才拥有土地，而土地所有权和政治权利又是紧密结合在一起的。"[①]在城邦早期，公民中的绝大多数人无疑都是土地所有者，梭伦改革中按照农产品产量的多少来划分公民的四个社会等级的做法，正说明了这一点。虽然通过立法和改革活动维持土地占有现状以及保障公民能够占有一块份地以维持公民团体的稳定性，一直是城邦执政者的政策，但是随着土地私有制的发展、贫富的分化和人口的增加，土地的兼并仍然在所难免。城邦通过对外殖民，解决了一部分失去土地的公民的生计问题，但本邦中

图 5.12　犁地和播种图黑绘陶瓶

---

① 黄洋：《古代希腊土地制度研究》，上海：复旦大学出版社，1995 年版，第 5 页。

"非农业"公民的数量在一定程度上的增加却是不可逆转的趋势。

以雅典为例，由于耕地有限、土地贫瘠，为了养活众多的人口，梭伦时代就确立了大力发展工商业的国策。进入古典时代，雅典虽然发展成为全希腊的经济和贸易中心，但农民公民为公民团体主体的社会结构，却并没有从根本上被改变。希波战争中，波斯大军兵临城下，其中的一个熟悉雅典的人说："我们所要征伐的对象，不是游牧民族，而是农耕民族。"[1]伯罗奔尼撒战争初期，在描述雅典人由于战争的需要而向城市集中的时候，修昔底德说："他们觉得迁移是十分痛苦的，因为他们大多数人一直是习惯于居住于乡村的。从很早的时代以来，雅典人的生活就比其他人更加具备这种乡村生活的特征。……因此，雅典人长期以来就是分散地生活在阿提卡的独立的城镇中的……大多数的雅典人，从早期时代直到这场战争前，都和家人一起生活在乡村。"[2]其实，生活在城里的人也有很多是土地所有者。修昔底德的这一记述，正说明了土地所有者构成了公民团体的主体。战争结束之后不久的公元前403年，雅典做了一次调查，没有地产的公民有5000人。[3] 这是雅典历史上留下的公民人数中关于非农业人口的唯一一个数字。如果当时的公民人数按照保守的2万人计算的话，那么土地所有者也占到了公民总人口的75%。

至公元前4世纪，雅典的执政者中开始出现一些有工商业背景的公民，小贩和商人成为阿里斯托芬的喜剧经常讽刺和挖苦的对象。由商业纠纷引发的官司也大量出现。这些情况都说明了城邦经济生活中的工商业比重有了前所未有的增加，但是土地所有者占据公民主体的状况却并未改变，中小土地所有者仍然构成城邦的经济基础，雅典民主制度的基本稳固正是这种经济结构在上层建筑上的反映。

---

① ［古希腊］希罗多德：《历史》，Ⅶ.50。
② ［古希腊］修昔底德：《伯罗奔尼撒战争史》，Ⅱ.14～16。
③ 黄洋：《古代希腊土地制度研究》，第155页。

雅典土地占有结构的稳定性既说明了土地和农业生产在城邦经济生活中无可替代的重要性，也凸显出工商业活动的附属性和边缘性特征。造成这种情况的原因有两个：第一，很多包括葡萄酒、橄榄油、蜂蜜等在内的手工业产品生产和交换活动基本上是作为农业生产的重要补充而存在的，充其量仅仅是一些副业，既不是独立的手工工场，也不是公民唯一的生活来源；第二，城邦中大多数独立的工商业作坊都是由外邦人来经营的，他们在城邦的政治、军事和文化生活中都基本上处于无权的状态。因此，如果说在雅典这样的工商业非常发达的城邦的公民团体中都没有形成独立的代表工商业阶层利益的政治集团，那么其他城邦就更加缺乏产生这样的政治集团的条件了。总之，从希腊城邦的公民构成来看，土地所有者一直占据主体地位，农业生产也一直是城邦经济生活的中心和基础。

那么，在拥有土地的公民中，土地在各个等级之间的分布状况又是怎样呢？根据芬利等历史学家对雅典各等级的人数及土地占有量的大致估算，我们可以得到下表[①]：

表 5.1　雅典各等级人数及土地占有量

等级	土地数量（英亩）	人数（估）
富豪级	50～70	300
骑士级	30～45	1000
双牛级	25	10000
日佣级	25 以下	12000

从中可以看出，中小土地所有者不仅在人数上而且在土地占有的数量上占据绝对优势，各个等级的土地数量差距不大，变化平缓，正如

① M. I. Finley, *Studies in Land and Credit in Ancient Athens*：500－200BC，New Brunswick：Rotger University Press，1952，p. 58-59. 转引自黄洋：《古代希腊土地制度研究》，第 154 页。另见王大庆：《雅典公民家庭经济中的土地与农业生产》，载《历史教学》1998年第 1 期。

A. H. M. 琼斯所言，雅典是"一个这样的社会，除了顶上相当少的富人，就是下面大多数穷人，财富平稳地分布，从富到穷的变化是缓慢的"①。

进入古典时期以后，雅典的中小土地所有者占据主导地位的土地占有格局没有出现根本的改变。虽然在公元前4世纪出现了几个大地产的记载，但这并不能说明整体性的变化。据苏联学者安德烈耶夫根据有关铭文材料的推算，公元前4世纪雅典公民占有土地的状况大致如下：在占有土地的农民为1.5万户的条件下，拥有1公顷左右的土地的农民约4500户；拥有7.5公顷左右的土地的农民约4500户；拥有15公顷及更多的土地的农民约1500户。在占有土地的农民为1万户的条件下，拥有1公顷左右的土地的农民约3000户，拥有3.5公顷左右土地的农民约3000户，拥有15公顷及更多土地的农民约1000户。②

当然，在这里需要说明的是，我们现有的关于希腊土地占有状况的记载大多出自雅典。通过雅典的情况我们试图说明，在古典时代的希腊，土地仍然是城邦公民最重要的财富，从事农业生产仍然是人们最主要的生活来源。但同时我们还要看到，雅典虽然有一定的代表性，但希腊各邦在土地占有的实际情况上还是千差万别的，比如，在阿卡迪亚等地区就十分盛行大地产制，公元前4世纪的斯巴达也出现了十分严重的土地兼并和集中现象。另外，各个城邦在土地私有化和国有化的程度上也存在着十分明显的差异。因此，我们在强调古典城邦时代土地占有状况的共性的时候，也不能忽视地区和城邦之间的差异。

在农业生产的技术和特点上，古典时期与前一个时代相比，没有什么大的变化。首先，希腊境内多山多石，耕地稀少，土地贫瘠，降雨稀少，面对如此恶劣的农业生产条件，希腊人很早就学会了因地制宜，在耕种谷

---

① A. H. M. Jones, *Athenian Democracy*, Oxford, 1978, p. 90.
② 高中伟、徐松岩：《公元前4世纪雅典土地所有制状况及其成因》，载《内蒙古民族大学学报》(社会科学版)2001年第4期。

物的同时，大力发展葡萄、橄榄、无花果等耐旱的经济作物的种植。酿造葡萄酒和榨取橄榄油成为传统的和普遍的家庭手工业。为了弥补粮食生产的不足，小农常常利用农闲季节乘船出海，用自家生产的油和酒到产粮区去换取粮食。此外，养蜂、畜牧、家禽饲养、捕鱼、蔬菜种植等活动都成为农业生产的重要补充和有机组成部分。因此，希腊农业生产最大的特点就是粮食作物和经济作物并重，谷物生产和多种谋生手段共存，生产和交换活动互为补充。值得注意的是，这种因为自然条件的恶劣发展而来的混合型农业从一开始就与市场存在着比较紧密的联系，但这种生产和交换的性质与其说是为了获取更多的利润，不如说是为了弥补粮食生产不足的亏空，没有超出自给自足型的生计农业的范畴，与现代社会为市场而生产的大型家庭农场存在着本质上的不同。

希罗多德在《历史》中用充满惊讶的话语记述了埃及的农业生产竟然如此轻松。[①] 因为希腊既没有用于灌溉的大河，也缺乏肥沃的土壤，为了保障收成，希腊的农民要在土地上花费很多的时间和精力，一年中总是处在无休无止的劳作当中。即便如此，还可能受到旱灾等恶劣的气候条件的威胁而颗粒无收。因此，劳动力投入很大的精耕细作的旱作农业是希腊农业的另一个特点。

古典时期的作家色诺芬在他的著作《经济论》中，对古典时期的农业生产技术作了较全面的总结和细致的记述：

(1)土壤性质的辨别。"要做一个成功的农人，首先必须知道土壤的特性"，"因为你如果不知道土壤能够生长什么，我认为，你就不能知道应该

---

① "必须承认的是，他们比世界上其他任何民族……都不费那么多辛劳而取得田地的果实。因为，他们想要获得收成，既不需要用犁犁地，也不需要用锄锄地，不需要做其他耕耘者必做的工作。农夫们坐等河水自行泛滥，漫到田里灌溉，再等河水自行退回河床，然后他们把种子撒在土地上，让猪把种子踩踏在土里，然后便只是坐等收割了。"[古希腊]希罗多德：《历史》，Ⅱ.14。

栽什么或播种什么。"辨别土壤性质方法之一是，"你看看别人土地上的庄稼和树木，就可以知道那个土壤能出什么和不能出什么了"，"如果你不栽种土地所喜欢的庄稼和树木，而播种和栽植你自己想要的东西，那你就不会得到好的收获"。方法之二是，如果土地没有显露出它的能力或处于荒芜的状态，那么也可以通过上面的野生植物来辨别，"如果地上的野生物是上等的，那么，只要好好耕种，这块土壤也一定能生产出上等的庄稼"。

（2）休耕地的准备。一年中休耕地的耕犁时间既不要选在冬季，因为那时的土地太过泥泞，也不要选在夏季，因为那时的土地太过坚硬；而应该选在春季，因为这时候的土地比较松散，容易弄碎，而且，"在这个季节里，掘起来的草很高，可以作为肥料"。到了夏季，还要屡次三番地翻掘土地，而且，"如果你要使杂草倒在地面上在暑热中枯萎……最可靠的办法就是在盛夏的中午来翻掘土地"。最后，在翻掘休耕地的时候还要注意把杂草和泥土分离开来，"必须把杂草扔在地面，让它枯萎，然后翻掘土地，使下面的一层（生地）也能让日光晒着"。

（3）播种的时间和播种的要领。人们一到秋季就急切地仰望着神，看他什么时候下雨，好让他们能够顺利播种。那么，"究竟是早播种好，晚播种好，还是在季度中间播种好"？回答是："神并不是按照一成不变的法则来调节四时的。这一年可能早播种好，那一年可能晚播种好，而另一年就可能在季节中间播种好。"接下来的问题是：选在一个恰当的时间全部播种下去，还是从最早开始一直播种到最后？回答是："最好是在整季度中接连地播种"，因为这样做可以"随时都能够得到足够的食物，要比一个时期收得太多，另一个时期收得太少好得多"。时间的问题解决了，播种技术上也不得马虎，"播种的人和弹竖琴的人一样，都需要经常练习，才能得心应手"。对于好的土地和坏的土地，播种的量应该不同，原则是"酒力越强，我就越多加水；挑夫的力气越大，我就让他东西挑得越多；如果必须养活别人，我就希望最富足的人养活最多的人"。也就是说，好的土地多下种，差的土地则少下种。

(4)生长时期的耨地除草等工作。在冬季雨量很大的时候，"有些麦子吸饱了水，上面盖满了泥，有些让水冲得露出根来"，对于这种情况，应该除去那些泥土，用土把根再埋起来。麦子中间的杂草会妨害麦子的成长，就"必须除去杂草，就像必须从蜂房里除去懒蜂一样"。

(5)收割。首先，在割麦子的时候，应该背着风站着，"因为我认为在割麦时如果让风把麦秆和麦穗迎面吹来，那对于眼睛和手都是有害处的"。其次，对于是靠近麦穗来割还是靠近地面来割，"如果麦秆很短，我就尽量靠下割，好使麦秸能更有用些；如果麦秆很长，我认为就应该从中间割，好使打麦人和簸麦人不必在他们所不要的东西上花费不必要的劳动。"同时，"烧掉割剩的残秆可以肥田，也可以把它们扔到肥料堆上来增大肥料堆的体积"。

(6)打麦子和簸麦壳。打麦子要使用牛、骡子和马。为了使它们能够井井有条地、均匀地踩麦子，打麦子的人需要"不断地翻弄还没有受到踩踏的麦子，把它扔到牲口的脚底下，这样它们当然就会使麦子匀称地铺在场地上，而且还能节省工作的时间"。接下来的工作是簸麦壳。要站在上风的一边簸麦子，麦壳就会飞过场地，不落在麦粒上面。当你把一半场上的麦子弄干净之后，先要把已经弄干净的麦粒扫在一起，再接着簸其余的麦壳。

(7)栽种果树。果树的栽种也是农业的一个部门。树坑的深浅和大小必须合适，因为如果树栽得太浅，遇到风吹草动就会从地里跑出来，因此"坑深绝不超过二尺半，也绝不少于一尺半"。还要看土壤的情况，干地挖得深一些，湿地则浅一些。栽种树秧的时候，如果你在树秧下面放一些已经翻刨过的土，生根会更快一些，同时，"要把树秧的一部分斜埋在土里，因为这样地底下可以有更多的发芽的地方……树秧就会长得又结实又快"。把土堆在树秧的周围的时候要把土弄结实，因为土不结实，"一下雨松土就会变成泥，使树秧有由于水分过多而腐坏的危险，要不然太阳也会把土晒得从头干到底，使树秧因根部过热而枯萎"。葡萄树和无花果树的栽种方法差不多，橄榄树的坑则要挖得深一些，而且"所有的生长出来的嫩枝都有附着在它们上面的残干"，"所有的树秧的头上都包着一层胶泥"，再"把破瓦片放到胶泥顶上"，而且"在地面上的那部分的树秧还要用东西缠起来"。另外，"当葡萄蔓自己爬到最临近的树木上，这就告诉你它需要支架"。当葡萄珠还很嫩的时候，要把叶子遮不到的地方遮蔽起来，使其不受日晒。但到了葡萄

图 5.13　绘有橄榄种植图像的双耳瓶

需要日光使其甜美的时候，它的叶子就脱落下来，这就告诉你去掉那些遮蔽日光的东西，好使葡萄成熟。在采摘葡萄的时候就像采摘无花果那样，随时选择采摘那些已经熟透了的。

　　以上是有关农业生产的一些最基本的技术和方法，但为什么人人都知道该如何去做，却"有些农人衣食丰足，而另一些农人则不能维持最低生活，甚至负债呢"？接着，色诺芬又继续阐述了其中的原因。由于懒惰和怠慢，有些人不肯为土地施肥，或由于怕麻烦不肯栽种橄榄树或无花果树，或者种了却不肯用旧存粮酿酒，或者不肯经常除草。此外，在土地太湿或盐分太大的情况下，还需要开沟放水，掺和无盐的水来中和盐性。因此，"土地从来不要花招儿，它总是坦率真实地告诉人它能做什么和不能做什

么……只要好好地照料土地就可以得到良好的结果。对于不忠实的人,农业乃是很精明的谴责者。"①以上色诺芬对农业生产作出的事无巨细的阐述既可以说明希腊农业生产的艰辛,也体现出希腊多种作物并重的混合型农业的特色。

(二)手工业

上文说到,由于农业生产条件的恶劣,希腊的经济从很早就呈现出多种作物种植的特点,为了弥补粮食生产不足的亏空,种植葡萄、橄榄和养蜂成为普遍的副业。农民会利用农闲季节把自己生产的葡萄酒、橄榄油和蜂蜜运到产粮区去换取粮食,这一方面使希腊的农业生产与市场的联系比较紧密,带有较强的"商业"成分和色彩,另一方面这些传统的家庭手工业也构成了希腊手工业生产的一个重要组成部分。除了这些经济作物的种植之外,包括食品的加工、衣服的缝制等工作早先也都是在家庭中进行的,这种自给自足的生活方式即使到了工商业十分发达的古典时期依然是土地所有者们的生活理想和基本状态。家庭手工业的普遍存在和延续在很大程度上制约着城邦手工业活动的发展。

除了家庭手工业之外,出于生产和生活的需要,独立的手工业作坊构成了希腊手工业生产的另外一种主要类型,其中,那些不能够在家中生产但又必备的产品一直是希腊手工业生产的大宗产品。制陶业、武器制造业、冶铁业、皮革业、织染业等行业在古典时期都有了较大的发展,这表现在生产规模的扩大、分工的细化、生产技术和工艺水平的提高等方面。

由于陶器用途的广泛和需求的普遍性,陶器制造是希腊手工业生产中最重要的部门。陶器不仅是盛放谷物、葡萄酒、橄榄油等农产品的容器,也是居民每天获取和存放生活用水的必需容器。在古典时期,由于拥有优

---

① [古希腊]色诺芬:《经济论 雅典的收入》,张伯健、陆大年译,北京:商务印书馆,1981年版。以上关于农业生产技术的引文参见该书第48~61页。

质的陶土资源、海上霸权和大力扶植工商业发展的政策等因素，雅典取代科林斯成为希腊最大的陶器制造和出口中心。雅典的陶器不仅种类多样，而且做工精美，上面普遍绘有以希腊神话故事和希腊社会生活场景为题材的优美和生动的瓶画，不仅满足了日常生活的需要，还具有很高的艺术价值。因此，雅典的陶瓶随着葡萄酒、橄榄油的出口而远销到地中海和黑海周边的很多国家和地区，成为深受人们喜爱的大宗出口产品。在当今世界各大博物馆中，都收藏着大量精美的古希腊的陶瓶，其中出产于雅典的陶瓶最多。这些陶器见证了古典时期雅典陶器制造业的发达。

图 5.14　冶金图黑绘陶瓶

　　在城邦体制下普遍实行公民兵制，公民需要自备武装，其中重装步兵的基本装备包括铠甲、头盔、长矛、盾牌和短刀等军事用品，因此，武器制造业成为各个城邦的基础性生产部门。我们迄今所知道的古典时期规模最大的手工作坊就是雅典一个制造盾牌的作坊，它拥有 120 个奴隶。除了兵器，铁质农具和其他金属生活用品的制造也是人们生产和生活中不可缺少的，关于铁匠铺子和铁匠的描述多次出现在古典时期的文献中。

　　希腊多山多石的地理特点不利于农业的发展，却为畜产品、建筑业、采矿和金属加工等手工业的发展提供了便利条件。牛和羊的大量放养一方面促进了各种皮革制造和加工业的发展，另一方面也为羊毛纺织业提供了

图 5.15 绘有纺织图像的陶瓶

必需的原料。希腊的皮革制造和加工业分成许多个部分，其中硝皮匠和整皮匠负责准备原料，然后由制鞋匠、制鞍匠、马具匠、制盾匠、皮带制造匠等来制造各种皮具。与制革业相仿，羊毛加工业也由多个手工业工种所组成。羊毛刚剪下来的时候，首先由羊毛洗涤者用一种特殊的草根进行清洗，然后，洗净的羊毛又依次经过梳毛工、纺线工、纺织工之手而织成毛布，再由浆洗工把织成的布捶打和压平，最后由染工来染色，才完成了布料的制造。希腊丰富而优质的石料资源为建筑业的发展提供了基础。在色萨利、阿提卡、阿哥利斯、拉哥尼亚等地都有大的采石场，除了一些稀有的矿石用于奢侈品的生产之外，更为普遍的凝灰岩和大理石被大量地用于建筑领域，其中，雅典出产的大理石更是以产量大和质地好而著称，雅典人甚至认为这种资源可以直接出口。此外，希腊各地丰富而多样的矿产资源的开采和冶炼也成为当地的特色产业，比如，雅典的劳利昂矿山盛产白银，优卑亚岛上的卡尔西斯富含铜矿，而开俄斯岛、罗德斯岛等地则出产铅。

除了上述这些传统的手工业部门之外，在古典时期，还出现了很多新兴的手工业部门，其行业之众多、分工之细致是前所未有的。伯里克利的一篇演说中讲到了雅典卫城的修建，其中提到的手工业工匠及工种就多达十几种："各种各样的粗原料、大理石、黄铜、象牙、黄金、乌木、柏树枝，已经由各类手艺人、木匠、铸工、铜器工人、大理石工人、金匠、车工、画家、搪瓷上釉技师以及金属浮雕师着手处理了。为了运输，我们需要商人、在海上的水手和舵手和在陆地上的车匠、租牛者、马车夫、制绳者、制帆者、皮革装饰者、修路工和矿工。并且，每一项手艺，都有几个有组织有分工的工人。"在阿里斯托芬的喜剧《和平》中，诗人对金属加工业中分工的细致进行了略带夸张的描述：在被招来的众多匠人中，每人只做一种物品，其中包括镰刀、鹤嘴锄、标枪、头盔、头盔羽饰、胸甲、盾和号角。①

手工业分工的细化不仅反映在现实生活中，也表现在思想观念上。对于劳动分工之所以必要，色诺芬的回答是："因为很难找到精通一切技艺的工人，而且也不可能变成一个精通一切技艺的专家。"②柏拉图在他的《理想国》中阐述了他的分工理论，在最简单和原始的社会中，除了农夫之外，至少还需要建房匠、织布工和制鞋匠等手工业者。③ 在《法律篇》中，他更为明确地劝导人们："不要让铁匠在树林里工作；不要让木匠管着铁匠；让每个人只掌握一个手艺，有这个手艺他就能谋生了。"④这些劳动分工理论的提出正是古典时期手工业生产日趋专门化的反映。

我们在看到古典时期的手工业有了较大发展的同时，也要看到其局限性。第一，城邦中的手工业匠人和作坊里的劳动者大多是定居的外邦人及其购买的奴隶。例如，在公元前409年到前408年雅典的伊瑞克提翁神庙建造的过程中，在71个知道身份的承包人和工人中，公民只有20人，其余的全是外邦人和奴隶。⑤ 雅典历史上规模最大的两家作坊的所有者就都是外邦人⑥，虽然他们要向城邦缴纳各种税费，为公民提供各种产品和服

---

① ［法］G. 格洛兹：《古希腊的劳作》，解光云译，上海：格致出版社、上海人民出版社，2010年版，第219页。
② ［古希腊］色诺芬：《经济论 雅典的收入》，第12页。
③ ［古希腊］柏拉图：《理想国》，369D。
④ 转引自［法］G. 格洛兹：《古希腊的劳作》，第218页。
⑤ ［法］G. 格洛兹：《古希腊的劳作》，第172页。
⑥ 徐松岩：《关于雅典奴隶制状况的两个问题》，载《世界历史》1993年第5期。

务，但却没有政治和法律上的权利，因此也就不存在代表手工业者整体利益的政治集团。此外，由于城邦中没有类似于今天的"国有经济"的实体和组织，城邦在内政、外交以及对外战争中考虑的主要是本邦公民的即时利益，所以很少出台有关手工业原料、市场及产品的进出口上的国家保护主义政策和措施。第二，由于资金的不足、需求的有限和市场的狭小，手工业生产活动大多以家庭作坊为生产单位，个体小生产仍然占据主导地位，人们更关注的是产品的质量和使用价值，而非数量和交换价值，确保生存比追求利润更加重要。产量的无限度增加所造成的价格的下降会把手工业者推向破产的边缘，因此，除了像采矿业这样的不受市场条件限制的极个别的产业能够容纳上千名奴隶之外，大多数的手工业作坊都维持在较小的规模上，只雇佣或使用十分有限的工人或奴隶。第三，虽然在现实生活中，人们一方面认识到了手工业活动的必要性和重要性，但另一方面却把手工业劳动看成是一种粗俗的有害于身心健康的技艺。在这个时代占据统治地位的劳动观念是，如果说农业是一种高贵的和自由的职业，那么手工业和商业则是一种低贱的和有悖自由的职业。正如格洛兹所言："公民们厌恶工业性和商业性职业，把这些领域白白留给了外邦人。"[①]总之，希腊古典时期手工业的发展并没有从根本上改变自给自足的农业小生产占据主导地位的传统经济结构，手工业生产中体现出强烈的私人经济和个体经济的色彩。

(三)商业

农业和手工业的发展必然促进产品的交换活动，从而带来商业的繁荣。由于资料的局限性，我们在这里仍然要以古典时期的希腊经济中心雅典为主要的参照系，来看一下这个时代希腊商业和贸易的发展。

根据考古学家对雅典卫城的发掘和研究，在公元前 8 到前 7 世纪的时

---

① ［法]G. 格洛兹：《古希腊的劳作》，第 181 页。

候，雅典的市场所在地"阿戈拉"（Agora）仍然是一片公共墓地①，至于什么时候成为进行商品交易的场所，史料中并无记载。在希波战争时期，波斯的探子在对雅典进行考察之后这样描述了这个国家的一个奇怪的地方："他们在城市的中央设置一块地方，大家集中到一起来，相互哄骗，却又相互发誓加以否认。"②这显然是在讨价还价，而这个地方就是雅典的阿戈拉。阿戈拉既是城邦公民举行政治集会的地方，也具有进行商品交换的市场的功能，同时也是公民谈天说地的公共活动场所。实际上，阿戈拉所具有的经济和政治功能是有联系的，因为一般来说，每月公民大会召开的时候也是城邦居民们进行各种商品交易活动的"赶集"的日子。喜剧诗人阿里斯托芬和欧伯罗斯不约而同地对雅典市场上的热闹景象进行了略带讽刺和夸张的描述：

"我们祈求我们的市场每天都摆满了好东西，大蒜、嫩黄瓜、石榴、大堆的菜果，给仆人穿的小上衣。彼奥提亚人给我们带来他们的鸽子和野鸭，他们的鹅和行鸟（plovcrs），充足的鱼蓝，从考帕斯（Copais）打来的鳝鱼……"（阿里斯托芬《和平》）

"你将看到卖什么的都有，在雅典同一个地方——无花果、传唤人、葡萄酒、梨、苹果、证人、玫瑰、欧楂果（medlar）、羊杂、蜂房、鹰嘴豆（chickpea）、诉讼、牛乳（beetings）、牛乳布丁、桃金娘（myrtle）、投票器、风信子、羔羊、水表、法律、起诉书……"（喜剧诗人欧伯罗斯的残诗）③

从中可以看出，市场中的农畜产品占据了主导地位，可以推测这些东西的卖者大都是住在乡下或者邻邦的农民，他们在集市上卖掉这些剩余农副产品的目的是为了换取一些零用钱，再去购买那些自己不能生产而又必

---

① J. M. Camp, *The Athenian Agora*：*Excavation in The Heart of Classical Athens*, London：Thames and Hudson, 1986, p. 28.

② ［古希腊］希罗多德：《历史》，Ⅰ.153。

③ J. M. Camp, *The Athenian Agora*：*Excavation in the Heart of Classical Athens*, p. 108.

图 5.16　雅典阿戈拉遗迹

需的手工业品。实际上，除了这些定期但没有固定摊位的集市外，阿戈拉附近还有很多常年营业的手工业作坊和店铺，除了包括制陶、制革、铁匠、武器、木工等在内的手工业作坊之外，还有包括面包店、鱼店在内的食品店或食品加工店和旅店、理发店等服务性的店铺。

　　如果说雅典卫城的阿戈拉主要经营的是雅典城邦内部以及周边城邦的农产品和手工业品的话，那么其另外一个城市中心比雷埃夫斯港则主要进行雅典与地中海世界其他国家的邦际贸易。从古典时期起，尤其是在希波战争结束之后，雅典的海上帝国建立起来，地中海地区商路的便利和雅典的海上优势地位更使雅典已经十分发达的工商业活动如虎添翼，每天都有大量的包括奴隶、奢侈品和各种地方特产在内的来自希腊以及域外各国的商品在这里交易。这些商品既极大地丰富了雅典人的物质生活，又使雅典成为希腊世界最大的一个卖场。在阿里斯托芬的喜剧《马蜂》中，主人公菲洛克里昂因为有一件波斯产的上衣和一双拉哥尼亚产的鞋子而沾沾自喜①。伯里克利在他著名的葬礼演说中更是充满骄傲地说："我们的城邦如此伟大，它把全世界的产品都带到我们的港口，因此，对雅典人而言，享受其他地方的产品，就如同享受本地的奢侈品一样。"②不过，与手工业的情形相仿，在雅典从事商业活动的也大多是外邦人："在码头、在街上、在市场、在肮脏的货摊和繁华的集市里，外邦人都占据着零售贸易……无论是进口商还是中间商，他们几乎总是外邦人。"③

关于雅典进出口的主要货物，格洛兹还给我们列出了这样一张清单：

雅典最重要的进口物是超过 100 万麦斗的谷物、干鱼、咸肉、酒、奶酪和水果；接着是原材料铁、铜、木材（用于建筑、细木工制品和柜子制造）、沥青、石蜡、象牙、皮革、羊毛、亚麻纤维和纸莎草纤维；制成品有来自科林斯的砖，来自开俄斯和米利都的床，来自迦太基和波斯的地毯，来自麦加拉的普通衣服，来自埃及的精细纺织品，来自伊达拉里亚的靴子和青铜制品以及来自阿拉伯的香水。为抵偿购买物，雅典有农业产品和畜牧产品，如油、葡萄酒、无花果、蜂蜜和优质羊毛，矿产品有铅、银和大理石，工业和艺术业有普通的陶器、珍贵的花瓶、武器、赤陶土雕塑，最后还有书。④

古典时期商业的发达还体现在货币的广泛使用和货币交换制度的建立上。在梭伦改革时期，按照年收入谷物量的多少来划分财产等级的做法说明那时候雅典还没有货币。据研究，雅典铸造货币最早开始于庇西特拉图

① ［古希腊］阿里斯托芬：《阿里斯托芬喜剧二种》，罗念生译，长沙：湖南人民出版社，1981 年版，第 48 页。
② ［古希腊］修昔底德：《伯罗奔尼撒战争史》，Ⅱ.38。
③ 参见［法］G. 格洛兹：《古希腊的劳作》，第 183～184 页。
④ 参见［法］G. 格洛兹：《古希腊的劳作》，第 301 页。

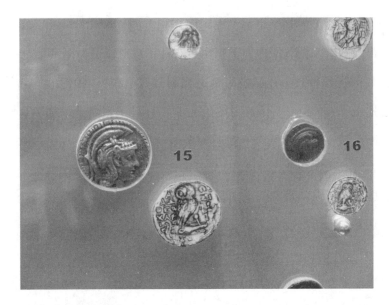

图 5.17　雅典银币

统治时期，且最初都是面额较大的银币，因此不可能通用于地方性的市场交易。① 有人推测，当时铸币的用途主要是为了发放僭主的雇佣军的军饷②，商品交换仍然保持着以物易物的传统方式。进入公元前 5 世纪，城邦才开始大量地铸造小面额的铜币，货币才开始进入地方的市场，成为交易的媒介。据粗略统计，雅典的阿戈拉从古到今出土了近 10 万枚铸币，绝大多数就是这样的铜币。③ 小面额铜币的发行和流通说明了雅典市场经济的日趋成熟。

如果说小面额铜币的发行主要是用于城邦内部的普通日常用品的交易，那么大面额银币则为昂贵的奢侈品买卖和大宗的商品交易活动提供了便利条件。在雅典与希腊各邦以及东方国家之间的贸易中，由于使用的货币不

①　M. M. Austin and P. Vidal-Naquet，*Economic and Social History of Ancient Greece：An Introduction*，Los Angeles：University of California Press，1977，p. 57；A. Andrewes，*The Greeks*，New York：Knopf，1978，p. 129.

②　Chester G. Starr，*The Economic and Social Growth of Early Greece 800－500 B. C.*，New York：Oxford University Press，1977，pp. 109-112.

③　J. M. Camp，*The Athenian Agora：Excavation in the Heart of Classical Athens*，p. 129.

同，为商品的交易带来了种种困难，于是，希腊历史上最早的货币兑换商在这一时期应运而生。在雅典和比雷埃夫斯的市场上，这些货币兑换商被称为"坐在桌边的人"（trapezitai），专门经营与钱币有关的业务，在按照一定的比例进行本邦与外邦的钱币兑换业务的同时，也兼营一些钱贷业务，他们被认为是历史上最早的银行家和金融家。通过考古发掘，在雅典出土了很多种外币，其中有来自赫勒斯滂和波斯的金币、优卑亚的大铜币以及迦太基和西西里的货币。[①] 同时，出土的雅典银币也基本上遍及了整个希腊以及希腊人所能够到达的大部分地区，从西班牙到印度都有发现。[②] 这些发现为古典时代雅典对外贸易的发达提供了证明。

有了专门用于商品交换的货币，也就出现了对商品价格的记载。以下就是历史学家根据文献中的有关记载制作的一些商品或服务的价格表[③]：

表5.2 雅典货币单位及部分商品或服务价格表

1 塔兰特＝60 明那　　1 明那＝100 德拉克马　　1 德拉克马＝6 奥波尔

1 明那＝5 斯塔特　　　1 明那＝5 大流克（波斯金币）

商品或服务	价格	商品或服务	价格
1 夸脱无花果或橄榄	1/8 奥波尔	1 头母牛或公牛	约 5 德拉克马
5 磅小麦	2 奥波尔	1 只山羊或绵羊	10～15 德拉克马
1 加仑家产酒	3 德拉克马	1 匹印花马	1200 德拉克马
1 个面包	3 奥波尔	公元前 5—前 4 世纪马价	500～1200 德拉克马
1 条咸鱼	1 奥波尔	色诺芬的马	50 大流克
1 头小猪	3 德拉克马	马车车厢、轮子	300 德拉克马
1 件羊毛斗篷	5～30 德拉克马	1 个卡利亚金匠	360 德拉克马
1 双鞋	6～8 德拉克马	1 个马其顿妇女	310 德拉克马
1 只搁脚凳	1 德拉克马	1 个叙利亚人	240～300 德拉克马

---

① J. M. Camp, *The Athenian Agora：Excavation in the Heart of Classical Athens*, p. 135.

② F. J. Frost, *Greek Society*, D. C.：Heath and Company，1980，p. 62.

③ 参见王大庆：《略论雅典公民家庭经济的外部交换》，见《中西古典文明研究——庆祝林志纯教授 90 华诞论文集》，长春：吉林人民出版社，1999 年版，第 184～185 页。

商品或服务	价格	商品或服务	价格
1 张桌子	4～6 德拉克马	1 个色雷斯人、伊利里亚人	约 150 德拉克马
1 张进口床	8 德拉克马	1 个赶驴人	140 德拉克马
1 只银瓶	160 德拉克马	前 5 世纪平均奴价	男奴 167 德拉克马 女奴 200 德拉克马
1 只银杯	45 德拉克马	尼西阿斯的奴隶矿监	1 塔兰特
1 张地毯	10 明那	释 1 个梦	2 奥波尔
1 只防蛇咬的戒指	1 德拉克马	洗澡	2 奥波尔
女人的化妆品	2 奥波尔	立 1 根柱子	110 德拉克马
1 只装酒的陶壶	1 奥波尔	嫖妓	约 4 德拉克马
漂洗 1 件衣服	3 奥波尔	租 1 个奴隶 1 天	1 奥波尔

虽然这些记载并不系统，但还是可以做出一些初步的分析：首先，价格比较昂贵的主要是马匹、奴隶和贵重的奢侈品（包括进口的手工艺品），其消费群体显然只限于少数的富人阶层；其次，普通的生产和生活用品相对比较便宜，但也存在较大的价格差异。弗罗斯特把雅典的工资和价格水平与当时的英国作了一个有趣的比较，发现雅典的日工的工资是很高的（约1 德拉克马），家具和牲畜的价格差不多，而食品和简单的衣服却贵得惊人。[①] 可能的原因是食品和衣服是可以在家庭中生产的，商品化的程度不高，因此价格偏贵，而那些家庭中不能自产却又必需的低档生产工具和生活用品，如农具和各种陶制容器，由于市场化程度较高，所以其价格也相对低一些。可见，商品的价格也会随着市场规律而出现上下的波动，正如色诺芬所言："黄铜业人数过多，黄铜器皿的价格必然变得低廉时，工人就破产了……五谷和酒类过剩所产生的结果是，土地产品价格低廉。"[②]

最后，需要说明的是，如果说古典时期的希腊各邦在农业的生产组织、技术方法以及发展水平上还较为接近的话，那么在手工业和商业的发展程

---

① F. J. Frost, *Greek Society*, p. 64.

② ［古希腊］色诺芬:《经济论 雅典的收入》，第 71 页。

度上的差异却是十分巨大的，其中以雅典、科林斯等国为代表的工商业发达的城邦不过是希腊城邦中的少数和例外，绝大多数城邦的工商业仍然停留在从前的低水平上。

比如，希腊的另外一个大邦斯巴达就像一个大的村落，既没有雅典那样宏伟壮观的卫城和繁荣的城市中心，也没有发达的商品货币经济。由于一直严格地恪守着来库古改革时期就确立的"重农抑商"的基本国策，实行旨在消灭贫富分化的公餐制度，把商品经济抑制在最低的水平上，因此，除了庇里阿西人为斯巴达人提供生产和生活所需的基本用品之外，斯巴达人绝对禁止从事任何的工商业活动，其生活来源主要是国家分配给他们的份地，份地上的耕种者则是黑劳士。像斯巴达这种施行单一的农业生产和计划经济的城邦还有很多，构成了与雅典不同的另外一种城邦经济的类型。

因此，从总的情况来看，我们只能说，在古典时期，希腊的工商业只是在某些城邦或地区、在一定历史时期得到了比较充分的发展，出现了前所未有的繁荣局面，但这种发展绝不是总体性的和全方位的。在这个问题上，我们绝不能把雅典等同于希腊。

二、奴隶制度的繁荣

在讨论希腊古典时期经济发展时，我们不能不提到奴隶制度的繁荣。虽然早在《荷马史诗》当中就有了使用奴隶的记述，在王公贵族的家中有着大量的奴仆，但那时候奴隶的使用仍然以家内的劳动为主，家庭奴隶制是普遍的形态，关于奴隶的记载零星而有限，就奴隶的数量而言，带有想象的和夸张的成分，并不是真实情况的记录。从古风时期后期开始，情况发生变化，一方面，关于奴隶的记载逐渐增多，另一方面，出现了在富裕的平民家中拥有奴隶的记录。到公元前5世纪，文献中提到的奴隶使用已经遍布于家内劳动、农业、手工业和城邦的各种服务部门。例如，希罗多德说，从前"雅典人常常打发他们的子女到'九泉'去取水。因为直到那时为止，无论是雅典还是其他希腊人，都尚未使用家庭奴隶"①，而现在的情况却不一样了，家内奴隶的使用已经有了一定的普遍性。到了公元前4世纪，奴隶更成为人们的生产和生活中一个不可缺少的部分，亚里士多德说："一个完整的家庭由奴隶和自由人组成。"②他认为，"在财富方面，首要和最必需的东西就是……上乘的奴隶"③。

图 5.18 带着奴隶的妇女

与古风时期相比，希腊古典时期奴隶制度的繁荣不仅体现在奴隶数量的急剧增长上，也体现在奴隶使用的普及和使用领域的广泛性上。正是由于大量地使用奴隶进行生产劳动，才使得奴隶主有更多的时间和闲暇来参与城邦的政治生活，进行各种文化创造活动。从这个意义上而言，古典时期希腊城邦在经济、政治和文化上的繁荣局面正是建立在奴隶制度的兴盛上面。

那么，在古代希腊为什么会产生奴隶制度，奴隶制度为什么会在古典时期进入全盛时期呢？应该说，希腊奴隶制度的产生是多种社会因素共同作用下的产物，对于这个问题，古史名家芬利在综合前人研究的基础上提出奴隶制度的出现必须具备三个社会条件，缺一不可：第一，农业生产为主，并出现土地私有和土地集中；第二，商品经济和市场经济得到相当程

---

① ［古希腊］希罗多德：《历史》，Ⅵ.137。

② ［古希腊］亚里士多德：《政治学》，1253b4～5。中译文见苗力田主编《亚里士多德全集》第9卷，北京：中国人民大学出版社，1994年版，第8页。

③ ［古希腊］亚里士多德：《家政学》，1344a24～26。中译文见苗力田主编《亚里士多德全集》第9卷，北京：中国人民大学出版社，1994年版，第292页。

度的发展；第三，社会内部劳动力供应不足。① 这种说法是颇具启发性的。我们看到，希腊奴隶数量迅速增长并得到广泛应用的时期，也正是希腊商品货币经济日趋发达的时期。与此同时，持续不断的战争也为奴隶市场提供了大量和充足的奴隶来源，城市、市场和土地占有规模的扩大则刺激了奴隶在各个领域的应用，正是这些因素的共同作用，促成了最初以个别家庭的奴仆为主要形式的家庭奴隶制向更多的家庭拥有的用于各行各业（尤其是手工业领域）的古典奴隶制的过渡。

近代以来，东西方学者对古希腊的奴隶制度做了大量深入和系统的研究，虽然由于资料的不足以及对资料的不同解释，在很多具体问题上还存在诸多争议，但在古典时期希腊奴隶制度进入繁盛时期却是学界的共识。下面我们就结合有关研究成果，以雅典为主要参照，对奴隶的来源及其价格、奴隶的类型、奴隶的数量及其在公民中的占有率、奴隶的使用领域，以及工种分布和希腊人的奴隶观念作出概括和分析。

（一）奴隶的来源及其价格

战争、债务奴役和家生是奴隶产生的三种主要途径，其中，战争是奴隶最重要的来源。从很早的时代开始，战争中由于战败而被俘的士兵及其家属只有两种命运，或者被杀死，或者沦为奴隶，这成为希腊人处置战败者普遍的和通用的法则。在一场决战之后，那些不能够出钱赎买自由的人就只能沦为奴隶。经常出现的情况是，在一个城市被占领之后，男人被杀死，妇女和儿童则被胜利者以抽签分配。战败的希腊人尚且如此，被抓获的非希腊人就更不能逃脱沦为奴隶的悲惨命运了。据说在优里密顿战役之后，客蒙就为雅典带回来两万人以上的奴隶。② 除了直接的分配之外，还有大量的战争俘虏流入奴隶市场。在希腊，哪里有战争，哪里就会有奴隶

---

① 参见中国社会科学院世界历史研究所主办《世界史研究年刊》，1996 年，第 279 页。
② ［法］G. 格洛兹：《古希腊的劳作》，第 193 页。

贩子的身影，因为每次战争都会产生大量的俘虏，奴隶贩子就会乘机用相对低廉的价格从胜利者手中把这些战俘买下来，再运送到奴隶市场上以高价出售。因此，古典时期连续不断的战争为那些由于军事力量的强大而常立于不败之地的大邦提供了持续和充足的奴隶来源。随着奴隶供应数量的增加，奴隶的价格随之下降，使很多从前买不起奴隶的人也有了购买奴隶的能力，奴隶开始进入了更多的公民家庭。

由于贫困和欠债而沦为债务奴隶是奴隶产生的第二个重要来源。根据古希腊诸多城邦的财产法，在把家庭所有的财产抵押之后仍然无力偿还债务的人，他本人连同妻子和儿女都会落入债主的控制之下，从而沦为债务奴隶。为了保持公民团体的稳定性，城邦的执政者都会想方设法地对债务奴隶进行各种限制，比如梭伦改革就废除了债务奴隶制，但仍然不能完全消除因为欠债而受到奴役的现象。在父权家长制度下，包括妻儿在内的家庭成员都是家父的私人财产，父亲有权任意处置，因此，由于贫困而卖儿卖女的事情还是时有发生，弃婴被收养后也自然地成为奴隶。

奴隶的第三个来源是家生。男女奴隶结合而生的孩子从一出生就是奴隶，不过，由于奴隶被视为劳动工具和主人的财产，一般不能正式结婚和建立家庭，所以家生奴隶的数量十分有限，仅仅存在于一些奴隶地位相对较高、生活状况相对较好的地区。另外，由于婴儿生下后要增添口粮，所以奴隶生下的婴儿很多被遗弃或杀死，能够存活下来要么是出于人手的需要，要么是由于主人的善心。在希腊，奴隶可以通过赎买的方式获得人身自由，成为"被释奴"，但要恢复或者获得公民权利却极为困难，被释奴的地位与城邦中定居的外邦人大体相当。来自德尔菲的一份释放奴隶的文书显示，在 841 个被释奴中有 217 个家生奴隶，可见主人更愿意释放那些从小看着长大的奴隶。①

---

① ［法］G. 格洛兹：《古希腊的劳作》，第 192 页。

除了这三种途径之外，土匪、海盗和人贩子通过劫掠和欺骗等方式把失去公民权的人和偏远地区的异族人抓获后卖给奴隶贩子，也是奴隶市场的供应来源。由于城邦的种种保护和限制措施，城邦自身产生的奴隶和希腊人奴隶的数量十分有限，因此边远落后地区和异域的外国人被劫掠和欺骗而沦为奴隶，也是奴隶的来源之一。在公元前 415 年的一份有 16 人的奴隶清单中，包括 5 个色雷斯人，3 个卡利亚人，2 个叙利亚人，2 个伊利里亚人，1 个斯基台人，1 个乔尔西狄亚人，1 个吕底亚人和 1 个马耳他人。①此外，据文献记载，还有很多来自波斯、腓尼基、阿拉伯、利比亚、埃及的奴隶。通过劫掠外邦人和异族人而获得更多的奴隶是希腊诸邦对外战争的重要目标，同时也是希腊奴隶制度的重要特点。

在古典时期，由于奴隶来源的多样化，奴隶的市场供应日益充足，奴隶的价格也随之下降。但由于性别和能力的不同，奴隶的价格也存在很大差异。一般来说，女奴由于能够生育等因素，价格比男奴稍高些。在男性奴隶中，仅仅能够进行体力劳动的奴隶的价格偏低，而那些能够读书写字的有文化的奴隶的价格就要高得多，因为这些奴隶不仅能够用于家务和生产，还能够充任管家和家庭教师，因此比较受欢迎。公元前 415 年的一份官方记录中记载了这一时期成年男性奴隶的平均价格是 167 德拉克马，其中乔尔西狄亚人、斯基台人、伊利里亚人、卡利亚人和美塞尼亚人等比较"粗野"的人最多只能够卖到 105 德拉克马，而吕底亚人、塞弗勒尼亚人和两个叙利亚人则由于聪明和训练有素而可以卖到 240 到 301 德拉克马。就女奴而言，价格均在 135～220 德拉克马，平均价格高于男奴。在用于农业和手工业劳动的奴隶中，仅仅能够出卖体力的矿工和农业工人的价格大致在 125～184 德拉克马，而熟练工人的价格却高得惊人。据记载，20 个制柜工人被用作 40 明那借款的抵押，每个人的价值超过了 2 明那。一个建筑工

① ［法］G. 格洛兹：《古希腊的劳作》，第 193 页。

奴隶甚至可以卖到 5～6 明那。据研究，到了公元前 4 世纪，奴隶的最低价格与公元前 5 世纪相比变化不大，但平均价格却出现了较大幅度的提高。①

(二)奴隶的类型

从奴隶的占有和使用方式上看，古典时期的希腊奴隶可以大致分为两种类型，即国有奴隶和私人奴隶。

所谓国有奴隶，就是指他们都是国家的财产，由国家分配给公民家庭和个人来使用，并由国家对这些奴隶进行统一的监督和管理。奴隶会按照要求在所在公民家庭的份地上劳作，向公民提供农产品，公民对其只有使用权而没有所有权，更没有生杀大权。国有奴隶制的典型代表就是斯巴达的黑劳士制度。② 这些被称为"黑劳士"的国有奴隶都是作为对外战争的战利品被举族抓到斯巴达来的，国家把这些奴隶按照每户斯巴达人分得 7 户的比例分配给斯巴达人使用，他们的主要工作就是在斯巴达人的份地上进行农业生产。由于黑劳士在人数上远远超过斯巴达人，所以对斯巴达人来说十分危险。为了监管和奴役这些国有奴隶，斯巴达人建立起十分严酷的黑劳士制度，包括给他们穿上容易辨别的衣服，定期地把奴隶中优秀的也是最危险的分子除掉。斯巴达的高级行政长官监察官每次上任的时候，都会举行一个十分特别的向黑劳士宣战的仪式。正是由于黑劳士制度，一方面使斯巴达人完全脱离了生产劳动，他们的主要生活以军事训练为主，从而成为专职的军人，成就了斯巴达作为希腊第一陆军强国的地位；另一方面，面对人数如此众多而且十分危险的黑劳士，斯巴达人也不能够再进行其他的生产活动了，这些国有奴隶就像是随时可能爆发的一座活火山，斯巴达人只有全力以赴地加以监督、控制和奴役，才能够保障国家机器的顺利运行。黑劳士虽然可以有自己的家庭，但却完全没有任何行动的自由，

---

① ［法］G. 格洛兹：《古希腊的劳作》，第 194～195 页。
② 关于黑劳士的社会地位是仍存争议的问题。有学者认为，黑劳士是处于自由民和奴隶之间的一个中间阶层。

其一举一动都处在斯巴达人的严密监控之下，所以有人说，"在斯巴达，自由人更像自由人，而奴隶则更像奴隶"。除了斯巴达，还有很多城邦都实行着与之类似的国有奴隶制度。

与国有奴隶制度相对应，希腊奴隶制度的另外一种类型就是私人奴隶制度。从来源上看，这些奴隶并不是通过城邦的对外征服活动集体俘获然后分给公民个人的，而是奴隶主们通过各邦的奴隶市场购得的。因此，他们的所有权和使用权完全属于公民个人，奴隶主可以像对待家里的牲畜那样随意处置他们。由于私人奴隶的来源不一，地域、种族甚至语言各异，加之工作性质上的不同，在公民家中的地位亦千差万别，所以很难团结在一起反抗奴隶主的统治，国家完全把奴隶的监管权交给奴隶主个人。与国有奴隶相比，私人奴隶有一定的行动自由，甚至还能够拥有一些财产。在雅典，私人奴隶成为奴隶的主要类型。可能也受到城邦民主制度下自由和宽松的社会氛围的影响，雅典的私人奴隶以"散漫和放肆"而著称，尤其是那些高级奴隶，据说在与主人走在街上的时候，因为穿着入时和气质非凡而常常被人误以为是奴隶主。亚里士多德就轻蔑地评论说，"民主政体会造成奴隶的无法无天"①。当然，国有奴隶和私人奴隶只是奴隶的两种基本类型，斯巴达和雅典只是分别以国有奴隶和私人奴隶为主，并不纯粹，斯巴达也存在着私人奴隶，而雅典也有专门用于各种公共服务的国有奴隶。

从所从事工作的性质和种类上看，希腊的奴隶又可以分为家内奴隶和用于手工工场的奴隶工人两类。家内奴隶主要用在包括耕地、服侍主人、看家等工作上，其中有知识和文化的家奴甚至还能充当管家和家庭教师，待遇也较高。这部分奴隶在数量上十分有限，因为家内工作的非生产性质决定了人手过多就意味着浪费。在希腊，人数较多的是后一种奴隶，大量的身强力壮和有一定技术的奴隶工人被广泛地使用在各种手工制造业和采

---

① ［法］G. 格洛兹:《古希腊的劳作》，第196页。

矿业等生产部门，他们为主人创造了巨大的财富，但生活和工作条件却极为恶劣，过着暗无天日的生活，其中在矿山劳动的奴隶工人的生活最为悲惨。

（三）奴隶的数量及其与公民的比率（以雅典为例）

近代以来，历史学家对古希腊的奴隶人数问题给予了高度关注，因为它不仅关系到对奴隶劳动在古希腊社会中的影响和作用的评说，更关系到古希腊奴隶制度和奴隶社会的性质的界定。[①]

虽然在希腊的史料中并不缺乏对奴隶在生活中的重要性的认识，但是关于奴隶人数却没有留下多少全面、真实和准确的记载。修昔底德在《伯罗奔尼撒战争史》中讲到在战争后期，由于斯巴达人接受了雅典叛将阿尔西比阿德的建议常驻阿提卡，造成了雅典2万奴隶大逃亡的严重后果。[②] 这恐怕是关于雅典奴隶数量的唯一一个确切记载。由于修昔底德既是战争的亲历者，也秉持着客观真实的治史原则，所以后来的历史学家认为这个数字虽然具有估计的性质，但基本上还是真实可信的。因此，这个数字至少可以成为雅典奴隶人数的下限。对于雅典奴隶人数的上限，史家们却看法不一，存在着较大的分歧，其结论是从2万到20万不等。由于统计数据的缺乏和估算方法的多样，这个问题恐怕永远也不会得到彻底的解决，况且奴隶人数本身是一个变量。但通过现有材料和科学方法推测出奴隶人数的一个大致范围还是可以做到的。在这里，我们只采纳其中一种折中和粗线条的看法，即古典时期的雅典奴隶人数最多的时候达到了10万左右（最低不少于2万人）[③]，大体上与公民及其家属的人数相当。

---

① 参看郭小凌：《古代世界的奴隶制和近现代人的诠释》，载《世界历史》1999年第6期；徐松岩：《关于希腊奴隶制的理论和实际》，载《世界历史》2000年第1期。
② ［古希腊］修昔底德：《伯罗奔尼撒战争史》，Ⅶ.27。
③ 参看徐松岩：《古典时代雅典奴隶人数考析——兼评"持续增长说"》，载《世界历史》1994年第3期。

与奴隶的总人数相比，我们更为关心的是奴隶在各个等级的公民家庭中的分布情况，因为这种分布状况与奴隶在社会生产和生活中的作用之间的关系更加密切。通过零星的记述和大致的估算，我们还是能够对这个问题作出一个基本的回答。

首先，可以肯定的是，公民中有一部分人是没有奴隶的。修昔底德提到，在参加西西里远征的重装兵中，有些人没有奴仆①，而重装兵来自雅典的第三等级。阿里斯托芬在喜剧《公民大会妇女》中，号召改变"一个人有上百个奴仆，别人甚至没有一个奴仆"②的现状。亚里士多德虽然说过奴隶是家庭劳动中所必需的，但又说"耕牛是穷人的奴隶"③，"穷人们没有奴隶，不得不让他们的妇女儿童做那些由仆人来做的事情"④。

其次，我们分析一些奴隶数量的个案数字。柏拉图有 5 个（一说 4 个）奴隶，亚里士多德有 13 个，他的学生特奥弗拉斯特拉有 9 个，斯特拉托有 6 个，吕西阿斯有 12 个。公元前 414—前 413 年，雅典没收过 33 个人的财产，共有 45 个奴隶，最多的一个人有 16 个奴隶，有的有 8 个或 7 个。⑤ 古典时期的文献所记载的 3 个最大的奴隶数字分别是 1000、600 和 300 个，都是用于采矿业的出租奴隶。⑥ 不过，这种情况是非常少有的。⑦

美国学者萨尔金特（R. L. Sargent）根据各等级公民的财产状况和历史记

---

① ［古希腊］修昔底德：《伯罗奔尼撒战争史》，Ⅶ.75。

② ［古希腊］阿里斯托芬：《阿里斯托芬喜剧集》，罗念生译，北京：人民文学出版社，1954 年版，第 258 页。

③ ［古希腊］亚里士多德：《政治学》，1252b13。中译文见苗力田主编：《亚里士多德全集》第 9 卷，第 5 页。

④ ［古希腊］亚里士多德：《政治学》，1323a6～7。中译文见苗力田主编：《亚里士多德全集》第 9 卷，第 229 页。

⑤ ［苏］B. C. 塞尔格叶夫：《古希腊史》，缪灵珠译，北京：高等教育出版社，1955 年版，第 258 页。

⑥ ［古希腊］色诺芬：《经济论 雅典的收入》，第 72 页。

⑦ 参看徐松岩：《公元前四世纪前期雅典采银业状况考》，载《西南师范大学学报》（哲学社会科学版）1994 年第 3 期。

载推测出雅典各等级家内奴隶的人数，得出了前三等级的奴隶平均数。①我们如果把各等级公民的大概人数与奴隶占有数量对应起来，可以得到下表：

表 5.3　雅典各等级公民人数与奴隶占有量

等级	一	二	三	四
人数（人）	300	1000	10000	12000
个人拥有奴隶（个）	8～9	2～5	1～3（有的没有）	一般没有

这样，第三等级中奴隶的占有量就成了问题的关键环节，由于没有确切的记载，为了得出大致的比例，我们姑且取一个中间数，第三等级有奴隶的人数以一半来计算。那么，在雅典的 23300 个公民中，有奴隶的人数约为 6300 人，占总数的 27％。如果再联系到前文中所论述的土地占有结构的问题，我们知道 23300 个公民中，约有 17300 个公民拥有土地，那么在有地公民中拥有家奴的比重则为 36％。所以，我们或许能够得出这样一个基本的结论，即在雅典的土地所有者中，大约占到 2/3 的家庭是没有奴隶的，这些在公民中占大多数的中小土地所有者，完全依靠自己耕种小块土地为生，这种人也就是希腊语中经常出现的"自耕农"（autourgos）。②

（四）奴隶的使用领域及工种分布

在大致弄清了奴隶的数量及其在公民中的占有率问题之后，接下来的问题就是，城邦中的奴隶被更多地用于家内劳动还是手工业作坊这样的生产部门呢？不论从现有的记载还是工作性质所决定的需要人手的多少来看，奴隶的使用都更多地倾向于后者。

为什么在雅典的有地公民中，拥有奴隶的人数仅占到 1/3 左右，而且

---

① R. L. Sargent，*The Size of Slave Population at Athens*，Urbana：The University of Illinois，1924.

② 参见徐晓旭：《论古代希腊的自耕农》，载《世界历史》2002 年第 5 期。

家用奴隶的人数十分有限呢？这主要是由家内劳动和农业生产活动的性质所决定的。我们知道，家内劳动大多是非生产性的，奴隶的大量使用不仅不能增加财富，反而由于要准备更多的口粮和生活用品而成为一种负担。因此，除了那些拥有足够的资本、有能力炫耀其富有的少数人之外，大多数人是不能也无力养活数量众多的家庭奴仆的。在农业生产中，这种情况有所不同，奴隶的使用无疑可以弥补人手的不足，有利于产量的增加，但又会受到土地规模和农业生产的季节性的限制。土地规模太小的话，一方面不需使用奴隶，另一方面也养活不了更多的人，只有土地面积达到了一定的程度，才会产生增加人手的需求；但是，农业生产又有着明显的季节性，农忙的时候需要大量的人手，而农闲季节则无事可做。因此，对于一般家庭来说，为了农业生产而购置一名奴隶是不合算的，临时性的雇工就成为农业生产中弥补劳动力不足的最重要的方式，而数量众多的少地和无地的第四等级公民的存在为雇工提供了充足和稳定的来源。不仅中小土地所有者，而且大土地所有者也都倾向于使用雇工来弥补农业生产上劳动力的不足。这就是为什么在公元前4世纪的希腊虽然出现了一些较大的地产，但却没有看到像罗马那样的广泛使用奴隶劳动的记录。因此，从总的情况来看，土地所有者都会根据其地产的规模养活尽量少的奴隶，用于家庭生活的各个方面，通常充当奴仆；专门用于农业生产的奴隶更是十分有限的。

关于奴隶数量较多的记录几乎全部是出于规模较大的手工业作坊。它们的所有者并非小手工业者，而是拥有较为雄厚财富的家庭。其中有大地主，比如克里同就拥有一个较大的手工业作坊；有拥有大量货币财富的富翁，比如德谟斯提尼就拥有一个30人的制刀作坊和一个20人的制床作坊。文献中记载的拥有奴隶最多的作坊大多属于定居的外邦人，其中外邦人吕西阿斯的父亲有一个制盾作坊，奴隶工匠的人数达到了120人，这也是希腊古典时期有历史记载的规模最大的手工业作坊。正如修昔底德所记载的，伯罗奔尼撒战争后期逃亡的 2 万名奴隶中的大多数都是有技术的奴隶工匠①，而他们大多是属于雅典最富有阶层的奴隶。最后，有关个人所有的奴隶，最多数量的记录则全部属于用于出租的在矿山中劳动的奴隶。据估计，雅典的劳利昂银矿在兴旺的时候有奴隶 3 万多人。②

综上所述，不论从普遍性还是数量来看，雅典奴隶的使用呈现出明显的从家内服务、农业生产、手工业作坊到采矿业逐级上升的趋向，之所以会出现这样的工种分布，是与在古代希腊家庭作为基本生产单位的社会经济结构密不可分的。不论是个体农业还是手工业，其劳动力的规模都受到种种限制，农业受到土地规模的限制，手工业则受到资金和市场的限制。如果说农业生产具有季节性，人手多了就意味着浪费，那么手工业则可以常年进行生产。从公元前 5 世纪到前 4 世纪，由于商品货币经济的发展、城市人口的增加以及战争的需要，雅典的手工业规模也出现了相对的扩展，其中制陶业和武器制造业尤为突出，这些作坊中的劳动者主要是有技术或无技术的奴隶。但是，由于市场规模毕竟有限，再加上战乱和农业歉收以及同业作坊的竞争等因素的影响，手工业作坊的生产规模也不能无限制地扩大，产品一旦过剩就会面临破产的威胁。因此，即使在奴隶制处于繁荣阶段的古典时期，20 人以上的大作坊也很少见。③ 正如格洛兹所言："奴隶是一个用起来很昂贵的工具，一个甚至在不工作时也必须供养的机器。不购买超过工作必需的人手，对农民和手艺人来说是很有益的。"④ 与农业和手工业相比，采矿业则较少受到上述条件的制约，在奴隶的使用上也就呈现出空前繁荣的状态。对此，色诺芬在《雅典的收入》一文中作出了系统和明晰的分析："一切拥有农田的人都能够说出他们的土地需要多少对牡牛和

---

① ［古希腊］修昔底德：《伯罗奔尼撒战争史》，Ⅶ.27。

② A. Andrewes, *The Greeks*, p.137.

③ 徐松岩：《关于雅典奴隶状况的两个问题》，载《世界历史》1993 年第 5 期。

④ ［法］G. 格洛兹：《古希腊的劳作》，第 205 页。

多少人手，如果送到田里的牛和人手多于需要，他们就会认为是一种损失……矿山总是人手不够，目前在矿山中拥有奴隶的人，谁也没有减少这些奴隶的人数，事实上反而尽可能不断增加他们的数目……人越多，产量越大……在我所熟悉的各行各业中，只有银矿业，其中没有人嫉视别人扩张其经营范围。"①

(五)希腊人的奴隶制观念

从以上分析，我们看到了古典时期雅典社会经济结构的两面性：一方面，这是一个基本上由个体家庭组成的自由劳动者组成的社会，拥有一块土地并进行农业生产的自耕农占据了公民的主体；另一方面，奴隶在家内服务、农业、手工业等领域也得到了越来越广泛的使用，成为人们的生产和生活中一个不可缺少的组成部分。这两个部分之间泾渭分明、相互依存，共同构成了雅典社会经济的基础。这种社会经济结构反映在人们的思想上就是明确的"自由人"和"奴隶"的观念。

在雅典人看来，一个"自由人"的特征即是在生活上能够自给自足，不依附于他人，自己做自己的主人；而一个"奴隶"最基本的特性就是天生属于他人的人。正如亚里士多德所言："一个自由人的状态就是不生活在另一个人的束缚之下……那种在本性上不属于自己而属于他人的人，就是天生的奴隶。"②以此为标准，除了自耕农之外，包括独立的手工业者、商人、雇工在内的从业人员，就由于不能够在生活上自给自足、在一定程度上依赖于他人而都带有了不同程度的"奴性"，所以，在早期希腊，"服务"（service）与"奴役"（servitude）是密不可分的③，为自己工作和为他人工作正是"自由人"和"非自由人"的区别所在。在希腊，拿钱为别人办事被认为不

---

① ［古希腊］色诺芬：《经济论　雅典的收入》，第 71 页。
② ［古希腊］亚里士多德：《政治学》，1354a14～16。中译文见苗力田主编：《亚里士多德全集》第 9 卷，第 9 页。
③ M. I. Finley, *Economy and Society in Ancient Greece*，p. 117.

是一个自由人的行为，一个自由的公民即使沦落到一文不名，也要保持其经济上的某种独立性。在《回忆苏格拉底》中讲到一个名叫犹太鲁斯的公民，他由于战争而丧失了全部财产，靠出卖劳动力为生。当苏格拉底建议他去为一个大户人家做管家的时候，他拒绝了，因为"不愿做一个奴隶"，而宁愿当一个"自由的"雇工。①

可见，"雇工"是一个"自由人"可以想象到的最坏的生活状态。如果说一个"雇工"还保留着人身的自由和职业上一定的选择权的话，那么奴隶则完全没有一点自由可言，他们本身只是一种"会说话的工具"。为了证明奴隶制度的合理性，古典时期的作家们纷纷从各种角度论证奴隶在天性上的低下，几乎没有人提出过废除奴隶制度的主张。"在希腊人眼中，没有一个健康的长久的社会能离开奴隶。"②阿里斯托芬在《公民大会妇女》中用充满想象力的戏剧的语言向世人描绘出了一幅财产公有、人人平等的理想社会的图景，人们终于不再为生计问题而操劳，生活在幸福、和谐和安逸之中；但是在戏剧的结尾处，当有人忽然问到由谁来耕田种地的时候，回答仍然是："奴隶"。由此可见，使用奴隶的观念在希腊不仅由来已久，而且是根深蒂固的。

三、古希腊人的"本末"(农业与工商业)观念

在古汉语中，"本"和"末"是两个指事字，原指草木的根部和末梢，由此引申而成为中国思想史中的一对相互对立且相互依存的重要范畴。"本"泛指一切事物的基础或主体，而"末"则泛指一切事物的次要的或非根本性的一面。首先，从重要性来看，"本"大于"末"，因为有"本"才能产生"末"，没有"本"的话"末"也就失去了存在的前提和基础；其次，从二者的关系来

---

① ［古希腊］色诺芬：《回忆苏格拉底》，吴永泉译，北京：商务印书馆，1984年版，第79页。

② ［法］G. 格洛兹：《古希腊的劳作》，第192页。

看，又显示出相互依存且相互影响的一面，一方面"本"的存在为"末"的产生提供了可能性，另一方面"末"的产生又会对"本"的存在造成好的或坏的影响。

正是由于作为社会经济基础性部门的农业和工商业之间存在着这样一种相互对立又相互依存的关系，因此，从战国时代开始，"本"和"末"的概念就被应用到经济领域，成为中国经济思想史中一对特定的思想范畴，其中"本"泛指农业，"末"泛指工商业，"重本抑末"的学说也随之产生。在古代希腊，虽然没有出现与古代中国相对应的"本"和"末"的范畴，但是也存在着与中国古代十分类似的重农轻工商的思想观念。[①] 在古典时期，随着农工商业的发展和繁荣，希腊的思想家们也开始对农业、手工业和商业活动及其相互关系展开了全面和深入的反思，这些思考既来源于当时希腊人现实的经济生活，也展示出他们对经济生活的哲学思考和伦理诉求。更为重要的是，我们可以透过这些思想去还原或建构作为这些思想的来源和基础的当时的社会经济状况和经济结构。

(一)对"本"业的认识

与古代中国的思想家相仿，对于作为"本"业的农业生产和农业生活，古代希腊的思想家无一例外地给予了高度重视和积极评价。关于农业的重要性，色诺芬在《经济论》中进行了全面、深入和细致的论述。他说，"最富足的人也不能离开农业。因为从事农业在某种意义上是一种享乐，也是一个自由民所能做的增加财产和锻炼身体的手段"，接着，他用了大量的篇幅从各个角度对这种看法加以论证，俨然是一篇"农业颂歌"。

首先，在经济上，农业是人们得以生存的最基本保障。"第一，土地给种地的人生产人们赖以生活的食粮，此外她也生产人们所享用的奢侈品。

---

① 参看王大庆：《本与末——古代中国与古代希腊经济思想比较研究》，北京：商务印书馆，2006年版，第42～43页。

第二，她供给人们装饰祭坛、雕像和他们自己的一切东西，并提供最优美的景色和香味。第三，她生产或供给很多美味食品的原料；因为饲养牲畜的技艺是与农业密切相联的，所以人们就有了祭坛所用的牺牲和自己使用的牲畜。"

其次，农业不仅在人们的生产和生活中，而且在国家的军事活动中也具有十分重要的作用。"她通过训练给那些用自己双手劳动的人增加力气……而且，如果一个人愿意当骑兵，耕种乃是为他的马匹供应饲料的最有用的伙伴；如果他愿意当步兵，耕种也能使他身体灵活。……土地还能鼓励农民武装保卫国家，因为庄稼都生长在露天里，易于受到强者的劫夺。什么技艺能比农业训练出更好的跑手、投掷手和跳高手呢？"①

最后，色诺芬指出，农业在人们的良好道德品质的形成和培养上也十分重要。这是因为：(1)农业可以培养人正确的劳动观念，促使人勤于劳作，吃苦耐劳，从而不会沾染上不劳而获的恶习。(2)土地使人诚实、公正，对于土地来讲，"你服侍得她越好，她报偿你的好东西越多"，反之，"对于不忠实的人，农业乃是很精明的谴责者"。色诺芬认为，收成的不好都是由于农人自身的怠惰和心存侥幸所造成的。(3)由于农耕生活中最重要的财产是土地，不能携带且最易受到侵害，所以在战争中最能够团结起来保卫国家、英勇作战的就是农民。"我们得出结论：对于一个高尚的人来说，最好的职业和最好的学问就是人们从中取得生活必需品的农业……所以这种谋生方式似乎应该受到我们国家的最大重视，因为它可以锻炼出最好的公民和最忠实于社会的人。"②

色诺芬在《经济论》中对农业的述评可谓全面而透彻，基本上代表了当时人们在这个问题上的认识，同时代其他思想家的相关论述基本上没有超

---

① ［古希腊］色诺芬：《经济论 雅典的收入》，第16～17页。
② ［古希腊］色诺芬：《经济论 雅典的收入》，第17、61、20页。

出这种基调和范围，只是侧重点不同罢了。

柏拉图关于农工商业的看法主要集中在壮年时期的《理想国》和晚年时期的《法律篇》两部著作中。

在《理想国》中，他试图用逻辑推理的方式构建出他心目中的理想国家的模型。"首先，最重要的是粮食，有了它才能生存……第二是住房，第三是衣服，以及其他等等"，因此，"要有一个农夫、一个瓦匠、一个纺织工人"以及"一个鞋匠或者别的照料身体需要的人"，这样，"最小的城邦起码要四到五个人"。① 在这里，我们看到柏拉图把生产粮食的农夫放在了一个国家建立和存在的首要位置，然后才是手工业者、商人以及护卫者等组成城邦所必需的各色人等，体现出

图 5.19 鞋匠桑西波斯的墓碑

了明确的以农为"本"、以工商为"末"的指导思想。在此后的论述中，柏拉图虽然没有像色诺芬那样对农业生产和生活大加颂扬，但却对包括手工业、商业、服务业、钱贷业在内的挣取金钱的"末"业表现出强烈的鄙视和拒斥情绪，从中可以反衬出他对农业的宽容和接纳。

在《法律篇》中，柏拉图不再专注于理想国家的构建方面，而是把主要的笔墨放在如何为实践《理想国》所定的原则而制定具体法律上面。我们注

---

① ［古希腊］柏拉图：《理想国》，369D。

意到,《理想国》中所表现出的对工商业活动的怀疑和反感在这部著作中又进一步加深了。《法律篇》中制定了十分详尽的农业法,第一条就是严禁任何人移动标志土地边界的界石,使人联想起了孟子的"夫仁政,必自经界始"①的说法。国家设置了土地管理员,负责监管与农业生产有关的一切事务。农业法在水源、灌溉和收获物等问题上都作出了种种严格的规定②,目的就是为了确保农业生产能够健康有序地进行。

实际上,在希腊人的现实生活中,城邦的执政者一直把对土地的管理和农业生产放在十分重要的位置,不断出台有关的政策和法律。比如,在斯巴达传说中的来库古改革中,第一项也是最重要的举措就是按照平等的原则重新分配土地。梭伦改革中,针对农民欠债的问题颁布了"解负令",并按照年收入农产品的多少重新划分了社会等级。此外,由于阿提卡土地贫瘠,十分缺水,有限的土地不能养活众多的人口,为了保障农业生产,梭伦还制定了严格的"水资源法",同时规定除了橄榄油之外,禁止任何农产品的出口。

亚里士多德在其政治学说的建构中,虽然在方法上有别于他的老师柏拉图,更倾向于从现实的城邦政治出发来挽救城邦体制的危机,但在对农工商业的认识和看法上与柏拉图没有什么不同。在《政治学》中,亚里士多德首先指出,"人们的生活方式千差万别",但"绝大多数人都是以耕作土地以收获果实来获得生活资料"。接着,他把人们赖以生存的"致富术"分成两类,一是靠劳力获得财富,包括牧羊、农作、捕鱼和狩猎,另一类是靠交换和零售商业获得财富,通过比较得出前者是凭借天赋的能力以觅取生活必需品,而后者获得的财富是没有限度的,因此,前一种获得财富的方式

---

① 《孟子·滕文公上》。
② [古希腊]柏拉图:《法律篇》,842e-846c。中译文由笔者据英文译出。

是自然的，而后一种是违背自然的。① 所以，与柏拉图相仿，亚里士多德在承认手工业和商业活动在社会生活中的必要性的前提下，也是从财富获取方式的伦理学角度给予了农业以"自然"和"正当"的定位。

(二)对"末"业的认识

我们看到，希腊古典时期的思想家们在普遍给予农业以正面和积极的评价的同时，在对待包括手工业和商业在内的"末"业的问题上却存在着一定的分歧。从总的情况来看，色诺芬表现出相对宽容的态度，而柏拉图和亚里士多德则相对严厉。不过，他们在对这个问题的认识上所表现出的差别与其说是本质上的，不如说是程度上的。因为他们一方面都认可或者肯定工商业活动在社会生活中的必要性，而对这种必要性的认识则建立在其社会分工理论的基础上；另一方面又都对工商业活动表现出或多或少的鄙夷或蔑视，而这种轻视的态度又都是出自伦理道德上的价值评判。

如果说色诺芬把农业当作一种崇高的事业的话，那么手工业则是一种"粗俗的技艺"，因为这些技艺不仅有害身心，而且有损道德，"这些技艺迫使工人和监工们静坐在屋子里，有时还整天待在炉火旁边，伤害他们的身体。弄坏身体就会严重地弄坏精神。而且，这些所谓的粗俗的技艺使人没有余暇去注意朋友和城市的事情，所以从事这类技艺的人被认为不善于与朋友们交往，也不能保卫他们的国家"，尤其对于这最后一点"是可以立刻得到最确实的证明的，只要在受到敌人的侵犯的时候，让农人和手工业者坐在两处，分别问他们是赞成保卫国家，还是赞成撤离广阔的地带，专门防守城堡。在这种情况下，我们相信那些与土地有关系的人一定赞成保卫土地，而手工业者一定不愿意斗争，而愿意像他们一向所受的训练那样静静地坐着，避开艰苦的斗争和危险"②。可见，手工业之所以被认为是"粗

---

① 亚里士多德：《政治学》，1356a～1257a。中译文见苗力田主编：《亚里士多德全集》第 9 卷，第 15～18 页。

② ［古希腊］色诺芬：《经济论　雅典的收入》，第 12、19～20 页。

俗的技艺",主要的原因在于其对道德的损害。至于它在社会经济上的功能与作用,色诺芬并不否认。

色诺芬指出工商业活动在社会生活中也是很重要的。在《雅典的收入》一文中,他针对伯罗奔尼撒战争后期雅典农业生产的凋敝、贫富分化的加剧,和雅典利用提洛同盟对其他城邦日益加紧的剥削和奴役的现状,提出了一系列利用自身的地理和资源上的优势大力发展农工商业以增加财富的方法和措施。例如,在手工业上,色诺芬指出,雅典的地下拥有大理石和白银这两种得天独厚的资源,这些资源不仅为雅典的手工业生产提供了充足的原料,而且其本身就是可以直接出口以换取粮食等物资的产品。由于银矿资源的开发完全不受市场和需求的限制,所以更应该大力发展。为此,他提出了一个十分大胆的主张,就是以国家的名义收购大量的奴隶,再出租给私人,用包税的形式进行白银的开采,国家将从中获得十分可观的利润。对于商业,色诺芬认为雅典不仅位于"希腊的中央",而且也是"有人居住的世界的中央",是水陆交通的枢纽,具有得天独厚的发展商业和外贸的地理条件,"是一个最好的和最能生利的贸易地点"。因此,他建议政府应该为外来的客商大开方便之门,招商引资,并设立一项专门用于外贸的国家专项基金,这样,"寄居在我国和来我国访问的人越多,显然就会有越多的商品进口、出口和出售,并且也会使我们获得更多的利润和贡献"①。

我们看到,色诺芬的国营工商业的建议虽然没有能够实现,但从梭伦改革时代起,大力发展工商业就一直是雅典的一项基本和长期的国策。到了古典时期,雅典已经发展成为希腊的工商业和对外贸易的中心。色诺芬的主张既建立在这种历史现实的基础上,又可以看成是这种政策的深入和发展。

---

① 〔古希腊〕色诺芬:《经济论 雅典的收入》,第66~69页。

　　与色诺芬旗帜鲜明地赞成手工业和商业的发展不同，柏拉图和亚里士多德对工商"末"业的看法带有明显的保守性，而且相对复杂。

　　柏拉图的农工商业观主要体现在他的城邦经济起源说以及由此引出的社会分工理论上。他认为，城邦起源于个人的不能自足而产生的彼此之间的相互需要，只有通过社会分工和彼此之间的产品交换才能使大家都能得到满足。上文说到，柏拉图认为，一个最小的城邦也至少需要一个农夫、一个瓦匠、一个纺织工人和一个鞋匠，但他接着指出，实际上要建立起一个真正的国家，仅仅有这么几个人是远远不能够自足的，于是，在他的理想国中，包括木匠、铁匠、牧人在内的更多的从业人员被加了进来。但人员仍然不够，因为"把城邦建立在不需要进口货物的地方，这在实际上是不可能的"，要进口就必须有出口，因此，工匠们不仅要为本邦进行生产，还要为外邦生产，这就需要更多的农夫和技工了。为了完成这些进口和出口的买卖，就需要专门的人员，这就是商人。接下来，城邦还要为内部和外部的商品交换提供特定的场所，即市场。柏拉图把商人分成两种，一种是在本邦市场上做买卖的小商人，类似于中国的"坐贾"，另一种是往来于城邦之间的大商人，相当于我们的"行商"。除了各类工匠和商人，最后被"发明"出来的是出卖劳动力而领取工资的"仆人"和"佣工"，至此，"我们的城邦已经成长完备"①。在这里，柏拉图十分明确地提出了手工业和商业在城邦生活中的必要性，从中可以看出，他对工商业活动基本上还是持有肯定的态度。

　　但接下来，他的话锋一转，通过对"一个真正的和健康的国家"和"一个发烧的国家"②的描述和对比得出了一个更加深入的认识，那就是城邦中并不是所有的需要都是必需的。总的来看，在一个"健康的国家"中，生产和

---

　　① ［古希腊］柏拉图：《理想国》，369D～371E。
　　② ［古希腊］柏拉图：《理想国》，372B～373E。

消费的产品都是生活必需品，而在一个"发烧的国家"中则加入了许多奢侈品。由此可见，柏拉图对工商业的认同并不是无条件的，其存在的必要性要以满足基本的生活需要为限度。

在他的理想国家的建构中，包括农民、手工业者和商人在内的从事生产活动的人完全被排除在国家的政治和军事生活之外，在这个由农工商业者组成的社会基底之上是一个由 1000 人组成的高贵的"护卫者阶层"，他们不进行任何的生产活动，专门进行军事训练和学习文化，并拥有政治权利，国家的最高统治者就是从护卫者中选拔出来的最优秀的哲学家，即"哲学王"。由哲学王和护卫者阶层组成的统治阶级的内部实行完全的公有制，不仅土地和房屋，而且妇女和儿童也都在公有的范围。作为被统治阶级的农工商业者则允许拥有私产，其主要任务就是向统治阶级提供基本的生活给养。因此，在这样的国家中，农工商业活动也仅仅被限制在无权的生产者阶层的范围内，其"低贱性"不言而喻。

在柏拉图的最后一篇对话《法律篇》中，护卫者的人数由 1000 人增加到 5040 人，但上述的社会结构却没有改变，因此，柏拉图关于农业、手工业和商业的一系列立法主要是针对护卫者阶层以外的生产者阶层的。值得注意的是，其中那些有关工商业的法律不仅全面贯彻了《理想国》中所提出的以基本需要为限度从而建立一个"健康的国家"的原则，而且还流露出了在《理想国》中所少有的柏拉图对工商业活动的怀疑、轻蔑和敌视态度，明显体现出了他在这个问题认识上的变化和发展。

对于手工业者来说，诚实是其最基本的职业道德。为此，在货真价实、如期交货等方面制定了相应的法律。依照有关的法律规定，手工业者被按照一定的数量和比例分配到指定的乡村和地区，其主要任务是满足大众的生产和生活需要，因而对产品的种类也作出了严格的规定，其中以农具、军事用品和日常的生活用品为主。① 这种手工业的生产方式带有明显的计划经济和配给经济的特点，目的只有一个，就是不要使人们产生超出基本生活需要的欲求。

如果说《法律篇》中对手工业活动的管理和规定还相对简单的话，那么在商业上的立法则可谓事无巨细，不厌其烦。

首先，国家从选址上就应该尽量远离外贸良港，因为"海洋实在是一个'又苦又咸的邻人'，它使一个地方染上商业和赚钱的习气，以及随之而来的零售贸易，在心灵中形成了狡猾和不信任的性情；它因而带走了一个城市对自身和对他人的信任和友谊"②。所以，这个国家的食物最好主要来自于自身的农业生产，法律既不允许各种奢侈品的进口（除了军事上的需求），也不允许本邦的生活必需品的出口。③ 一句话，最好没有对外贸易，或把这种事情减少到最低的发展水平。

其次，国内的商品交易在指定的时间和地点，在市场管理员的监督和管理下进行，产品在种类和数量上都有明确的法律规定，商业欺骗和产品的弄虚作假是绝对禁止的。在交易过程中，"在市场上贩卖各种商品的人不可以提出两种价格……也不能在一天之内任意提高或降低价格，不允许对所卖的商品用发誓来加以赞扬"。为此，市场管理员和法律的护卫者应该制定出一个详细的法律条文，张贴在市场上，使所有参与买卖的人一目了然。④

再次，严格禁止以营利为目的的零售贸易。"在这种或任何其他种类的商业活动中的以赚钱为目的的零售贸易在整个地区或城市的任何一个地方

---

① ［古希腊］柏拉图：《法律篇》，846d～847b。
② ［古希腊］柏拉图：《法律篇》，705a。
③ ［古希腊］柏拉图：《法律篇》，847c～846d。
④ ［古希腊］柏拉图：《法律篇》，917c～918a。

都禁止存在。"①那么，为什么柏拉图一方面承认零售商业在社会分工和人民经济生活中的功能和作用，在其《理想国》中也为零售商人留下了一席之地，但另一方面在这里却要明文禁止呢？他继而指出，原因就在于零售商人往往会受到贪欲的驱使而见利忘义，去损害他人的利益，他们"一旦有了需求，就毫无限制地获取，当他们能够得到一定数量的钱财，他们便选择无限地谋求"②。所以，零售贸易必须严格禁止，如果做不到这一点，也要越少越好。接着他再次重申了在护卫者阶层中严格禁止经商的规定，"从事零售商业的人必须是定居的外国人或陌生人"。对法律上允许保留的零售贸易，法律的护卫者要进行全面和严格的监管，其中包括公布收支情况，使之得到一份恰当的利益。③

最后，既然以贱买贵卖为特征的零售商业都受到这样的谴责和管制，那么以钱生息的高利贷就更是罪大恶极了。"城市中不得有金银存在，也没有通过粗俗的职业获得的高额利润、高利贷以及其他类型的可耻的增值。"因此，"不得把钱给他不信任的人，禁止有利息的借贷。一个得到一笔借贷的人被允许连本带息地拒绝偿还"④。这样，作为商业活动的最高发展形式的金融业被彻底地赶出了这个"理想国"。

在对工商"末"业的认识上，亚里士多德与柏拉图有着大体相同的看法和倾向，有所不同的是，除了营利性质的工商业活动对人的道德品质上的腐蚀作用这一伦理上的批判之外，亚里士多德还从经济的角度对这种认识进行了分析和解说。

前文说到，在靠劳力获得财富及靠交换和零售商业获得财富这样两种主要的"致富术"中，亚里士多德认为前者需求有限、方式自然，而后者则

① ［古希腊］柏拉图：《法律篇》，847d～847e。
② ［古希腊］柏拉图：《法律篇》，918c～918d。
③ ［古希腊］柏拉图：《法律篇》，920a～920c。
④ ［古希腊］柏拉图：《法律篇》，743d。

欲求无度、违背自然。为什么呢？接下来亚里士多德就从产品的两种不同的使用方式上阐明了其中的原因，比如鞋子既可以用来穿，也可以用来交换其他物品，虽然同样都是鞋子的用途，但前者所实现的是鞋子固有的用途，因而是正当的，后者实现的则不是鞋子本身的用途，所以是不正当的。亚里士多德在这里所区分的鞋子的两种使用方式正是马克思所谓的商品的两种属性，即"使用价值"和"交换价值"，如果说"使用价值"表现为"对人类生活的有用性"，"只是在使用和消费中得到实现"的话，那么"交换价值"则"首先表现为一种使用价值同另一种使用价值相交换的量的关系或比例"①，也就是说，商品的交换价值只有在交换中才能够体现出来。

那么，是不是所有的商品交换都违背自然而应该受到谴责呢？亚里士多德的回答是并不尽然："在最初这是一种自然的方式，是由于人们所拥有的物品，有的太少，有的又太多所致。"②也就是说，人们起初所进行的满足彼此需要的物物交换并不违背自然，只是到了后来，这种简单的交易继续发展，演变成为一种"获得金钱"的方法之后才开始违背自然，因为交易的目的不再是满足自身的需要，而是为了积聚大量的金钱。最后，从这种违背自然的致富方式中又发展起一种更加违背自然的方式，即高利贷："最为可恶的是高利贷，人们这样讨厌它是极有道理的，它是用金钱本身来谋取暴利，而不是通过金钱的自然目的来获利。因为金钱本身是用来交换的，而不是用来增加利息……这就是在所有致富的方式中高利贷何以最违背自然的原因。"③

至此，亚里士多德为我们勾勒出了一幅人类商业发展历史的草图，从

---

① ［德］马克思：《资本论》第 1 卷，北京：人民出版社，1975 年版，第 48~49 页。

② ［古希腊］亚里士多德：《政治学》，1357a15~16。中译文见苗力田主编：《亚里士多德全集》第 9 卷，第 19 页。

③ ［古希腊］亚里士多德：《政治学》，1358b3~7。中译文见苗力田主编：《亚里士多德全集》第 9 卷，第 23 页。

中区分出了两种不同性质的商品交换的模式，实际上这两种模式就是马克思所谓的"简单商品流通"和"资本的流通"。用公式来表示，W代表商品，G代表货币，"简单商品流通"的公式就是W—G—W，即"商品转化为货币，货币再转化为商品，为买而卖"。在这一循环中，始极是一种商品，终极是另外一种商品，或者退出流通而转入消费，因此这种循环的最终目的是消费，是满足需要的使用价值。而"资本的流通"的公式是G—W—G′，即"货币转化为商品，商品再转化为货币，为卖而买"。与前一种循环不同，这种循环"从货币一极出发，最后又返回同一极。因此，这一循环的动机和决定目的是交换价值本身"①，也就是更多的货币G′。正是在这个意义上，亚里士多德才得出了前一种以使用价值为最终目的的交换并不违反自然，而后一种以获取更多的金钱为目的的交换违背自然的结论。

最后，亚里士多德所极力谴责的钱贷业也就是马克思所谓的"生息资本"，在这种类型的交易中，资本流通的"G—W—G′"的形式又被简化成为了没有媒介的"G—G′"，即"生出货币的货币"②。正如亚里士多德所言，货币被发明出来的目的是用来交换的，而这种使用货币的方式显然又违背了货币本身的用途，因此也就成了最不自然和最应该受到谴责的致富方式。

在这里，亚里士多德一方面清晰地描绘出从以直接消费为目的的生产劳动到以满足自身的需要为目的的商品交换，再到以获取金钱为目的的零售商业和有息钱贷的发展过程，从而在一定程度上肯定了工商"末"业得以产生的必然趋势；另一方面又不断使用"自然"和"不自然"的伦理标准对这些经济活动是否应该存在而进行一一评说，运用经济分析的方法对古希腊传统上占主流地位的工商业观念作出了更为全面的总结和阐释，从而达到了一个新的理论高度。

---

① ［德］马克思：《资本论》第1卷，第168～174页。
② ［德］马克思：《资本论》第1卷，第177页。

(三)对"本"与"末"之间关系的认识

以上我们对色诺芬、柏拉图和亚里士多德等古典时期的思想家对农工商业活动的基本认识进行了一些初步的总结和分析。总的来看,他们都认为国家应该把农业生产放在首要的位置,这样做不仅关系到国计民生,而且还关系到人的道德品质培养和国家军事防卫等诸多方面,其根本性和重要性不言而喻;而对于工商业活动,他们在基本上承认或肯定其存在的必要性的前提下,都或多或少地表现出了轻视或压制的态度。那么,在他们看来,在"本"业与"末"业之间具有什么样的关系呢?实际上,他们对农工商业的总体看法正是建立在其对"本"业与"末"业之间关系的认识上面。首先,作为"本"业的农业生产之所以重要,是因为只有"本"业发展起来,"末"业才有可能兴旺,而不是相反;其次,在"末"业产生以后,就不再只是一种被动的力量,而具有了一定的能动性,因此,"末"业发展的健康与否也就会对"本"业乃至于城邦整体的经济和社会生活产生正面的或负面的影响。于是对发展"末"业的积极的一面或消极的一面的认识、偏向和强调,也就成为对其相对宽容和相对严厉的两种不同态度得以形成的根据和基础。

色诺芬认为农业是其他技艺之母。在论述农业生产为人们提供了赖以生存的农畜产品的时候,他说:"农业是其他技艺的母亲和保姆,因为农业繁荣的时候,其他一切技艺也都兴旺;但是在土地不得不荒废下来的时候,无论是从事水上工作和非水上工作的人的其他技艺也都处于垂危的境地了。"[1]在这段话中,色诺芬十分明确地阐释出"本"业与"末"业之间的轻重和连带关系:一方面,"本"业的稳固是"末"业得以存在和发展的前提,只有"本"业繁荣,"末"业才会兴旺,如果"本"业荒废了,那么"末"业也就跟着垂危了;另一方面,"末"业的产生和发展也是"本"业稳固之后的一个必然的结果。

---

[1] [古希腊]色诺芬:《经济论 雅典的收入》,第18页。

对于"末"业对"本"业的影响，色诺芬除了批评手工业活动对人的身体、精神和品德所造成的不良影响之外，并没有对其在人们经济生活中的重要作用和社会功能予以否定，而且还充分认识到了"末"业的发展反而能够对"本"业的稳固起到积极的作用，这种认识在普遍存在着"重农轻商"思想的古代社会中可谓难能可贵。在《回忆苏格拉底》中，他详细地记述了因为战争而造成粮食歉收的一家人是如何通过手工生产而渡过难关的。① 可见，手工业不仅能够满足人们的日常需要，而且在农业衰败的时候，还可以为人们提供更多的生计。在这里，色诺芬不仅认识到了"本"业对"末"业的决定作用，也注意到了"末"业在一定条件下对"本"业的补充和稳固作用。对于这种认识，他在《雅典的收入》中进行了更为全面的发挥和阐述。这篇文章的副标题是"增加雅典国家收入的方法"，其写作的时代正值伯罗奔尼撒战争的后期，由于战争的影响，农业经济遭到了很大的破坏，大量农民由于失去土地而涌入城市，贫民人数大增，农业生产则日益凋敝，雅典只能依靠海外粮食的进口和剥削提洛同盟各邦来维持生存。针对这种经济生活的窘境，色诺芬通过对雅典的全面考察，得出了雅典公民"可以借助他们的本国资源来维持生活"②的结论。除了农副产品的种植外，色诺芬提出了一系列大力发展雅典的手工业和商业的主张，并明确地提出这样做的目的就是为了在农业破败的情况下，获得充足的资金去换购粮食，发放军饷，稳固国防。为了解决个人资金不足的问题，他甚至还大胆地提出了建立国营采矿业和金融业的主张。

应该说，大力发展工商业从很早的时代开始就一直是雅典的一项基本国策，这主要是由于雅典土地贫瘠、耕地有限的较为恶劣的农业生产条件使然。为了养活众多的人口，城邦一方面鼓励包括葡萄、橄榄、无花果在

① ［古希腊］色诺芬：《回忆苏格拉底》，第74～77页。
② ［古希腊］色诺芬：《经济论 雅典的收入》，第66页。

内的经济作物的种植，鼓励葡萄酒和橄榄油的制造和出口；另一方面鼓励手工业和商业活动，创造更多的谋生手段和就业机会，并通过特色商品的大量生产和出口换取包括粮食在内的生活必需品和军需物资。梭伦改革中所实行的包括规定公民必须让自己的儿子学会一门手艺、大力吸纳外邦的手工业者等发展工商业的措施，从根本上说都是出于弥补粮食生产不足的目的，因此也就带有了扬"末"以固"本"的性质和色彩。上述色诺芬关于"末"业对"本"业的积极作用的认识正是建立在雅典长期实行的经济政策和经济活动的实践基础上的。

如果说色诺芬在"本末"问题上的主要贡献在于充分认识到了"末"业一定程度的发展对"本"业的稳固会起到积极作用的话，那么柏拉图和亚里士多德则对"末"业过度膨胀对"本"业所造成的负面影响给予了更多的关注。

在柏拉图的《理想国》中，当谈到一个城邦的建立都需要哪些人员的时候，他为我们描述了"一个真正的和健康的国家"和"一个发烧的国家"。在前面一个国家中，我们看到人们都以基本的生活必需品为满足，过着并不富有但可以自足的生活，健康、平安而安逸幸福，享受着天伦之乐，没有受到"贫困与战争之苦"。但是在后一个国家中，我们看到的却是另一番景象：

"不少人看来对刚才这个菜单或这种生活方式并不满意。睡椅毕竟是要添置的，还要桌子和其他的家具，还要调味品、香料、香水、歌妓、蜜饯、糕饼——诸如此类的东西。我们开头所讲的那些必需的东西：房屋、衣服、鞋子，是不够了；我们还得花时间去绘画、刺绣，想方设法寻找金子、象牙以及种种诸如此类的装饰品……那么我们需要不需要再扩大这个城邦呢？因为那个健康的城邦还是不够，我们势必要使它再扩大一点，加进许多必要的人和物——例如各种猎人、模仿形象与色彩的艺术家，一大群搞音乐的，诗人和一大群助手——朗诵者、演员、合唱队、舞蹈队、管理员以及制造各种家具和用品的人，特别是做妇女装饰品的那些人，我们需要更多的佣人。你以为我们不需要家庭教师、奶妈、保姆、理发师、厨师吗？我们还需要牧猪奴。在我们早期的城邦里，这些人一概没有，因为用不着他们。不过，在目前这个城邦里，就有这个需要了。我们还需要大量别的牲畜作为肉食品……在这样的生活方式里，我们不是比以前更需要医生吗？……说起土地上的农产品来，它们以前足够供应那时所有的居民，现在不够了，太少了……因为我们想要有足够大的耕地和牧场，我们势必要从邻居那儿抢一块来；而邻居如果不以所得为满足，也无限制地追求财富的话，他们势必也要夺一块我们的土地……下一步，我们就要走向战争了……"①

图 5.20　赤陶保姆雕像

我们看到，在这个国家中，随着人们各种各样的欲求被毫无节制地调动起来，一方面物质生活得到了极大的丰富，另一方面也在失去从前的安定、祥和与自足。与日益膨胀起来的欲求同时出现的是城市规模的无限扩

_____

① 〔古希腊〕柏拉图：《理想国》，372E～373E。

张，以掠夺土地、资源和人口为目的的国家之间的战争也就不可避免了。战争无疑会给农业生产以及人们的生命财产带来致命的伤害，每次战争之后都会出现贫困人口的增加、土地的荒芜和农业的衰退。在柏拉图看来，这一切伤及城邦根基的恶果之所以产生，都可以追溯到人之欲求的无限扩张，其中工商"末"业的过分膨胀难辞其咎。

因此，为了维持一个国家的健康发展，执政者就必须把人们的欲望限制在一个满足基本生活需要的水平上。正是在这个原则的指导下，柏拉图为城邦的经济生活制定出一系列严苛的法律，其中主要包括：(1)作为掌握国家统治权力的哲学王及其护卫者阶层严格禁止从事各种生产活动，尤其是以获取钱财为目的的工商业活动；(2)在生产者阶层中，除了农产品的生产及基本的生产和生活用品的制造与流通之外，其他超出生活需要的工商业活动，尤其是零售商业和钱贷业一律禁止，或减少到最低的限度，并且要在国家的严密监控之下进行。①

在工商"末"业的问题上，亚里士多德基本上继承和接受了柏拉图的看法，并从经济分析的角度为这种认识找到了更为坚实的理论依据。毫无疑问，柏拉图和亚里士多德之所以对工商"末"业抱有一种强烈的敌视和贬抑态度，就是因为他们充分认识到了"末"业没有节制的扩张会对"本"业造成致命的伤害和破坏。

实际上，在希腊人的现实生活中，人们也强烈地感觉到了工商业的发展对作为城邦存在之根本的传统农业生产所产生的种种不利影响，这种认识最为集中地反映在雅典喜剧诗人阿里斯托芬的作品中。

古希腊的喜剧被色诺芬称作"实际生活的戏剧"②。因为其故事情节大多取材于雅典人的日常生活，故而具有很高的真实性和史料价值。在阿里

---

① ［古希腊］柏拉图：《法律篇》，919d～920c。
② ［古希腊］色诺芬：《经济论　雅典的收入》，第10页。

图 5.21　陶瓷喜剧面具

斯托芬的喜剧中，我们可以看到包括农民、手工业者、商人、哲学家、诗人、奴隶、乞丐、盗贼、妓女在内的几乎所有社会阶层的人，其中尤其以农民和手工业者居多。通过这些人物的喜怒哀乐，色诺芬对当时雅典的现实社会中所存在的贫富分化、告密者的敲诈、煽动家对人民的愚弄以及社会风气的恶化等问题给予了无情的揭露和辛辣的嘲讽。

　　在他传世的最后一部喜剧《财神》中，阿里斯托芬通过"财神"和"穷神"这两个带有哲学意味的神灵形象，对雅典社会中所出现的好人受穷、坏人致富的不公平的社会现实进行了深入的思考，其中就蕴含了他对农业、工商业及其相互关系的理解、认识和评价。

　　在古希腊语中，"财神"名叫"普路托斯"（Ploutos），本义是"财富"，最初是一个农业术语，"财神"与掌管地下世界的冥神"普路同"（Plouton）出于同一个字根，其中的寓意是，古代人认为财富之源在地下，因为农产品和金银等贵金属都是从地下生长出来或者开采出来的。但是后来，随着财富之源由地下转移到了地上，也就是说，当农业不再是人们获取财富的唯一来源，尤其是随着工商业的产生和发展，货币拥有的多少逐渐取代了土地和农产品，成为衡量财富的标准和象征，"财神"就变瞎了。在当时，"财神"是瞎子是一个普遍的说法，柏拉图在《法律篇》中就提到："财神并不瞎，而是心明眼亮，只要他能谨慎行事的话。"①正是因为"财神"是个瞎子，才造成了人间好人受穷、坏人反而致富的局面。在《财神》这部戏中，瞎眼的财神被搬上了舞台，剧情的大意是讲两个正直而贫穷的农民如何在众神的指引和帮助下医好了财神的眼睛，使得富有的坏人变穷，而贫穷的好人致富，从而扭转了不公正的社会现实。

那么，这个故事中透露出作者关于农工商业怎样的思考呢？我们知道，在传统的农业社会中，在一定的历史时期，由于商品货币经济的发展，会导致和加剧贫富的分化，而先富起来的往往就是那些从事工商"末"业的人，尤其是富有的商人和高利贷者，而日益贫困者则是作为他们主要剥削对象的小农阶层。正是因为这一普遍的社会现象，才会出现"为富不仁"的观念，"财神"瞎眼正是这种观念的形象表达，因此，让"财神"复明正是代表了广大贫困的小农阶层的愿望和呼声。

在阿里斯托芬传世的 11 部喜剧中，几乎所有的主人公都是像《财神》一剧中所塑造的这种正直、诚实而贫穷的阿提卡小农，抱着对这些小农的无比同情，阿里斯托芬对那些剥削、欺骗、侵害和腐蚀小农的富人、商人、高利贷者、政客以及城市无产者进行了犀利的讽刺和无情的鞭挞。在他的剧作中，我们时刻都能够体会到作者对于自然的、和平的、富足的农村生活的依恋和向往，对喧嚣、奢侈、腐朽和堕落的城市生活的反感和拒斥。

---

① ［古希腊］柏拉图：《法律篇》，631c。

在这些剧作中，新兴的工商业活动对传统的农业和农村生活的侵蚀和破坏、对人的道德品质的不利影响，都通过戏剧的语言得到了淋漓尽致的表达，从中我们可以明显地体会到，阿里斯托芬与柏拉图和亚里士多德在工商"末"业对农业"本"业的负面影响的认识上所存在的诸多惊人的契合之处。

四、关于古代希腊经济属性问题的争论

古代希腊文明是一个工商业文明，还是一个农业文明，这是肇始于 19 世纪末并持续至今的西方学术界关于古希腊经济属性争论的中心问题。这场争论不仅波及了整个古典学研究领域，而且还得到了经济学、社会学等多个学科学者的广泛关注和积极参与。这场长达一百多年的学术争论虽然开始于德国，但很快就扩展到法国、英国、美国等很多欧美国家，进而影响到苏联和中国的学界，成为 20 世纪希腊史研究领域的一个带有世界性的研究课题。"在某种意义上可以说，20 世纪以来的古代经济史学术，或多或少地都是围绕着这场争论进行的。任何希腊经济史，甚至综合性的希腊史著作都不得不表明自己对这个问题的看法。"①

整个争论的过程大致可以分为两个阶段，从 19 世纪末争论开始到 20 世纪 60 年代，"古史现代化派"的"工商业文明说"基本上占据了主导地位；60 年代至今，"原始派"的"农业文明说"则越来越成为学界的共识。但这里所说的只是一种主导的倾向，在"现代化派"取得优势的时期并不缺少有力的反击和批驳，而在"原始派"开始获得胜利的时候也同样存在着很多反对的声音。

(一)问题的缘起

在 19 世纪之前，古希腊的经济还没有进入古典学家的视野当中，学者们对古希腊的研究主要集中在政治、军事、哲学、艺术以及文献等领域。

---

① 晏绍祥：《20 世纪的古代希腊经济史研究》，载《史学理论研究》1998 年第 4 期。

19 世纪以后才开始出现一些专门研究古希腊经济问题的著作，但长期以来经济史并没有成为希腊史研究的一个有机组成部分，在大多数希腊通史性质的著述中，希腊的经济发展只被偶尔提及。19 世纪末，首先由德国学者发起的这场关于希腊经济属性问题的争论，彻底地改变了这种经济史"缺席"的状况。

1893 年，德国经济学家卡尔·布赫（Karl Bucher）的著作《国民经济的产生》问世，在这本书中，他提出了人类社会经济发展的模式。在这个从古到今的经济序列中，他把古希腊、古罗马的经济纳入了自给自足的家庭经济阶段，并且指出，古典世界的城邦有别于中古时代的城市共和国，仅仅是消费中心，而非生产中心，这就确定了古代西方经济的纯粹自然经济性质。布赫的这一看法随即在德国学界引发了广泛的争议和激烈的批评，其中的代表就是当时德国古史学界的权威历史学家迈尔（E. Meyer）。针对布赫的观点，1895 年迈尔先后发表了《古代世界的经济发展》和《古典古代的奴隶制》两篇长文，依据近代资本主义形成和发展的脉络，描述了一个古代资本主义产生、演进的模式，指出古代希腊罗马经济与近代资本主义雷同，事实上确定了古代西方经济的商品经济性质。

布赫和迈尔的分歧肇始了西方学界持续百年的关于希腊经济属性问题的论争。众多的参与者虽然各有侧重，观点杂多，但始终没有脱离布赫和迈尔定下的这一基调，经过两人的支持者们的继续论证、补充和发展，就形成了两个针锋相对的学术派别：把希腊罗马基本上看成是自给自足的家庭经济和农业经济的一派被称为"原始派"，而以迈尔为代表的视古代经济为"工商业文明"的学者则组成了"现代化派"。后来的有些学者虽然在观点上摇摆于两者之间，但在一些根本性的问题上还是有着明显的偏向，而且与前辈的学者存在着或多或少的继承和发展的关系。因此，两个派别从一产生就界限分明，形成了相互对立和相互依存的关系，影响至今。

(二)"现代化派"占据主导地位

从一开始,争论就朝着有利于迈尔的一方发展。原因一方面在于布赫的模式本身所存在的简单、偏颇和绝对之处,与古代存在的商品生产和商品交换的史实不符;另一方面是因为迈尔本人是继蒙森之后德国古史学界的权威,在史学界的影响比布赫更大,其名作《古代史》首次尝试对整个地中海地区的文明做综合性的考察,资料丰富、见解深刻,尤其是其中关于奴隶制和古代经济的观点,至今仍然具有参考价值。同时,我们还要看到,以迈尔为代表的古史学家所提出的古代经济研究的理路,非常符合当时处在资本主义上升时期的德国以及其他欧洲各国的资产阶级的要求,而当时国家在商业和资本主义发展中正在发挥越来越重要的作用,因此,我们不能忽视"古史现代化派"得以站稳脚跟并迅速蔓延的这种时代背景。

20世纪20—50年代,古代希腊经济史研究基本上被"现代化派"所统治。"现代化派"史家中最有影响的集大成者就是罗斯托夫采夫(M. Rostovtzeff, 1870—1952),他关于古代经济史的两本代表性著作是《罗马帝国社会经济史》(1926年)和《希腊化世界的社会经济史》(1941年)。他认为,公元前8—前6世纪的殖民运动和经济革命刺激了希腊世界工商业和奴隶制的发展,希腊世界的商品经济也进一步发展起来。希波战争后,雅典极力想击败腓尼基,目的是把它从地中海世界的贸易中排挤出去,在未获成功的情况下,又转而试图从经济上打败其在希腊的竞争对手厄基那、科林斯和麦加拉等邦,继而在抢夺意大利和西西里市场的时候引起了科林斯的不满,从而引发了伯罗奔尼撒战争。公元前4世纪以后,希腊大陆产品市场的缩小导致了城邦的危机。在罗斯托夫采夫建立的希腊史框架中,工商业显然成为了古代经济发展的动力和基础,古代的社会结构和经济被严重地"现代化"了。在他的影响下,一大批学者都开始用"现代化"的精神来解释古代的历史:本特森(H. Bentson)用雅典和科林斯之间的商业竞争来解释伯罗奔尼撒战争的起源,萨瑟兰(C. H. V. Sutherland)用商业的发达说明厄基那的富有,贝蒙特(R. L. Beaumont)将爱皮丹努斯的繁荣归功于贸易，弗兰奇(A. French)的《雅典经济的增长》主要从工商业发展的角度阐述雅典得以建立并控制提洛同盟的原因。①

1928—1934 年出版的英国学者组织编写的《剑桥古代史》(第一版)是 20世纪上半叶希腊史研究最重要的成就之一。该书的希腊罗马部分一方面仍旧延续传统的写法，以政治、军事和文化史为主，关于古代社会和经济论述甚少；另一方面，在其论述经济发展的部分，深受当时正在盛行的"古史现代化派"的影响，其解释框架打着深深的时代烙印，其中的一些主要的作者，如乌尔和罗斯托夫采夫就是"古史现代化派"的代表人物。此外，这个时期西欧各国涌现出了大量的希腊经济史研究著作，其中大多都体现出了"古史现代化派"的观点，或者受到其强烈的影响。比如，法国学者格洛兹和杜丹(J. Toutain)于 1929 年和 1930 年分别出版了《古希腊的劳作》和《古代世界的经济生活》，两部著作都以史料丰富、描述翔实见长，而在观点上都表现出"现代化派"的明显倾向，古代希腊的经济生活被商业化了。比利时学者弗兰克特(H. Francott)在其著作《希腊城邦的财政》和《古代希腊的工业》中，讨论了工商业者及其在总人口中的比例及地位，把雅典的政治视作商人的政治，而把斯巴达政治当作农民的政治。②

在迈尔之后，"现代化派"的观点经过许多人的努力而越来越系统化，其主要内容包括：(1)在经济领域中，工商业起决定作用，农业主要为市场生产，受着市场竞争法则的制约；(2)在社会政治领域中，工商业者构成极重要的、独立的政治力量，经常联合下层群众，提出自己的政治要求，对外则为争夺销售市场、原料、劳动力来源而与异邦竞争者展开斗争；(3)提倡重

---

① 晏绍祥：《20 世纪的古代希腊经济史研究》，载《史学理论研究》1998 年第 4 期。
② 黄洋、晏绍祥：《希腊史研究入门》，第 110～111 页。

商主义。① 正是在上述观点的基础上，西方古代的政治、社会、经济乃至于思想文化都被整合到一个庞大的解释体系中。

不过，在以迈尔为代表的"现代化派"逐步形成的过程中就已经出现了很多反对的声音，但由于批评大多仅仅停留在对史实的不同理解和争论上，并没有从概念和方法上提出质疑，所以并没有对"现代化派"构成真正的威胁，影响也就十分有限。最早对迈尔的观点提出疑问，并从方法和解释模式上给予强有力的反思和辩驳，而对后来的研究产生了重大影响的是马克斯·韦伯（Max Weber，1864—1920）。1896 年，他在弗赖堡做了题为《古代文明衰落的社会原因》的讲座，这个讲座显然受到了不久以前布赫、迈尔争论的直接影响。在这两种解释模式之间，韦伯试图寻求一种妥协。一方面，他赞成布赫对庄园的强调，在该文中他详细论证了庄园自给自足趋势的强化妨碍其向资本主义转型；另一方面，韦伯又同意迈尔对贸易、营利和货币因素在古代世界重要性的强调，甚至把它们看作古代文明赖以存在的社会基础。在这篇论文中，他希望把自己的研究视角扩展到古代文明的整个经济生活中，提出研究古代文明的衰落关键必须从其经济发展的内在逻辑中去寻找答案，即古代经济中的资本主义因素何以被抑制而没有得到充分发展的问题。韦伯的分析建立在"城市—乡村"的二元对立上面。他认为古代文明基本上是一种城市文明，城市文明的衰落与市场经济的衰落紧密相关。在考察了古代市场经济的发展状况之后，他得出的结论是古代城邦自给自足的特性使市场以本邦的需要为中心，国际贸易在规模上是微不足道的，而古代的劳动组织以非自由劳动为主，这也制约了市场经济的自由发展，使得古代社会的市场经济只能建立在奴隶制庄园经济的基础上；而大部分地产并非以经营企业的方式进行管理，庄园为市场生产的产品主要是

---

① 郭小凌：《是工商业文明，还是农业文明？——古希腊史问题浅论》，见《史学论衡》第 1 辑。

那些高价产品，只能维持一个狭小而贵族化的市场。因此，奴隶制庄园的自给自足化是导致古代市场经济和城市衰落以致整个古代文明衰落的根本原因。在"弗赖堡讲座"发表的一年之后，韦伯又出版了长篇著作《古代文明的农业社会状况》，开宗明义地把问题集中在古代经济和资本主义的独特性的探讨上，并对古代资本主义发展受到抑制的市场、劳动力以及资本结构等方面的原因进行了全面总结和深入分析，从而在一定程度上论证了古代经济的特殊性及其与中世纪后期资本主义发展之间的本质区别。[1] 但是，在当时的德国和英美国家，统领着古典学界的仍然是上一代的大学者们，韦伯的论述并没有得到多少人的注意。

在韦伯之后，德国古典学者汉斯布鲁克（J. Hansebroek）继承了布赫的观点，在《古代希腊的贸易与政治》（1928 年）和《希腊经济与社会史》（1931年）两本著作中借鉴了韦伯的"理想类型"等方法，在仔细研究了城邦经济特点的基础上，指出不能把现代概念滥用到古代经济的分析中，而只能在城邦的范围内研究古代经济与工商业的作用。他指出，古代希腊并不存在统一的工商业者阶级，国家对贸易的关注仅限于谷物、木材等事关国计民生的产品。更为重要的是，对于希腊城邦来说，公民的重要性仅仅是作为消费者而不是生产者，所以国家并不关心出口，这一做法深刻地反映了古代与近代经济的差别。[2] 在《古代希腊的贸易与政治》一书中，他首次把布赫和迈尔开始的这场争论的双方命名为"原始派"（Primitivist）和"现代化派"（Modernist）。汉斯布鲁克的这两部著作是古代经济史研究中的一个重大转折，具有十分重要的价值和地位，对后来芬利等人的研究产生了直接的影响。但是他的著作刚一出版就遭到包括罗斯托夫采夫在内的"现代化派"学者的猛烈攻击，他自己也因为身体等原因而离开大学讲坛，以致其著作长

---

① 樊兆鸣：《马克斯·韦伯与古代史研究》，载《史学理论研究》2001 年第 4 期。

② 黄洋、晏绍祥：《希腊史研究入门》，第 113～114 页。

期被人遗忘。

不过正是在这些非主流的学者对"现代化派"所进行的质疑和批驳的基础上，第二次世界大战之后，以芬利为代表的新一代学者开始对这一学派及其古史现代化的种种主张进行更加全面、系统和深入的清算和反思，从而扭转了"现代化派"一统天下的局面。

(三)全面反思阶段的开始

摩西·芬利出生在美国，后移居英国，早年曾学习法律，后来又接受过经济学的严格训练，但其后半生的研究集中在古典学领域，一生撰写了20多部专著，内容涉及希腊罗马的政治、经济、社会和思想各个领域，思想深刻，成果卓著，成为20世纪后半期最有影响力的古典学家。

芬利年轻的时候曾经对马克思主义有过深入的研究，后来又受到过法兰克福学派和波拉尼的影响，但其研究方法主要来自韦伯和汉斯布鲁克。1951年，芬利出版了他关于经济研究的第一部专著《古代雅典土地与信用研究》，证明了在古典和希腊化时代的雅典，土地和信用仍然处于分离状态，所有的借贷都是为了支付政治捐款或置备嫁妆，与生产和投资无关。在随后出版的《奥德修斯的世界》中，他运用"礼物交换"理论来解释荷马时代的商品交换活动。1962年，在第二届国际经济史大会上，芬利宣读了他的论文，从汉斯布鲁克的立场出发，分析了爱皮丹努斯、厄基那和塔索斯等城邦的经济，完全否认了古代希腊有所谓"商业国家"的存在。1970年，他发表了题为《亚里士多德与经济分析》的长篇论文，宣称古代希腊根本不懂得现在所谓的经济分析。经过这一系列的准备之后，1973年出版了他在古代经济问题上的代表作《古代经济》，该书在1985年又出了修订版，并增加了新的章节。①

在《古代经济》一书中，芬利在吸纳前人有关研究和理论的基础上，全

---

① 晏绍祥：《20世纪的古代希腊经济史研究》，载《史学理论研究》1998年第4期。

面而系统地阐述了他针对"古史现代化派"在古代经济研究的概念、方法和模式等问题上的反思。这本书可以被视作对统治学界达半个多世纪之久的"古史现代化派"的一篇具有颠覆性质的宣言。该书的主要论点是：第一，研究古代经济不能从现代的概念和标准出发，因为古代经济关系的基本单位是个体家庭，而作为国民财富学说的"政治经济学"是 18 世纪中叶才出现的，诸如"资本""投资""劳动""市场""需求"等近现代经济术语在古代根本不存在。第二，古代西方的城市是消费中心，而不是生产中心，支付其消费的渠道多种多样，如农产品、专门的资源、土地财产收入、依附民缴纳的租税等，手工业生产的作用不大，因此，有关世界性市场的说法和在城邦中寻找重商主义的做法是不正确的。在古代社会中，手工业生产的目的与近代单纯追求利润不同，主要是为了满足公民的消费，城邦存在的基础是自然资源和政治权力而不是工商业活动。第三，古代社会的结构类似于物理学上的光谱中所呈现的多层分化模式，不同等级之间的差别很小，奴隶制虽然在古代一直存在，但是真正能够称为奴隶社会的仅有雅典等少数工商业较为发达的城邦或地区，且仅仅在短时间内存在。虽然这本书在论述上还存在着一些不足之处，但其基本的结论还是令人信服的，因而得到了西方史学界广泛的关注和认可，并产生了巨大的影响。

当然，这场对"古史现代化派"的反思运动并不是芬利一个人的战争，从 20 世纪 50 年代开始，随着考古学、古钱币学、古文字学、碑铭学等材料的发现、整理和研究，欧洲各国的历史学家通过对新旧材料的重新审定和分析，从多个层面对古代西方的经济性质问题重新进行了广泛而深入的研究，新的著作不断涌现，一个普遍的共识就是，古代与近代社会不仅有量的差别，还存在着质的不同。在希腊罗马，土地是最基本的财产形式，农业是最重要的生产部门。① 在第二次世界大战后 30 年的欧美各国的古史研究中，一个十分突出的现象就是"现代化派"日渐衰微，而"原始派"的观点则不断获得优势并逐渐成为新正统派。

从 20 世纪 50 年代起，在芬利等学者的共同努力下，"古史现代化派"的观点占据的统治地位发生了根本性的动摇，并逐渐退出了历史舞台，"原始派"的观点则日益获得优势地位。但是这只是一种基本的动向，应该说，对古代社会经济属性的争论并没有就此结束，恰恰相反，这场反思运动酝酿并引发出更大规模的讨论。从 70 年代至今，一方面，布赫和芬利的后继者不断涌现，论证和强调古代希腊社会的农本性质的著述大量出版；另一方面，关注并强调古希腊社会的工商业发展和工商业特征的学者还是大有人在，与另外一派学者展开了针锋相对的论争。不过，这种新一轮的论战绝不是原有论争的简单重复，而是建立在一种新的研究基点上，在更多地运用和引入相关学科的新理论和新方法的情况下，对这个"老问题"所进行的更加深入和具体的"新研究"。

就在"现代化派"的反对和批评者们正在全力以赴地对正统观点进行全面反思的同时，一些古代经济的研究者也开始表现出保留的态度，表达出不同的声音，"新原始派"和"新现代化派"开始逐渐形成。其中，剑桥大学的斯诺德格拉斯、卡特里奇等人完全否认商业和贸易在古代经济中的作用，有把"原始派"的观点推向极端的倾向②，成为"新原始派"的代表人物。在1983 年出版的《古代经济中的贸易》中，他们就完全否认了贸易在古风时期的社会经济发展中的地位和影响。③ 实际上，早在 20 世纪 60 至 70 年代，就有学者对芬利的结论抱有保留态度或表示过怀疑。其中，弗兰奇在《雅典

---

① 郭小凌：《是工商业文明，还是农业文明？——古希腊史问题浅论》，见《史学论衡》第 1 辑。

② 黄洋、晏绍祥：《希腊史研究入门》，第 138 页。

③ 晏绍祥：《20 世纪的古代希腊经济史研究》，载《史学理论研究》1998 年第 4 期。

经济的增长》(1964 年)和斯塔尔(C. G. Starr)在《早期希腊的经济和社会发展》(1977 年)中的观点就与芬利存在明显的分歧,阐述了工商业经济的发展对希腊的重要意义。科尔德斯瑞姆(J. N. Coldstream)在《几何时代的希腊》(1977 年)一书中把希腊人和外界经济联系的恢复和发展看作希腊文明走向繁荣的基本条件。① 80 年代以后,《剑桥古代史》的第二版(有些卷已出到第三版)陆续出版,与第一版相比,一方面,古代社会经济史的研究有了较大幅度的增加,反映了 20 世纪古代史研究的新趋势和新成果;另一方面,"古史现代化"的史观也得到了全面的修正和扭转,但是,其作者并未完全接受芬利的理论和观点,而是在一定程度上保留了工商业的发展对希腊历史所具有的重要性的认识。

如果说斯诺德格拉斯和卡特里奇等学者基本上继承了芬利的衣钵,极力否认希腊工商业成分及其重要性的话,那么以奥斯邦(Robin Osborne)和默里(Oswyn Murray)为代表的学者则仍旧确信工商业的发展对希腊的经济具有决定性的作用,可以看作"新现代化派"的代言人。奥斯邦通过分析希腊的陶器生产和城乡关系,指出手工业者和农民的生产并不是完全盲目的,而是有其特定的市场和目的。②

在这场新一轮的学术争论中,我们看到了一些明显不同于前一阶段论争的新趋势。首先,学者们不再把自己的研究局限在传统史料的辨析上面,而是更加注重社会整体的研究和经济模式的构建。这主要表现在研究方法的多样化上,在继续对传统文献进行考证、梳理和研究的基础上,社会科学的概念、理论和方法在希腊经济史研究上得到了更加广泛的运用,如人口统计学、文化人类学、调查考古学以及韦伯的"理想类型"和年鉴学派的"长时段理论"都成为解决历史问题的重要武器,同时,马克思主义的阶级

---

① 黄洋、晏绍祥:《希腊史研究入门》,第 121 页。
② 黄洋、晏绍祥:《希腊史研究入门》,第 139 页。

分析法等唯物史理论也再次得到了学界的关注。1973 年，美国的文献学会就召开了题为"马克思主义与古典学"的学术研讨会，上文中讲到的芬利和德·圣克罗阿等古史学者都受到过马克思主义理论的直接影响。其次，与传统的研究主要集中在工商业发达的古典时期和城市经济领域不同，希腊经济史的研究重点开始从古典时期前移到古风时期乃至于荷马时代和更为广大的农村地区，希腊农业史研究成为一个重要的研究热点和研究取向，并取得了丰硕的成果。

最后，新一轮的争论并不像从前的"原始派"和"现代化派"那样泾渭分明和完全对立，通过新的研究，持有不同看法的双方已经达成了越来越多的共识，只是在具体问题的分析和把握上各有侧重，上面讲到的关于农业经济中市场化程度的分歧就说明了这一点。学者们还逐渐认识到，其实"现代化派"的史学家比如罗斯托夫采夫也并没有完全否认古代文明的农业基础，而以芬利为代表的"现代化派"的反对者也并不完全否认工商业在古代经济中的重要作用。① 最近出版的几本关于古代经济问题的论文集就集中地表现出了这种调和和对话的趋向。一方面，其中收入了反映各种不同观点的文章，既有阐发古希腊经济的农本性质的论文，也有强调工商业作用和地位的论文，还有介于二者之间的看法；另一方面，历史学家和经济学家，希腊罗马的研究者和埃及、近东的研究者都被吸纳进来，从各自的研究角度出发展开了对话。② 这种多学科、多视角和全方位的研究必将成为新世纪希腊经济史研究的大趋势，也必将有助于对古希腊经济属性问题的深入探讨。

---

① 黄洋、晏绍祥：《希腊史研究入门》，第 139 页。

② W. Scheidel and S. von Reden eds. , *The Ancient Economy*，Edinburgh：Edinburgh University Press，2002；D. J. Mattingly and J. Salmon eds. , *Economic beyond Agriculture in the Classical World*，London and New York：Routledge，2001；J. G. Manning and I. Morris，eds. , *The Ancient Economy*，*Evidence and Models*，Stanford：Stanford University Press，2005.

在上述这场学术争论中，苏联的学者也曾经积极地参与，做出了独到的贡献。早在 20 世纪 20－30 年代，苏联的古典学研究者丘梅涅夫、塞尔格叶夫等人就运用马克思和恩格斯的有关论述并结合史料阐述了古典奴隶制社会与资本主义社会的根本区别，确定了古代社会的自然经济性质。但是，苏联学者在总体上批评迈尔的"现代化派"观点的同时，却又采纳了迈尔等人在许多具体问题上的看法，并给它们贴上了马克思主义的标签。比如，在他们设计的古典世界阶级斗争的模式中，把平民上层的工商业奴隶主阶层看成是国家产生过程中新兴的政治力量，他们与氏族贵族大土地所有者之间的冲突与斗争成为早期希腊政治史的基本内容。因此，梭伦改革就被赋予了雅典的工商业奴隶主联合农民和小手工业者争取政治权力的解说，而梭伦也就成了工商业奴隶主的代言人。为了使这种解释能够成立，市场竞争原则被视为雅典制定内外政策的出发点，而工商业的发展也成为城邦政治和军事生活的主导力量。这样，苏联学者在批判迈尔的同时，又对古代的历史作出了适合自己需要的新的现代化解释，这些观点集中体现在 1956 年苏联科学院编写的《世界通史》的头两卷中。70 年代以后，虽然一些学者注意到了西方学者对这个问题所作出的新的反思，并对传统观点进行了一定的修正，但总的来说变化不大，原有的解释模式基本上没有改动。① 由于种种历史原因，苏联学者在这个问题上的认识和解释模式对新中国建立后的世界古代史，尤其是古希腊罗马史的体系和内容产生了直接和重大的影响，可以说，这种影响一直持续到 20 世纪 80 年代以后。

(四)中国学者的研究

从中华人民共和国成立到 80 年代，中国的希腊史研究虽然在学科的创建与研究资料的翻译和积累上取得了较大的进展，但研究本身却受到很大

---

① 郭小凌：《是工商业文明，还是农业文明？——古希腊史问题浅论》，见《史学论衡》第 1 辑。

的局限，仍属于起步阶段。在苏联的马克思主义史学研究的影响下，一方面，世界古代史的研究者们大都把注意力集中在诸如亚细亚生产方式和奴隶制度等有限的问题上，另一方面，在内容上也大多接受苏联世界史的体系和解释模式。比如，在中华人民共和国成立以后的30多年里出版的多套世界通史的教材中，关于古代希腊经济属性问题的认识都基本上采纳和沿用了苏联学界占主导地位的"新兴的工商业奴隶主阶层通过斗争夺取权力并占据统治地位"的说法。这种情况到80年代以后逐步得到改变，改革开放的政策使中国的世界史研究者获得了思想上的解放，在摆脱苏联的影响和束缚、拓宽自己的视野并直接向西方学术界学习的同时，也开始了从原始资料出发发掘自己的问题视域和进行独立研究的尝试。正是在这样一种时代背景下，在80年代后期，古代希腊的经济属性问题进入了中国学者的视野，并成为与城邦、民主制度等问题相并列的中国古希腊史研究的"拳头"问题之一，学者们纷纷从各个角度对这个问题发表自己的看法，并展开了较为激烈的争论，应该说，这种问题如此集中、看法如此多样的争鸣在世界史学界并不多见。据不完全统计，从80年代末到今天，直接或间接地论及该问题的学术论文多达数十篇，还出版了多部与此相关的学术专著。

有趣的是，中国学者关于这个问题的讨论从一开始就呈现出与西方学术界持续百年的论争大体相似的理路和格局，其中既有把古代希腊基本上看成是农业文明的"农本派"，也有更强调工商业发展在希腊历史中的决定作用的"重商派"，又存在着既承认希腊文明的农本性质又不否认工商业发展的"折中派"。与此同时，我们还要看到，在充分研究、借鉴和利用古代希腊的原始资料和西方学者的研究成果的基础上，许多中国学者还能够把这个"外国史"的问题与"本国史"的研究结合起来，以中国古代的社会经济发展作为参照，通过历史的比较研究来对这个"剪不断、理还乱"的问题作出自己的回答，从而呈现出中国学者的理论视野和研究特色。

为了叙述的方便，下面我们就大致按照时间的顺序，对持有以上三种倾向的代表性学者及其主要观点作一个简要的梳理、概括和总结，难免有挂一漏万之处，敬请谅解。

首先，"农本派"的代表主要包括启良、郭小凌、黄洋、徐松岩等学者。笔者认为，80年代后期，最早对古代希腊经济的"农本"性质作出明确界定的是启良。1988年，他发表了《希腊城邦的主要经济形式也是小农经济》一文，针对中国学术界长期以来把中国视为"农文化"，把西方则视为"商文化"的看法，提出"西方无论是古代希腊罗马时代，还是基督教统治的中世纪，始终是以农为本，商业在整个社会经济中从未占据过主导地位"。雅典能不能被看作"工商业城邦"呢？他的回答是否定的，原因在于以下三个方面：第一，雅典几次大的改革都是以农业为中心问题；第二，以农为本，重农抑商，是雅典思想家们普遍的思想倾向；第三，雅典人口绝大多数是农业人口。①

继启良之后，郭小凌在1989年发表了《"梭伦改革"辨析》一文，对梭伦改革"通常被看作是以梭伦为代表的希腊城市工商业奴隶主阶层同氏族贵族争夺政权的产物"提出了质疑。作者指出，"工商业奴隶主改革说很大程度上奠基在改革者梭伦有过所谓经商的历史上，然而有关的史料却并非可靠"。通过对史实的考辨和逻辑的推理，文章得出了把梭伦看成是城市工商业奴隶主阶层的代表"实在是一个历史的误解"的结论。② 1991年，郭小凌又发表了《是工商业文明，还是农业文明？——古希腊史问题浅论》一文，与前文通过一个具体问题的考证来说明希腊的工商业文明说所存在的问题不同，这篇文章从史学史和古代文明总体经济发展水平的高度对古代希腊经济属性问题进行了宏观的分析和梳理，就笔者所见，这是国内第一篇全

① 启良：《希腊城邦的主要经济形式也是小农经济》，载《湘潭大学学报》（社会科学版）1988年第4期。
② 郭小凌：《"梭伦改革"辨析》，载《世界历史》1989年第6期。

面介绍由布赫和迈尔开始的西方学术界关于古希腊经济属性问题争鸣的论文。此文并没有因为希腊的农本经济的性质而否认工商业经济的存在和发展，只不过要对其性质和作用作出恰当的定位。作者还进一步指出，古希腊各邦的政治、经济和文化的发展极不平衡，因此，雅典不能等同于希腊，希腊更不能等同于古代西方，判定工商业成分在古代经济中的位置还需要更为扎实和全面的定量研究。[1]

黄洋在 1995 年出版的《古代希腊土地制度研究》是他在伦敦大学完成的古典学博士论文，该书对古代希腊的土地制度，尤其是土地私有制在希腊的产生过程做出了系统的研究。黄洋的这部著作虽然并不意在直接参与这场争论并论证希腊文明的农本性质，而是研究希腊的土地制度，但由于"古典城邦中自由农政治力量的源泉在于他们拥有土地的权利"，因此，"土地私有制看起来是古典城邦制度最为根本的社会和经济基础"[2]。也就是说，对希腊土地制度问题的深入研究无疑能够成为解答上述问题的关键环节之一。黄洋于 1996 年发表了《希腊城邦社会的农业特征》一文，直接和全面地阐述了古希腊经济的农本性质，此文可以被看成是中国学界"农本"学派的代表性作品。文章指出，"长期以来，国内史学界把希腊文明看成是一个手工业和商业高度发达的文明"，更重要的是，从这个被认为理所当然的结论出发又提出了包括梭伦代表了工商业奴隶主阶层的利益在内的一系列与历史事实不相符的结论，其影响至今犹存。造成这种局面的原因，一方面在于国内学界对希腊的工商业在整个社会经济中所占的比例、手工业各部门以及从事工商业的人口结构缺乏系统和深入的研究；另一方面"还隐藏着一个更为深刻的现实根源，即国内的学者往往有意识地或下意识地将中国文明与西方文明乃至古希腊文明相比。由这两大文明的现代特征入手，由今

---

① 郭小凌：《是工商业文明，还是农业文明？——古希腊史问题浅论》，见《史学论衡》第 1 辑。

② 黄洋：《古代希腊土地制度研究》，第 3~4、6 页。

而古，想当然地推出一个对立的结论，即现代中国经济的欠发达应归咎于中国文明的农业特征，而现代西方文明的工商业特征则起始于它的根源，亦即古希腊文明"。作者从古代希腊的基本史料出发，结合西方学者的有关研究成果，从古希腊人的农业观念、农业在经济中所占的地位、土地财产与公民政治权利之间的关系以及工商业在经济结构中所占的比例等几个方面论证了上述的观点。① 这篇文章观点鲜明，论述全面，但随即也引发了反对者们的一系列质疑，从而揭开了中国学界关于希腊经济属性问题的争鸣的序幕。

如果说黄洋的研究主要侧重于古希腊的农业生产、土地制度和农本观念的话，那么徐松岩的一系列文章则对古典时期的奴隶制度、经济发展以及工商业生产活动给予了更多的关注。1994 年，他发表了《古典时代雅典奴隶人数考析——兼评"持续增长说"》②一文，对传统上认为的公元前5—前 4 世纪尤其是伯罗奔尼撒战争时期雅典奴隶在人数上的持续增长说提出了质疑，根据对有关史实的分析，他认为事实恰恰相反，由于瘟疫、逃亡以及战争后期把奴隶编入军队等原因，到了公元前 5 世纪末，雅典的奴隶人数大幅减少；而到了公元前 4 世纪，雅典奴隶制发展处于停滞状态，奴隶人数几乎没有增长，奴隶制经济的总体水平远不及伯里克利时代。2000 年，徐松岩在《关于希腊奴隶制的理论和实际》中指出古代世界经济是以农牧业为主的自然经济，商品经济规模和水平极其有限，在这样的生产力条件下，奴隶制度不可能创造出近代意义上的剩余价值；在希腊城邦的公民中，奴隶主阶层主要局限在那些中等财富级别以上的富人范围内，他们始终只是自由民群体中的极少数人，作为公民主体的小生产者，通常都不是

---

① 黄洋：《希腊城邦社会的农业特征》，载《历史研究》1996 年第 4 期。
② 徐松岩：《古典时代雅典奴隶人数考析——兼评"持续增长说"》，载《世界历史》1994年第 3 期。

奴隶的直接占有者。① 如果说徐松岩的上述论文主要从奴隶制经济发展的角度间接地证明了古希腊经济的农本性质的话，那么在1998年发表的《古代世界不存在"工商业城邦"》则对古希腊的"工商业文明说"给予了正面的驳斥。作者指出，"古代世界各国工商业发展状况虽千差万别，但即使是工商业最发达的城邦，也只是那些工商业得到较充分发展的农业城邦而已。把工商业发达的城邦混同于'工商业城邦'实际是对古代城邦经济结构的一种莫大的曲解"②。

除了这几位学者之外，裔昭印的《从古希腊罗马看古代城市的经济特征》选择城市史研究的角度，从古代城市的经济特点、城乡之间的关系等方面论证了古希腊罗马经济的自然经济性质。③ 王大庆在《雅典公民家庭经济中的土地与农业生产》《略论雅典公民家庭经济的外部交换》等文章中，也从家庭经济的角度，结合有关文献和西方学者的研究成果，对雅典公民经济生活中农业、手工业和商业活动所占据的比例、地位和影响做出了量化分析的尝试，从而得出了古希腊的农本经济性质。

就在上述学者纷纷从各个角度对古代希腊经济的农本性质进行阐述和论证的过程中，也开始出现一些针锋相对的反对意见，他们大都反对把希腊文明界定为"农业文明"，而把工商业的发展继续放在至关重要的位置上，因此，我们可以把这派学者称为"重商派"，其中的主要代表是王瑞聚和毕会成。

在这一派中，王瑞聚堪称用力最大。据笔者统计，从1999年到2009年，他在这个问题上发表的文章达到8篇之多。2000年，他发表了《梭伦经

---

① 徐松岩：《关于希腊奴隶制的理论和实际》，载《世界历史》2000年第1期。

② 徐松岩：《古代世界不存在"工商业城邦"》，载《重庆师院学报》（哲社版）1998年第1期。

③ 裔昭印：《从古希腊罗马看古代城市的经济特征》，载《上海师范大学学报》1995年第3期。

商应为信史——对郭小凌先生〈"梭伦经商"考〉的不同意见》，文章对郭文中所提出的史料中梭伦经商的记载不足凭信的看法一一提出了质疑，作者认为，古代作家关于梭伦事迹的记载是具有一定的史料根据的，即使这些史料在今天已经失传，仅仅根据西方个别学者的观点推导出自己预先设定的结论是不合适的。[①] 王瑞聚对"农本派"观点的全面批驳主要集中在发表于2002年的《从雅典国家的农业看城邦社会的经济特征——兼与农业特征论者商榷》一文中。作者在文章的开头首先明确地提出了自己的观点："无论从经济基础与上层建筑的辩证关系看，还是从古典文献所反映的历史实际看，古希腊城邦社会的工商业特征，应该说是经得起检验、可以定论的问题。"以黄洋为代表的农业特征论者的观点，"虽然立意新颖，但仍有很多问题值得商榷"。接着，作者对"农本说"的主要观点和论据逐一进行了批驳，最后指出，"无论从量的角度，还是从质的角度，雅典国家的农业都不足以说明城邦社会的农业特征。农业特征论是不能成立的"[②]。

毕会成对"农本派"的质疑和反驳主要体现在他发表于2000年的《"希腊农业特征"辨析——与黄洋同志商榷》一文中，对黄文中所提出的农业特征论的证据一一做出了回应。首先，他认为，只有公民才能拥有土地这个事实本身除了能够说明土地占有上的排他性之外，并不能说明"农业构成了城邦生活最根本的基础"，因为"雅典公民主体决不可能是纯粹意义上的农民，而是工商业者以及兼事工商的土地所有者，如果再将只能从事工商的外邦人和主要使用于工商领域的奴隶考虑进来，这一群体将进而构成整个雅典社会的主体"。其次，对黄文中提出的手工业和商业都处于次要地位的说法，他从葡萄、橄榄等经济作物的广泛种植和油、酒的大量出口等方面予

[①]　王瑞聚：《梭伦经商应为信史——对郭小凌先生〈"梭伦经商"考〉的不同意见》，载《东方论坛》2000年第2期。

[②]　王瑞聚、邹远修：《从雅典国家的农业看城邦社会的经济特征——兼与农业特征论者商榷》，载《齐鲁学刊》2002年第5期。

以辩驳，并指出，希腊的城市不但是消费中心和政治中心，还必须是手工业和商业中心。在文章的第三部分，作者又把论述的重点转移到工商业发展与城邦民主制的关系问题上面，他认为"在民主政治形成和发展的主要阶段都离不开工商业阶层的参与和推动"，而大土地所有者和工商业奴隶主构成了雅典统治阶级内部的不同职业集团。最后，作者指出，"贵农贱商"的行业态度主要存在于民众当中，是土地贵族的思想观念，在他们对农业的赞美中我们感受到的是"言贵农而农已贱"的无奈与悲哀。通过上述的分析，作者的结论是："至晚到希腊文明臻于成熟的古典时期，以雅典为代表的希腊社会已表现出极为突出的商业特征"，典型的农业社会完全是杜撰出来的。①

在"农本派"和"重商派"之间，我们看到还有一些学者既承认古希腊文明的农本性质，又不否认其带有强烈的工商业特征，在观点上介乎于两派之间，其中主要的代表包括晏绍祥、徐晓旭、解光云等。

晏绍祥也是国内较早关注这一学术论争的学者之一，并在多篇著述中对这个问题在西方学界的缘起、发展和研究现状作出了全面和深入的述评，他对这个问题的思考和见解主要散见于这些研究当中。晏绍祥于1999年出版了国内第一本全面介绍西方古典学史的专著《古典历史研究发展史》，对文艺复兴到20世纪80年代欧美各国、苏联以及中国在古希腊罗马研究上所取得的重要成果和问题作出系统的述评，其中对关于古代希腊经济属性问题的论争进行了重点关注和全面综述。作者在充分肯定了反古史现代化派的学者们对这个问题所作的反思及其积极意义的同时，也指出："芬利又把古代社会的某些特点绝对化……竟至成为新正统派"，因而遭到了一些学者的强烈批评，这说明他的看法也存在着一定的问题。作者全面和系统地

---

① 毕会成：《"希腊农业特征"辨析——与黄洋同志商榷》，载《辽宁师范大学学报》2000年第1期。

介绍了 20 世纪 80 年代以来英美等国的学者在调查考古学和农业史研究中
所取得的最新进展，针对新一轮的关于农业生产中压低和抬高商品化程度
的争论，作者指出："在笔者看来，抛开原始派有意压低希腊商品经济发展
程度的极端提法不谈，前一类观点应更具说服力，但后者亦不完全是无稽
之谈。正如奥斯丁曾经指出的那样，对希腊人来说，贸易是其文明组成的
一部分，希腊的商船很早就产生了，完全把贸易从希腊经济中拿掉，显然
不符合历史的实际。""因而如何估价商品生产在希腊经济中的作用，仍是一
个有待解决的问题。"[1]

在 1998 年发表于《史学理论研究》上的《20 世纪的古代希腊经济史研究》
一文中，晏绍祥对这场论争的来龙去脉及代表性的著述和观点进行了专门
的介绍，并对一些最新的研究动态和趋势进行了评述。此外，在发表于
2009 年的《古风时代希腊社会经济发展的几个问题》一文中，他对颇有争议
的古风时期希腊社会经济进行了探讨，认为尽管希腊世界的不同地区存在
着巨大的差异，但人口的增加、生产技术的局部变革、地中海地区贸易联
系的恢复，还是表明了古风时期的希腊经济有一定程度的增长。希腊本土
若干工商业中心的出现，显示了贸易和手工业对于希腊城邦的形成仍有所
贡献。不过，农业始终停留在自给自足的水平，古风时期希腊的经济无论
与工商业的联系多么密切，仍是农本经济，与近代资本主义经济有本质的
区别。[2] 这篇文章可以看成是其对希腊农工商业地位和作用问题所持的"折
中派"观点的一次具体阐释。

如果说上述学者在这个问题上的讨论大多是从宏观的层面，以已有的
资料、理论和模式为出发点来阐发自己的观点的话，那么徐晓旭发表于

---

① 晏绍祥：《古典历史研究发展史》，武汉：华中师范大学出版社，1999 年版，第 181、
322 页。

② 参见晏绍祥：《古风时代希腊社会经济发展的几个问题》，载《华中师范大学学报》(人
文社会科学版)2009 年第 3 期。

2002 年的《论古代希腊的自耕农》一文则是从微观的问题出发，通过对古代希腊人常用的"自耕农"一词的考察来揭示这样一个在城邦中占据着主要地位的社会群体的经济、政治、社会等方面的特点，以此来对古希腊的经济性质作出回答。他指出，"自耕农"这个词就包含了土地所有权和劳动力两个方面的内容。这样，"自耕农"一方面与其他在土地上劳动的依附劳动者区分开来，另一方面也与利用管家来监督奴隶进行耕作的土地所有者存在差别。古代希腊"自耕农"经济有自给自足性，商品经济对它的补充作用以及相互依赖又相互对立的城乡关系在古代世界是一种普遍的现象。"正是这些因素的存在，使古代希腊社会带上了这样一种性质——包容较多商品经济、自耕农为社会基础的奴隶制农本社会。"①

解光云于 2006 年出版的《古典时期的雅典城市研究》一书从城市史的角度出发，对古典时期雅典的经济、政治、文化等方面的发展进行了系统的考察，也从一个侧面对古代希腊的经济属性问题作出了自己的回答。从总的倾向上看，作者既充分阐述了作为古典时期希腊经济中心的雅典在手工业和商业上所出现的繁荣局面，同时也并没有否认古希腊经济的农本性质。②

在中国学术界 20 多年来对这个问题的学术争论中，除了上述直接参与这个问题讨论的三个派别之外，很多学者还在某些具体问题的研究中以间接的方式参与了这场讨论。比如，对于古风时期的希腊殖民运动、古代希腊的工商业与民主制度之间的关系等问题就都存在着两种不同的解释模式，由于篇幅所限，在这里不再一一赘述。

最后还需要指出的是，中国学界在这个"外国史"问题的讨论上最大的特色和最值得关注的突破就是试图把这个问题的研究与本国的历史经验结

---

① 徐晓旭：《论古代希腊的自耕农》，载《世界历史》2002 年第 5 期。
② 解光云：《古典时期的雅典城市研究》，第 91 页。

合起来，通过历史的比较研究来加深我们对古代希腊经济属性问题的认识，并从中寻找世界古代经济和社会发展的带有普遍性的规律和地区特色，从而实现历史的普遍性和多样性的统一。早在 1988 年，启良就在《古代中西方抑商问题的比较研究》一文中，对古代中国和希腊罗马的抑商现象的目的、方式和手段等方面所体现出的相似性和不同点做出了比较研究。① 晏绍祥在 1993 年发表的《梭伦与商鞅经济改革的比较研究》以雅典的梭伦改革和秦国的商鞅变法作为比较研究的对象，通过对这两次经济改革措施及结果的深入探讨，进而剖析了古代中西经济发展的异同，得出了梭伦和商鞅的经济改革不仅显示了古代经济的农本性质，而且也体现出政策上明显的差异。② 徐松岩在 1995 年发表的《古希腊城邦经济结构刍论——兼评东西古国经济结构"迥异"说》通过古代东西方古国经济结构上的比较，得出了无论是古代东方还是古代西方都是以农业经济为主、工商业经济为辅的结论，从而否定了古代希腊所谓的"工商业城邦"的存在。③ 王瑞聚在 1999 年发表的《论古代希腊人的重农思想——兼与古代中国重农思想比较》则对古代希腊和中国的重农思想的异同做出了比较研究。④ 2006 年，王大庆出版了在博士论文基础上修改完成的专著《本与末——古代中国与古代希腊经济思想比较研究》。该书试图打通"古代中国的重农抑商"和"古代希腊的经济属性"这两大东西方史学问题，从经济思想史的角度，通过"本与末"、"义与利"、"公与私"和人性的"善与恶"等几对古代中国的思想史范畴，对古代希腊和中国先秦时代的经济思想进行了系统的比较研究，对古代希腊和古代中国的农工商业观念及其思想根源上的异同进行了全面、深入的分析和探讨，

---

① 启良：《古代中西方抑商问题的比较研究》，载《世界历史》1988 年第 3 期。

② 晏绍祥：《梭伦与商鞅经济改革的比较研究》，载《社会科学战线》1993 年第 4 期。

③ 徐松岩：《古希腊城邦经济结构刍论——兼评东西古国经济结构"迥异"说》，载《西南师范大学学报》1995 年第 3 期。

④ 王瑞聚：《论古代希腊人的重农思想——兼与古代中国重农思想比较》，载《社会科学战线》1999 年第 4 期。

做出了从中国历史的视域对古代希腊的经济属性问题作出判断的尝试。

实际上，除了这些比较研究之外，其他那些直接对希腊的经济性质发表看法的学者也都或多或少地把古代中国的历史作为论述的前提、出发点或参照系，不论在观点上是侧重于"农本"，还是意在"重商"，我们相信，这些研究都将有助于丰富和加深人们对古代希腊、古代中国乃至于整个古代世界经济发展史的了解和认识。

第六章　希腊化时代

所谓"希腊化时代"，是指亚历山大东征后的 3 个世纪里，古希腊文明和小亚细亚、叙利亚、犹太、美索不达米亚、埃及以及印度的古老文明相融合的一个时代。时间范围通常认为开始于公元前 323 年亚历山大去世，到公元前 30 年罗马吞并最后一个希腊化国家托勒密王朝为止①。

学术界对"希腊化时代"展开研究的历史并不长，从 19 世纪上半叶德国学者德罗伊森（J. G. Droysen，1808－1884）赋予 Hellenism 以新的含义之后，"希腊化时代"才正式进入人们的视野。由于这个时代所具有的过渡性、多样性和复杂性，时至今日，关于"希腊化"的含义、这个时代的特征和性质等问题仍旧存在着很多种不同的看法。尽管如此，自从这个时代被重新"发现"以后，其历史地位和重要性越来越得到普遍认可，成为学界的共识。

首先，"希腊化时代"上承希腊城邦时代，下接罗马时代，是一个承上启下和继往开来的时代。正是由于希腊化时代的存在，才使通过继承和发扬希腊文化而形成的罗马文明与作为世界性宗教的基督教的产生成为可能。

其次，在这一历史时期，希腊文化随着亚历山大帝国的兵锋所至而被传播到了更加广阔的东方地区。与此同时，东方各国的文化也大量西传，两股潮流相互碰撞而创造出了博采众长、异彩纷呈的新文化，从而迎来了人类历史上第一次东西方文化大交融的时期。其规模之大、范围之广、程度之深、成果之巨、影响之深远乃前所未有，最终沟通了包括希腊、埃及、

---

① 参见陈恒：《希腊化研究》，北京：商务印书馆，2006 年版，第 1 页。

巴比伦、印度甚至中国在内的五大文明，揭开了欧亚非大陆间人类文化大交流、大汇合的序幕。①

下面我们首先对"希腊化时代"的历史发展过程作简要的叙述。

第一节　马其顿的兴起和亚历山大东征

一、马其顿的兴起

(一)马其顿的早期历史

马其顿位于希腊北部，从地形上分为两个部分，东部沿海地区称为下马其顿，以平原为主，适于发展农业；西部山区称为上马其顿，森林和矿产资源丰富，畜牧业发达，居民成分复杂。但马其顿人基本上属于早期青铜时代迁移到巴尔干地区的说印欧语的种族，与南部的希腊人有着同源关系，都属于说希腊语的人。马其顿的宗教与其他的希腊人也基本相同，而且还保留着很多更为原始的成分。但是，由于马其顿地处边陲，社会经济发展水平远远滞后于南部的希腊城邦，历史资料中鲜有记述，一直处于默默无闻的状态，几乎到古典时期后期才进入希腊人的视野当中。

大约在公元前7世纪前后，马其顿开始出现国家。希波战争期间，马其顿曾沦为波斯的附庸，但热爱希腊文化的马其顿国王亚历山大一世(公元前498—前454年)并没有真正站在波斯一边，在普拉提亚战役的前夕，曾暗中为希腊人通风报信②，后来，这段历史被屡次用作马其顿人与希腊人属于一奶同胞的证明。从亚历山大一世起，马其顿开始大力推行全面学习和模仿希腊文化的政策，并伺机参与希腊的政治事务。在伯罗奔尼撒战争

---

① 杨巨平：《"希腊化文化"是人类历史上第一次文化大交流大汇合》，载《山西大学学报》(哲学社会科学版)1992年第4期。

② [古希腊]希罗多德：《历史》，Ⅶ.173。

期间，马其顿时而支持雅典，时而支持斯巴达，力图利用两大同盟的矛盾从中渔利。由于马其顿重要的战略位置，亚历山大一世之后的历代君王都力图使自己的国家成为抵御外族入侵的堡垒和希腊文化的保护者与传播者。包括雅典悲剧作家欧里庇得斯在内的多位文化名人都曾经是马其顿宫廷的座上客，大哲学家亚里士多德被聘任为腓力之子亚历山大的家庭教师。

（二）腓力二世改革

马其顿国家的真正崛起是在腓力二世（公元前383—前336年，公元前360—前336年在位）统治时期。他早年曾经在底比斯充当人质，就住在底比斯名将伊帕密农达家中。这段人生经历一方面使腓力更为直接地接触希腊的社会和文化，另一方面也使他对希腊城邦的军事、外交情况得以全面了解，尤其是对希腊城邦的优势和弱点有了深入的认识，为他后来在马其顿进行改革和制定国策奠定了基础。

腓力即位后，在政治、经济和军事上推行了一系列改革措施，对马其顿国家进行了全面的改造。在政治上，削弱贵族的势力，大力加强王权，完成了马其顿国家的统一；在经济上，一方面通过防洪治水、疏通渠道和伐林造田拓展农耕地区，发展农业生产，另一方面改革币制，利用潘加乌斯矿山的资源大量铸造和发行金银币，以便与希腊和波斯通商，积累财富，为扩张做准备；在军事上，在对希腊的"底比斯方阵"进行改造的基础上创制了"马其顿方阵"，扩大了方阵的人数和规模，增加了长矛的长度，使之更具攻击力和灵活性。后来的历史证明，作为当时世界上最先进的军事组织之一，"马其顿方阵"在击败希腊人和远征东方的过程中发挥了十分重要的作用。总之，"在腓力二世执政时期，马其顿取得突飞猛进的发展……那些原来身穿兽皮的高地牧民们，逐渐变成了文明的农民并长期居住在镇里。不仅本国人口大大增加，也带动了斯基泰人（Scythian）、色雷斯人和伊利里亚人的人口增长。"①

① ［英］弗兰克·威廉·沃尔班克：《希腊化世界》，陈恒、茹倩译，上海：上海人民出版社，2009年版，第73页。

（三）马其顿入主希腊

经过腓力二世的改革，马其顿国家迅速强大起来。"腓力不仅将马其顿建成希腊半岛北部最强大的国家，他还使马其顿的控制范围向东西两个方向扩张，从亚得里亚海一直延伸到黑海，向北几乎到了多瑙河。"①此后，他开始寻找机会插手南部希腊各邦的事务。此时的希腊城邦正陷入内部的社会矛盾和外部的邦际混战当中，这种局面为马其顿人入主希腊创造了十分有利的外部条件。应该说，这一时期的希腊人并没有清醒地认识到马其顿人的巨大威胁，原因有二：一是希腊各邦纷纷忙于内部的事务和外部的战争，无暇顾及北部的马其顿人；二是对于马其顿人本身的归属和性质存在不同的认识，从而形成了"亲马其顿派"和"反马其顿派"，故而在是否全力抵抗马其顿的问题上并没有达成一致的意见。正是在这种复杂而有利的形势下，腓力成功地运用了远交近攻的战略，把军事上的征服与分化瓦解的外交政策很好地结合了起来，利用十几年时间就完成了征服希腊的计划。

腓力首先集中力量吞并了卡尔西狄斯地区的希腊城邦，公元前 357 年攫取了战略要地安菲波利斯，公元前 356 年征服了色雷斯，其银矿资源也

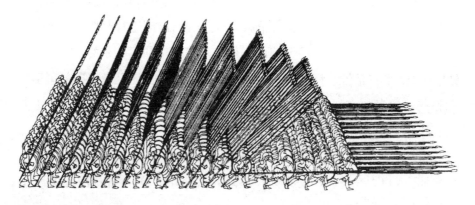

图 6.1　马其顿方阵

---

① ［英］保罗·卡特利奇：《亚历山大大帝：寻找新的历史》，曾德华译，上海：上海三联书店，2010 年版，第 11 页。

就成为囊中之物，并建立了腓力庇城（Philippi）。然后他举兵南下，深入色萨利。接着，利用弗西斯和底比斯之间的战争，腓力直接插手中希腊的事务。当时在希腊大陆上唯一有能力阻止马其顿南下的城邦是雅典，但此时的雅典正被财政上的危机所困，公民兵军心涣散，在马其顿人已经在中希腊站稳脚跟的时候才真正地行动起来。从公元前 351 年开始，雅典政治家和演说家、"反马其顿派"的代表人物德谟斯提尼发表了一系列"反腓力演说"，在他的鼓动下，雅典和底比斯纠集一些城邦组成了一支反马其顿联军，共同抵抗腓力的进攻。公元前 338 年，希腊联军在喀罗尼亚与腓力的军队展开决战，但大败而归。此役中，希腊军队的虚弱和无能暴露无遗，喀罗尼亚一役也就成为马其顿人入主希腊的决定性战役。公元前 337 年，腓力二世在科林斯召集了全希腊的会议，除斯巴达之外，各邦均派代表出席，会议宣布成立希腊城邦联盟，推举腓力二世为盟主。会议还宣布联盟各邦保持各自的政体不变，相互之间不再战争，各邦内部禁止重新分配土地和财产，召回流亡贵族。科林斯大会的召开标志着马其顿成为希腊新的霸主。在实现了希腊和平的同时，会议还制订了准备向波斯帝国发动报复性战争的东征计划，腓力的这一提议得到了希腊各邦广泛的赞成和欢迎。实际上，对波斯帝国发动战争的目的与其说是为了报复，不如说是为了攫取其土地和财富。与此同时，对于日益陷入重重社会、政治和经济危机的希腊城邦来说，对外发动一场大规模的侵略战争也是一剂缓解社会矛盾从而转嫁和摆脱危机的良方妙药。雅典演说家、"亲马其顿派"的代表伊索克拉底提出的"把战争引向亚洲，把财富带回希腊"的战争口号，揭示了这次东征的真实目的。

科林斯大会之后，腓力二世就开始着手制订东征的具体计划，并展开各项准备工作。不久，一万人左右的先头部队被派往亚洲。但就在此时，腓力却在女儿的婚宴上突然被刺身亡，他年仅 20 岁的儿子亚历山大继承了王位，也就是著名的亚历山大大帝（公元前 356—前 323 年，公元前 336—前 323 年在位）。

图 6.2　腓力二世骨灰陶棺

二、亚历山大及其东征

(一)少年英雄

亚历山大是一个改变了世界历史的人物。正如希腊化史专家沃尔班克所言:"亚历山大执政仅 13 年,但在这 13 年中他完全改变了整个希腊世界的面貌。"①作为希腊城邦时代的终结者和希腊化时代的开创者,历史上对这样一个"继往开来者"(普鲁塔克语)的记述并不缺乏,关键是如何对他作出判断和评价。阿里安说:"事实上,还没有一个人物像他那样有这么多历史家进行记述,所记内容又这么不一致。"②他是一个仁慈的统治者还是残忍的暴君,是一个有骑士风度的哲学家还是一个"无人性的人,一个僭主",在学术界仍然存在着极为不同的看法。③ 实际上,通过亚历山大一生的经

---

① ［英］弗兰克·威廉·沃尔班克:《希腊化世界》,第 2 页。

② ［古希腊］阿里安:《亚历山大远征记》,Ⅰ,前言,李活译,北京:商务印书馆,1985 年版,第 10 页。

③ 陈恒:《希腊化研究》,第 11~12 页。

历和所作所为，我们可以看到其性格和思想经历了很多变化，充满了诸多矛盾，他身上所体现出的复杂性正是其所处时代的复杂性的直接反映。

亚历山大出生于公元前 356 年 7 月，母亲是伊庇鲁斯的公主奥林匹娅斯。据说就在他出生的这一天，他的父亲腓力二世打了一场胜仗，他派出的马车在奥林匹亚竞技会上获得了优胜[1]，真可谓"三喜临门"。亚历山大从小受到了良好的希腊文化教育，他的老师就是希腊哲学家亚里士多德。据说，"他的生性极其喜爱各种知识和学问……常常把经过亚里士多德校订过的荷马《伊利亚特》和他的短剑放在枕头下面。他说这部书是一切武德和用兵的怀中宝库"[2]。不过，在从亚里士多德那里继承了哲学家所具有的探索未知的强烈渴望的同时，他并没有像他的老师那样把目光局限在"大小必有限度"的城邦上面，而是立志于通过征服去建立一个地跨欧亚非三洲的大帝

图 6.3 有亚历山大头像的银币图案

国。幼年的亚历山大就表现出勇敢、坚毅和执着的性格，据说他在 12 岁的时候就制服过一匹十分难于驾驭的烈马，后来这匹名叫"布西法拉斯"的马成了他相伴终生的坐骑。[3] 他在 16 岁时就开始随父出征，成为全军的副

---

① 普鲁塔克：《亚历山大》，Ⅲ，见《希腊罗马名人传》，席代岳译，长春：吉林出版集团有限责任公司，2009 年版。

② ［古希腊］普鲁塔克：《亚历山大》，Ⅷ。

③ ［古希腊］普鲁塔克：《亚历山大》，Ⅵ。

帅，开始了南征北战的戎马生涯。"他的父亲和希腊人进行的喀罗尼亚会战之中，据说他是第一位胆敢对底比斯的神机队发起进攻的人。"①亚历山大有着强烈的征服世界的欲望，由于害怕留给自己去打的江山所剩不多，每次父亲打了胜仗他都要一连几天闷闷不乐。②父亲腓力的突然去世既给他带来难得的机会，同时也是第一次艰险的考验，因为腓力"虽然已经打败希腊人，还没有足够的时间完成绥靖的工作，让他们习惯于他的统治，留下来的政局是一片混乱和纷扰"③。

腓力的突然死亡引起了马其顿贵族内部的骚乱，同时，希腊城邦的"反马其顿派"势力再次抬头，跃跃欲试，纷纷发动起义。亚历山大毫不留情地予以镇压。他先后镇压了马其顿国内及周边地区、巴尔干半岛北部和伊利里亚的叛乱。在南部希腊地区，底比斯率先起义，雅典紧随其后，亚历山大得知这个消息后，以迅雷不及掩耳之势前往中希腊，底比斯虽然进行了奋勇抵抗，但最终被攻陷。为了给希腊人以警示，"亚历山大要用杀鸡儆猴的伎俩，使得所有的希腊人在惊怖之余只有开城降服"④。于是，他在底比斯进行了无情的屠杀，6000人死在屠刀之下，包括妇女儿童在内的约30000底比斯人被卖为奴隶，除了诗人品达的房屋和圣庙之外，底比斯几乎被夷为平地。⑤其他城邦见状纷纷收兵。亚历山大没有严惩其他城邦的那些反对马其顿的人，其中包括雅典的演说家德谟斯提尼。在无情屠戮的同时，亚历山大也表现出笼络和怀柔的一面，"他对于雅典人不仅完全宽恕过去冒犯的行为，并且交代他们自行做主处理有关的事务，特别提醒他们要是一旦他有任何不测，雅典担任整个希腊的仲裁人"⑥。即位之初国内外

---

① ［古希腊］普鲁塔克：《亚历山大》，Ⅸ。
② ［古希腊］普鲁塔克：《亚历山大》，Ⅴ。
③ ［古希腊］普鲁塔克：《亚历山大》，Ⅺ。
④ ［古希腊］普鲁塔克：《亚历山大》，Ⅺ。
⑤ ［古希腊］普鲁塔克：《亚历山大》，Ⅺ。另见阿里安：《亚历山大远征记》，Ⅰ.9。
⑥ ［古希腊］普鲁塔克：《亚历山大》，ⅩⅢ。

动荡不安的局面就这样被平息了。亚历山大再次组织希腊各邦在科林斯召开大会，重申了马其顿和亚历山大的盟主地位，并准备将腓力二世制订好的东征计划付诸实施。

（二）十年东征和亚历山大帝国的形成

东征之前，为了提高士气，表明自己的决心，亚历山大把全部家资都分给了部下，当手下问到他为自己留下了什么的时候，亚历山大的回答是"希望"①。公元前334年春天，亚历山大留下部将安提帕特镇守马其顿和希腊，自己亲自统帅30000步兵、5000骑兵和16艘战船，渡过黑海海峡进入亚洲。在特洛伊，亚历山大拜祭了普里阿摩斯和阿喀琉斯的坟墓。

与波斯军队的首次战斗在小亚细亚西北部的格拉尼库斯河展开，在波斯国王大流士三世（公元前336—前330年在位）的指示下，波斯驻小亚细亚的总督率军迎战。亚历山大使用了在他一生所有战役中使用的主动出击战略，迅速渡过格拉尼库斯河之后向敌人发起猛攻，大肆杀戮，波斯将领还来不及还击就溃不成军。亚历山大首战大获全胜，波斯军队2000人被俘。战后，亚历山大把战利品中的300套波斯盔甲奉献给雅典的雅典娜神庙，并附有以下献词："谨献上从亚洲波斯人手中俘获的这些战利品。腓力和全希腊人（拉西第梦人除外）之子亚历山大敬献。"②这句话有意忽略马其顿人，清晰地表明了这场战争的"泛希腊"性质。接着，亚历山大横扫了小亚细亚。小亚细亚沿海的希腊城邦"获得了解放"。

占领小亚后，亚历山大挥师南下，进入叙利亚。公元前333年，大流士三世亲自率领60万大军前来阻止，东征过程中的第二场硬仗在伊苏斯展开。大流士的军队虽然人数众多，但在地形狭窄不利于骑兵活动的伊苏斯却难以发挥数量上的优势。亚历山大将军队排成整齐的方阵，亲自率领最

---

① ［古希腊］普鲁塔克：《亚历山大》，ⅩⅤ。
② ［古希腊］阿里安：《亚历山大远征记》，Ⅰ.16。

精锐的骑兵身先士卒，直扑大流士所在的中军。大流士险些被一支长矛击中，多亏一位波斯贵族以身相救才逃过这致命一击，慌乱之中的大流士三世临阵逃脱，希腊军队再次大获全胜。在这次战役中，大流士的母亲、妻子和两个孩子都成了亚历山大的俘虏，不过，亚历山大非但没有杀害他们，反而加以善待（也许是出于保留人质的需要）。①

伊苏斯战役之后，亚历山大没有立即向波斯内地进军去追击大流士，而是南下腓尼基和巴勒斯坦，目的是切断波斯海上力量的陆上补给线，从而消灭波斯的海军力量。不过，使他没有想到的是，他在腓尼基的城市推罗遇到了顽强的抵抗，希腊军队用了约 7 个月的时间才攻陷推罗，7000 人被杀，30000 人被卖为奴隶。然后亚历山大继续南下，在加沙又受阻达两个月之久。该城的居民全力抵抗，直到战死到最后一人。公元前 332 年的冬天，在掌控了叙利亚、巴勒斯坦之后，亚历山大的军队兵不血刃地进入埃及，波斯的埃及总督率领军队投降。在埃及，亚历山大推行怀柔政策，作为对其尊重和保留传统的宗教崇拜的回报，亚历山大在孟菲斯被加冕为法老。为建立统治，亚历山大亲自选址并规划建立了新城亚历山大里亚，多年以后，这座城市发展成为希腊化时代新的经济和文化中心。然后，亚历山大还穿越沙漠来到锡瓦绿洲参拜了阿蒙神庙，阿蒙祭司随即宣布亚历山大为阿蒙神之子。在伊苏斯战役之后，亚历山大之所以没有继续东进，而是相继占领叙利亚、巴勒斯坦和埃及，是有其战略上的意图的，那就是占领所有的沿海地区以保护其在希腊和马其顿的基地免受海上攻击，以彻底解除后顾之忧。不过也有学者认为他之所以这样做，是因为他对操纵舰队的希腊人仍旧缺乏完全的信任。②

就在伊苏斯战役之后不久，大流士三世为了赎回他的家人，曾经派使

---

①　陈恒：《希腊化研究》，第 66 页。

②　[古希腊]阿里安：《亚历山大远征记》，Ⅱ.17。

者向亚历山大递送过和平建议书，提出用 10000 塔兰特黄金作为交换，并
把幼发拉底河以西的土地全部割让给他，但这项建议遭到了亚历山大的严
词拒绝。① 因此，一场最后的大决战在所难免。公元前 331 年春天，亚历
山大率军从埃及进入两河流域。大流士三世这次接受了先前的教训，将号
称百万的军队布置在离亚述古都尼尼微不远的高加美拉大平原上，以便充
分发挥其数量上的优势。除了百万步兵，大流士的军队还包括 4 万骑兵和
15 头大象，同时，他还准备了 200 辆车轮上绑有大刀的战车，以冲击马其
顿军队的方阵。双方都知道这将是一场决定波斯帝国命运的生死之战。但
这次大流士三世又一次失算了，他让他的军队全副武装地站了一夜之后却
不见动静，恐惧和疲劳拖垮了士气，而亚历山大的军队在安安稳稳地休息
了一整夜后精神抖擞地出现在波斯军队面前。大流士事先准备的刀轮战车
也不能够抵挡马其顿方阵的前进，波斯军队在坚持了一阵之后再次全面溃
败。大流士本人又一次当了逃兵。② "高加美拉战役实际上宣告了波斯帝国
的灭亡。"③

　　高加美拉战役获胜后，亚历山大乘胜追击，攻陷巴比伦。在巴比伦，
亚历山大向当地的神祇进行了献祭，并下令修复被波斯人毁坏的巴比伦主
神马尔都克神庙。这一年冬天亚历山大进入波斯本土，占领了其都城波斯
波利斯，获得了波斯皇帝近 50000 塔兰特黄金的皇室储备④，最后将波斯
皇宫付之一炬。接着，亚历山大还攻陷了米底都城埃克巴塔那。公元前 330
年 7 月，当亚历山大追上大流士的时候，他已经被波斯驻巴克特里亚总督

① ［古希腊］阿里安：《亚历山大远征记》，Ⅱ.25。
② ［古希腊］阿里安：《亚历山大远征记》，Ⅲ.8～14。
③ ［英］保罗·卡特利奇：《亚历山大大帝：寻找新的历史》，第 111 页。
④ 亚历山大在东征中掠夺的财富远不止这些，除了历次战役中的收获外，他还在苏萨
城得到 50000 塔兰特，在巴萨伽提城得到 6000 塔兰特，在埃克巴塔那得到了 180000 塔兰
特。就这最后一笔巨额收入，法国学者杜丹把它折算成现代货币，一个塔兰特的价值约合
216 英镑，所以 180000 塔兰特就约值 4000 万英镑。参看［法］杜丹：《古代世界经济生活》，志
扬译，北京：商务印书馆，1963 年版，第 88 页。

贝苏斯所杀，贝苏斯自称波斯国王。亚历山大下令把大流士的尸体运回波斯波利斯，埋葬在皇陵里，跟大流士之前的帝王埋在一起。① 不久，贝苏斯被抓获，为收买波斯人心，亚历山大指控贝苏斯背叛国王，按照波斯习俗将其处死。至此，亚历山大东征的第一个阶段宣告结束，在这一阶段中，东征最初制订的目标已经基本完成。

此后，亚历山大及其军队并没有停止东进的脚步，关于继续东进的目的，历史上存在不同的看法。有人认为这样做完全出于亚历山大个人的原因，那就是想把他的世界扩展到已知世界的边缘。一位亚历山大的研究者引用法国诗人兰波的诗句来说明亚历山大的这种野心："我要成为一位诗人，我要成为一个先知……我要探寻那未知的世界。"② 不过，从此后亚历山大的所作所为，尤其是对这些被征服地区的统治策略上的种种表现和变化可以看出，进一步东征的目的与其说是出于探索未知的愿望，不如说是出于建立帝国的统治需要。亚历山大清楚地认识到，"一直以来，对阿契美尼德王朝统一的威胁并非来自西方，而是来自中亚的荒原"③。就在大流士死后，亚历山大开始在一些场合穿着波斯式样的衣服，使用一些波斯的礼仪，任命波斯人担任一些重要的官职。亚历山大的这些做法开始遭到了手下的强烈排斥和不满。在一次醉酒之后，一直跟随其左右的老部下克雷塔斯因为嘲笑亚历山大是阿蒙之子而不是腓力之子，被亚历山大杀死。之后，他又深感后悔，三天没有进食。④

公元前329年冬天，在跨越兴都库什山脉进入巴克特里亚寻找贝苏斯之前，亚历山大在帕罗波米萨德建立了靠近高加索的亚历山大里亚城。据普鲁塔克记载，此后在两河地区建立的以亚历山大命名的新城达到70多

① ［古希腊］阿里安：《亚历山大远征记》，Ⅲ.22。
② 陈恒：《希腊化研究》，第68页。
③ ［英］保罗·卡特利奇：《亚历山大大帝：寻找新的历史》，第114页。
④ ［古希腊］阿里安：《亚历山大远征记》，Ⅳ.8～9。

座。出于为大流士复仇的目的而打败了斯基台人之后，亚历山大带头娶了粟特王的公主罗克珊娜为妻，这一行动进一步加剧了与马其顿人的紧张关系。亚历山大并没有把这些不满放在眼里，他以马其顿的方式训练波斯人，并把波斯骑兵引入马其顿军队。

从公元前 330 年到公元前 327 年，亚历山大在波斯东北部的蛮荒地区展开了一系列艰苦的征伐。公元前 327 年，他率领 9 万大军进入阿富汗、巴基斯坦交界的高山地区。之后向印度河进军，是年夏天到达印度河支流五河流域，他在这里遇到了可怕的抵抗。同时，亚历山大惊讶地发现在他认为的世界尽头比斯河的前面还有一大片土地，而军队也不愿意再前进了，经过多次请求，亚历山大终于答应了将士们班师回朝的要求。但他并没有原路返回，而是南下印度河三角洲分海陆两路返回了巴比伦。据统计，亚历山大东征行程共计 35420 千米。①

为实现民族融合，亚历山大倡导马其顿人和波斯上层社会联姻，他自己娶了蛮族公主为妻。在苏萨停留期间，亚历山大娶了大流士的女儿巴西妮为妻，并命令手下的 80 多名官员娶了波斯妻子（亚历山大死后，她们中的大多数都被抛弃了），并主持了一次大型婚礼，一万多名马其顿士兵娶了亚洲妇女为妻。② 这项政策再次激发了马其顿人蓄积已久的不满情绪，而亚历山大"在那时变得脾气暴躁，亚历山大对东方人的顺从使他比以前在马其顿人中更不受欢迎"③。公元前 324 年被解散遣送回家的老兵发动了兵变，亚历山大于是宣布解散全部军队，直到这些老兵请求原谅才平息了这场风波。虽然在亚历山大的努力下，不和谐的气氛最终得以化解，波斯人和马其顿人之间建立起信任与和谐，但这一切似乎都是暂时的。

公元前 323 年春天，亚历山大在巴比伦接见了来自地中海各地的大使。

① 陈恒：《希腊化研究》，第 69 页。
② ［古希腊］阿里安：《亚历山大远征记》，Ⅶ.4。
③ ［英］弗兰克·威廉·沃尔班克：《希腊化世界》，第 23 页。

接着，他开始筹划征服阿拉伯半岛的军事行动，但一场突如其来的热病却夺去了他的生命，他于公元前 323 年 6 月 13 日离开了人世，年仅 32 岁。

(三)亚历山大的统治政策

经过了亚历山大长达 10 年的东征，马其顿从一个小王国发展成为一个地跨欧亚非三洲的大帝国。为了对这样一个幅员极为辽阔、靠武力征服而形成的军事帝国实行有效的统治，亚历山大制定出一系列的统治政策和措施。

第一，由于大部分被征服地区实行君主专制统治，为适应统治的需要，亚历山大大力改造马其顿传统的君主制度，使之向高度集权的君主专制政体转变。为达到这样的目标，他一方面加强被征服地区固有的王权神化观念，另一方面广泛采纳波斯的宫廷礼仪。第二，在接管波斯帝国原有的行政制度和官僚体系的基础上，建立起马其顿人和波斯人联合执政的制度，在确保马其顿人的统治地位的前提下，尽力吸纳被征服地区的上层贵族参与政事，扩大统治的基础，在地方上则实行行省制度，派马其顿人担任总督进行管理。第三，为了获得为被征服地区下层社会所认可的统治依据，亚历山大采取宗教和文化宽容政策，保留当地原有的崇拜系统和风俗习惯。第四，大力推行军事移民政策，在被征服地区广泛建立起希腊人的城市，作为新的统治中心和据点。上文说到的在两河流域地区建立的数十座以亚历山大里亚为名的城市，就是此类城市的代表。第五，为了统治的需要，尤其是为了建立起马其顿人和当地原有王公贵族的联合政权，亚历山大力图打破城邦时代根深蒂固的"希腊人—蛮族人"的传统观念，全面推进民族之间的融合。

三、马其顿王国、托勒密王国和塞琉古王国

(一)亚历山大帝国的分裂

亚历山大的突然去世使新创建的亚历山大帝国面临崩溃的危险。一方

面，被征服地区的新的统治秩序尚未完全建立起来，另一方面，那些反对马其顿人统治的力量仍旧存在，亚历山大之死成为有些地区重新获得独立的大好时机。亚历山大刚一去世，希腊地区就爆发了大规模的起义，史称"拉米亚战争"。更为严重的是，亚历山大英年早逝，既没有直系的继承人，又没有指定合法的继承人，因此，在他去世之后，帝国就出现了一个权力的真空。为争夺统治权，亚历山大的亲属和部将开始了明争暗斗，宫廷内部的继位之争很快就发展为公开的战争。

亚历山大去世后，其同父异母的兄弟腓力·安利达戊斯（有点儿智障）被亚历山大的将军们在巴比伦拥立为继承人，称腓力三世（公元前 323—前 317 年在位）。摄政王安提帕特禁止亚历山大的母亲奥林匹娅斯干涉国家的事务，但是在安提帕特于公元前 319 年去世之后，奥林匹娅斯就攫取了马其顿的大权，此后她疯狂地沉溺于报复行为。公元前 317 年，腓力三世被奥林匹娅斯处死，亚历山大的遗腹子即罗克珊娜的孩子继承了王位，称亚历山大四世（公元前 317—前 310 年在位）。公元前 316 年，安提帕特的儿子卡珊德下令处死奥林匹娅斯，但是亚历山大的士兵却拒绝执行，最后是那些曾经受到过奥林匹娅斯迫害的亲属处死了她。公元前 310 年卡珊德下令处了罗克珊娜母子。

此后，宫廷内部的继位之争基本结束，亚历山大的部将们开始为争夺统治权展开公开的混战，史称"继承者战争"。这些部将主要有安提帕特、卡珊德、吕西马库斯、"独眼龙"安提柯和他的儿子狄米特里乌斯、"救世主"托勒密一世、"征服者"塞琉古一世等。公元前 294 年，狄米特里乌斯一世成为马其顿国王，控制了希腊中部大部分地区和爱琴海诸岛；托勒密一世的疆域扩展到腓尼基各个城市和塞浦路斯；塞琉古一世的范围在西里西亚和美索不达米亚，后来又占领了叙利亚。公元前 301 年伊普索斯之战后，局势逐步明朗化，整个帝国被瓜分成为几个强大的王国，其中包括安提柯王朝统治下的马其顿、托勒密王朝统治下的埃及和塞琉古王朝统治下的叙利亚等，彼此处于均势状态。其中马其顿王国和托勒密王国民族相对单一，在政治、文化和宗教等方面有着悠久和统一的传统，所以王朝的统治也比较稳定，存在的时间也就比较长。塞琉古王国在地域上最为广阔，其全盛时期包括了两河流域、伊朗、巴克特里亚，直到印度河以西地区，但种族与地区的差异也最大，统一王国维持的时间也最短。从公元前3世纪初开始，帕迦马、巴克特里亚、帕提亚、本都等国家相继从塞琉古王国中独立出来。因此，在希腊化时代，除了亚历山大帝国最初分裂而形成的三大王国之外，实际上还包括了数十个大大小小的独立王国。这种状况更加剧了希腊化时代的多样性和复杂性，加大了对希腊化时代进行综合研究的难度。

(二)马其顿王国

公元前323年，当亚历山大去世的消息传来，早就伺机摆脱马其顿统治的各个城邦再一次看到了恢复政治独立的契机，反马其顿的势力死灰复燃。以雅典为首的城邦组成了一支反马其顿联军，起初取得一些胜利，但最终被残酷镇压。自亚历山大去世后，马其顿王国经过几十年的混战，王位几经转手，结果是安提柯的儿子狄米特里乌斯取得王位，但不久他在出征小亚的时候战死，他的儿子安提柯·贡那特于公元前276年建立起延续了百余年的安提柯王朝(公元前276—前168年)。

安提柯王朝统治下的希腊各邦仍然保持着相当程度的自治传统。在整个希腊化时期，雅典在绝大多数时间都维持了其民主机构，只是在短期内出现过寡头政治。为了与王朝的统治相抗衡，在原先比较落后的地区先后建立起两个新型的城邦联盟。埃托利亚联盟建立于公元前314年，到公元前3世纪中期，同盟包括了中部希腊的彼奥提亚、弗西斯和伯罗奔尼撒半岛西部的伊利斯、美塞尼亚以及爱琴海上的若干岛屿。以伯罗奔尼撒半岛西部的阿卡亚为中心而形成的阿卡亚同盟始建于公元前280年，公元前3世纪中叶，由于科林斯、麦加拉等工商业城邦的加盟而进入全盛时期，曾一度赶走马其顿在科林斯的驻军。两个同盟皆遵循各邦一律平等、一致对外的原则，在罗马征服希腊之前，不断展开反马其顿的斗争。两个同盟之间则时而联合，时而斗争，不过总的来说同盟的建立还是在相当大的程度上维护了同盟各邦的经济利益和政治独立。

马其顿王朝的统治基本上还是延续了腓力和亚历山大时期的统治机构和统治方式。国王在军事机构的辅助下施展其权威，军事机构由当地的贵族构成，马其顿人向国王效忠，但从不把他们的国王当作神来看待。在政治上，马其顿力求使自己成为希腊人的保护者，"马其顿的目标是不让希腊被其他任何的大国控制，如托勒密、皮洛士、埃托利亚和帕迦马，否则，一旦希腊被它们中间任何一个控制，那都将会对马其顿王国自身的安全构成威胁。"[1]

（三）托勒密王国

托勒密王国是由亚历山大的部将托勒密一世于公元前 305 年建立起来的，该王国不论在统治区域还是在政治制度上都与法老统治下的埃及存在着明显的连续性。为了防止来自北部的马其顿和东部的塞琉古王朝的潜在入侵威胁，王国一直想方设法地控制叙利亚、塞浦路斯和爱琴海地区，到托勒密二世时期赢得了爱琴海岛屿联盟的控制权。

王国沿袭了法老专制体制，实行中央集权的君主专制制度。国王以神自居，国王的意志就是法律，所有的官吏都是国王的奴仆，国王之下的官僚系统控制了一切政治和经济部门。全国的土地原则上都属于国王。"托勒密王朝借用了之前埃及法老的制度，即把国家分成大概四十个省，再将省分成 *topoi*（区）和 *komai*（村）——这里用的是希腊名称——分别由省长（nomarchs）、区长（toparchs）和村长（komarchs）管理。"[2]高级官吏中最重要的是财务大臣。省长是地方的最高统治者，但其权力逐步转移到当地的驻

---

① ［英］弗兰克·威廉·沃尔班克：《希腊化世界》，第 77 页。
② ［英］弗兰克·威廉·沃尔班克：《希腊化世界》，第 92 页。

军首领手中。这些驻军首领都是希腊人，他们在军权的基础上又获得了财政和内政大权，成为各省的实际掌权者。

图 6.4　托勒密一世法老像

在希腊化时代，埃及的亚历山大里亚逐步取代了城邦时代的雅典、科林斯成为最繁荣的经济和文化中心。但这座生活着希腊人、埃及人、犹太人等众多民族的国际化大都市毕竟是希腊文化在传统埃及社会中的一座孤岛，在民间和广大的乡村地区仍然完好地保留着传统的语言、生活方式、风俗习惯和社会组织，马其顿和希腊人与当地人之间的融合程度十分有限。例如，在公元前 2 世纪埃及的一个较大城镇奥克昔恩彻斯的 4000 多份"谷物销售"申请表中，有 2/3 的人不懂希腊语。另外，在亚历山大里亚，希腊人和埃及人的婚姻也一直没有得到法律上的认可。① 埃及人遵守自己的法律，到公元前 2 世纪时，出现了专门解决埃及人和希腊人之间纷争的特别法庭，并有对两个民族都拥有司法权的王室法官（*chrematistai*）。② 与其君主专制体制相适应的是托勒密王朝实行严格的商品专卖制度，名目繁多的税收无孔不入。

（四）塞琉古王国

塞琉古王国是由亚历山大的部将塞琉古一世于公元前 312 年所建，这

---

① 张春梅：《埃及文化"希腊化"辨析》，载《内蒙古民族师院学报》2000 年第 1 期。
② ［英］弗兰克·威廉·沃尔班克：《希腊化世界》，第 101 页。

个王国（中国古称条支）是希腊化国家中面积最大的一个。"这个王朝的第二个特点是它的民族和文化的多样性。巴比伦尼亚拥有可以和埃及相媲美的古老文明，但是小亚细亚西部地区的希腊城市和东部辖地的伊朗各民族之间，以及巴勒斯坦南部的阿拉伯人和巴克特里亚的新领地之间，都几乎没有相同之处。塞琉古王国所拥有的任何共同之处，都是国王必须借助他的官僚机构和军队强令各民族接受的。"①为了建立起一种基本的政治凝聚力，维持这个幅员辽阔的国家的统一，王国的统治者除了建立起中央集权的官僚体系、加强军事力量和宣扬君权神授之外，还必须想方设法地通过加强希腊因素来增加国家的一体感，这件工作主要是通过广泛地建立希腊城市和大量的军事移民活动来完成的。"这样的军事殖民可以同时实现三个目的。与亚历山大时期的殖民不一样，这时期的军事殖民主要包括服役期间的士兵，而不是退伍老兵。因此，这就为国王储备了大量训练有素的士兵，在战争爆发时就可以派上用场。和平时期，他们就驻守要塞，可以维持当地的秩序，并保护那些易受攻击的地方免受任何侵略。此外，他们还从事他们的民间职业，主要是耕种和管理土地。"②通过这些自治城市的建立，希腊人的城市规划、语言和生活方式被带到了亚洲地区。另外，像其他希腊化王朝的统治者那样，塞琉古王国也从马其顿人中任命高级官吏，这些人构成了王朝的统治阶级。同时，王朝的统治者也对境内居住的其他民族采取了一定程度上的宗教和文化宽容政策，并提拔和任命了许多土著居民担任国家的重要职务。

除了上述三大王国之外，希腊化时代还存在着一些王国，这些王国大多是从塞琉古王国中分离出去的。其中比较重要的有帕迦马、巴克特里亚、帕提亚、本都、迦拉太等国。

---

① ［英］弗兰克·威廉·沃尔班克：《希腊化世界》，第 112 页。
② ［英］弗兰克·威廉·沃尔班克：《希腊化世界》，第 121 页。

帕迦马位于小亚细亚西北部，最早属于亚历山大部将吕西马库斯的势力范围，后来成为塞琉古王国的一部分。帕迦马于公元前 284 年宣布独立，为了自我保护的需要，最初与罗马人交好。帕迦马虽属小国，但经济和文化极为发达，其王室的图书馆从藏书量来说仅次于亚历山大里亚图书馆，由于其统治者与罗马走得过近，最终于公元前 133 年被并入罗马。

巴克特里亚王国，中国古称大夏，位于中亚一带，其首都巴克特拉位于今天的阿富汗北部，是琐罗亚斯德教先知琐罗亚斯德的出生地。公元前 6 世纪曾是波斯帝国的一个行省，公元前 328 年归属亚历山大帝国，成为塞琉古王国的一部分。公元前 239 年巴克特里亚总督狄奥多图斯一世宣布独立。狄米特里乌斯在位时，国势最为强大。公元前 183 年入侵印度，占领了犍陀罗，文化上兼有波斯、印度和希腊风格，后来被贵霜王朝所征服。

帕提亚王国位于里海东南部，即现在的伊朗东北部，中国古称安息，曾经是波斯帝国的属国，波斯帝国灭亡后成为塞琉古王国的辖地。公元前 238 年阿尔萨斯一世宣布独立，定都泰西封。米特里达特一世时期，国力最为强盛。帕提亚统治者一方面以波斯继承者自居，另一方面大力推行希腊文化，文化上混合了希腊和伊朗因素，宗教上也表现出希腊宗教和琐罗亚斯德教的结合。后被萨珊波斯王朝所灭。

本都靠近小亚西北部和黑海南部，自公元前 6 世纪始，希腊人在此殖民，波斯帝国时期一直保持独立状态。公元前 281 年，米特里达特一世称王，建立起独立国家，曾经与罗马结盟，在米特里达特六世（公元前 115—前 63 年）时期，本都国力最盛，征服了小亚细亚，占领了克里米亚，对罗马造成威胁，并打败过罗马，后来被罗马大将庞培所征服。

迦拉太位于小亚细亚，靠近今天的土耳其首都安卡拉。公元前 278—前 277 年曾被高卢人征服，公元前 187 年臣服罗马，后成为罗马的行省。

(五)希腊化时代的结束

希腊化时代各个王国的经济和文化发展极为不平衡，内部面临各种各

样的矛盾和冲突，外部则为争夺土地和控制权不断相互战争，从公元前 2
世纪开始，各国普遍出现了衰落的迹象。正是在这一时期，罗马在意大利
半岛上突起，在征服意大利半岛后，便开始挥师东进。罗马利用外交和军
事手段，在一个多世纪的时间里逐一消灭了各个希腊化王国，从而结束整
个希腊化时代。

公元前 214 年，罗马人发动了第一次马其顿战争（公元前 214—前 205
年），这是罗马第一次干涉希腊世界的大规模军事行动。战争的一方是罗马
人及其同盟埃托利亚，另一方是马其顿的国王腓力五世及中部希腊的城市。
战争没有取得什么成果，公元前 205 年，双方签订和平条约。不久，马其
顿和塞琉古在瓜分托勒密海外领土的问题上发生冲突，罗马再次乘虚而入，
在使塞琉古保持中立的有利条件下发动了第二次马其顿战争（公元前 200—
前 197 年），在色萨利的西诺赛法拉击败了腓力五世，取得了中部希腊的控
制权，并获得大量赔款。值得注意的是，罗马人在这次战争中为了赢得希
腊人的好感和支持，多次打出解放希腊使希腊人重获自由的旗号。①

腓力之子佩尔塞乌斯在继位之后继续组织反抗罗马的力量，罗马人于
是在公元前 171 年发动了第三次马其顿战争。公元前 168 年在希腊北部的
皮德纳彻底击溃马其顿军队，阿卡亚联盟把包括历史学家波利比乌斯在内
的 1000 名显贵送到罗马作为人质。公元前 146 年，科林斯的被毁标志着整
个希腊落入罗马人的统治范围。

在马其顿战争期间，罗马人在公元前 192—前 188 年又发动了针对塞琉
古王国的军事行动，塞琉古战败，失去了其在欧洲和小亚的所有领土，并
付出巨额赔款，罗马人的势力由此扩展到亚洲西部地区。至此，希腊化世
界的大部分地区都已落入罗马人的囊中，只剩下托勒密王国一直苟延残喘，
最终在公元前 30 年并入罗马帝国的版图。

① ［英］弗兰克·威廉·沃尔班克：《希腊化世界》，第 229 页。

第二节　希腊化时代的社会经济发展

　　刚刚建立起来的亚历山大帝国虽然随着亚历山大的亡故而迅速瓦解，但他融通希腊和东方世界的理想在经济领域还是在一定程度上成为现实。首先，经过亚历山大的东征，希腊人的视野和活动范围又一次得到了极大的扩展，陆上和海上交通的畅通和拓展无疑对希腊化各国的国内经济以及海外贸易都起到了巨大的推动作用。其次，随着东征的脚步，希腊式的城市及其城市生活方式也被带到了广大的东方地区，其中有些城市是建立在从前的居民点上，但更多的城市则是新建的。在小亚细亚、美索不达米亚及印度，以亚历山大命名的新城就有几十座之多，这些城市既是维持希腊和马其顿人在东方的统治、传播希腊文化的据点，也成为新的经济和贸易中心，城市化进程无疑是希腊化时代经济发展的一个引人注目的亮点。再次，东征不仅使希腊人获得了更多的土地和资源，而且还得到了数量巨大的黄金和白银等贵金属，除了其中的一部分用于发放远征军的军饷之外，更大的一部分都进入了流通领域。希腊化国家广泛地铸造和发行货币，希腊的货币体系也由此拓展到整个地中海和东方地区，与城邦时代相比，金融和信贷等经济领域也出现了长足的进步。最后，我们还要看到，在希腊化时代，由于社会矛盾、战乱以及人口减少等因素，占据希腊本土的马其顿王国不但没有从东征中直接获益，其社会经济反而无可挽回地衰落了，而埃及的托勒密王国和西亚的塞琉古王国在农业、手工业和商业等方面却日益繁荣，经济中心的东移成为希腊化时代经济发展的一种值得关注的趋势。

一、农工商业的发展

(一)农业

马其顿人和希腊人虽然通过军事征服在广阔的东方地区得到了更多的土地、财富和各种资源，但他们自己的家乡却由于人口的减少、无休无止的战乱以及国内的纷争而日益衰败，尤其是在农业上，土地荒芜，民不聊生，本来就十分艰难的希腊农业越来越陷入窘迫。

与此同时，在埃及和美索不达米亚等东方地区却是另一番景象。希腊人的大量迁入极大地推动了这些地区土地的开发和利用，使那些自古以来就土地肥沃、灌溉便利的产粮区更加繁荣。亚历山大曾经下令在巴比伦修筑河道、沟渠和堤岸，托勒密王朝的历代君主更是把尼罗河的水利灌溉工程的建设和修缮放在十分重要的位置。在著名的罗塞塔石碑上就有这样一段碑文："尼罗河水高涨……常常淹没了两岸的平原，国王(托勒密五世)在许多地方用加固各河河口的办法，使河水回槽，他在这种工程上所花的钱不在少数。"①除了传统的灌溉工程外，据斯特拉波记载，在幼发拉底河上还出现了水力螺旋机，可以把水打到台地上面去，由专人负责看护，以浇灌台地上的花草。②

希腊人的迁入还把新的农作物带到了这些地区，其中葡萄、橄榄等传统经济作物得到了广泛种植。在本都王国的黑利斯河下游、在彼西底亚和旁菲利亚边境的丘陵地区、在亚美尼亚的山地上，到处都可以看到葡萄园和橄榄树林；除了大麦和小麦等传统的农作物，各种蔬菜、水果也得到了大量种植。农业的繁盛反映在铸币上面，小亚细亚等地许多城市的货币上经常出现的图案——农业女神、麦穗、酒神、葡萄串、酒杯、酒瓶等——

---

① ［法］杜丹：《古代世界经济生活》，第96页。
② ［法］杜丹：《古代世界经济生活》，第101页。

从一个侧面说明了谷物和酒类等农产品的重要性。①

从叙利亚、腓尼基和巴勒斯坦沿着幼发拉底河和底格里斯河一直到伊朗高原，大麦、小麦等作物和果树都得到了广泛的种植。其中，两河地区的大小麦种植由于土壤的肥沃、灌溉的发展等因素，在产量上又有了新的提高。斯特拉波记述道："地球上没有一个国家像巴比伦尼亚出产那样多的大麦，据说它的收获量是所播种子的三百倍。"②在希腊人把新的作物带到了东方地区的同时，他们也第一次认识了很多从前不知道的作物，并学到了新的农业种植方法和技术。在巴比伦尼亚，枣椰树得到了广泛的种植，枣椰树不但为人们提供了丰富的食物，而且其枝叶还可以用来编织各种生活用品，还可以用作燃料和饲料。斯特拉波说，有一首波斯人的歌曲当中竟然列举了枣椰树的

图6.5 罗塞塔石碑

360种用途。在塞琉古王国的统治区域，白蔻、香蕑、香苇、香液树等香料作物十分有名。斯特拉波这样描述了香液树："香液树是一种芳香的灌木，类似金雀花树和松脂树。把树皮割开，即有树液下滴，形似浓牛奶……它治头痛、初期的眼球的玻璃状液体病和奇特的视能减弱的眼

---

① ［法］杜丹：《古代世界经济生活》，第97页。
② ［法］杜丹：《古代世界经济生活》，第99页。

病……他们又用香液树的木材作为香料。"①

在广大的山区，茂盛的林木资源为造船业和手工业提供了优质的木材，其中以本都、旁菲利亚、西里西亚和塞浦路斯等地的山林最为重要。畜牧业与农业同样繁荣。水草丰足的地区放牧着成群的牛马，奥伦提斯河畔的王家马场中马匹的数量远远超过了西西里和意大利南部地区。此外，阿巴米亚地区的大象驯养，叙利亚和幼发拉底河之间的沙漠地区的骆驼饲养也十分有名。在较高的山地和草原上则适于养羊，密安得河畔的雷俄提亚西城、哥罗西城和来考尼亚都出产优质的黑羊毛。西诺比以南的迦载隆尼提亚则盛产羊绒，充足的羊毛供应促进了毛纺织业的发展。

埃及历来是农业和畜牧业都十分繁盛的地区。在托勒密王朝时代，随着灌溉沟渠的建筑和修护，土地得到了更好的开发和利用，埃及越来越成为主要谷仓，取代了城邦时代的雅典、科林斯而成为希腊化时代的经济中心。首先，埃及种植的农作物品种十分丰富。粮食作物有大麦、小麦，经济作物有亚麻、葡萄、油料植物（包括胡麻、蓖麻油类植物等）、蔬菜（包括蚕豆、菜豆、小豌豆、扁豆、葱等）、果树（枣椰等）以及各种香料植物，此外，还有埃及特有的两种植物，即纸草与莲花。其次，在畜牧业上，除了牛、马和山羊的饲养之外，还有用来载重的驴子以及鸡鸭等各种家禽，养蜂业也很发达。埃及农业经济的发达不仅表现在土地肥沃、灌溉发达和盛产粮食方面，更体现在种植、畜牧以及渔猎经济的多样化上面。埃及的野生动物资源十分丰富，各种野山羊、野牛、野兔还有狮子和鬣狗、野生水禽的狩猎场面常常出现在艺术品上。海水和淡水渔业的发达也为埃及人提供了重要的食物来源。

与城邦时代相比，希腊化时代的土地制度也有着较大的变化。如果说城邦时代大多数城邦的地产是中小土地私有制占据主导地位的话，那么希

---

① ［法］杜丹：《古代世界经济生活》，第101～102页。

腊化王国的土地大多都以土地国有或国王所有为主，不但土地属于国王，在土地上耕作的劳动者也是国王的臣民。希腊化时代建立的新的城市虽然有着或多或少的自治权和自主权，但也要向国王和中央及地方的官僚机构纳税，并承担包括服兵役在内的各种义务。在埃及和塞琉古，作为王权的重要支柱，神庙继续占有广大的土地、人口和财富，但理论上也是属于王国的。总之，大量的国有土地或王室土地是东方农业经济的最大特点。除了王室领地、神庙土地之外，还存在着第三种类型的土地，即有公民权的移民的个人份地。王国和神庙也会把地产的一部分赏赐给个人进行耕种，不过也不能免除各种赋税负担，所以它们仍然属于国有土地所有制的一个组成部分。

希腊化时代托勒密和塞琉古王国的土地制度显然是其君主专制制度的一种反映，是古老的历史传统的延续。在马其顿王国，情况则完全不同，一方面在土地的占有和使用方式上仍然沿用了城邦时代的办法，另一方面由于战乱、人口减少等原因，出现了土地兼并和集中的趋势，大量的土地日益荒芜，城邦时代的繁荣景象已经远去了。

(二)手工业

希腊化时代农业的发展至少在以下两个方面带动和促进了手工业的繁荣，一是用于手工业的原料在品种和数量上的增加，二是各地的特色资源、产品的开发和需求的多样化，使手工业产品的市场也得到了前所未有的拓展。

由于葡萄、橄榄等作物在小亚细亚、叙利亚、巴比伦尼亚和埃及等地的大量种植，使这些地区成为葡萄酒、橄榄油等产品的新的重要产区。小亚细亚、高加索和黎巴嫩则向希腊供应优质的木材，既弥补了希腊本土木料的缺乏，也促进了造船业和木材加工业的发展。巴比伦尼亚的枣椰树、埃及的纸草、叙利亚和巴勒斯坦地区的羊毛、腓尼基沿岸的紫贝、埃及的渔产都在不同程度上刺激了希腊本土的各种食品和日用品的加工业。

　　除了传统的手工业之外，在希腊化时代，各种矿物原料得到了更为广泛的开发和利用。在安纳托利亚、本都、亚美尼亚以及伊朗高原等地都发现了大的盐湖和石盐矿，吕底亚成为硝石的主要产地。此外，黑海南岸地区的铁矿、塞浦路斯的铜矿、德兰吉阿那的锡矿以及埃及等地的大理石为制盐业、冶金和铸造业以及建筑、雕塑等手工业的发展带来了很多新的契机。

　　希腊化时代的手工业生产既有大量传统的项目，也出现了很多新兴的产业，与希腊城邦时代相比有了较大的提高。

　　在食品加工业方面，橄榄油、葡萄酒的生产在规模和产量上都有了很大的提高，黑海南岸的西比诺即以制造橄榄油而闻名。埃及不但是油料作物种植的主要地区，也成为油料产品加工和生产的中心。埃及人还用大麦制造一种类似于啤酒的饮料，酿酒厂普遍建立，这种饮料为埃及人普遍饮用。在希腊和东方地区，由于渔业的发展，鱼类储存业——包括晒干和腌制——也都发展起来。埃及的咸鱼还成为一种出口产品。

　　纺织业在希腊化时代出现了前所未有的繁荣。在希腊本土农业衰败的同时，阿卡亚地区的毛纺织业、伊利斯地区的麻纺织业却发展起来。在整个东方地区，亚麻、羊毛，甚至棉花和蚕丝都成为了纺织原料，其中，亚麻的生产最为广泛，西里西亚、叙利亚的雷俄提西亚、腓尼基的比布罗斯、贝鲁特、约旦河流域的西托波利斯以及巴比伦附近的包尔西帕城都是亚麻布生产中心。据记载，在作为古老的亚麻生产中心的埃及，几乎人人都穿着亚麻布。在希腊城邦时代，米利都是羊毛织品的主要产地。到了希腊化时代，塞浦路斯、腓尼基的许多城市、大马士革以及埃及也都成为毛织品的产地，而且还制造出各种颜色的毛毯和带有各种动物图案的毛毡。爱琴海南部的科斯岛出产丝织品，腓尼基也制造丝织品，丝线可能是从亚细亚中部和远东输入的。与纺织业相伴而生的还有紫色颜料的生产和染色业，希拉波利城就是一个重要的染色中心。

在采矿业方面，在阿提卡的劳利昂和优卑亚的卡尔西斯矿山几乎被废弃的时候，科林斯、提洛、开俄斯岛和萨摩斯岛的青铜制造业依然十分繁荣。本都以东的地区冶铁业十分发达。腓尼基的金银制造业和金属雕刻业仍占据很大的市场。

在造船业方面，在希腊本土的造船业日益衰败的同时，亚洲的几个靠近大森林的港口——西奇卡斯、西诺比、西里西亚、塞浦路斯以及腓尼基的泰尔港——则成为了新的造船中心。

作为传统手工业和大宗出口产品的制陶业仍然是希腊本土的优势产业。数量众多的小型制陶作坊生产的精美陶器作为盛放葡萄酒和橄榄油的容器被远销到地中海周边的一个十分广阔的区域。到达东方的希腊人在继续从事陶器生产的同时又从本地人那里学会了很多新的技艺，其中包括玻璃制造、香水和药膏的制造等。

除了一些需要进口原料才能进行生产的手工业之外，更多的手工业生产都是因地制宜，原料都来自当地，因而带有强烈的地方色彩。其中最具代表性的就是埃及的纸草制造业和巴比伦尼亚的棕树产品。

总之，亚历山大远征之后，各种传统的和新兴的手工业生产都出现了十分繁荣的局面，但大多不是出现在希腊本土，而是出现在东方国家。其中，纺织业、金属制造业、制陶业和玻璃制造业、香水和纸草的制造，在小亚细亚、腓尼基、叙利亚和埃及都成为重要的产业。

从手工业生产的组织来看，已经在城邦时代出现的细致的劳动分工和技能的专门化得到了继续发展。手工业生产仍然主要以家庭为单位，以此保证生产技术的世代相传，根据需求和产量的要求雇佣或使用或多或少的帮工和奴隶。但由于分工带动的技术进步的需要，学徒制已初见端倪。

关于手工业的分工之细致，请看以下的描述：

"希腊化时代专门化非常发达。在提洛斯岛上，做门扇的木匠不安门框。当木匠在墙头上放榆木板以支撑天花板的横梁之前，要叫泥瓦匠来平这墙头。附属于寺院的石匠不自己磨他们的工具。在米利都，细凿表面大理石方的工人与粗凿内部石块的工人有分别。从古文书（草纸）中可以引出在埃及所实行的行业表，其数不可胜数。搬运麻袋的人及送牛奶的人，与搬运行李的人，大有区别。铁工场和制壶场各有他们的烧灶人和烧炉人。采石匠不扫除砂子或移去一层沙砾，这不是他的业务。在榨油坊中，有捣粒的人和专门制蓖麻油的人；同一伙人不制作和贩卖粗布外套与细麻布外套。纤维工业中有专门收集废羊毛的人。每人都有各自的行业。"①

在手工业中，奴隶工人由于奴隶来源的充足和廉价而得到更加广泛的使用。与此同时，在希腊化时代东方的很多大城市中，自由的手艺人纷纷组成了同业的工会组织。值得注意的是，在一些地区，比如埃及和帕迦马，除了个体经营的手工业之外，还出现了很多由神庙和国王经营的手工工场。在埃及，石坑和矿山的开采、硝石和盐的经营、油类和纺织品的制造几乎都是由皇家垄断，在塞琉古也有类似的情况。由国家经营的手工业甚至还出现在希腊本土，如在米利都就有国营的织布场和缝衣场。因此，色诺芬在城邦时代曾经提出但未实行的国有工业的设想，在这一时期得到了一定程度的实现。在这里，我们还要看到，希腊化时代的个体手工业经济虽然拥有经营的自主权，但也必须像耕种土地的人那样向国王和国家缴纳各种各样的税收，国家对经济事务的监督、管理和控制是十分严格的，而这种情况又是从前的希腊所不曾有过的现象。

（三）商业

在希腊化时代，与农业和手工业相仿，商业和贸易也是一个大发展的时代。实际上，这些经济门类之间存在着一种连锁效应，正是由于农产品的丰富和产量的提高，才为手工业活动提供了更多的原料、市场和增长的空间，而农业产品和手工业产品的发展又必然会刺激商品交换和转运贸易

---

① ［法］杜丹：《古代世界经济生活》，第128～129页。

图 6.6　商人守护神：赫尔墨斯

的繁荣。因此，希腊化时代的经济生活得到了一种整体和全面的提升。

虽然商业活动也受到政治状况的种种影响和制约，但还是具有一定的独立和自由发展的空间。应该说，早在希腊化时代之前，希腊和腓尼基的商人就已经奔走于地中海和亚洲各国之间了。在亚历山大东征之后，由于陆路和海路交通变得更为通畅，希腊化世界政治和文化的一体化趋向对本来已经十分频繁的东西方贸易起到了巨大的推动作用，与政治和文化的一体化相比，希腊化时代的经济的一体化更为成功，成效也更为显著。正如杜丹所言："虽然亚历山大的各个继承人的王国之间划分成各自的区域，没有按照亚历山大的计划，使之成为一个统一的大国，但是各区彼此之间仍保持着日常和经常的联系。希腊文明超过了由久远和光荣的过去所遗传下来的一切民族文明或地方文明，在每一个领域中，它都是一个统一的要素。所以，我们可以把整个希腊世界当作一个经济的整体，无疑的是一个复杂的整体，但是它的一切部分是互相联系着的。"[1]因此，"希腊化时代的商业活动包括一个很广大的范围，这比希腊人在他们的扩张和殖民强国时代所能统治的范围要大得多。"[2]

---

① ［法］杜丹：《古代世界经济生活》，第 133 页。
② ［法］杜丹：《古代世界经济生活》，第 150 页。

　　商业活动最根本的任务就在于互通有无，希腊化各地之间自然条件、经济发展水平的巨大差异为商业和贸易大发展提供了基本的前提条件和广阔的空间。埃及以土壤肥沃、灌溉便利、盛产粮食而著称，但不出产橄榄；小亚细亚的山区适于放牧，出产羊毛，但土地贫瘠，粮食紧缺；西里西亚、高加索、黎巴嫩的山上拥有丰富和优质的木材，而尼罗河流域和巴比伦地区则完全缺乏木料。在矿产、水产、盐业等生产领域无不表现出这种空间分布上极为不均衡的情况。另外，劳动分工的细化和工艺技术的专业化也使得每个地方都有自己传统的特色及优势的产业和产品，于是，"为了各种食物，为了各种原料，为了各种制造品，在生产中心或生产过剩的中心与有消费而无生产的国家或消费多于生产的国家之间，开始了商业的来往"①。

　　除了内在的需求，商业发展的外在环境和条件也不容忽视。希腊化时代在陆路、海路和河流交通上都出现了前所未有的发展，旧有的道路得到了拓宽和修缮，新的通道被开通，海上和陆上的探险活动蔚然成风，人类活动的区域得到了空前的扩展。

　　先看陆路交通。在希腊化时代的所有道路中，最重要的就是联系地中海沿岸与周围各个地区的道路。最北的一条是越过高加索地峡通过伊朗高原而到达黑海东岸的道路。通过小亚细亚、塞琉古的腹地向东到达大夏和印度河上游的道路把美索不达米亚、叙利亚和爱琴海沿岸各地联系在一起，这条交通线成为西亚地区最主要的交通干线。这条道路的南北又分出了若干条交通线，因此塞琉西亚和巴比伦城成为最重要的交通中心。对于这个地区的交通，斯特拉波在《地理学》中有着详尽的描述。此外，从阿拉伯和巴勒斯坦通往叙利亚和腓尼基的道路也十分重要。在埃及，尼罗河流域与红海沿岸之间开通了若干条道路，沿途建立了很多作为驿站的城市。

---

　　①　[法]杜丹：《古代世界经济生活》，第134页。

　　除了陆路交通之外，河流运输在东方地区一直具有十分重要的地位。在幼发拉底河和底格里斯河上，航行十分频繁，船只可以从波斯湾的两河交汇处沿幼发拉底河而上到达巴比伦城，沿底格里斯河而上可以到达塞琉西亚城，阿拉伯的香料大多通过这条道路被运送到这一地区。当亚历山大到达两河地区的时候，就曾采取措施恢复被波斯人破坏的航运，使巴比伦尼亚地区开凿的许多河渠得到正常的利用。此后接管这个地区的塞琉古国王继续致力于两河河道的改良和修缮工作。与两河相似，尼罗河既可以用作运输，也是灌溉农业的主要依靠。托勒密王朝的统治者也充分认识到了河流在经济生活中的重要性，大力修建道路和港口，尤其是亚历山大里亚城的建设，使尼罗河三角洲地区的运输达到了空前繁忙的程度。为了完成尼罗河与两岸运河形成的水道系统，托勒密王朝还开凿了连接尼罗河与黑波利斯湾北头的运河。这项巨大的工程开始于古代埃及，波斯国王大流士继续修建，直到希腊化时代才最终完成。这条运河的开通使亚历山大里亚城可以完全由水路与红海相连，使地中海与印度洋相通。

　　在希腊化时代，陆路和内河运输的发展并没有使海路航运减少。在亚历山大之前，希腊人的对外贸易主要依靠海运。在希腊化时代，这些传统的海上交通线仍然是希腊与外部世界贸易往来的主要通道，而且活动的范围空前扩大，他们的船舶不仅往来于地中海东部地区，还航行在印度洋上。在地中海东部，亚历山大里亚、腓尼基的各个港口、罗德斯岛、科林斯、拜占庭和黑海之间有了定期的通航。向西航行可以到达意大利南部、西西里以及地中海南岸的迦太基等地。印度洋上的航线主要有两条，一条是从埃及的东海岸到阿拉伯地区，另外一条是从幼发拉底河和底格里斯河河口到印度南部的德干高原。另外，埃及的船只还往来于东非沿海，经过埃塞俄比亚后还绕过非洲东部最突出的"香料角"，向赤道方向航行了一段路程。不过，在看到海上交通继续发展的同时，我们也要注意到在希腊化时代，地中海以及黑海的贸易依然常常受到海盗的威胁和劫扰，小亚南部、克里特岛等地都成为海盗的聚集地。

就希腊化时代商业和贸易发展的总体情况而言，与农业和手工业相仿，贸易中心也出现了明显的东移。在希腊，昔日繁华的商贸中心雅典和科林斯失去了有利地位，日渐衰落。由于地理上的优势，爱琴海上的提洛在一个相当长的时期取而代之，成为新的商业中心。通向埃及、马其顿和西部地区的航线都要经过该岛，提洛为地中海上的贸易提供了一个安全和便利的中转站，从埃及和东方地区运来的商品都要先集中在这里，然后运往意大利；岛上商人云集，商铺和货站林立，盛极一时。此外，在希腊化时代，罗德斯岛东北部的罗德斯城也发展成为一个大的商港。罗德斯城的水手以诚实和技巧而闻名于世，他们还战胜和赶走了海盗，从而使这个岛屿成为地中海东部海域商船的保护者和避难所。罗德斯的繁荣主要依靠转运贸易，出口和进口的一切货物都要缴纳关税。在这里，来自埃及、阿拉伯和印度的各种货物被安全地运送到希腊和西部各地。罗德斯与罗马有着长期的往来，从公元前 3 世纪初到公元前 2 世纪中叶，它一直保持着海上贸易中心的地位。

在小亚细亚，从前作为贸易中心的米利都也被以弗所取而代之。以弗所是从东方的大夏、印度和伊朗经过西亚全部大道的终点，因而成为"意大利与希腊贸易的总集散地"①。希腊化时代的拜占庭也由于其连接地中海和黑海海峡的有利位置，通过征收通行税而取得了重要的地位。在小亚细亚的内地，迦拉太的帕西纳斯城和密安得河畔的阿巴米亚城也成为重要的商品集散地。在叙利亚海岸，塞琉古一世建立的塞琉西亚港既是叙利亚王国的政治中心，也是经济中心，它成为埃及的托勒密王朝和塞琉古王朝诸王争夺的对象。

在希腊化时代所有的商业贸易中心中，埃及的亚历山大里亚具有十分

---

① ［法］杜丹：《古代世界经济生活》，第 143 页。

突出的优势地位。它既是埃及设在地中海沿岸唯一的商埠，也是尼罗河河运的终点，既集中了尼罗河流域的食品和手工业制品，也集中了从埃塞俄比亚、非洲东部、阿拉伯和印度等地运来的商品和原料，这些大宗的货物从这里源源不断地运往整个希腊化世界的各个地区。亚历山大里亚集中了希腊人、埃及人、犹太人和东方人，是一个真正意义上的国际化大都市。

对于希腊化时代的商业活动，我们不仅要看到其品种的增加、规模的扩大和空间的拓展，也要看到其经营、管理和交易方式上的变化。首先就是与商业活动有关的种种国家管制和税收制度的普遍化和规范化。在埃及，托勒密王朝不仅建立起严格的对食盐、硝石、宝石、象牙、香水、香料、油、酒等重要商品几乎无所不包的专卖制度，而且对所有的商品交易都实行全面的监控，货物从入港到出港，从生产地到消费地，所到之处都会有专人收取各种税费。正像全国的土地在理论上都属于国王那样，国家的一

图 6.7　4 德拉克马银币

切资源也是如此，专卖、租税和特许证等制度都是出于同一个目的，就是为专制王权服务。在罗德斯岛这样的自由港口，入港和出港等通行税也是制度化的，虽然没有国王，但也具有国家管制的性质，税收归国家所有，在性质上与埃及亦别无二致。

希腊化时代商业活动的第二个变化就是货币体制和货币制度的广泛建立。"亚历山大大帝的远征以及其后的塞琉古王朝殖民活动所带来的另一个结果是，货币经济在亚洲各个城市得到了传播。"①希腊化各国都铸造和发行了贵金属和铜制的铸币，货币经济和货币流通成为普遍的现象。

---

① ［英］弗兰克·威廉·沃尔班克：《希腊化世界》，第 152 页。

虽然币制并不统一，但不同币种之间的交易还是存在着一定的标准，正如杜丹所言，"在希腊化东方的三四种主要币制中间没有什么根本的差别"①。货币的流通和使用还为各地的商品流通带来了极大的便利。在希腊化世界中，用货币来结账或通过银行来结账已经变得十分通行了，在商业发达的地区，甚至还出现了纸币和支票。不过，货币的普遍使用大多出现在商业发达的城市里，在广大的农村以及偏远的落后地区，物物交换仍然是主要的交易方式。

二、希腊化时代的城市

罗素说："希腊的文明本质上是城市的。当然也有许多希腊人是从事农业的，但是他们对于希腊文化中最富特色的东西并没有什么贡献。"②如果说城邦时代的希腊公民都习惯于一种以城市为中心的公共生活的话，那么随着亚历山大的东征，希腊人的这种城市文明至少在形式上被带到了东方，大量新的希腊人的城市被建立了起来，"除了19世纪的美国，在人类历史上没有哪个地方，在很短的时间内有这么多城市崛起"③。更为重要的是，这些希腊城市就像是东方国家的汪洋中的一座座岛屿，承担起了加强政治统治、传播希腊文化、促进经济交流以及防止外敌入侵等多种极为重要的功能。正是在这个意义上，可以说，没有希腊的城市，就没有希腊文明以及希腊化文明的兴起。在希腊化时代，出现了人类历史上在近代以前最大规模的一次城市化运动，其中能够透露出很多后来世界的发展趋向，是人类社会从分散走向统一的一次伟大的尝试。那么，希腊化时代都建立了哪些重要的城市呢？这些城市都承担起了哪些社会功能呢？这些城市与古希

---

① ［法］杜丹：《古代世界经济生活》，第160页。
② ［英］罗素：《西方哲学史》，何兆武、李约瑟译，北京：商务印书馆，1988年版，第281页。
③ ［法］G. 格洛兹：《古希腊的劳作》，第323页。

腊时代的城邦又存在哪些联系和差别呢?

(一)希腊化时代的城市概说

在东征的过程中,亚历山大亲自选择地点建立起数十座以他的名字命名的城市,其中以埃及的亚历山大里亚城最为著名。亚历山大不仅亲自选址,甚至还对这座城市的建设进行了基本的规划,由此可以看出他充分认识到了在被征服地区建立希腊城市的必要性和重要性。亚历山大去世后,继承者们继承了他的这一政策,在各自的统治区域大量建立城市,有些新的城市还发展成为国家的统治中心。他们纷纷仿效亚历山大,用自己的名字来命名这些新城。

公元前 293 年,狄米特里乌斯建立了狄米特里阿斯,这座新城和培拉一起成为马其顿人统治希腊的首都。安提柯建立了比提亚的安提柯尼亚和叙利亚的安提柯尼亚,后者被塞琉古迁移到另外一个地方,拥有了新的名字安条克。"在安提柯王朝统治时期,马其顿王国经历了城市化发展,这使它更加接近希腊南部城市的文化水平。"① 塞琉古王朝在希腊化时代的城市建设上用力最大,建城最多,塞琉古诸王在爱琴海、叙利亚、美索不达米亚和巴比伦各地建立了许多城市。其中塞琉古一世的成就最为突出,在担任巴比伦第一任总督期间,他一共建立了 16 座名为安条克的城市,9 座名为塞琉西亚的城市,6 座名为劳迪西亚的城市,3 座名为阿帕米亚的城市,1 座名为斯特拉托尼西亚的城市,还有数座名为亚历山大的城市。这些城市大多位于作为塞琉古王国心脏地带的美索不达米亚地区,其加强统治的用意不言自明。此外,他还用马其顿的一些地名对这个地区的一些地方进行了重新命名,比如把奥龙特斯河改称为埃西克斯河,把沿海山地叫作皮里亚,把尼西比斯附近的平原叫作密格多尼亚,还有众多原有的城市被冠以马其顿的地名,这种做法与后来英国殖民者在美洲和其他殖民地区的做

---

① [英]弗兰克·威廉·沃尔班克:《希腊化世界》,第 71 页。

法如出一辙。① 总之，"塞琉古王朝时期，建立了一个遍布王国并扩展到更远东方的巴克特里亚和索格狄亚纳（即粟特）地区的希腊城市链，这是该时期的一个最引人注目的成就。"②

在新城建设方面，马其顿和希腊本土远远落后，除了上文讲到的狄米特里阿斯之外，卡珊德建立了一座以他的父亲命名的城市安提帕提亚，吕西马库斯建立了莱西马其亚。在埃及本土，除了上埃及的托勒美斯之外，托勒密王朝的统治者就再也没有新建什么希腊城市了。公元前320年，托勒密一世把埃及的首都从孟菲斯迁移到亚历山大里亚，这座城市很快就发展成为希腊化时代最大的城市。不过，托勒密王朝的统治者还是对旧有的埃及地名进行了希腊化的改造，在很多地方保护神的名字后面加上了"波利斯"。此外，在埃及本土以外的卡利亚、塞浦路斯和昔兰尼等地建立了一些新的城市。③

从总的情况来看，马其顿和希腊本土以外的希腊化城市大致可以分为两类，一类是亚历山大及其继承者们新建的希腊化城市，共有88座，其中最东边的是中亚的阿帕米亚，最南边的是西奈半岛靠近红海的阿西诺，最西的是爱琴海东岸的特洛伊，最北的是位于黑海南岸的阿玛斯特利斯。另一类是被希腊化了的城市，其中又可以分为小亚细亚原有的希腊城邦和古代东方的神庙城市两类，共63座。这类城市中最东的是中亚的攸罗普斯，最南的是地中海东部的拉菲亚，最西的是爱琴海中的特洛伊，最北的是黑海沿岸的普鲁西阿斯。根据20世纪60年代法国考古队的发掘，一座叫阿伊·哈努姆（Ai Khanum）的城市被认定为最远的希腊化城市遗址，它位于离中国边境不远的苏联和阿富汗交界处的阿姆河上游地区，城中不仅有希腊化的宫殿、柱廊和体育馆，还有用希腊文雕刻的铭文，这些铭文竟然是

---

① 陈恒：《希腊化研究》，第325～326页。
② ［英］弗兰克·威廉·沃尔班克：《希腊化世界》，第122～123页。
③ 陈恒：《希腊化研究》，第326～327页。

从 4000 千米以外的德尔菲的祭坛上摹印下来的。[①] 该遗址成为迄今为止中亚巴克特里亚希腊人王国统治地区发现的唯一一座保存完整的希腊式城市，该城具有明显的希腊式城市特征，也有当地东方文明因素的渗透和影响，呈现出多元文明因素并存交融的特征，成为希腊化时代东西方文明互动关系的见证和缩影。[②]

希腊化城市不仅数量众多，分布范围很广，而且在城市的规划、布局、建筑、管理及其与其他城市和王国中央权力的关系等方面也呈现出一些共同和普遍的特征。这些共同的特征既体现出希腊化城市与从前的希腊城邦的继承关系和连续性，也带有强烈的时代特色，正是这些共性构成了"希腊化时代"这一概念——希腊性（Greekness）的传播和拓展——得以成立的基础。

图 6.8　帕迦马卫城模型

①　陈恒：《希腊化研究》，第 330~331 页。
②　杨巨平：《阿伊·哈努姆遗址与"希腊化"时期东西方诸文明的互动》，载《西域研究》2007 年第 1 期。

首先，在城市建设的规划和布局上，与城邦时代相比，希腊化时代城市的建筑规模更加宏大，布局的随意性和不规则性被中轴线式的布局和整齐划一所取代。城市的中心区域都建有市政广场、议事厅、神庙、体育馆、剧院、柱廊等神圣的或公共活动的场所，这些设施之间以及周边地区会有规划整齐的方格形状的街道和民宅。虽然建筑的基本式样和功能仍然保持了古典时期的传统，但在建筑的技术、装饰、风格等方面还是出现了一些新的变化，比如越来越多地使用科林斯式的柱廊，纪念性外部装饰的大量使用，屋顶和房门大量采用拱形结构。总的趋势是，古典时期的简洁与和谐逐渐被繁复和宏大所取代，从中可以看到东方元素的大量介入，"炫耀财富、政治特权和凭借政治经济权力谋取艺术品的欲望强烈地干扰着古典城邦的建筑所注重的比例和均衡"[①]。希腊化时代的建筑和城市规划对后世影响很大，"是文艺复兴时代、18 世纪、19 世纪建筑的先驱"[②]。

其次，希腊化时代的城市虽然在外观上仍然保持了希腊的基本特征，但在本质上却发生了根本的变化，其中最大的变化就是失去了从前的自治和独立的地位，而沦为国王和中央权力的附属物。"这些新兴城邦和那些古城在本质上还是处于同一种情形之中，只不过是它们对王室臣服的程度不同而已。"[③]其中，如果说马其顿和希腊本土的原有城市还在相当长的时期内通过缔结同盟等方式保持了一定程度上的自治和独立的话，那么托勒密和塞琉古王国境内的希腊城市则完全成为王国政治权力的一个有机组成部分，一般来说都会驻扎王国的军队，并向中央缴纳各种税赋。不过，出于统治的需要，也由于经济、军事等原因，一些城市也会在某些时期得到一定程度上的自治权利，但这些只是个别和表面的现象，适当地放松控制也成为国王们加强统治的一种管用的手段。正如沃尔班克所言："毋庸赘言，

---

① 陈恒：《希腊化研究》，第 336 页。
② ［英］弗兰克·威廉·沃尔班克：《希腊化世界》，第 245 页。
③ ［英］弗兰克·威廉·沃尔班克：《希腊化世界》，第 129 页。

东方的新兴城市从来没有获得真正的独立。"①有趣的是，从马其顿入主希腊到希腊化时代乃至于在罗马人征服希腊化王国的过程中，"解放希腊"和"还希腊人以自由"的口号一直不绝于耳，成为征服者或统治者最有号召力的博得希腊人的好感和支持的方法。

最后，在希腊化时代的城市中，占据人口比例很小一部分的马其顿人和希腊人构成了握有政治、军事、经济和文化等权利的社会上层，想要得到这些权利的非希腊人都要在语言和生活方式上接受"希腊化"的洗礼而成为希腊人，如此才能获得跻身社会上层的条件和机会。不过，在这个过程中，希腊人也有意或无意地认同和接受着当地的文化，而原有民族团体中的保守派也想方设法地拒斥"希腊化"和保护自己的文化，因此，希腊化时代的城市中普遍呈现出一种在强势的希腊文化主导下的多元文化共存和融合的特征。与希腊人和马其顿人仍然过着一种希腊人的生活方式形成鲜明对比的是，城市中的社会下层和广大农村地区的居民仍然保持着传统的语言、信仰和风俗习惯。

(二)城市的功能

马其顿和希腊化时代的王国的统治者们为什么要在被征服地区建立起大量希腊人的城市？这些城市在希腊化时代的形成和发展过程中都起到了哪些作用，承担了哪些社会功能呢？

首先，希腊化城市建立的根本目的是为了确立和加强政治统治。早在亚历山大东征时期，东征军每占领一个地区都要在当地留下一些马其顿人来驻守，并任命总督来接管和取代从前的官吏对这个地区实施有效的管理和统治。这些新的统治中心往往就会发展成为一座希腊人的城市。同时，来自希腊和马其顿各地的军事移民也源源不断地来到此地，从而构成了这些城市最初的常住居民。这种军事移民在幅员辽阔、种族众多的塞琉古王

---

① ［英］弗兰克·威廉·沃尔班克：《希腊化世界》，第129页。

朝尤显必要，正如沃尔班克所言："在遭遇如此丰富多样的本土文化的情况之下，塞琉古王朝选择他们所熟悉的作为他们的权力依靠——即希腊文明和马其顿文明。为此，必须吸引大量移民并让他们定居在亚洲，塞琉古王朝通过分封土地和建立城市的举措来鼓励移民。"①可以说，这是一种一举多得的做法，一方面使希腊城邦中的过剩人口和失去土地的无业游民大量地迁出希腊，从而缓和了这些城邦的贫富矛盾，极大地减少了社会的不安定因素，同时也满足了这些希腊人获得土地的强烈愿望和要求，而这正是东征的目的所在；更为重要的是，在这些移民东方的马其顿人和希腊人得到了自己想要的一切的同时，希腊人在当地的统治据点和统治机构也以此为基础建立起来，从而避免了只征服不统治所造成的不良后果。

其次，从亚历山大开始，马其顿和希腊化时代的统治者就充分意识到，仅仅依靠官员和军队来维持统治是没有根基的，甚至是十分危险的，文化上的渗透和传播才是长治久安的根本。因此，希腊化城市的第二个重要的职能就是力图成为希腊文化向东方传播的根据地。为了达到这个目的，希腊人的语言、城市建筑乃至于一整套生活方式就通过这些城市被移植到了广大的东方地区，说希腊语、展开希腊式的体育锻炼和竞技、观看戏剧演出等"希腊性"活动成为这些希腊城市普遍的文化景观。公民大会、陪审制度和议事会虽然已失去城邦时代原有的意义，但作为文化的躯壳和装饰还是成为这些城市必不可少的要素。

再次，除了政治和文化功能，希腊化城市的军事特征也不容忽视。作为维护政治统治的保障，驻军是必不可少的，尤其是在"蛮族"密集的地区，随时都会出现反抗希腊人统治的叛乱，希腊化城市成为保持地区稳定和镇压各种反抗活动的据点，在伊朗东部地区建立的许多希腊城市就是承担着这种功能的代表。这种类型的城市大多分布在希腊化世界的边缘地带，亚

---

① ［英］弗兰克·威廉·沃尔班克：《希腊化世界》，第114页。

历山大东征后期对蛮荒地区展开的一系列艰苦的军事行动，就体现出了明显的消除和防止游牧民族对被征服地区进行侵扰的目的。马其顿和希腊统治者在完成了报复波斯人、终结波斯帝国的统治这一侵略目的的同时，也摇身一变，成为波斯帝国合法的继承者和这些地区新的保护者。

最后，希腊化城市还具有明显的经济尤其是商业功能，以亚历山大里亚为代表的诸多新兴的希腊城市取代了古典时期的雅典、科林斯而成为新的经济中心。从很早开始，希腊人就有着经常外出旅行和经商的传统，希腊人的很多殖民城邦都曾经是希腊商人的聚居地，埃及的瑙克拉提斯城就是其中的代表。亚历山大本人就对商业有着浓厚的兴趣，东征获得的数量巨大的贵金属中有相当大的一部分被用来铸造货币，此后，希腊的货币体系被传播到广大的东方地区，为大批量的商品交换和流通提供了便利。在希腊化时代，东西方的商品往来和贸易活动出现了前所未有的繁荣局面，而希腊化的城市无疑是商业活动的中心。正是有赖于这些城市成为货物吞吐的安全的落脚点和中转站，一个新的由海路和陆路连接起来的贸易网络建立起来，希腊、腓尼基、阿拉伯等地的商人往来于东西方各个国家和地区之间，互通有无，而对这些城市的工商业实施有效的管理及保护这些商路的畅通和安全也成为各国统治集团更多地聚敛财富的前提条件。塞琉古一世于公元前 300 年建立的杜拉-攸罗普斯城就是一座旨在保护贸易线路的重要堡垒。

总之，希腊化时代的城市虽然千差万别，但大都承担着以上各种功能。一般来说，政治和军事目的可能是大多数城市修建的初衷，但随着城市机构和设置的逐步完备，文化和经济功能就越来越重要。

(三)亚历山大里亚

作为一座典型的希腊化城市，亚历山大里亚无疑具有任何一座城市所不能比拟的重要性和代表性。

古代埃及虽然是一个历史极其悠久的文明古国，是希腊人最早的老师和朝圣地之一，但一直以农业和农村生活为中心，已有的城市基本上都是宗教和政治中心，真正意义上的城市和城市生活很不发达。有人甚至认为，在将近三千年的历史上，埃及是一个没有城市的文明，直到亚历山大里亚的建立才开启了埃及城市的历史。因此，亚历山大里亚不仅是埃及历史上第一座真正的城市，而且还很快发展为希腊化时代最大的城市，成为这一时代新的经济和文化中心，直到今天仍然是埃及最大的港口和仅次于开罗的第二大城市。亚历山大里亚的建立和繁盛可说是希腊化时代的一个最伟大的传奇，亚历山大里亚城更是时代精神的集中体现，是希腊化时代的一个缩影。

阿里安在《亚历山大远征记》中详细地记述了亚历山大里亚城的建立过程。在加沙之战结束后，亚历山大便率军向埃及进发，原来由大流士委任的埃及总督波斯人马扎西斯看到大势已去，没有进行任何抵抗，亚历山大就这样兵不血刃地进入了埃及。到达旧都孟菲斯之后，他向当地的神灵进行了献祭，然后就在皇家卫队的陪同下乘船从孟菲斯出发顺流而下，朝大海驶去。到了坎诺巴斯时，他忽然提议在一个地方上岸，这个上岸的地点就是后来的亚历山大里亚城所在地。"亚历山大看见这个地方，灵机一动，觉得在这里修建一座城市非常理想，这城必将繁荣兴旺。"接着，亚历山大便兴致勃勃地亲自画出了城市的草图，"什么地方修建市场，盖多少庙，供什么神——有些是希腊的，还有埃及的埃西斯等等，以及四周的城墙修在何处。"亚历山大不仅画出了这座新城的草图，甚至还打算亲自把城墙的具体位置在地面上勾画出来，但却找不到画线的材料，于是有人就出了一个主意，把士兵们随身携带的用作口粮的麦粉收集起来，国王在前面走，后边跟的人就在地面上撒。据普鲁塔克的说法，就在亚历山大高兴地打量着这个设计图的时候，突然出现了很多大鸟，"像一片乌云从河流和湖泊飞过来，把用来画线的麦粉啄食得干干净净，这个兆头使亚历山大感到烦恼"，但随军的占卜师却告诉他，"这个朕兆所表示的意义，是指他所建造的城市资源极其丰富，不仅毫无匮乏的顾虑，还可以把食物供应很多国家。于是他又恢复信心，命令工程人员继续工作。"①

公元前 320 年，托勒密一世把埃及的都城从孟菲斯迁到亚历山大里亚。在他的后继者们的不断努力下，这座城市发展成了"地中海世界的女王"，不仅规模宏大，人口众多，而且还成为希腊化时代的经济和文化中心。公元前 300 年的亚历山大里亚城仅仅拥有 5 万人口，到了公元前 3 世纪晚期已经发展到 40 万人，到了公元前 1 世纪末则突破了百万，其中希腊人最多的时候达到 15 万人。② 由于突破了城邦时代的公民团体的狭隘界限，希腊化时代的城市在人口和规模上都远远超过了城邦时代的希腊城市，而亚历山大里亚又是希腊化时代最大的城市，是大城市的代表。

在城市的规划和建设上，亚历山大里亚具有完备的希腊城市的要素，拥有体育馆、剧院、庙宇和市场，还有用于商业和休闲目的的有柱廊的门廊，街道横平竖直，整齐划一，夜间还有照明设施，这在古代十分少见，从中可以看出城市生活的丰富多彩。除了城里宏伟和优美的希腊式建筑之外，亚历山大里亚城最著名的标志性建筑物要数法罗斯岛上的灯塔了。它建于公元前 300—前 280 年，由著名的建筑师索斯特拉图斯设计，塔高 130 米，分为塔基、塔楼和塔顶灯座三个部分，全部用石料砌成，内铺沥青，以防止海水侵蚀。塔楼内装有人力驱动的升降机，顶上的灯座四面透光，内烧木材，并可能使用了凸镜聚光，因此火光可以达到数十千米以外的海面上。因此，这座灯塔成了指引船舶出入亚历山大港口的关键设施和地标性建筑。这座伟大的建筑存在了 1600 年之久，直到 1375 年才因地震而坍塌。

---

① ［古希腊］阿里安：《亚历山大远征记》，Ⅲ.1～2；普鲁塔克：《亚历山大》，ⅩⅩⅥ。
② 陈恒：《希腊化研究》，第 49 页。

图 6.9　亚历山大灯塔

　　亚历山大里亚城是一座人口众多的国际化大都市，也是地中海各民族的大熔炉，其人口大致可以分为希腊人和非希腊人两个部分，其中希腊人占据少数，非希腊人由埃及人、叙利亚人、犹太人以及其他人群构成。亚历山大里亚是希腊化时代的经济和贸易中心，是希腊化世界最大的卖场。斯特拉波这样描述道："这座城市之中所有的优点之中最大的优点是在全埃及之中只有这一个地方在本性上适应两种事务——不但在大海边便于贸易，因为有一个优良的港口，而且在陆地上也便于贸易，因为尼罗河很容易把各地的物品在这里散集——这是已知人类世界最大百货商店。"①

　　亚历山大里亚还是希腊化时代的学术和科学研究中心，与城邦时代不

---

① 转引自陈恒：《希腊化研究》，第 328 页。

同，科学研究在历史上第一次得到了王朝统治者的大力扶持和资助。公元前290年，托勒密一世主持修建了一座供学者从事科学研究和教学的学术中心，这座被称为"缪斯宫"的宏伟建筑是奉献给希腊的艺术之神缪斯的，今天西文中的"博物馆"（Museum）一词便由此而来。这里住着许多诗人、哲学家、语言学家、地理学家、医生、历史学家、艺术家以及当时大多数著名的希腊数学家。缪斯宫附近建有古代世界最大的图书馆，藏书达到70万册之多，并雇佣了一大批专门从事古书抄录的专业人员。这座图书馆实际上也是一所研究机构，在这里，学者们开始对荷马的文本进行系统的考证、分卷和详尽的分析，古代的语言学开始得到了系统的研究，甚至后来所谓的"荷马问题"也被首次提了出来。[①] 缪斯宫、图书馆以及托勒密王朝的宫廷中聚集了来自希腊化世界各地的成群结队的艺术家和学者，具有新的艺术风格、式样和内容的艺术作品被创造出来，包括数学、物理学、天文学、地理学、医学在内的众多学科也都得到了长足的进步。在希腊化时代，如果说雅典仍然保持了哲学研究的中心地位的话，那么自然科学的研究中心无疑应该属于亚历山大里亚。在这里出现了一个最为活跃、研究成果丰硕的科学家团体，史称"亚历山大里亚科学学派"。它与希腊早期的米利都学派、毕达哥拉斯学派、爱利亚学派、智者学派、柏拉图学派、亚里士多德学派以及希腊化时代的伊壁鸠鲁学派、斯多亚学派和犬儒学派比肩而立，成为古代世界自然科学研究的集大成者和一座新的高峰。

第三节　希腊化时代的历史特点

希腊化时代是一个承上启下和继往开来的历史时代，它是一座连接古希腊和古罗马这两个西方古典文明的巅峰时代的桥梁，其在历史上的重要

---

① ［英］弗兰克·威廉·沃尔班克：《希腊化世界》，第169页。

地位不言而喻。但是，由于这段历史本身所具有的复杂性、过渡性和特殊性，希腊化时代曾经在相当长的历史时期内受到西方学术界的忽视、冷遇甚至诟病，直到 19 世纪中叶以后才被人们重新"发现"，逐渐成为能够与城邦时代的希腊"平起平坐"的研究领域。那么，希腊化时代是如何被学界发现的？这个时代在政治、经济和文化上又具有哪些不同于希腊城邦时代的历史特点呢？

一、"希腊化时代"的发现

（一）希腊文明与希腊化时代

在 19 世纪中叶以前，欧洲学者们撰写的希腊史都是以马其顿人入主希腊和亚历山大东征建立了亚历山大帝国作为结束。这种写法是基于以下的看法，即马其顿的称霸与此前斯巴达、雅典和底比斯的霸权具有完全不同的性质，因为马其顿人是否具有希腊民族的身份是十分令人怀疑的，而马其顿人所建立起的亚历山大帝国更是与古希腊的城邦相去甚远，也正是在这个过程中，希腊城邦失去从前的独立和自由。因此，古希腊的文明也就自然而然和令人神伤地寿终正寝了。

实际上，问题并不是如此简单，这里面涉及两个根本性的问题，第一，马其顿人是不是希腊人？如果不是希腊人，那么他们对希腊的征服就与波斯人的入侵具有相同的性质，其入主希腊必然会造成希腊文明的毁灭和中断；但如果他们是希腊人的话，那么接下来的历史就不能被简单地看作希腊文明的终结，而是希腊文明的一个新时代的开启。现在的研究表明，马其顿人虽然地处希腊城邦文明的边陲，但他们无论从种族、语言、宗教还是习俗上看都属于希腊大家庭中的一员，只是历史发展有些滞后罢了。正是在这一时期，与城邦时代旧有的"各别主义"相对立的新的"泛希腊主义"的民族认同观念的逐步形成和强化为马其顿人完成希腊的统一和建立帝国创造了理论上的依据。① 第二个问题与第一个问题相关，那就是古希腊的文明真的随着马其顿的征服和亚历山大帝国的建立以及城邦独立地位的失去而终结了吗？应该说，历史发展的史实给了这个问题以很好的回答，那就是随着马其顿人的军事征服活动，希腊的文化和生活方式不但没有立即消失，反而有史以来第一次被全面和大范围地传播到了希腊城邦所在地以外的一个更为广阔的地区。因此，19 世纪之前人们对希腊化时代的忽视与其说是建立在客观事实的基础上，不如说是建立在对城邦文明的狭隘的依恋及对马其顿人和亚历山大帝国的某种偏见上面，这种态度极大地阻碍了学术界对希腊化时代做出全面、系统和深入的研究。

在希腊化时代的研究进入人们的视野之前，在对这个问题的认识上，19 世纪著名的历史学家格罗特撰写的 12 卷本的《希腊史》最具有代表性。这部长篇巨著在很多问题的研究和论述上既达到了前所未有的高度，也深深地打着时代的烙印，代表了那个时代希腊研究的认识水平。比如，关于希腊文明的起点，格罗特的论述虽然开始于传说时代，但他认为希腊的信史时代是从第一届奥林匹亚竞技会即公元前 776 年开始的，因为爱琴文明尚未被发现，荷马时代的研究也没有起步。同样，他把希腊文明的下限定位在公元前 301 年，即亚历山大帝国分崩离析的时代，原因就在于他把马其顿人和亚历山大完全看成是像薛西斯和大流士那样的野蛮人，因此亚历山大时期就自然成了古希腊文明的衰落乃至于消亡的时期，此后的历史也就失去研究的必要性了。在该书的序言中，格罗特这样写道：

"亚历山大之后，希腊的政治活动变得狭窄而且堕落了——再也吸引不了读者，或者说再也不是世界的主宰了……整个来说，从公元前 300 年起，到罗马并吞希腊这段期间，其本身并没有多少兴趣，其价值充其量不过是

---

① 徐晓旭：《古代民族认同中的各别主义与泛希腊主义》，载《华中师范大学学报》2008年第 4 期。

有助于我们理解先前几个世纪的历史罢了。"①

正是出于这种对希腊古典城邦文明的偏爱，使当时以格罗特为代表的希腊史研究者没有也不能够对亚历山大帝国和希腊化王国时代做出明确的界定和深入的研究。除了主观的偏见，后城邦时代的希腊历史在资料上的匮乏和缺失②，希腊化王国时代各个地区在社会结构、生活方式和风俗习惯等方面的巨大差异等因素也是当时的历史学家难于对这个时代进行综合研究的客观原因。

（二）德罗伊森与希腊化时代研究

希腊化时代研究的开创者是德国史家德罗伊森。1833 年，他出版了《亚历山大大帝传》，在学界最先揭示出亚历山大大帝对全世界的影响。1836 年他又出版了《亚历山大的继承者》，在这本书中他首次赋予 hellenism 一词以"希腊化"的全新含义，即"古希腊政治、教育制度在东方民族中的扩散"，这个概念随即被学术界所采纳。1843 年，他又出版了希腊化研究的第三部力作《希腊政治制度形成史》。1877 到 1878 年间，他对这三部书进行了重新修订，并合为一部再次出版，名为《希腊化史》，至此，他的希腊化时代研究的体系最终形成。③ 正是通过德罗伊森的研究，"希腊化时代"不仅开始真正地进入人们的视野，成为古典学研究的一个明确和重要的分支，而且更为重要的是，人们开始认识到这个时代对后来的西方历史所产生的不可或缺的深刻影响和重要意义。可以说，如果没有希腊化时代希腊文化在地中海和东方世界的传播，就不会有罗马文明对希腊文明的继承和发扬，

---

①　转引自陈恒：《希腊化时代研究的历史与现状》，载《史学理论研究》2002 年第 3 期。

②　陈恒指出："虽然希腊化时代有名可查的学者达 1100 多人，但那丰富多彩的作品仅有少部分保存下来，这就和从伯里克利时代所传下来数量众多的文本形成了鲜明的反差。希腊化时代的材料大多已丢失了，如雅克比（F. Jacoby，1876—1959）的宏伟选集《希腊历史学家残篇》（Die Fragmente der griechischen Historiker，15 卷）出版于 1923—1958 年，该书包括 800 多位已'丢失'的在希腊化时代进行写作的希腊历史学家的片段。"见《希腊化研究》，第 4～5 页。

③　陈恒：《希腊化研究》，第 6～8 页。

也不会有作为世界性宗教的基督教的产生。正如卡特利奇所言："正是亚历山大的征服使得中东地区希腊化，而这在后来成了强大的罗马帝国的东半部。正是在罗马帝国东部的这片地区产生了基督教，并从那里开始传播。但是基督教虽然产生于东方，它在某些最有政治影响的形式中却成了西方的，而它也实际上成为了西方文明的支柱。"①总之，从德罗伊森以后，由马其顿人和亚历山大所开创的这一新的历史时期不再被简单地看成是希腊文明的衰亡时期，学者们逐步认识到，希腊的文明不但没有就此终结，而且还得到了空间上的拓展，并在与非希腊文化的碰撞与交融中创造出一种新的文化，从而迎来了希腊文化发展的又一个新的高峰。

当然，作为希腊化时代研究的开创者，德罗伊森身上也存在着明显的时代局限性。一方面，他研究希腊化时代既有学术探讨的目的，也有为当时德国统一制造理论依据的意图。他在研究中试图证明，只有依靠马其顿的军事和武力才能完成希腊的统一并把希腊文化传播到东方地区，这种观点正为德国完成统一后新帝国的缔造与对外扩张制造了理论上的依据；另一方面，"希腊化"概念的提出带有十分明显的希腊中心主义的色彩，把"文明"和"先进"的希腊文化传播到"野蛮"与"落后"的东方地区的预设前提为亚历山大的东征披上了一件神圣与合理的外衣，这种看法既掩盖了东征的侵略性质和对广大被征服地区所带来的奴役与破坏，也忽视了希腊和非希腊文化交流的双向性，抹杀了东方文明对希腊化时代所做出的巨大贡献。

(三)希腊化时代研究的进展

在德罗伊森之后的 19 世纪晚期和 20 世纪早期，希腊化逐渐成为古典学研究的一个重要领域，进入了一个著述不断、名家辈出的时代，涌现出了包括伯里、罗斯托夫采夫和塔恩在内的众多希腊化时代研究的专家。与此同时，20 世纪以来，希腊化时代的研究资料的收集、整理和研究也取得

---

① [英]保罗·卡特利奇：《亚历山大大帝：寻找新的历史》，第 220 页。

了巨大的发展，使从前资料匮乏的状况大为改观。除了对已有文献资料的考订和研究之外，碑铭、纸草、遗址、遗迹等考古资料的大量发现或出土也使得这个时代的社会风貌变得越来越清晰。20 世纪 80 年代以后，希腊化研究进入到"修正时期"，传统的"希腊中心观"受到了全面的挑战，包括沃尔班克、巴迪安在内的新一代希腊化史家越来越倾向于把希腊化时代的文化视作希腊—马其顿人和近东的非希腊民族共同创造的成果。

　　经过一百多年的时间，"希腊化时代"的研究经历了一个从无到有、由浅入深的过程。经过几代学人的不懈努力，虽然在很多具体问题的研究中仍存在着不少争议和分歧，但我们对这个时代的了解和认识还是变得越来越全面、清晰和客观。下面我们就从政治、经济方面对希腊化时代的历史特点作一些初步的总结和归纳。

二、希腊化时代的政治和经济特点

（一）政治制度的东方化倾向

　　与希腊化时代的经济和文化成就相比，希腊—马其顿人对东方世界在政治上的影响力是十分有限的，甚至是完全失败的。不论是希腊城邦时代的政治理念还是马其顿的君主制都没有在希腊化世界生根发芽，恰恰相反，作为征服者和统治者的希腊人却全面接受了东方世界所固有的君主专制政体和王权神化传统。虽然希腊城邦政体的躯壳还保留在希腊人建立的众多城市中，但这只不过是表面现象，是一些好看的摆设罢了；从本质上讲，这些城市已经不是昔日独立和自由的希腊城邦了，而沦为了王权和专制统治的工具。因此，希腊化时代在政治上的特点首先表现为政治制度的东方化。

　　这种东方化的过程早在亚历山大东征的过程中就已经开始了。在兵不血刃地占领了埃及之后，亚历山大在埃及故都孟菲斯接受加冕而成为新一代的法老。随后他还穿越沙漠来到锡瓦的绿洲参拜了埃及最高的神祇阿蒙

图 6.10　亚历山大作战马赛克画

神，被尊为阿蒙之子，还自称获得了神的秘密旨意。在这个时期发行的一种银币上，亚历山大的头上戴着阿蒙神的角，很好地说明了他对埃及宗教的认同。这些举措无疑是对希腊政治传统的第一次公开的破坏，因为在希腊人看来，即使是国王也只不过是一个凡人罢了。高加美拉战役大获全胜之后，亚历山大的军队继续进军巴比伦。在巴比伦，亚历山大重演了埃及所发生的一幕，他下令修复被波斯人破坏的巴比伦主神马尔都克神的庙宇，并举行了向当地的神祇献祭的仪式。在攻克了波斯帝都之后，亚历山大开始更加全面地推行其"东方化政策"，他开始在一些场合穿着波斯式样的服装，任用波斯人担任一些重要的官职，甚至把经过希腊式训练的波斯人编入东征军队，为此，"他选出 3 万男孩，延聘老师教授他们希腊语文，用马其顿的训练方式让他们精通各种武器"①。此外，他还以身作则地推行马其

---

① ［古希腊］普鲁塔克：《亚历山大》，XXXXVII，第 1242 页。

顿人和波斯人的通婚政策。实际上，亚历山大之所以不遗余力地实施这些措施，除了对波斯人的"好感"之外，还有着更为深远的目的，正如沃尔班克所言："亚历山大对波斯态度的转变和他转变其军队的尝试，从一支仍旧主要对马其顿人残余势力施加影响的马其顿军队转变为仅对其效忠的世界性国际军事力量，在许多方面预示着希腊化时代的个人君主制度所依赖的军事基础。"①

　　这些举措自然在马其顿人和希腊人中引发了强烈的不满和抵触情绪，尤其是亚历山大要求他的部下也像波斯帝国的臣民对待他们的国王那样行"匍匐礼"（Proskynesis），这是马其顿人和希腊人绝对不能接受的，因为在希腊的传统中，只有神灵才能够享受这样的礼遇。"对马其顿人而言，国王是他们同类中的第一人，而对波斯人而言，国王是他们的主人，而他们则是他的奴隶。"②这场"礼仪之争"引发了亚历山大和部下之间最严重的对抗和冲突。正如阿里安所言："所有这一切，都表明亚历山大的心已经完全东方化，他已经很少考虑马其顿的风俗习惯，甚至连马其顿人都不放在眼里。"③虽然亚历山大使用了十分强硬的措施暂时化解了这些矛盾，但问题依然存在。东征结束后，他把跟随自己完成了东征计划的马其顿和希腊的士兵遣散回家，继续义无反顾地全面推行他的"东方化政策"。亚历山大把新帝国的都城设在了巴比伦，成了一位真正意义上的东方式的君主。"亚历山大早已不把自己仅仅看作希腊统治者，而是阿契美尼德王朝的继承人。他希望成为东方的这个新的亚洲帝国的国王，并且能得到人们的承认。"④虽然这种政策的推行遇到了巨大的阻力，但亚历山大最终还是获得了胜利，在他去世以后，他的继承者们在自己的统治区域继续执行他所制定的这一

---

①　[英]弗兰克·威廉·沃尔班克：《希腊化世界》，第24页。
②　[英]弗兰克·威廉·沃尔班克：《希腊化世界》，第25页。
③　[古希腊]阿里安：《亚历山大远征记》，Ⅶ.6。
④　[英]保罗·卡特利奇：《亚历山大大帝：寻找新的历史》，第90页。

基本国策，从而彻底完成了这一政治东方化的进程。

（二）希腊化王国的统治政策

首先，在希腊化时代的各个王国，都实行中央集权的君主专制制度，国王掌握着政治、经济和军事大权，下设系统的官僚机构。在马其顿人和希腊人构成上层统治阶级的主体的前提下，为了加强统治的需要，希腊化王国的统治者也或多或少把当地的上层贵族吸纳到统治机构当中来，这样的一种统治方式与其说是希腊化时代的产物，不如说是这些被征服地区原有统治秩序的一种延续罢了，尤其是在下层社会和广大的农村地区，原有统治方式保留得更为完好。对于这种政治上表面的"统一"和实质的"多样"，沃尔班克这样写道：

"对于希腊人而言，就是这样一个世界，可以来去自由，如果准备去碰运气的话可以去提供高职位和财富的地方。但一旦人们脱离希腊—马其顿管理阶层，那么就不再存在这样一个世界了。亚洲和埃及的不同民族大众发现他们是这些希腊统治者的臣民，但他们中的每个民族拥有自己的文化历史……不同语言、不同宗教、不同社会传统、不同的土地所有制系统，对待国王和国家的不同态度将民族从不同的王国中分割开。"①

其次，希腊化王国的统治者们在接收和保存了原有的政治制度的同时，对作为这些地区统治基础的原有宗教信仰也采取了宽容的政策，继续推行王权的神化政策，只不过把希腊的神放在了更为重要的位置。"统治者崇拜是当时的大多数希腊化王国所共有的习俗。"②王室纷纷编造自己家族的神圣体系，并发展出一套崇拜仪式。马其顿的安提柯王朝把赫拉克勒斯视为自己的祖先，托勒密王朝大力推行狄奥尼索斯崇拜，塞琉古王朝则把他们的祖先追溯到阿波罗神，原因在于，"继承亚历山大王位的那些新国王们在

---

① ［英］弗兰克·威廉·沃尔班克：《希腊化世界》，第 63 页。
② ［英］弗兰克·威廉·沃尔班克：《希腊化世界》，第 108 页。

某种意义上都是篡位者，因此他们都渴望寻求宗教支持以使他们的权力合法化，强化其新王朝的要求"①。不过，从总的情况来看，在整个希腊化时代，东方的各路神灵却更为盛行，希腊人开始大规模地接纳埃及和近东的神，"希腊人和希腊背景的人们越来越多地开始敬拜埃及诸神，他们经常把那些埃及神看成是希腊的神"②，而且希腊化的东方各国社会下层的传统信仰体系依旧完好地保存着。故而，"不论是统治者崇拜还是东方神灵崇拜，更多地体现出的是希腊的东方化，而不是东方的希腊化。这两者在希腊化时代的盛行，乃是希腊人在宗教领域向东方传统妥协的证明。"③

不过，由于政治传统、民族构成和统治地域上的不同，希腊化时代的三个重要的王国在王权的强弱和统治权力的集中程度上还存在一定的地区差异。其中，托勒密王朝基本上沿袭了古代的法老专制政体，民族相对单一，统治区域变化不大，所以政治上的变动较小，权力也最为集中；塞琉古王朝民族众多，地域广阔，要实行埃及那样高度的中央集权十分困难，因此中央对地方的统治权稍弱，统治者对遍布于王国境内的希腊城市一定程度上的自由和自治的认可就说明了这一点。在希腊化时代的三个王国中，马其顿安提柯王朝的王权最为松弛，因为一方面，"不管他们的权力有多么微乎其微或者被怎样的忽视，马其顿人民终究是在政府中维持了自己的一席之地"，"国王和人民处于相同的地位"④；另一方面，其治下的希腊城邦基本上保持了原来的自治状态，包括阿卡亚同盟和埃托利亚同盟在内的新型城邦联盟在维护联盟各邦的独立和自主上发挥了重要的作用，王朝的统治者也常常利用给予希腊城邦以一定自由的方式加强自己的统治，可以说，"'希腊自由'的口号便开始被不停地宣传，以作为他们赢得希腊人民支持的

---

① ［英］弗兰克·威廉·沃尔班克：《希腊化世界》，第 203~204 页。
② ［英］弗兰克·威廉·沃尔班克：《希腊化世界》，第 107 页。
③ 崔丽娜：《试析希腊化宗教中的东方传统》，载《首都师范大学学报》2008 年第 5 期。
④ ［英］弗兰克·威廉·沃尔班克：《希腊化世界》，第 69、70 页。

一种手段"①。因此,安提柯王朝基本上延续和维持了原来的马其顿王国的统治秩序,只是通过驻军和赋税等方式维持着王国的统治。从总的情况来看,希腊化时代的君主制度包含和融合了马其顿王权、波斯和埃及的君主制度及希腊城邦的自治传统等多种因素,呈现出混合政体的特征,其中,君主专制仍然是政治制度的主流。②

(三)政治上走向统一的趋势

最后,我们还要看到,希腊化时代是一个在政治上走向区域一体化的时代,城邦政体下不可能完成的建立统一国家的任务在这一时期最终成为现实。从林立的小国发展成为统一的国家既是希腊化时代政治生活的需要,更是历史发展的必然趋势。③ 虽然遍布于希腊化时代各个王国的希腊城市仍然保持了一定的自治传统,有些城市中甚至依然存在着诸如公民大会、陪审法庭以及公民的各种公共活动场所,但作为希腊城邦本质特征的公民团体的集体自治权已经不复存在,封闭和狭隘的城邦观念正在逐渐消失,个人开始走出城邦公民的狭小天地,成为更大规模的政治团体的一员,曾经十分明确的城邦之间的界限变得越来越模糊,在城邦时代所不能想象的大规模授予外邦人以公民权、普洛克尼亚制度(*Proxenia*)和庇护习俗的流行正是这种一体感的直接反映。④ 例如,生活在希腊化时代的历史学家波利比乌斯从阿卡亚城邦联盟的运作中就清楚地看到了这种不同于城邦时代的新的变化和趋势:

"在过去,曾有许多人试图将整个伯罗奔尼撒半岛的人们联合起来,实行同一政策,为共同利益服务。但是没有人能将它实现,因为他们的努力

---

① [英]弗兰克·威廉·沃尔班克:《希腊化世界》,第79页。
② 杨巨平:《试析希腊化时期君主制的特点》,载《山西大学学报》1991年第1期。
③ 王大庆:《古希腊城邦:向帝国时代转型的困境与趋势》,载《河北学刊》2010年第4期。
④ [英]弗兰克·威廉·沃尔班克:《希腊化世界》,第139页。

不是为了公众自由的事业，而是为了扩大自己的势力。但是，在我生活的年代，这个目标获得如此大的进展，并在很大的程度上得到实现。他们不但建立了一个联盟和友好组织，他们还采用相同的法律法规、重量单位、度量标准和货币制度，还任用共同的行政官员、委员会委员和法官。而且，除了人们没有一个共同的避难所这一事实之外，整个伯罗奔尼撒半岛几乎可以说就是一个城市了。"①

(四)社会经济走向整体性的趋势

与希腊化时代在政治上出现了一体化趋势相合，这个时代的经济发展也表现出了从分散走向整体的特点。

各个地区从前的闭关自守的状态被打破，海上和陆上通道的日益畅通、标准货币的出现与广泛使用以及货币交换体系的建立，都对传统的农业、手工业和商业的发展起到了巨大的推动作用。希腊城邦时代"雅典的小规模生产制度被大规模商业的成长与剧烈的利润竞争所取代"②，不论产品的种类和生产的规模，还是商品的流通量都比古典时期的希腊有了很大的提高，各种身怀绝技的手艺人和腰缠万贯的大商人自由地奔走往来于希腊和东方的大大小小的希腊城市之间，贸易越来越国际化了，在历史上第一次出现了"统一的经济共同体"，各个地区之间在原料、产量和市场之间的联系日益加强，竞争也日趋激烈。正如杜丹所言："在亚历山大远征之前，对希腊人的经济活动来说，地中海东部是一个死胡同，由埃及人、腓尼基人和波斯人相互猜忌地把守着。在远征之后，希腊人的经济活动找到了一条通往中亚、印度、阿拉伯和非洲东岸各市场的康庄大道。"③

(五)国家对经济控制的加强

在希腊化时代，作为政治上所表现出的权力集中和君主权力的加强这

①　转引自[英]弗兰克·威廉·沃尔班克：《希腊化世界》，第 147 页。
②　陈恒：《希腊化研究》，第 55 页。
③　[法]杜丹：《古代世界经济生活》，第 161 页。

一趋向的要求和反映，各个希腊化王国都出现了不同程度上的国家经济和计划经济，这是不同于城邦时代的个体和私人经济占据主导地位的显著特征。正如杜丹所言，"东方对于这种新经济组织的贡献，似乎是由各国王在各生产部门和商业部门中所起的作用来表明的。埃及的托勒密诸王与古代的国王法老一样，叙利亚的塞琉古王朝及帕迦马的阿塔罗斯王朝与古代波斯的阿开密尼王朝一样，在理论上他们都是他们王国中一切活的和死的东西的主人。……在东方的各王国中，产生了经济的国有主义，这是当时国王具有神性的一种必然结果。"①

在马其顿，从腓力二世以来在经济上出现了一个重要的变化，就是在国家的控制下有组织地开发自然资源，比如木材、金矿和银矿，这使我们想到了色诺芬在其撰写的《雅典的收入》一文中所提出的把银矿收归国有，并向个人出租国有奴隶进行开采的建议，这个建议恰恰说明了当时银矿开采业的私营性质。

在埃及，托勒密王朝不仅垄断了货币的发行，还对几乎所有关系到国计民生的产品——包括所有产油的果类、芝麻、蓖麻油、矿石、盐业、硝酸钾以及明矾等——实行专卖制度，同时对生产和流通领域的所有活动都课以各种名目的税收。托勒密设立的主要国家官员就是财政大臣，其手下的地方财政官的主要任务就是负责从居民手上收取各种租金和税费。"当时在托勒密统治时期的埃及，无论是农业还是制造业，都没有在哪一方面能够逃脱政府监督的。政府对几乎所有行业都征收重税并实行定价管制，这确保了所有的利润都最终流进托勒密国王的财库里面。"②可见，托勒密王朝在接受埃及的专制政体的同时，也逐渐适应、继承和接纳了其原有的经济体制。例如，通过对托勒密时期奴隶制发展的缓慢性和特殊性的分析，

---

① ［法］杜丹：《古代世界经济生活》，第162页。
② ［英］弗兰克·威廉·沃尔班克：《希腊化世界》，第98页。

颜海英指出，希腊时代的古典奴隶制度不可能对埃及社会产生深远的影响。托勒密统治者在实行自上而下的"希腊化"的同时，也不可避免地接受了自下而上的"埃及化"。[①]

塞琉古王朝的经济政策也与埃及相仿，对农业、手工业和商业活动实行高度集中的中央监管和控制。这样做的目的只有一个，就是使经济为王权服务，通过税收聚敛财富，满足中央政府的各种需要。因此，杜丹指出，"希腊化时代对于各种商业行为征税的原因，多半是属于政治性质的，而不是经济或财政性质的。"[②]

最后，我们还要看到，希腊化时代经济的繁荣和进步在不同的地区、不同的历史时期乃至于同一时期同一地区的城市和乡村之间存在着十分明显的差异和不平衡性。

从地域上说，由于战乱、资源分布以及经济基础等原因，马其顿和希腊人并没有因为亚历山大帝国的建立而使他们自己和家乡受益，"马其顿王国的财富从来没有达到后来在埃及和其他希腊化邦国发现的发展水平"[③]。在希腊化时代，在希腊本土的经济日益萎缩和衰败的同时，埃及的托勒密王国和塞琉古王国却发展起来，出现了前所未有的繁荣局面，经济中心的向东转移成了必然的结果。埃及的亚历山大里亚和小亚的帕迦马取代了雅典和科林斯等希腊城邦成为希腊化时代新的经济和贸易中心，希腊—马其顿人大量地移民东方正是这一转移的重要表现之一。

从时段上看，整个希腊化时代以公元前 146 年罗马人毁灭科林斯为界分为前后两个阶段，前期为上升时期，后期为下降时期。如果说亚历山大之后王朝建立之初的几代君王还能够励精图治、大力发展经济的话，那么后来的统治者们则日益陷入政治腐败和内忧外患的泥潭之中，经济的衰落

---

① 颜海英：《托勒密埃及奴隶制评析》，载《历史研究》1996 年第 5 期。
② ［法］杜丹：《古代世界经济生活》，第 157 页。
③ ［英］弗兰克·威廉·沃尔班克：《希腊化世界》，第 76 页。

就成了必然的结局。

另外，在希腊化时代，丰富的商品生产和交换、繁荣的市场经济和货币流通、奢侈富足和养尊处优的生活仅限于城市和上层社会，在更为广大的农村地区，人口众多的农民在重重赋税的盘剥下依旧过着朝不保夕的困苦生活，在那里，物物交换依旧占据主要地位，生活水平并没有得到多少改善，人们仍然生活在固有的传统信仰和风俗习惯之中。

第七章　古代希腊文化

第一节　哲学

古代希腊哲学是西方哲学的源头。大约在公元前 7 世纪末至前 6 世纪，在小亚细亚的米利都等邦，出现了最早的一批哲学家。从公元前 7 世纪末至前 1 世纪，古希腊哲学的发展大体可分为三个时期，即早期城邦时代的自然哲学、古典时期哲学的繁荣、晚期城邦时代哲学的衰落。

一、早期城邦时代的自然哲学

早期希腊的自然哲学产生于伊奥尼亚。伊奥尼亚是希腊在小亚细亚的殖民地，此地区位于连接欧、亚、非三大洲的交通要道。公元前 7 世纪，这一地区的工商业相当繁荣。古希腊最早的自然哲学家就诞生于伊奥尼亚。

(一)米利都学派

米利都是伊奥尼亚的一个著名城邦。这里产生了古希腊最早的自然哲学学派，即米利都学派。这个学派的代表人物是泰勒斯、阿那克西曼德和阿那克西美尼。

泰勒斯(约公元前 624—前 547 年)是米利都学派的创始人，他出生于米利都城，是当时著名的政治家和自然科学家，学识渊博，被人们列为希腊七贤之一。泰勒斯无著作传世，有关他的哲学思想的资料主要见于亚里士多德等人的引述。泰勒斯最早探讨了万物的本原问题。亚里士多德说，泰勒斯认为水是万物的本原，万物皆源于水，又复归于水。他"观察到万物都以湿的东西为养料。热本身就是从湿气产生，靠湿气维持的。他得到这个看法可能是以此为依据，也可能是由于万物的种子都有潮湿的本性，而水则是潮湿本性的来源"①。泰勒斯把万物的本原归之于水，从自然界本身寻找万物的本原，摆脱了神学的世界起源说，对后世哲学的发展产生了重要的影响。

阿那克西曼德(约公元前611—前547年)是泰勒斯的学生。阿那克西曼德继承了泰勒斯从自然界探讨万物本原的思想，并且在认识本原的问题上提出了新的见解。他说：泰勒斯把万物的本原归之于水，水虽能够说明冷、湿东西的生成，但却无法说明与之对立的火等东西的生成。他认为，万物的本原是"无规定者"，"无规定者"无固定性质和形状，不生不灭。从"无规定者"中分离出对立物(如冷与热、湿与干)，对立物在自身产生的旋涡中彼此结合形成宇宙万物。阿那克西曼德的"'无规定者'似乎只是一个纯粹否定性的概念，然而恰恰由于这种否定，它获得了无所不包的存在以及能动性的积极意义"②。在对本原问题的探讨上，阿那克西曼德的思考比泰勒斯更为深刻。

阿那克西曼德的学生阿那克西美尼(约公元前585—前525年)提出"气"是万物本原的观点。阿那克西美尼的"气"指的是一种无定形、看不见的东西。所以"气"尽管有具体东西的意思，但也含有阿那克西曼德的"无规定者"特征。阿那克西美尼指出：空气是宇宙的基始。"一切存在物都是由空气的浓厚化或稀薄化而产生。运动是永恒地存在的。大地的第一次进于存在是由于空气的压缩。大地是扁平的，因此为空气所支撑着。至于太阳，月亮和其他星辰，都是从大地产生出来的。"③阿那克西美尼用"气"的稀散

---

① 北京大学哲学系外国哲学史教研室编译：《西方哲学原著选读》上卷，北京：商务印书馆，1981年版，第16页。

② 杨适：《古希腊哲学探本》，北京：商务印书馆，2003年版，第143页。

③ 北京大学哲学系外国哲学史教研室编译：《古希腊罗马哲学》，北京：商务印书馆，1961年版，第12页。

和凝聚运动来说明事物的产生，表明他已开始提出了事物的质和量的关系问题。①

米利都学派哲学家从自然界本身探讨世界本原问题，与宗教神学的观念是截然不同的。他们把某种物质的元素作为万物的本原，已经初步意识到世界所具有的统一性，尽管他们的认识还带有原始、素朴的特点。

阿那克西美尼逝世后约30年，米利都城被波斯军队焚毁，米利都学派因之而中断，但此派的哲学思想在伊奥尼亚的萨摩斯、爱菲斯等城邦发展起来。

（二）毕达哥拉斯学派

公元前7世纪至前5世纪的意大利南部和西西里地区，有不少希腊人建立的殖民城邦。这一地区的工商业虽不及伊奥尼亚发达，但学术思想较为活跃，产生了两个重要的哲学学派，即毕达哥拉斯学派和爱利亚学派。

毕达哥拉斯学派因其创始人毕达哥拉斯（公元前580—前500年）而得名。毕达哥拉斯在自然科学方面有很深的造诣，著名的"毕达哥拉斯定理"（直角三角形斜边的平方等于其他两边的平方之和）就是由他证明的。毕达哥拉斯学派存在的时间很长，从公元前6世纪后期至公元3世纪罗马帝国时期，长达800余年。这里主要介绍早期毕达哥拉斯学派。早期毕达哥拉斯学派主要以南意大利的克罗顿岛为学术活动中心。

毕达哥拉斯学派的哲学家不同于米利都学派，他们不从物质元素中寻求万物的本原，而是把事物共有的一种量的属性关系——"数"视为万物的本原。他们指出："从一产生出二，二是从属于一的不定的质料，一则是原因。从完满的一与不定的二中产生出各种数目；从数产生出点；从点产生出线；从线产生出面；从面产生出体；从体产生出感觉所及的一切形体，产生出四种元素：水、火、土、气。这四种元素以各种不同的方式相互转

---

① 汪子嵩等：《希腊哲学史》第1卷，北京：人民出版社，1997年版，第240页。

化，于是创造出有生命的、精神的、球形的世界。"①毕达哥拉斯学派认为"数在存在上和可认知性上都先于整体自然和万物"②。

毕达哥拉斯学派意识到事物包含着对立面，"对立是存在物的始基"③。作为万物之始的"一"，本身就有奇与偶两种因素，"一"加奇数为偶数，加偶数则为奇数。他们认为，对立面存在着和谐，因为事物之间存在一种规定的数量比例关系。宇宙中各星体的大小、距离、运行速度等都有规定的数量关系，因此"整个的天是一个和谐，一个数目"④。和谐也存在于人类社会之中，"美德乃是一种和谐，正如健康、全善和神一样。所以一切都是和谐的。友谊就是一种和谐的平等"⑤。毕达哥拉斯学派的对立与和谐说，反映了他们不仅从自然界而且从人类社会的变化中寻求规律的思想。

毕达哥拉斯学派在希腊哲学史上较早提出了灵魂问题。他们把灵魂分为感觉部分和理性部分。"灵魂的理性部分是不死的，其余的部分则会死亡。"⑥肉体死亡后，灵魂发生转移，"灵魂依照命运的规定，从一个生物体中转移到另一个生物体中"⑦。毕达哥拉斯的灵魂不死说，对苏格拉底和柏拉图产生了较大的影响。

毕达哥拉斯学派的出现，在希腊哲学发展史上具有重要的意义。米利都学派创始的从自然界物质寻求万物本原的哲学思维，经过赫拉克利特和德谟克利特等哲学家的发展，形成了古希腊的唯物论哲学。毕达哥拉斯学派则把先于物质而存在的抽象东西（"数"）作为万物的本原，这种哲学思维经过爱利亚学派的发展，开辟了古代希腊唯心主义哲学的发展方向。

---

① 北京大学哲学系外国哲学史教研室编译：《西方哲学原著选读》上卷，第 20 页。
② 杨适：《古希腊哲学探本》，第 168 页。
③ 北京大学哲学系外国哲学史教研室编译：《古希腊罗马哲学》，第 38 页。
④ 北京大学哲学系外国哲学史教研室编译：《西方哲学原著选读》上卷，第 19 页。
⑤ 北京大学哲学系外国哲学史教研室编译：《古希腊罗马哲学》，第 36 页。
⑥ 北京大学哲学系外国哲学史教研室编译：《古希腊罗马哲学》，第 36 页。
⑦ 北京大学哲学系外国哲学史教研室编译：《古希腊罗马哲学》，第 33 页。

(三)赫拉克利特

赫拉克利特(约公元前 540—前 480 年)出身于爱菲斯城邦创建者安德罗克罗家族，原是王位的继承人，但他对政治不感兴趣而醉心于学问。赫拉克利特著有《论自然》一书，今仅存残篇。他的著作多用寓言来表述思想，而且文字艰涩，所以他又被称为"晦涩的哲学家"。

赫拉克利特继承米利都学派的思想，从自然界的物质中寻求万物的本原。他认为，"火"是万物的本原，"这个世界，对于一切存在物都是一样的，它不是任何神所创造的，也不是任何人所创造的。它过去、现在、未来永远是一团永恒的活火"①。火浓缩为气，气浓缩为水，水浓缩为土；土稀散产生水，水稀散产生气，气稀散回到火。从变化的火、水、土、气四元素中产生万物。赫拉克利特的"火"具有物质性，这点与米利都学派的思想是相通的，但他发展了米利都学派的思想。在赫拉克利特看来，万物是通过"火"的燃烧而产生的。在此过程中，"(事物)旧质毁灭，使新质的事物得以产生"②，而米利都学派如阿那克西美尼所谓"气"的稀散和凝聚，只不过是从量的变化来说明万物的产生。

赫拉克利特指出，事物存在相互依存的对立面，如疾病与健康、好的和坏的等。但与毕达哥拉斯学派不同，他认为对立面存在斗争和统一。他说：自然也追求对立的东西，"我们身上的生和死、醒和梦、少和老始终是同一的。前者转化，就成为后者，后者转化，就成为前者"③。斗争促使对立面的转化，"一切都是通过斗争和必然性而产生的"④。赫拉克利特对事物变化的认识，已具有较为深刻的辩证法思想。

在希腊哲学史上，赫拉克利特最早把运动作为哲学问题来思考。他指

① 北京大学哲学系外国哲学史教研室编译：《西方哲学原著选读》上卷，第 21 页。
② 汪子嵩等：《希腊哲学史》第 1 卷，第 427 页。
③ 北京大学哲学系外国哲学史教研室编译：《西方哲学原著选读》上卷，第 22 页。
④ 北京大学哲学系外国哲学史教研室编译：《西方哲学原著选读》上卷，第 27 页。

出，事物处在不断的变化中，"一切皆流，无物常住"，我们不能两次踏进同一条河。因为当你第二次踏进这条河时，遇到的已不是原来的河水，而是新的河水。他还指出，尽管宇宙万物处在不停的变化中，但变化中是有规律可循的。他用"逻各斯"来表述规律的存在。他说："万物都从火产生，也都消灭而复归于火"，"万物都根据这个'逻各斯'而产生"。①

在认识论方面，赫拉克利特较早地区分了人的感性认识和理性认识。他肯定感性认识的作用，"凡是能够看到、听到、学到的东西，都是我喜爱的"。他还指出，仅认识事物的表象是不够的，还要进一步认识事物的真理——逻各斯。"思想是最大的优点，智慧就在于说出真理。"②赫拉克利特的哲学思想，尤其是其辩证法思想，对古希腊乃至后来欧洲哲学的发展产生了重要的影响。列宁称他是"辩证法的奠基人"。

(四)爱利亚学派

公元前6世纪至前5世纪，在南意大利的爱利亚城邦产生了一个重要的哲学学派，即爱利亚学派。其代表人物有克塞诺芬尼、巴门尼德和芝诺。

克塞诺芬尼(约公元前565—前473年)是伊奥尼亚的科洛封人，后定居于爱利亚。在哲学思想方面，克塞诺芬尼大力抨击希腊传统的神学观。他指出，传说的诸神都是人们按自己的形象构造出来的，真正的神只有一个，它在容貌和思想上都不像凡人，并且"永远保持在同一个地方，根本不动"③。这个唯一的神用心灵的思想使万物活动。克塞诺芬尼所说的唯一的、不动的神"就是象征整个宇宙的抽象的一般的神"④，是对宇宙的一种高度抽象认识。在克塞诺芬尼之前，毕达哥拉斯学派提出作为万物本原的"数"也具有抽象意义，然而源于"数"的万物仍存在运动变化。克塞诺芬尼

---

① 北京大学哲学系外国哲学史教研室编译：《古希腊罗马哲学》，第16、18页。
② 北京大学哲学系外国哲学史教研室编译：《西方哲学原著选读》上卷，第25页。
③ 北京大学哲学系外国哲学史教研室编译：《西方哲学原著选读》上卷，第29页。
④ 汪子嵩等：《希腊哲学史》第1卷，第566页。

的"唯一的神"则是不动的。克塞诺芬尼的学说对巴门尼德的"存在论"有重大的影响。

巴门尼德(约公元前 515—前 445 年)曾师从克塞诺芬尼，著有《论自然》一书，现尚存若干残篇。巴门尼德哲学的核心是"存在"。他指出："存在者存在，它不可能不存在"，"存在者不是产生出来的，也不能消灭，因为它是完全的、不动的、无止境的。它既非过去存在，亦非将来存在。因为它整个在现在，是个连续的一。"①"存在"是"可以被思想的东西和思想的目标是同一的。"②巴门尼德认为，"存在者"就是存在，它是静止不变的，无产生与消灭，是连续与不可分割的。巴门尼德的"存在论"受到克塞诺芬尼的影响，但他以"存在"这一哲学范畴取代了克塞诺芬尼的唯一、不动的"神"。在希腊哲学史上，巴门尼德最早把存在与非存在、运动和静止作为哲学的问题提出来了。

巴门尼德指出，"存在"是可以被思想且与思想的目标是同　的。这里所谓的"思想"，指的是理性认识。思想既是认识活动，又是思想的内容和对象，所以"思想的内容也就是存在的内容"，思想和存在是"同一的"。③思想对存在的认识，所得出的是真理(aletheia，英译 truth)。真理是"通过推论和证明的方法得到的普遍知识"④。在巴门尼德的学说中，真理作为一个哲学的范畴已具有了确定的意思。而真理与另一个哲学范畴意见(doxa，英译 opinion)是相对的。巴门尼德指出，意见来源于感性认识。理性认识与感性认识有本质的区别。理性认识是对唯一不变的"存在"的认识，所得出的真理是恒定不变的，没有任何矛盾；而感性认识的对象是现象界的事物，现象界的事物存在对立的原则，如轻和重、冷和热，所以由感性认识

---

① 北京大学哲学系外国哲学史教研室编译：《西方哲学原著选读》上卷，第 31、32 页。
② 北京大学哲学系外国哲学史教研室编译：《西方哲学原著选读》上卷，第 33 页。
③ 汪子嵩等：《希腊哲学史》第 1 卷，第 638 页。
④ 汪子嵩等：《希腊哲学史》第 1 卷，第 646 页。

得出的意见是变化的，不可确定的。希腊哲学家赫拉克利特也谈到理性认识与感性认识，但其说与巴门尼德的学说有重大的区别。巴门尼德有关真理和意见的学说，把感性认识与理性认识分处在两个不同的世界，并且割断了它们之间的联系。

巴门尼德的哲学标志着古代希腊哲学思维的重大变化。他之前的哲学家大体上都以本原作为哲学的基本范畴，由此而得出种种万物生存的理论。巴门尼德受克塞诺芬尼的影响，以唯一不变的、脱离具体事物的抽象"存在"作为哲学的最基本范畴。存在与非存在、一与多、静与动、真理与意见等作为哲学的基本范畴提了出来。这些范畴成为后世西方哲学的重要问题。巴门尼德的哲学为后世希腊哲学开辟了广阔的思维空间。

巴门尼德的学说没有被时人所理解，遭到众多的责难。他的学生芝诺挺身而出为老师辩护。芝诺(约公元前490—前430年)出生于爱利亚。他自称以"保卫巴门尼德的那些论证"为己任，通过否定"多"和"运动"来反证巴门尼德"存在论"的正确性。芝诺否定"多"用了两个重要的论证：

第一个论证：如果"存在"是多，就会陷入无限大和无限小的矛盾。因为"存在"是多，就应由若干部分组成，而此每一部分又由若干部分组成，依此类推，"存在"是无限之大；另一方面，多部分组成的"存在"是可以分割的，而其每一部分又可以再分割，依此类推，"存在"可以无限分割，又是无限之小。

第二个论证：如果"存在"是多，就会陷入数目上有限和无限的矛盾。因为"存在"是多，此多与实际数目相等，"存在"数目是有限的；另一方面，多部分组成的"存在"之间必然还有另外一些事物，这些事物之间又有另外一些事物，依此类推，"存在"数目是无限的。

据以上两个推论，芝诺指出，"存在"只能是"一"。

芝诺否定"存在"有运动的论证主要有四个，在哲学史上称为"四个悖论"。下面介绍其中的两个论证：

阿基里追龟：全希腊最善跑的阿基里追龟，他刚跑完与龟相距的距离，龟又向前爬行一段距离，依此类推，阿基里永远追不上龟。这个推论表明，运动必须通过一段空间距离，但这段距离可以无限分割而成为无限多的空间距离，而要通过无限多的空间距离是不可能的，所以运动是不可能的。

飞矢不动：飞出的箭在不同时刻总是占据一个与它本身相同的空间，静止在某一点上，所以箭的飞行只是一系列静止状态的总和；或者说，飞矢不能在它所不在的地方运动，也不能在它所在的地方运动，所以说运动是不可能的。①

芝诺通过揭示运动中时间和空间的有限与无限、运动的连续性和间断性之间的矛盾，指出"存在"只能是静止的"一"。他的推论从逻辑上反证了事物之中包含了对立与矛盾。芝诺的逻辑推论方法对后世希腊哲学思维的发展产生了重要影响，不过，芝诺没有意识到一与多、运动与静止实际上是存在辩证统一关系的。

(五)原子唯物论学派

公元前 5 世纪至前 4 世纪，古代希腊出现了一个重要的哲学学派，即原子唯物论学派。恩培多克勒(约公元前 495—前 435 年)和阿那克萨哥拉(约公元前 500—前 428 年)是此学派的先驱者。此学派的重要哲学家是留基波和德谟克利特。

留基波(约公元前 5 世纪)是爱利亚人，曾师从巴门尼德和芝诺。他的著作没有留存下来，有的学者认为，后世整理的德谟克利特著作目录中的《大宇宙系统》，可能是留基波的著作。德谟克利特是留基波的学生，其哲学思想的主要观点大体上是相同的，古代学者通常将二人放在一起研究。

德谟克利特(约公元前 460—前 370 年)出生于希腊北部色雷斯的阿布德拉城，他的学识十分渊博，被称誉为"百科全书"式的学者。德谟克利特的

---

① 杨适：《古希腊哲学探本》，第 239 页。

著作有《小宇宙秩序》《论自然》《论人性》等。

德谟克利特的哲学学说继承了伊奥尼亚学派的思路，重视对本原问题的探讨。他认为，万物的本原是原子和虚空。原子是一种不可分割、不可穿透、数量无限、永恒存在的物质微粒；原子的内部充实、无空隙，不存在任何变化；原子是同质的，没有性质上的不同，只是在形状、大小和位置上有区别。原子是"存在"，虚空则是"非存在"，但它们都是实在。"存在者"并不比"不存在者"更实在。虽然原子作为一种实在，其内部没有变化，但它作为整体则是能动的。不同形状、大小的原子在虚空中结合和分离，形成万物的生成和消亡。德谟克利特的原子论与巴门尼德的"存在论"有联系，他们都认为"存在"是不可分割的、不变的，但巴门尼德的"存在"是唯一的，而德谟克利特的原子（"存在"）在数量上则是多。原子作为"存在"不可分割，但由原子结合而成的物体则是可以分割的。物体的形成和消亡，就是原子的聚合和分离。这就表明物体的内部结构具有连续性和间断性。实际上，德谟克利特的原子论在一定程度上解开了爱利亚学派"一"与"多"、连续性和间断性的死结。

德谟克利特认为，人的肉体和灵魂的本原也是原子，只不过灵魂是一种更精致的圆形原子。原子之结合，形成人；两者之分离，则是人的死亡。德谟克利特认为，原子具有感觉和理智的功能。构成身体的原子有感觉功能，而灵魂中有一个特殊部分在脑部，具有理智的功能。人的感觉产生于外部物体与感官的接触，外部物体放射出自身的影像，从而为人的感官所接受。感觉对外部事物影像的认识是暧昧的，而且由于认识主体的差异，还存在相对性。理智则能认识事物的本原，即原子和虚空，这是对真理的认识。德谟克利特指出，理智虽优于感觉，但不能脱离感觉，"感觉给理智提供影像原料；理智则能纠正错误的感觉，透过现象，洞悉原子和虚空的内在真理"[①]。"感觉和思想是由透入我们之中的影像产生的；因为若不是

---

① 汪子嵩等：《希腊哲学史》第 1 卷，第 1054 页。

有影像来接触，就没有人能有感觉或思想。"①可见，德谟克利特的认识论是建立在原子论基础之上的。

德谟克利特以原子论为基础，提出了对社会伦理问题的认识。他指出，暗淡和粗糙的原子运动造成人的感官享受，然而却给人的心灵带来痛苦，圆润、精致的原子则造成人心灵的愉悦。"幸福不在于占有畜群，也不在于占有黄金，它的居处是在我们的灵魂之中。"②人幸福的最高境界，是使精神处于一种宁静状态。要达到这种状态，就要保持适度和节制，追求知识。德性源于智慧，德谟克利特把追求知识作为人的最高道德修养。据古代学者记载，德谟克利特一生没有参加过政治活动，而是孜孜不倦地从事哲学和科学研究。

德谟克利特以原子论为基础的哲学学说，是古代希腊自然哲学的集大成者。德谟克利特发展了伊奥尼亚学派朴素的本原说，从物体内部结构探讨本原与物体的关系。他汲取了爱利亚学派"存在"的不变性以及"存在"不能从"非存在"中产生的思想，然后则从原子的结合与分离，回答了"一"与"多"、变与不变以及事物的连续性与间断性等问题。德谟克利特的原子论哲学代表了古代希腊自然哲学的最高成就。自德谟克利特之后，古代希腊哲学进入以柏拉图和亚里士多德的哲学为代表的新的发展时期。

二、古典时期哲学的繁荣

古典时期是希腊城邦发展到极盛，之后逐渐走向衰落的时期。希波战争之后，随着海外市场的开拓、大量财富的涌入，希腊社会的政治和经济迅速发展。社会政治经济的发展，促进了科学技术和文化的发展。此时期的哲学思想空前繁荣，哲学研究的重要问题，从对自然的探讨转到了对人

---

① 北京大学哲学系外国哲学史教研室编译：《古希腊罗马哲学》上卷，第 103 页。
② 北京大学哲学系外国哲学史教研室编译：《古希腊罗马哲学》上卷，第 113 页。

类社会和人自身问题的探讨。智者学派首开一代辩论之风气,苏格拉底寻求道德的"普遍定义",把对人自身的认识上升到对普遍知识的追求;柏拉图以"相"论为中心,创建了西方第一个唯心主义哲学体系;亚里士多德集前人哲学思想之大成,构建了一个更为宏大的哲学体系,把希腊哲学推进到鼎盛阶段。亚里士多德之后,随着希腊城邦的衰落,希腊哲学思想也发生了重大变化,社会伦理问题成为哲学家们更为关注的问题。

(一)智者学派

"智者"原泛指有才智和某种技术专长的人。公元前5世纪至前4世纪,智者主要指那些招收门徒,讲授修辞学、论辩术和政治知识的人。智者学派并不是一个有组织的学术群体,这一学派学者的观点不尽相同,但他们有相近的学术志趣,有共同感兴趣的理论问题。这一学派最著名的学者是普罗泰哥拉和高尔吉亚。

普罗泰哥拉(约公元前481—前411年),阿布德拉人,长期居住在雅典。他曾从德谟克利特问学,并与雅典著名政治家伯里克利私交甚好。普罗泰哥拉提出一个著名的哲学命题:"人是万物的尺度。"据亚里士多德的解释,其意为:每个人所见到的都是真实的。某人视一物为美,而其他人亦可视之为丑。以每个人的看法作为认识事物的标准,则同一事物可以为是亦可为非,可以为善亦可为恶,一切相反的认识均可为真实。这就是说,事物的是非、真假都依据个人的判断,并没有固定不变的标准。普罗泰哥拉还指出"知识就是感觉",由感觉而来的都是真理。普罗泰哥拉提出"人是万物的尺度"之命题,有相对主义的色彩。他强调感觉的作用,而忽略理性认识的作用。不过,他把人的认识作为研究的对象,强调人的认识客观存在的差异性,在希腊哲学史上是有重要意义的。

高尔吉亚(约公元前483—前375年),出生于西西里岛的雷昂底恩,曾作为使节出使雅典。他的修辞学和演讲术造诣很高,颇得时人的赞誉。高尔吉亚对爱利亚学派的"存在论"提出责难。他对三个著名命题作了推论,一是无物存在：假设有物存在，它可能存在，亦可能不存在，亦可能存在又不存在；二是无法认识物的存在：若有物存在，则此物可被思想，换言之，不存在的东西不能被思想，然而人却可以思想并不存在的飞人等怪物；三是即使存在者可以被认知，也无法说出，语言和存在物是不可转换的两类东西。高尔吉亚的论证具有不可知论的特点，但是他指出了存在与非存在、思维与存在、思维与语言之间所具有的内在矛盾，对后世哲学家有重要启发意义。

（二）苏格拉底（约公元前 469—前 399 年）

苏格拉底是雅典人，父亲是雕刻匠，母亲是助产士。苏格拉底的学问十分渊博，而且擅长辩论，在雅典享有很高的声誉。在政治上，苏格拉底支持贵族政治。雅典民主派推翻"三十僭主"贵族寡头统治之后，苏格拉底以"不敬城邦神而引入新神"等罪被判处死刑，他在监狱中自杀身亡。苏格拉底没有著作存世，有关他的思想主要见于其学生克塞诺芬尼的《回忆录》和柏拉图的"对话集"中。

苏格拉底的哲学思想标志着古希腊哲学发生了重大转变。罗马思想家西塞罗说：苏格拉底把哲学从天上召回，引入城邦之中，引入希腊人的家庭之中，使之成为探求生活和道德的学说。苏格拉底之前的哲学家主要关注万物的本原问题。苏格拉底对此有自己的看法，他认为，对本原问题的探求只是知其然而不知其所以然。因为，对本原的探讨源于人的认识，而人是有其生存目的的，有对自身完善性的追求。此目的就是"善"，"善"能"担当一切，包罗一切"[①]，所以一切认识都应最终归于对"善"的认识。据此，苏格拉底引出一个著名的命题："美德即知识。"他认为，人的美德有具体性、相对性的特点，美德会因人所见所感而异，然而，在具体的、相对的美德之上，还有更高的美德"善"。"善"不是凭所见所感而来的，而是来

---

① 北京大学哲学系外国哲学史教研室编译：《西方哲学原著选读》上卷，第 64 页。

源于理性的思考，是对人生存目的的思考。这种理性思考所得出的"善"，才是真正的知识。苏格拉底所谓理性思考之"善"，实际上指的就是具体道德之"共性"。所以亚里士多德说，苏格拉底追寻的是道德的"普遍定义"，即道德之概念的定义。在苏格拉底看来，这种美德、知识是永恒的、具有普遍性的绝对真理。

人怎样才能认识具有普遍意义的"善"（知识）？苏格拉底大概受其母亲所从事的助产士职业的启发，提出所谓"助产术"的方式。他指出，知识蕴藏在人们的心灵之中，所以要帮助人们把知识这个"胎儿"生出来。苏格拉底传授学问时，采用讨论的方式，他提出问题，层层追问，不断揭示回答者话语中的矛盾，从而引导他们不断深化对问题的认识，引导他们对认识事物普遍性的兴趣。不过，苏格拉底并没有给美德下最终的定义，他认为，美德的定义——真理存在于追求之中。

苏格拉底的"助产术"方法，是从逻辑推理中发现矛盾，然后引导问题探究者不断深入。此种思维方式继承和发展了爱利亚学派的思想。他对美德定义的追求，表现出深刻的从个别到一般的抽象思维。不过，苏格拉底尚未对个别与一般的辩证关系作出讨论。

苏格拉底的哲学思想对后世希腊哲学的发展产生了重要影响。后世之希腊哲学，如柏拉图学派、亚里士多德学派等都与苏格拉底的哲学思想有直接的联系。

(三)柏拉图(公元前 427—前 347 年)

柏拉图是古代希腊最著名的哲学家之一，他构建了西方第一个唯心主义哲学体系。柏拉图出生于雅典的一个贵族家庭。他年轻的时候就对哲学产生了浓厚的兴趣，接触过赫拉克利特、毕达哥拉斯学派、爱利亚学派和智者学派的思想。他 20 岁的时候开始从苏格拉底问学，时间长达 8 年之久，是苏格拉底的得意弟子。苏格拉底死后，柏拉图被迫离开雅典，游学于西西里、南意大利等地。柏拉图晚年的时候返回雅典，在雅典城外的阿卡德谟圣殿附近的花园创办了一所学园，这是西方最早的哲学学园。除先后两次应邀到叙拉古城邦之外，柏拉图一直在学园从事研究和讲学。柏拉图一生著述宏富，流传下来的作品大体可分为前期和后期。前期作品有《美诺篇》、《斐多篇》、《会饮篇》、《国家篇》等，后期作品有《巴门尼德篇》、《泰阿泰德篇》、《智者篇》、《斐莱布篇》、《蒂迈欧篇》等。① 柏拉图的哲学体系主要包括相论、知识论、宇宙生存论和国家理论等内容。

1. 前期作品的相论和知识论

柏拉图继承和发展了苏格拉底的思想。苏格拉底对"普遍定义"的追求还局限在对社会道德普遍性的认识上，柏拉图则把这种对"普遍定义"的追求扩大到对一切事物根本原因的认识，提出了"相论"。相论是柏拉图唯心主义哲学体系的基础。

在古希腊文中，"相"（idea）原意为一物的样子。idea 与动词 idein（看）同根，而 idein 又是动词 eidein（看）的一个变格。从后一动词得出"相"的同义词"形式"（eidos），对于"相"和"形式"两个概念，柏拉图没有作出严格的区分。②

柏拉图所谓的"相"，在后人看来就是指同类具体事物的共同名称。例如，各种各样的桌子都有一个共同的名称"桌子"，此即各种各样桌子之相。从各类美的事物中，可以得出"美"的认识，此即具体美的事物之相。亚里士多德批评柏拉图学派时指出：那些主张"相"的人，不过是在原来的事物之外加上一个同名的东西。③ 不过，柏拉图引入"相"这个概念，则是表述其对事物之本质（即本体）的认识。柏拉图认为，现象界的事物是不断变化

---

① 西方学者对柏拉图著作的分期有不同的意见。此处分期参见杨适教授《古希腊哲学探本》所引用的 F. M. Cornford 等人的观点，见《古希腊哲学探本》，第 362 页。

② 参见［英］尼古拉斯·布宁、余纪元编著：《西方哲学英汉对照辞典》，北京：人民出版社，2001 年版，第 460 页。

③ ［古希腊］亚里士多德：《形而上学》，990b6。

图 7.1　柏拉图头像

的，所以不是真实的存在，只有相才是真实的存在。相是不可分割的，也不可组合；相是恒定不变的，不仅先于具体事物而且脱离具体事物而存在。人不能感知相，相只有通过理性来认识，它是"思想的对象，是不能被看见的"[1]。柏拉图的相论与爱利亚学派和苏格拉底的思想有明显的承袭关系。

柏拉图的前期相论强调相先于可感事物而存在，并且与可感事物分割在两个世界。具体事物与相存在什么关系，两者之分割是在空间上、价值上抑或在逻辑关系之上，柏拉图对此并没有作出论证，但他提出了一种"分有说"（见《斐多篇》）。柏拉图指出，具体事物的存在是分有了相的部分内容。"一个东西之所以是美的，乃是因为美本身出现于它之上或者为它所'分有'。"[2]例如，美的衣服、美的雕塑之所以美，是因为它们分有美的相。不过，柏拉图也指出，这种"分有说"只是一种比喻。在《国家篇》中，柏拉图又提出了一种"摹仿说"，认为具体事物摹仿相而存在，是相的摹本，相是具体事物的原型。柏拉图的"分有

---

①　北京大学哲学系外国哲学史教研室编译：《古希腊罗马哲学》，第 179 页。
②　北京大学哲学系外国哲学史教研室编译：《古希腊罗马哲学》，第 177 页。

说"和"摹仿说"已注意到相(本质)与具体事物的关系，在对此问题的认识上，他比爱利亚学派前进了一大步。

柏拉图以相论为基础，在人的认识方面提出了知识论。他指出，现象界的具体事物是变动不居的，所以对具体事物的认识只能得出"意见"(doxa)。"意见"与知识(episteme)是相对的，知识是真实的存在，意见则是对真实存在摹本的认识；知识是理性对相的认识，意见则是感觉对具体事物的感知。但是人怎么能够通过理性思维认识相？柏拉图在《美诺篇》和《斐多篇》中提出了"回忆说"。他说，相是先验的存在，在人出生之前，相已经存在，但人出生之后忘记了，不过人的感觉能诱发灵魂回忆起相。在《会饮篇》中，柏拉图进一步提出"向上引导"(epagoge)说，即从具体事物开始，一级一级向上引导，最后达到对相的认识。例如，从认识人的形体美、法律的美、制度的美、学问的美，最后到认识美的相即美自身，一级一级上升。这种认识方法反映出从个别到一般，从具体到抽象的思维过程。不过，柏拉图所谓美的相之前的美，还只是从具体中概括出的一般共性，而不是相本身，相本身仍然是超越经验的。所以柏拉图指出，从一般的美到美的相有一个跳跃(eksaiphnes)过程。至于如何跳跃，柏拉图没有具体说明。①

柏拉图的前期相论，还有一些未说明之处，例如：相作为一切事物所追求的目的，它只能是有价值的而不能是负价值的。美是有价值的，而丑则是负价值，那么如何解释丑的存在？柏拉图指出，相是孤立的，相与相之间没有联系，他所谓的相只具有自身的同一性，而"决没有异于自身的和相反的东西在自身之内"②，这样的相怎么能与最高的相(善)联系起来？对于这些问题，柏拉图后来已意识到了，并且在后期相论中作出了一定的修改。

---

① 汪子嵩等：《希腊哲学史》第2卷，北京：人民出版社，1993年版，第766页。
② 杨适：《古希腊哲学探本》，第389页。

2. 后期作品的相论和知识论

柏拉图在后期著作《巴门尼德篇》中，用八组推论证明"一"与"存在"的关系，试图解决相的孤立性问题。在第一组推论中，他先假设"一"就是"一自身"，是一个绝对孤立的相，然后经过推论得出结论：这个孤立的"一"本身具有否定性，是不能被认识的。在第二组推论中，他对"一"和其他相的关系作出推论。他指出，"一"与其他相既有差异，亦有联系。他举例说，如果有人说我是"一"又是"多"，并不令我惊异，我是"多"，指的是我有左右两边、上面和下面、前面和后面，所以多内在于我；说我是"一"，指的是"我是我们七人中的一人"。[①] 柏拉图认为，"一"和"多"并非固定不变，而是在一定条件下可以相互转化的。"多"会转化为"一"，"一"会转化为"多"。[②] 可见，柏拉图已修改了前期相论的相具有孤立性的观点。值得注意的是，《巴门尼德篇》所说的相与前期的相还有一点不同，即它们没有伦理价值，也不具有直接感知的性质（如热、湿之"相"），但依然可以普遍地用于陈述和组织经验。也就是说，纯概念（相）经过逻辑推论可以自成为一个逻辑体系。柏拉图这一学说对亚里士多德"以存在的存在"为中心的"第一哲学"有很大的影响，奠定了西方哲学本体论范畴体系的基础。[③]

柏拉图对前期相论的修改，在《智者篇》中也有表述，他提出了"通种论"。柏拉图指出，存在和非存在、动和静、同和异这三对种（即相）是可以普遍运用的。他运用逻辑推论证明了它们每一对既是对立的亦是相互联系的，某一种与其他的种既有区别亦有联系。他指出，存在、静、动是三个相互区别的种，存在不是静，也不是动；然而就存在而言，它或是动的存在，或是静的存在，或是又动又静，所以这三个种是可以相互联系的。动

---

① ［德］黑格尔：《哲学史讲演录》第 2 卷，贺麟、王太庆译，北京：商务印书馆，1959年版，第 218 页。

② ［德］黑格尔：《哲学史讲演录》第 2 卷，第 219 页。

③ 汪子嵩等：《希腊哲学史》第 2 卷，第 1085 页。

和静是两个对立的种，然而就它们自身而言都是"同"（自身同一），所以它们都分有了"同"；动和静是相对的，动不是静，静也不是动，然而它们都异于与它们自身相异的种，所以它们都分有了"异"。所以，这四个种是可以相互联系的。柏拉图的"通种论"揭示了概念与概念之间的辩证关系，即两个对立的概念（相）既对立又统一，概念与概念之间存在相互区别、相互联系、相互转化的关系。黑格尔指出："柏拉图的思辨的辩证法，这是从他这里开始的辩证法，是他著作中最关重要的，但也是最为困难的部分。"①

柏拉图的后期作品对相论作了修改，随之而来的是其知识论的变化。在《泰阿泰德篇》等作品中，柏拉图表述了对知识和意见的新认识。《泰阿泰德篇》提出了"蜡板说"。柏拉图指出，可以想象内心有一块记忆女神内莫绪涅赐给的蜡板。我们可以把看到的、听到的东西印在蜡板上。"留在蜡板上的是已经认识的东西，是想（知）的对象。"②我们把后来看到的、听到的东西放在蜡板原来留下的印象中，两者相合便是真的，反之则是假的。"蜡板说"透露出知识来源于感觉的意思。在同篇中，柏拉图举了一个例子，说明知识是可以传授的。他说，算学家可以计算外在的数，也可以计算头脑中的数，尽管他没有说明头脑中的数是从哪里来，但他并没有否认这种头脑中的"数自身"是知识，而且这种"数"是可以传授的。"数"和蜡板的印记与前期的相所具有的先验论特点不同，它们都是人出生后灵魂从经验中获得的。③ 可见，柏拉图的后期相论力图说明感觉、记忆和理性之间的联系，相与可感事物分割在两个世界的观点已经出现明显的变化。当然，关于这个问题柏拉图并没有作出详尽的论证和最终的解释。

3. 宇宙生存论

柏拉图的宇宙生存论是有关自然哲学的学说。他的后期作品《蒂迈欧

①　［德］黑格尔：《哲学史讲演录》第2卷，第203页。
②　汪子嵩等：《希腊哲学史》第2卷，第944页。
③　汪子嵩等：《希腊哲学史》第2卷，第948页。

篇》主要讨论此方面的问题。柏拉图指出，宇宙有一个生成的过程。宇宙的生成需要创造者、原型和接受器。创造者是"善"，它把混乱的运动安排得有序。创造者又称为神，它是万物之父。原型指的是相的整体，它作为一个最高的"种"，包括了各种的相。宇宙万物是摹仿相而生成的。柏拉图说："这个世界的创造主用什么样的模型（即原型）来创造这个世界呢？他用的是永恒不变的模型呢，还是创造出来的模型？如果这个世界是美的，而它的创造主是好的，显然创造主就得要注视着那永恒不变的东西，把这种东西当作模型。"①可见，柏拉图的原型是永恒不变的而非创造出来的，创造者和原型并非一个东西而是两个东西。既然原型不是被创造出来的，那么它与创造者一样都是永恒存在的。可见柏拉图所谓的神——创造者，显然不是宗教的上帝，而是理性的神。他实际上是用创造者（神）这一概念，来说明宇宙生成的原因。

柏拉图宇宙生成论中的接受器也是独立存在的。柏拉图指出，宇宙的元素火、气、水、土等都是生成的，是处在不断变化之中的，所以它们需要有一个接受器来容纳。接受器是不变的，一切变动的东西都可以在其中生存、变化和消失。柏拉图举了一个例子来说明接受器的作用。他说，金子可以被塑造成各种各样的金器，而且金器还可以不断地被重新塑造，可是这些东西永远改变不了它们是金子这一性质。柏拉图所谓的接受器，实际上指的是各类具体事物的质料。尽管他没有提到"质料"这一范畴，"但他用金子比喻接受器时显然有质料的含义，后来亚里士多德正是据此提出'质料'这个范畴的"②。

柏拉图指出，宇宙最初是处于混沌杂乱的状态，接受器容纳混沌的状态，并不断运动，从而产生火气水土的自然状态；然后创造者用理性

---

① 北京大学哲学系外国哲学史教研室编译：《古希腊罗马哲学》，第208页。
② 汪子嵩等：《希腊哲学史》第2卷，第1056页。

（"相"）和数（几何图形）来安排火气水土四元素，使之有序，从而形成恒星、行星和地球，在地球上形成人、植物及其他的一切东西。创造者在创造人的时候，先创造理性灵魂，再创造人的肉体，创造者把"理性放到灵魂里边去，把灵魂放到身体里边去"①。人的灵魂有不朽的部分，来源于宇宙灵魂，宇宙灵魂是创造者（神）创造的，是纯粹的理性；人的灵魂中还有可朽的部分，即灵魂中的情绪欲望等，它与肉体有关，不朽的部分也是被创造者有目的地创造的。

柏拉图宇宙生存论的内容较为庞杂，而且有不少猜想的成分，不过，他的宇宙生存论中反映出后期相论的影响。他论述宇宙生成，注意到可感事物与"相"之间的关系。从柏拉图"两个世界的对立"到亚里士多德的形式和质料相结合形成为一个统一世界的学说，是古代希腊哲学的一个极为重要的转变，"这个转变实际上是从柏拉图自己开始的"。②

4. 理想国

柏拉图不仅醉心于哲学的思辨，而且也意识到哲学理论应与政治实践相联系。他曾三次受邀前往叙拉古，宣扬其政治思想，不过均以失败告终，因为他的政治思想并不是源于社会政治实践，而是源于哲学家的思辨，所以不可能在现实社会中得以实施。但是从学术角度来看，他的政治思想还是有意义的。柏拉图的政治思想主要反映在他的《国家篇》一书中。

在《国家篇》中，柏拉图提出了一种理想的国家。在理想国中，城邦公民分为三个等级：第一等级是统治者。他们知识渊博，集权力与智慧于一身。柏拉图认为，只有哲学家当王，或那些号称君主的人像哲学家那样研究哲学，才能使国家实现正义。③ 第二等级是武士。他们辅助哲学王统治国家，保卫国家安全。第三等级是手工业者、农民和商人。他们从事劳动，

---

① 北京大学哲学系外国哲学史教研室编译：《古希腊罗马哲学》，第 209 页。
② 汪子嵩等：《希腊哲学史》第 2 卷，第 1087 页。
③ 北京大学哲学系外国哲学史教研室编译：《西方哲学原著选读》上卷，第 118 页。

为第一、二等级提供生活所需的物质。柏拉图指出，三个等级的形成是天生的，创造者在创造人的时候，就用不同元素的结合创造出三类人。至于奴隶，柏拉图不把他们视为人。

柏拉图从社会伦理的角度讨论城邦公民三个等级的特点及其关系。他指出，三个等级代表了三种美德：智慧、勇敢和节制。具有智慧美德的统治者，用理性统治国家；具有勇敢美德的武士，用武力保卫国家；具有节制美德的劳动者，能克制自己的情欲。这三种美德的结合，体现了理想国的正义。柏拉图还讨论了理想国存在的基础——正义之含义。在柏拉图看来，正义是"每个人必须在国家里面执行一种最适合于他的天性的职务"①。

柏拉图指出，理想国正义的实施与经济有密切的联系。他认为私有制是造成社会不公平、使正义沦丧的重要原因，所以他主张理想国第一、二等级公民应实行财产公有制，第三等级的劳动者可拥有一些财产，但必须坚守节制的美德。柏拉图还主张，理想国应取消家庭，公民过集体生活，婴儿由国家抚养，从小进行严格训练，从而培养出智慧的哲学王和勇敢的武士。

柏拉图后来也意识到他的理想国是难以实现的，所以在《法篇》等中，他对《国家篇》的一些内容作了改变。他指出，统治者必须受到法律的约束，才能保持国家的正常运转；国家应允许私有财产和个体家庭的存在，保证公民的权利；公民参加国家管理，但是他们不能滥用自己的权利，也要受到法律的制约。从《国家篇》到《法篇》，反映了柏拉图的思想从人治到法治的转变。

柏拉图建构的西方第一个唯心主义哲学体系对西方哲学的发展产生了巨大的影响。他长年讲学授徒，培养了一大批人才，形成了哲学史上著名的"学园派"。这个学派的早期代表是斯彪西波和克塞诺格拉底，中期以阿

---

① 北京大学哲学系外国哲学史教研室编译：《古希腊罗马哲学》，第229页。

尔克西劳等为代表，晚期又称"新学园派"，代表人物是卡尔内亚德。在公元529年东罗马帝国皇帝强行关闭学园前，"新学园派"一直是罗马帝国新柏拉图主义的学术中心。

（四）亚里士多德（公元前384—前322年）

亚里士多德是柏拉图之后古代希腊最杰出的哲学家。他出生于北希腊斯塔拉吉城，父亲是马其顿王室的御医，年幼时父母双亡，由一个亲戚抚养成人。亚里士多德17岁时来到雅典的柏拉图学园，在学园学习和研究的时间长达20余年，直到柏拉图逝世。柏拉图逝世后，斯彪西波成为学园的领袖，亚里士多德离开了学园。约公元前342年，亚里士多德受马其顿王腓力的邀请，担任王子亚历山大的老师。亚历山大继承王位后，亚里士多德回到雅典，创建了"吕克昂学园"。他喜欢在学园附近的林荫道上边散步边与学生讨论问题，所以他创立的学派又有"漫步学派"之称。亚历山大死后，希腊掀起反马其顿浪潮，亚里士多德离开雅典避居于优卑亚岛，最后病逝于此地。

亚里士多德的知识极为渊博，对哲学、政治、经济、天文和生物等诸多方面都有精深的研究，是一位百科全书式的学者。他的主要著作有《形而上学》、《物理学》、《论生灭》、《论天》、《气象学》、《论灵魂》、《政治学》、《伦理学》、《诗学》、《修辞学》等。

在西方学术史上，亚里士多德是第一位对学科进行分类的学者。他把学科分为理论的、实践（实用）的和制造的三大类。理论的学科又分为三类，即自然哲学、数学和第一哲学。自然哲学的研究对象是独立存在且运动变化的事物；数学的研究对象是不能运动变化只存在于质料之中不能与之脱离的数和形；第一哲学的研究对象则是独立存在而又不运动变化的东西。

1. 自然哲学

亚里士多德认为自然哲学的研究对象主要有三类：一是有生灭的、可以感觉的自然物体，主要是动物、植物和人；二是无生灭的、永恒运动的本体即天体；三是灵魂，灵魂是运动的本原。

图 7.2　亚里士多德头像

亚里士多德在《物理学》中指出，研究自然物必须研究运动。"'自然'就是本身之内具有一个运动或变化的根源的东西的直接物质基质。"① 他认为，自然物之间的连续（syneche）就是运动，其表现为自然物相互接触而外界变为同一个。例如，我们把编好序号的木板钉在一起，木板相互联结、相互包容且外界合一，这就是连续。连续的存在要用无限来说明，因为运动是可以无限分割的。无限作为数和量的一个属性，它只是潜在意义上的，而不是现实意义上的，因为现实的存在不能用无限来说明。亚里士多德批判了芝诺的"飞矢不动"说，认为芝诺把运动和时间、空间看作无限可分的静止的点的总和，然而无限静止的点之间的联系只不过是顺联或顺接的关系，它们的外界是不相包容的。以编好序号的木板为例，把木板排列在一起是顺联，把木板叠在一起是顺接，木板的顺联和顺接，其外界都是不相包容的。

亚里士多德指出，运动得以形成，还需要时间和空间。时间本身不是运动，"时间是运动的尺度"②。时间是连续的、不间断的。对时间的认识

---

① 北京大学哲学系外国哲学史教研室编译：《古希腊罗马哲学》，第 247 页。
② 汪子嵩等：《希腊哲学史》第 3 卷，北京：人民出版社，2003 年版，第 512 页。

是以"当下"来判断的，每一个"当下"不间断地变为过去，而未来则不间断地变为"当下"。"当下"的本质是同一的，然而作为每一个不间断的"当下"又不是同一的，因为已过去的"当下"和即刻存在的"当下"不是同一个。时间因"当下"得以连续，也因"当下"得以划分①。至于空间，亚里士多德是从具体的物体来判断的。空间指的是物体的限面。每一个物体的空间既不大于也不小于该物体，但空间并不是该物体的部分，而是该物体的处所。物体与空间可以分离。例如，一个箱子的长、宽、高限度，就是这个箱子的空间。

亚里士多德指出，运动可分为四类：本质的变化（产生和消灭）、性质的变化（状态的转变）、数量的变化和空间的变化。那么，自然物变化的原因是什么？亚里士多德注意到了这个问题，他说：我们必须研究生成与消灭以及各种自然的变化，以便认识它的原理，把各类问题归结到各自的原因。② 亚里士多德认为，自然物的生灭变化有四个原因：一是质料因。质料因是事物生存变化的基础。质料因是消极被动的。质料是要通过加工的材料。二是形式因。形式是亚里士多德的一个重要概念，希腊文作 eidos，与柏拉图的"相"是同一个词。形式意为事物的属差，也就是事物的定义（属差）。"定义就是形式。"③形式就是事物的本质。亚里士多德的形式与柏拉图的相有不同之处，柏拉图的相与具体事物是分离的，而亚里士多德的形式则与质料结合在一起。例如，桌子的形状与桌子的质料（木材）是不可分的。不过，在亚里士多德看来，形式仍是先于质料而存在的。三是动力因。自然物的生灭变化需要有推动力，所以动力因是需要的。四是目的因。自然物被推动，要有一个推动者，而这个推动者只能是一个。如果有多个推动者，具有连续性质的运动就不可能形成。这个推动者就是自然物运动的

---

① 参见汪子嵩等：《希腊哲学史》第 3 卷，第 513 页。
② 汪子嵩等：《希腊哲学史》第 3 卷，第 449 页。
③ ［古希腊］亚里士多德：《形而上学》，1042a28。

极终目的、极终原因。亚里士多德指出，这个原动者是神——努斯（nous）。努斯与宗教神不同，它是纯思想、理性神。努斯自身永恒不动，处在时间和空间之外，自然物的一切运动都来源于它。它引发太空最外层的单一的旋转运动，永恒的单一的旋转运动推动非单一、有规则的天体运动，非单一、有规则的运动推动更为复杂的天象运动，以上三者推动大地上更为复杂的运动。① 天体星球、地球以及地球上的万物都是由于运动而形成的。

亚里士多德的自然哲学研究了灵魂问题。之前的哲学家如德谟克利特和柏拉图等，都谈了对灵魂的认识。德谟克利特认为，灵魂是精细的原子。柏拉图认为，"创造者"制作了人的不朽的理性灵魂和可朽的灵魂。亚里士多德在《论灵魂》一书中，继承并发展了前辈学者的思想。他认为，灵魂是一个统一体。努斯就是整个宇宙的灵魂，它是宇宙自然运动的本原，努斯充满了整个宇宙。人的灵魂是生命体的形式。肉体与灵魂的结合形成为生命体。人的灵魂由低到高可分为营养灵魂、繁殖灵魂、运动灵魂、主动理性灵魂和被动理性灵魂。感觉灵魂使人具有感觉能力。感觉的对象是外在的。感觉是人的感官受外界东西的刺激而产生的。通过感觉而获得的只是事物的表象，对事物本质的认识则要依靠理性灵魂。理性认识的对象是感性认识到的表象，"灵魂的这个思维部分虽然不能感知，却必定能够接纳一个对象的形式"②。亚里士多德认为，理性灵魂还可以分为被动的和能动的两部分。被动的理性灵魂以感觉到的印象为中介而达到对事物本质的认识，它与营养灵魂、繁殖灵魂和运动灵魂一样，随着人的肉体而消亡。能动的理性认识是可以离开肉体而独立存在的，它以理性自身为认识对象。"心灵本身是可思维的，正完全像它的对象一样"，它"不牵涉到质料的东西"，能动的理性灵魂作为思维者"和被思维者是同一的"。③ 亚里士多德所谓能动

① 汪子嵩等：《希腊哲学史》第3卷，第541页。
② 北京大学哲学系外国哲学史教研室编译：《西方哲学原著选读》上卷，第150页。
③ 北京大学哲学系外国哲学史教研室编译：《古希腊罗马哲学》，第283～284页。

的理性灵魂实际上是一种脱离物质而存在的纯精神。

亚里士多德的灵魂说较之德谟克利特和柏拉图的灵魂说更为深刻。他的灵魂说包含了对人类认识过程的理解。人的感性认识只能认识事物的表象，要达到对事物本质的认识就要通过理性认识，而理性认识则要以感性认识为基础。亚里士多德对感性与理性、物质与精神联系的认识，较之前辈学者前进了一大步。不过，亚里士多德仍坚持能动的理性灵魂脱离物质而存在，它思想的对象与物质无关，只是一种纯粹的精神活动。

亚里士多德的自然哲学把自然界作为独立研究对象进行研究，提出了富有创见性的见解。他的自然哲学与其第一哲学是密切相连的。自然哲学的重要问题只有置于第一哲学之中，才能得到更为深入的解释。

2. 第一哲学

第一哲学研究的是独立存在而又不运动变化的东西，亚里士多德视之为最高的理论学科。有关亚里士多德第一哲学的作品，经过了公元前1世纪中叶的希腊哲学家安德罗尼可的整理。安德罗尼可把作品编辑成书后称之为 meta-physica，直译为《物理学以后诸篇》，中文意译作《形而上学》。中译参考了《易经·系辞》"形而上者谓之道，形而下者谓之器"之语。"形而上学"后来成为一个专门的哲学术语。

亚里士多德称第一哲学研究的是自身不运动且与质料分离的努斯，即他的自然哲学中的神，所以第一哲学有"神学"（theology）之称；但是，亚里士多德又称第一哲学是研究本体（ousia，英译作 subtance，中译作本体）的学问。亚里士多德第一哲学的核心问题就是讨论神学和本体论的内涵及其关系。

在亚里士多德的著作中，本体（ousia）有了特定含义。他在《范畴篇》中指出，有十个范畴，即本体、数量、性质、关系、地点、时间、姿态、状态、活动和遭受；本体被列为第一范畴，它是其他九个范畴的载体。亚里士多德说："本体，在最严格、最原始、最根本的意义上说，既不述说一个主体，也不存在于一个主体之中。"①这就是说，本体不表述其他的东西，而其他的一切都表述它，所以从逻辑上讲，只有个别事物才是第一本体②，"第一 ousia 范畴只是指具体的可感事物"③。亚里士多德把具体可感事物视为第一本体，把种和属视为第二本体(《范畴篇》)。他对本体的认识与柏拉图的"相"论是明显不同的。亚里士多德"把第一本体定位于感性个体事物，当然是一个带根本性的转变"④。

不过，亚里士多德撰写《形而上学》时，对本体的认识发生了变化。他指出：本体是形式(eidos)和形式与质料的复合体。这就是说，形式、质料和此两者的组合物皆为本体。而且就事物内部结构而言，"质料是没有任何规定性的东西"⑤，它不能独立于形式。这就是说，形式是第一本体。

亚里士多德所谓的形式究竟指的是什么？在讨论此问题时，学者们比较关注它与另一个亚里士多德发明的词 to ti en einai(英文直译作 What the "to be "[of something]was 或 What is was [for something]to be，中文直译为一个事物过去的"是"是什么)之联系。亚里士多德指出："所谓形式，我指的是每一事物的 to bi en einai 及其第一 ousia。"⑥这就是说，形式与 to ti en einai 及其第一 ousia 是同义的。在亚里士多德看来，每一个事物的 to bi en einai 就是这个事物的根本特征，"每物的 to bi en einai 即是该物自身的东西"⑦。to bi en einai 也可以用定义(即种加属差)来解释："只有那些其公式即是定义的事物，才有 to bi en einai。"⑧所以很多英译本中，学者们将它

---

① ［古希腊］亚里士多德：《形而上学》，2a11—12。

② 汪子嵩等：《希腊哲学史》第3卷，第734页。

③ 余纪元：《亚里士多德论 ON》，载《哲学研究》1995年第4期。

④ 杨适：《古希腊哲学探本》，第456页。

⑤ 汪子嵩、王太庆编：《陈康：论希腊哲学》，北京：商务印书馆，1990年版，第314页；亚里士多德：《形而上学》，1029a2～26。

⑥ ［古希腊］亚里士多德：《形而上学》，1032b1～3。

⑦ ［古希腊］亚里士多德：《形而上学》，1029b13～14。

⑧ ［古希腊］亚里士多德：《形而上学》，1030a6～7。

译作本质(essence)。可见，形式就是事物的 essence(本质)，是一个事物的
根本特征。

　　亚里士多德把第一本体定位于可感事物，那么可感事物的本质(形式)
是普遍的还是个体的？在《形而上学》Z 卷多章中，亚里士多德批评柏拉图
将相与个体事物分离。在亚里士多德看来，形式应是个体的。但是在《形而
上学》Z 卷 8 章等中，亚里士多德又指出"形式"是"这一类"(toionde)而不是
"这一个"。① 他还以人为例，有"人"和个别的人之区别，个别的人由人的
形式加可感质料(个体的骨头和肉)组成，而"人"则是由人的形式加普遍的
质料组成的。陈康教授参考罗斯对亚里士多德此说的研究，作了进一步的
分析，称之为普遍的复合体。也就是说，在复合的个体人之外，还有形式
与普遍质料复合而成的普遍的人。此所谓人的形式，陈康教授称之为"改头
换面的柏拉图的相"②。也就是说，人的形式是普遍的，尽管亚里士多德没
有明确说明。亚里士多德还指出，个别的事物是不能定义。定义是必然
不变的知识，而可感事物是变化的，只能得出意见。一个人如果要定义任
何个别事物，就必须承认其定义是要被推翻的。③ 可见，亚里士多德 Z 卷
中关于形式与质料的学说是存在矛盾的。陈康教授指出，这是亚里士多德
的本体论与认识论之间的矛盾，即个体本体(第一 ousia)是个体事物所依存
的，而知识的对象则是普遍的；个体的本体在本体论上是在先的，在逻辑
和认识论上则是在后的。这一矛盾反映了亚里士多德思想中的冲突。④

　　在《形而上学》H 卷和 M 卷等卷中，亚里士多德的学说又有了进一步的
变化。他从事物的形成来讨论本体问题，提出了潜能与现实说。他指出，

---

①　[古希腊]亚里士多德：《形而上学》，1032b21～22。
②　汪子嵩、王太庆编：《陈康：论希腊哲学》，第 340 页。
③　[古希腊]亚里士多德：《形而上学》，1039b20～1040a7。
④　陈康：《智慧，亚里士多德寻求的学问》，第 299 页，转引自汪子嵩等：《希腊哲学史》，
第 3 卷，第 777 页。

质料有能力并且可能发展成为形式，质料是潜能，形式是现实。质料发展为形式，是完成从潜能到现实的转变，也就是事物的生成。另一方面，形式（现实）与"近似"（从无规定性质料而来的最接近事物的）质料（潜能），本来就是同一事物的两个方面。然而最初的（无规定性的）质料是不确定的、普遍的，未成为现实的形式也是潜能的、普遍的。形式也有两种意义：潜能的形式是普遍的，现实的形式是个别的。① 现实的知识以个别为对象，潜能的知识以普遍为对象。知识在一个意义上是普遍的，在另一种意义上却不是。② 亚里士多德提出潜能与现实，反映出他仍在调和本体论和认识论之间的矛盾。陈康教授注意到，亚里士多德《后分析篇》中有关认识过程的讨论，已提出现实所感觉到的是个别的东西，但知觉的能力却是以普遍为对象的思想。这一观点与其潜能和现实说一样，反映了他在认识普遍的知识和个别本体时的矛盾思路。③

对于潜能向现实的转变，亚里士多德认为需要有一个推动者。这个推动者本身不动，但能推动万物。这个推动者是现实的，因为，现实在更高的意义上也是在先的、永恒的。永恒的事物在本体上先于可灭事物，而永恒的事物不是潜在地存在的。④ 这个永恒的推动者不带任何质料，它是纯粹的现实。亚里士多德所说的这个"不动的动者"就是努斯，即自然哲学中谈到的最高的本体、理性的神（纯思想）。努斯是万物的动因和目的因。亚里士多德将本体与努斯联系起来时，再次暴露出对普遍与特殊认识的矛盾：在先的、永恒的神是分离的个体，它如何具有普遍性而成为知识的对象？可见，亚里士多德的形而上学不仅存在本体论与认识论之间的矛盾，而且

---

① ［古希腊］亚里士多德：《形而上学》，1087a10～25。

② ［古希腊］亚里士多德：《形而上学》，1087a10～25。参见汪子嵩等：《希腊哲学史》第3卷，第830页。

③ 陈康：《智慧，亚里士多德寻求的学问》，第88～90页，转引自汪子嵩等：《希腊哲学史》第3卷，第831页。

④ ［古希腊］亚里士多德：《形而上学》，1050b6～8。

存在普遍的形而上学(本体论)与特殊的形而上学(神学)之间的矛盾。他试图对此作出调和，但是没有成功。①

亚里士多德的第一哲学是其哲学的核心内容。他的自然哲学研究本体的属性、存在方式等问题，第一哲学则对这些问题作出进一步的讨论，其中贯穿的核心点就是柏拉图相论中的问题，即在本体论和认识论中的普遍与特殊的关系问题。亚里士多德的《形而上学》表明，他对此问题的认识较之柏拉图已有重大的发展。尽管亚里士多德的形而上学仍存在矛盾，但他的学说为后世西方哲学的研究开辟了广阔的空间，对西方哲学的发展产生了重大影响。

3. 实践哲学

亚里士多德的实践哲学包括伦理学、政治学和诗学(艺术哲学)。下面主要介绍他的伦理学。

在西方哲学史上，亚里士多德最早把伦理学创建为一门独立的学科。亚里士多德的伦理学主要讨论人的幸福观及人的道德行为等问题。他分析了人的各种品德，如勇敢、正义、节制、友爱等。他指出，品德是一种习惯，习惯是可以在实践中改变的。人的实践行为受理性的指导，这种理性与逻辑思辨理性(推论证明)和直观理性(努斯)不同，是一种实践理性。实践理性指导人的实践活动，从而使人对自己的道德实践行为有所知、有所选择。亚里士多德没有否认欲望、情感在道德实践中的作用。他认为，人可以在理性的指导下，对自己的行为作出调节，从而使之达到"适中"。"美德是牵涉到选择时的一种性格状况，一种适中，就是说，一种相对于我们而言的适中，它为一种合理原则所规定。"②"适中"亦谓"中道"，就是保持适度，不偏于一端。例如对于傲慢和自卑来说，自尊就是适中。所以人在

①　参见汪子嵩等：《希腊哲学史》第 3 卷，第 891～897 页。
②　北京大学哲学系外国哲学史教研室编译：《西方哲学原著选读》上卷，第 156 页。

实践中所关注的，不应是物质享受而应是道德的"中道"，从而完善自己的道德行为。

亚里士多德指出，人是否选择中道完全出于个人的自愿或非自愿。人的非自愿行为源于强迫或无知。不过，人的自愿和非自愿有时也难以区分。例如，某人做某件事是出于外在因素的强迫，他的行为既有自愿亦有非自愿（外来的强迫）的因素。源于人的自愿或非自愿的选择，反映出人在行动之前是经过慎重的推理和思考的。他指出，人的选择与希望不同，希望是对目的而言，选择则是考虑如何达到目的的手段。例如，某人有一生不病的希望（目的），但是不可能达到，所以他在这方面就不可能有选择。人的选择所针对的不是做对的或做错的事，而是针对做善的或不善的事情。亚里士多德所谓的选择是一个伦理学概念。与选择对应的是人的品德，选择表明人在思考自己要成为什么样的人。既然人的选择是出于人的思考，那么人是要对其选择负责任的。

亚里士多德指出，人生的幸福是现实的活动。"这样的活动就是合于德性的行为。它们是美好的行为，高尚的行为，由自身而被选择的行为。"① 所以，道德是伦理学的最终目的。在人的现实活动中，伦理实践是很重要的。不过亚里士多德指出，还有一种高于实践道德活动的幸福，即思辨的活动（theoretikos）。思辨活动不以具体的道德为对象，而是以理性为沉思的对象。所以哲学家的思辨活动与物质无关，不以名誉、财富和权力等为目的，而是纯粹的理性思辨活动。

亚里士多德还著有《政治学》一书，此书是西方第一部政治学专著。在《政治学》中，亚里士多德对城邦特征、城邦阶层、城邦政体等方面作了深入的分析，他还提出了理想城邦的蓝图。可见，这位伟大的哲学家不仅关注哲学问题，而且关注社会现实问题。亚里士多德的艺术哲学理论较为系

---

① ［古希腊］亚里士多德：《尼各马科伦理学》，1176a30～b10，1027。

统地表述在《诗学》一书中，此书对艺术性质、艺术创作原则、艺术与人生的情操、艺术对人生的教益等方面均有相当深刻的论述。亚里士多德的《诗学》建构了西方第一个有系统的艺术理论。

亚里士多德的哲学标志着古希腊哲学达到一个鼎盛时期。亚里士多德批判地继承了自米利都学派到柏拉图的古希腊哲学遗产，并且作了重大的发展，构建了一个庞大的哲学体系。在西方哲学发展史上，亚里士多德是一位承上启下的伟大哲学家。

三、城邦晚期哲学的衰落

公元前 4 世纪下半叶，随着城邦内部社会矛盾的不断尖锐，希腊城邦开始走向衰落。此时，北方的马其顿兴起。在喀罗尼亚战争（公元前 338年）之后，希腊城邦实际上已经沦为马其顿的附庸，无力改变内外困境的希腊城邦内部弥漫着浓厚的悲观失望情绪。社会的剧烈变化促使希腊哲学发生了重大转向，柏拉图和亚里士多德哲学中的思辨精神没有得到进一步的发展，哲学家们更为关注伦理问题，力图解释在动荡不安的乱世中如何保持心灵的平静。黑格尔谈到希腊化时期重要哲学流派的特点时指出："（追求）这种精神的自由、这种不动心、这种漠不关心，宁静不摇、平静不扰、精神上的等视一切，不受外物干扰，不受外物牵连，乃是所有这几派哲学的共同目的。"①希腊城邦晚期的三个重要哲学学派，即伊壁鸠鲁学派、斯多亚学派和怀疑主义的学说均以不同的方式反映出这一特点。

（一）伊壁鸠鲁（约公元前 341—前 270 年）

伊壁鸠鲁出生于伊奥尼亚的萨摩斯岛。他曾师从德谟克利特学派的纽西芬学习原子论，也研究了柏拉图和亚里士多德的哲学。他在雅典创办了著名的"伊壁鸠鲁学园"。伊壁鸠鲁学派存在的时间很长，一直延续到公元 3

---

① ［德］黑格尔：《哲学史讲演录》第 3 卷，第 7 页。

世纪。哲学史上一般把此学派的发展划分为三个时期：雅典时代（以伊壁鸠鲁及早期继承人为代表）、罗马时代（以卢克莱修为主要代表）和小亚时代（以奥依诺安达的第欧根尼为代表）。① 下面仅介绍伊壁鸠鲁的哲学。

伊壁鸠鲁哲学的基础是原子论。他指出，万物的本原是原子和虚空；原子处在永恒运动之中，虚空是原子运动的场所；万物生成皆源于原子的离合运动。伊壁鸠鲁的观点汲取了德谟克利特的思想，但与德谟克利特的原子论也有不同之处。他认为，原子是不可分割的物质微粒，不能像德谟克利特所说的那样，在形状和体积上有无限的差别；原子自身有重量，会在虚空中做垂直下落运动并且发生碰撞，原子还会偏离直线而做斜线运动。伊壁鸠鲁的原子斜线运动说指出原子运动方式存在偶然性，指出了偶然性在事物形成过程中的作用。这种对偶然性的认识是其重大的贡献。

伊壁鸠鲁重视感性认识的作用。他指出，人的感觉是接受外界事物的"流射"而产生的影像，"我们由于心灵或感官的认识活动而得到的每个影像，不拘是关于形状还是性质的影像，都是具体对象的形式或性质。"②他把感觉作为人的认识活动的依据，认为感性认识是绝对正确的，理性认识（或概念的形成）只不过是感觉中多次反复留存下来的影像而已。他认为，感性都是出于个体的认识，所以有时会出现错误，不过那只是对感性理解的错误，而非感性认识自身的错误。

伊壁鸠鲁更为重视对伦理学的研究。他的伦理学核心是把幸福作为人生追求的目的。他指出，幸福生活就是天生的最高的善。幸福生活的最终目的乃是得到快乐，而判断是否快乐的标准是以感觉为基础的。他指出，快乐与人的物质需求相联系，但这并不意味着人要纵情恣欲。真正的快乐是追求身体的健康和心灵的平静，使心灵感受到愉悦。"肉体的健康和灵魂

---

① 参见汪子嵩等：《希腊哲学史》第 4 卷，北京：人民出版社，2010 年版，第 130 页。
② 北京大学哲学系外国哲学史教研室编译：《古希腊罗马哲学》，第 353 页。

的平静乃是幸福生活的目的。就是为了达到这个目的，我们才竭力以求避免痛苦和恐惧。我们一旦达到了这种境地，灵魂的骚动就消散了。"①与亚里士多德的伦理学不同，伊壁鸠鲁没有把道德作为伦理的目的，而是把道德还原为生活的手段。他把希腊传统的四大德性——智慧、自制、勇气和正义还原为得到快乐的工具。他的伦理学把快乐视为最终目的，德性则是达到目的的手段。② 伊壁鸠鲁的伦理学与其感性认识说是相联系的，主张以个体为本位。不过他意识到，个人的独立生存是不可能的，所以他提出建立在个人利益之上的共同体理论，即社会契约论。"正义在于约定"，人们为避免彼此伤害，有了共同的约定，从而组成了社会和国家。人只有生活在有约定的社会和国家中，才能达到快乐的目的。

伊壁鸠鲁的哲学蕴含了一种追求个体自由的思想。在希腊城邦晚期，城邦的政治自由几乎丧失殆尽，然而希腊人既然有了自由的意识，他们就不可能轻易放弃对自由的追求，"只要有可能就要尽力保持这些自由的成果"③。伊壁鸠鲁以人在乱世之时保持自己心灵平静的方式来追求精神上的自由。

(二)斯多亚学派

斯多亚学派由塞浦路斯的芝诺(约公元前336—前264年)创立。之后经过5个多世纪的发展，成为古代西方的重要哲学流派。斯多亚学派的发展大体可分为三个阶段：早期斯多亚学派(芝诺至前2世纪的克律西波，后者亦译作克吕西普)、中期斯多亚学派(约公元前2世纪的巴那修和波西多纽)、罗马斯多亚学派(塞涅卡、爱比克泰德和奥勒留)。④ 下面仅介绍早期斯多亚学派。

---

① 北京大学哲学系外国哲学史教研室编译：《古希腊罗马哲学》，第367页。
② 汪子嵩等：《希腊哲学史》第4卷，第350页。
③ 汪子嵩等：《希腊哲学史》第4卷，第350页。
④ 汪子嵩等：《希腊哲学史》第4卷，第378～379、392～393页。

芝诺对希腊哲学尤其是亚里士多德的哲学有深入的研究。他长期居住在雅典，并在一座"斯多阿"（希腊语"画廊"）讲授哲学，其所创立的学派由此而得名。斯多亚学派受亚里士多德思想的影响，肯定个别事物的真实存在，认为外界事物作用于人的心灵后产生知觉，"所谓知觉，乃是来自真实对象的东西，与那个对象一致，并且是被印在心灵上"[①]。而人的思想则来源于知觉，知觉先于思想。不过，早期斯多亚学派又指出"预想是一种得自自然秉赋的一般的观念"[②]，而一般观念是先天存在的，认为一般先于个别而存在。

斯多亚学派提出了对宇宙生存的认识。他们认为万物的本原是"普纽玛"。"普纽玛"是万物之神和世界理性，是合理、有序世界的创造者。此所谓"普纽玛"，实际上是把赫拉克利特视为世界本原的"火"作了改造，并赋予其能动地创造宇宙的能力。他们指出，在"普纽玛"的安排下，宇宙起源于火并且终结于火，而且如此循环往复。

斯多亚哲学更为重要的内容是伦理学。斯多亚学派认为，在"普纽玛"的安排下，世界形成为一个整体。人的本性与世界的本性是一致的。"因为我们个人的本性都是普遍本性的一部分，因此，主要的善就是以一种顺从自然的方式生活，这意思就是顺从一个人自己的本性和顺从普遍的本性；不做人类的共同法律惯常禁止的事情，那共同法律与普及万物的正确理性是同一的。"[③]与伊壁鸠鲁不同，斯多亚学派把道德的善归为伦理的目的，而不是把快乐作为伦理的目的。他们认为，追求道德的善必须摈弃物质的欲望和情绪，顺应人的本性、顺从自然生活，对于世间混乱的现象要采取漠然、无动于衷的态度。他们认为，"有智慧的人是不会被扰乱的，因为他没有强烈的嗜好"，"一切有道德的人都是严肃的，因为他们从来不谈论愉

---

① 北京大学哲学系外国哲学史教研室编译：《古希腊罗马哲学》，第 373 页。
② 北京大学哲学系外国哲学史教研室编译：《古希腊罗马哲学》，第 373 页。
③ 北京大学哲学系外国哲学史教研室编译：《古希腊罗马哲学》，第 375 页。

快的事情，也不听别人谈论愉快的事情"。① 斯多亚学派与伊壁鸠鲁学派的伦理学也有共同点，即认为人生的追求是个体可以把握的，强调感性个体的现实性："幸福因此也在我们的掌握之中，无论外界的际遇是好是坏，心灵的健康都能帮助我们真正获得主体的内在自由。"②斯多亚学派以另一种方式表述了人追求精神自由的思想。

(三)怀疑主义

出生于意大利爱利斯城的皮浪(约公元前 365—前 275 年)创立的怀疑主义学派，是希腊城邦后期的另一个重要哲学学派。此学派因皮浪之名亦有皮浪主义之称。怀疑主义学派存在了很长时间，其发展过程一般分为创始阶段，以皮浪和蒂蒙(约公元前 3 世纪)为代表；柏拉图"新学园派"阶段，代表人物是阿尔凯西劳与卡尔尼亚德，他们不属于皮浪派，但其学说与皮浪主义联系甚多；约公元前后的皮浪主义复兴阶段，以安西尼德穆和阿格里巴为代表；公元 2 世纪前后，以梅诺多图与塞克斯都为代表的阶段。塞克斯都是皮浪主义的集大成者。③ 下面主要介绍早期怀疑主义的学说。

怀疑主义对感性认识和理性认识均采取怀疑的态度。他们说："我既不能从我们的感觉也不能从我们的意见来说事物是真的或假的。所以我们不应当相信它们，而应当毫不动摇地坚持不发表任何意见，不作任何判断，对任何一件事情都说，它既不不存在，也不存在，或者说，它既不存在而也存在，或者说它既不存在，也不不存在。"④"没有一件事情可以固定下来当作教训，因为我们对任何一个命题都可以说出相反的命题来。"⑤怀疑主义对感性认识和理性认识采取怀疑的态度，并非出于轻率的思考，而是从

① 北京大学哲学系外国哲学史教研室编译：《古希腊罗马哲学》，第 376 页。
② 汪子嵩等：《希腊哲学史》第 4 卷，第 849 页。
③ 汪子嵩等：《希腊哲学史》第 4 卷，第 872 页。
④ 北京大学哲学系外国哲学史教研室编译：《西方哲学原著选读》上卷，第 177 页。
⑤ 北京大学哲学系外国哲学史教研室编译：《西方哲学原著选读》上卷，第 177 页。

另一个角度来思考哲学的问题。在他们看来，各派哲学家都在为自己的学说辩护，哲学的问题并没有最终的答案。这些哲学家的研究就像在一个黑暗的巨大的房间里寻求真理，即使他们掌握了真理，怎么就能知道他们掌握的就是真理？所以，怀疑主义并不是怀疑真理的存在，而是意识到人对真理的认识有局限性，人对真理的认识没有客观的标准。①

怀疑主义的认识论在其伦理学中有充分的反映。他们的怀疑论就是要消解理论对人精神的束缚，从而恢复人的精神自由。他们认为，不去思考哲学和宗教的观念，人生就会自由而轻松。"最高的善就是不作任何判断，随着这种态度而来的就是灵魂的安宁。"②怀疑主义者的心态可以用蒂蒙的诗来表达："生活在十分平静的状态中，永远免去操心，摆脱烦恼，不理睬哲人们的所有谎言。"③怀疑主义者以他们特有的方式表达了在乱世中保持心灵平静，追求个体精神自由的思想。

在古希腊城邦走向衰落的时代，古希腊三大哲学流派对人生的价值和意义都给予了极大的关注。伦理学在此时期有了重大发展。此三大学派学说的内容不同，然其异中也有同，这就是黑格尔所指出的，追求人精神的自由是他们的共同目的。

第二节　史学

一、史学的起源

史学是古希腊人留给后世的又一笔宝贵的文化遗产。一般认为，古代希腊史学起源于《荷马史诗》。不过，尽管《荷马史诗》在主题选择、叙事模

---

① 参见汪子嵩等：《希腊哲学史》第 4 卷，第 1125 页。
② 北京大学哲学系外国哲学史教研室编译：《西方哲学原著选读》上卷，第 177 页。
③ 汪子嵩等：《希腊哲学史》第 4 卷，第 1126 页。

式、语言风格等方面对古代希腊史家有重大的影响①，但归根结底仅仅是一种神话和英雄传说，与历史学有本质区别。首先，诗人荷马认为他所吟唱的内容是出于缪斯的启示，所以需要请求神赋予其灵感，并常常求助于神的权威来回忆往事②，还没有自觉探寻、研究和求真的意识。其次，《荷马史诗》所记录的主要是神的活动和半神半人的英雄的业绩，而非普通人的活动，神权的色彩非常浓厚。与此相关，《荷马史诗》的另一个重大缺陷是缺乏时间连续性的观念，没有意识到过去与现在之间存在着必然联系，当然也就不会用过去来解释现在。③

在公元前 8 世纪希腊著名农民诗人赫西俄德的诗篇里，可以看到古希腊人的历史意识有所进展。在长诗《工作与时日》中，赫西俄德将人类社会的历史视为从黄金时代经白银时代、青铜时代、英雄时代至黑铁时代不断退化的过程，表达了对人类历史连续性和发展趋势的朦胧认识。与诗人荷马一样，赫西俄德"歌颂缪斯告诉他的事情，他也知道缪斯并不总是讲真话，但是却没有办法来核对自己从她们那里获得的灵感"④。

古风时期以降，随着希腊城邦的兴起和大殖民运动的开展，至公元前 6 世纪，"希腊人的思想开始从诗歌的形式过渡到比较偏重于思维的形式"⑤，在东西方文明交汇的伊奥尼亚地区，出现了一批散文纪事家，用散文体叙

---

① 参见 C. W. Fornara，*The Nature of History in Ancient Greece and Rome*，Berkeley：University of California Press，1983，pp. 62-63，76-77. A. J. Woodman，*Rhetoric in Classical Historiography：Four Studies*，London：Croom Helm，Portland：Areopagitica Press，1988，pp. 1-69.

② ［古希腊］荷马：《伊利亚特》，Ⅰ.1；Ⅱ.484～492。［古希腊］荷马：《奥德赛》，Ⅰ.1；Ⅻ.189～191。参见 G. Nagy，*The Best of the Achaeans*，Baltimore：Johns Hopkins University Press，1979，p. 95.

③ E. Breisach，*Historiography：Ancient，Medieval，and Modern*，Chicago：University of Chicago Press，1983，pp. 7-8.

④ ［意］A. 莫米利亚诺：《现代史学的古典基础》，冯洁音译，上海：华东师范大学出版社，2009 年版，第 41 页。

⑤ ［美］J. W. 汤普森：《历史著作史》上卷第 1 分册，谢德风译，北京：商务印书馆，1996 年版，第 28 页。

述所见所闻、历史传说乃至城邦的历史，并以批判态度对待历史记录，区分事实与虚构。作为伊奥尼亚散文纪事家的出色代表，赫卡泰乌斯开始用批判的眼光来检验古希腊人的各种旧闻传说。在《谱系志》中，他开篇便申明："我写的是我认为真实的东西，因为希腊人所拥有的许多故事似乎对我来说是荒唐可笑的。"①不过，尽管赫卡泰乌斯具有了批判和求真意识，但还没有发展出具体有效的历史批判方法。而且，他批判性的调查研究只限于遥远的过去，仍属于神话传说领域，而非历史领域。这"既表明他从神话中解放历史的愿望，又说明他还不能区分二者"②。直到希罗多德《历史》的出现，历史学才真正地从神话中独立出来。正如著名英国哲学家柯林武德所言："传说的笔录之转化为历史科学，并不是希腊思想中所固有的，它是公元前5世纪的发明，而希罗多德则是它的发明人。"③

二、古典时期的史家

古典时期是希腊史学最为辉煌的时代，出现了希罗多德、修昔底德和色诺芬三位著名的史学家。他们在历史思想方面所表述的深刻认识，在历史编纂方法方面所取得的成就，对后世希腊史学的发展产生了极其深远的影响。

(一)希罗多德

希罗多德(约公元前484—前425年)是小亚细亚西南部哈利卡纳苏斯城人，兼有希腊多利亚人和卡利亚人的血统。其家庭在当地属名门望族，据说与诗人帕尼阿西斯(Panyassis)有亲戚关系。在希罗多德青年时代，其家

---

① 转译自 M. Grant, *The Ancient Historians*, Reprint, London: Weidenfeld & Nicolson, 1995, p. 19.

② J. Boarddan, J. Griffin and O. Murry, *The Oxford History of the Classical World*, Oxford and New York: Oxford University Press, 1986, p. 188.

③ [英]R. G. 柯林武德：《历史的观念》，何兆武、张文杰译，北京：商务印书馆，1997年版，第50页。

族参与了反对当地僭主吕戈达米斯的政治斗争，希氏因此而被迫移居萨摩斯岛。希罗多德曾外出游历，足迹遍及西亚、北非、希腊半岛、地中海沿岸①，这无疑为其写作奠定了坚实基础。

约公元前 447 年，希罗多德来到了希腊的政治和文化中心雅典，并与当时雅典"第一公民"伯里克利、悲剧家索福克勒斯等社会名流来往密切。约公元前 443 年，希罗多德移居到雅典在意大利南部营建的殖民城邦图里伊，直到公元前 425 年前后离世。

希腊化时代亚历山大里亚的学者在校注希罗多德的《历史》时将其分为 9 卷，每卷各冠一位缪斯女神的名字，故此书又有"缪斯书"之称。关于《历史》的内容结构及各卷成书之先后，尚存在较大的争议。② 一般认为，全书大致可分为两大部分，第一部分包括第 1 卷至第 5 卷 27 章，基本是按照波斯帝国发展的年代顺序写成的，叙述了波斯帝国的兴起和扩张经过，直至伊奥尼亚人发动叛乱，引发公元前 490 年大流士对希腊的进攻。自第 5 卷 28 章至第 9 卷，是全书的第二部分。从叙述伊奥尼亚人的起义开始，较为严格地按照时间顺序记述了希波战争的经过，直至公元前 479 年希腊人取得普拉提亚和米卡列战役的胜利、波斯人退出爱琴海地区为止。第一部分与交代希波战争的历史背景有关联，但结构松散，内容庞杂，中间夹杂了大量与主题无关的插话，还包括一些奇异荒诞的传说，体现出浓厚的地理学和人种志的色彩。第二部分虽然也包含了一些插话，但并没有对主题内容构成较大影响。希罗多德对希波战争进行了较完整而系统的叙述，其内容主要集中在军政大事方面，地理学和人种志的色彩已经褪色了。一般认为，全书前后两大部分迥然有别，实际上反映了希罗多德从散文纪事家至

---

① 有学者曾对希氏的旅行范围提出了质疑。参见 O. Armayor, "Did Herodotus Ever Go to the Black Sea?", *Harvard Studies in Classical Philology*，Vol. 82(1978)，pp. 45-62.

② 参见 J. Marincola, *Greek Historians*，Oxford and New York：Oxford University Press，2001，pp. 22-23.

历史学家的转变。

希罗多德的《历史》是西方史学史上第一部真正意义上的历史著作。希罗多德开篇便宣称《历史》的内容是他本人的调查研究成果，属于作者本人所有的，作者亦应对其负责。① 在叙述了波斯人和腓尼基人关于希腊人与异邦人在远古时期互相掳掠妇女而互相敌视的传说之后，希罗多德说："这两种说法中哪一种说法合乎事实，我不想去论述。下面我却想指出据我本人所知是最初开始向

图 7.3 希罗多德头像

希腊人闹事的那个人，然后再把我所要叙述的事情继续下去……"②这些话表明希罗多德自觉地意识到历史事实与历史叙述的关系。"运用文献作为实证恰好是区别希腊史学与史诗特有的方法。"③"历史学是一个希腊名词，原意只是调查和研究。希罗多德采用它作为自己著作的标题，从而'标志着一场文学革命'（正像一位希腊文学史家克罗瓦赛所说的）……正是使用了这个名词及其含义，才使得希罗多德成为了历史学之父。"④

---

① ［美］詹姆斯·鲁斯：《西方最早写战争史的史家——希罗多德与〈希波战争史〉》，杨俊明译，载《军事历史研究》1996 年第 4 期。

② ［古希腊］希罗多德：《历史》，I.5。

③ ［意］A. 莫米利亚诺：《历史与传记》，张强译，原文载［英］M. I. 芬利主编：《希腊的遗产》，上海：上海人民出版社，2004 年版，第 174～203 页。

④ ［英］R. G. 柯林武德：《历史的观念》，第 49～50 页。

通过对证据的探询和批评，希罗多德不仅保存、整理了原有的传说和事实，而且更为重要的是，他把历史引向更广阔的未知领域，去发现新的事实，从而扩大了历史研究的范围，甚至使之延伸至当时希腊人所不知道的世界，从而在西方史学上开创了社会文化史传统。其《历史》一书内容丰富、包罗万象，详细记载了西亚、北非、希腊众多地区的地理环境、土地出产、民族分布、风俗习惯、宗教信仰、名胜古迹、政治历史等，俨然一部古代世界的"百科全书"。对此，公元前 1 世纪的希腊史家狄奥尼修斯评论说："希罗多德把历史提到更高的和更值得尊重的阶段：他决定写关于不是一个国家，不是一个民族的事情，但是他在自己的叙述中把许许多多的、各种各样的故事，欧罗巴的和亚细亚的都结合到一起。"①

《历史》一书中的史料可分为以下三类：文献资料、考古资料和口述资料。文献资料主要包括史诗、抒情诗、神谕、散文纪事家特别是赫卡泰乌斯的作品，可能还有一些官方档案文献等。② 考古资料主要包括古物碑铭和其他实地调查材料。③ 口述资料则包括目击者的证词和传闻，此部分材料构成了《历史》的重要资料基础。④ 由于希罗多德的主要撰述目的之一"是为了保存人类的功业，使之不致由于年深日久而被人们遗忘"，因此"有闻必录"自然成为他处理史料的一项基本原则。⑤ 不过，希罗多德对待史料已

---

① 转引自卢里叶：《希罗多德论》，见《历史》中译本卷首，北京：商务印书馆，1959 年版，第 162 页。

② 学者认为，书中关于波斯地方官制、税收（Ⅲ.89）、道路驿馆（Ⅴ.52）、军队来源、水师船只（Ⅶ.60－99）的记述可能来源于波斯官方文献。参见 W. W. How and J. Wells, *A Commentary on Herodotus*, Oxford：Clarendon Press, 1912, p. 27.

③ 参见 S. West, "Herodotus' Epigraphical Interests", *Classical Quarterly*, Vol. 35 (1985), pp. 278-305.

④ 关于《历史》中口述资料的来源及其真实性，在学者间存有争议。参见 D. Fehling, *Herodotus and his "sources": Citation, Invention and Narrative Art*, Leeds：Francis Cairns LTD, 1989；G. S. Shrimpton, *History and Memory in Ancient Greece*, Montreal, London, Buffalo：McGill-Queen's University Press, 1997.

⑤ ［古希腊］希罗多德：《历史》，Ⅰ卷首语，Ⅶ.152。

采用了批判的方法，从而超越了前辈学者赫卡泰乌斯。首先，希罗多德自觉通过实地调查来获取史料。其次，希罗多德自觉把目击者的证词、传闻等口述资料相区别，并对其真实性作出判断。希罗多德虽然秉持"有闻必录"的原则，但并不是"毫无批判地相信目击者所告诉他的任何事情。相反地，他在实际上对他们的叙述是严加批判的"。① 例如，对于涅乌里斯人每年变成狼一次，斯奇提亚地区长着山羊腿的民族等荒诞无稽的传说，希罗多德则直接宣称其不可信。如果希罗多德无法证实哪一种说法更为可信，他便采取存疑的方法，把多种说法都列举出来。希罗多德的《历史》一书不仅意味着史学的诞生，"还标志着批判性著述的开端，尽管它实际上还很朴素。虽然我们可能认为希罗多德有些轻信，但在批判精神方面，他还是超越了他自己的时代"②。

希罗多德《历史》一书以人的活动和成就作为其叙述和研究的对象，并试图解释人类历史上某些重大事件的原因。不过，希罗多德也记载了大量神谕、朕兆、灾异、梦兆、奇迹、幻象、占卜等各种形式的天命神意，以解释人事中的成败得失。然而希罗多德对神意和命运的认识，实际上蕴含了对人类社会内在秩序的探索。他说，"因为一切事物和这些事物的适当分配都是由它们（神）来安排的"③，所以才称其为神。如果有人骄傲自大，"力图占有更好的地位和取得比他命中应得或神应赐给他的更多的福祉"④，则会招致神的嫉妒、惩罚或命运的打击。吕底亚国王克洛伊索斯曾自诩为世上最幸福的人，"在梭伦走后，克洛伊索斯从神那里受到了一次可怕的惩罚，神之所以惩罚他，多半就是由于他自视为世界上最幸福的人。"⑤其他

---

① ［英］R. G. 柯林武德：《历史的观念》，第 57 页。
② ［美］J. W. 汤普森：《历史著作史》上卷第 1 分册，第 35 页。
③ ［古希腊］希罗多德：《历史》，Ⅱ.52。
④ 卢里叶：《希罗多德论》，第 39 页。
⑤ ［古希腊］希罗多德：《历史》，Ⅰ.34。

诸如萨摩斯僭主波吕克拉特斯，波斯国王居鲁士、冈比西斯、大流士、薛西斯等人的结局莫不如此。"原来神除了他自己之外，是不容许任何人妄自尊大的。"①人若犯有重大恶行或过分残暴，也会引起神的忌恨和报复。② 有学者认为，对于希罗多德而言，"嫉妒是维持正义的力量"③。在希罗多德看来，无论国家的兴衰抑或个人的成败都应遵循某种秩序。他认为："人间的幸福是决不会长久停留在一个地方的"④，"人间的万事万物都是在车轮上面的，车轮的转动是决不容许一个人永远幸福的"⑤。

尽管在《历史》一书中神经常出现并且"喜欢干扰人间的事情"，但是希罗多德十分重视从人事上解释历史事件的原因，表现出了人文主义的思想。希罗多德以吕底亚僭主克洛伊索斯作为其正式叙述的开篇，因为在他看来，克洛伊索斯是"最初开始向希腊人闹事的人"，也是"在异邦人中间第一个制服了希腊人的人"。⑥ 在对希波战争原因进行探讨时，希罗多德从人事上作出解释。这种重人事的特征在《历史》的后半部分对希波战争的叙述中表现得尤为突出。希罗多德指出了薛西斯对权力和财富的贪欲，以及希腊人在抗击波斯入侵过程中所表现出的勇敢精神、智慧、对自由的珍爱、对法律的尊重。希罗多德指出，希腊人正是凭借智慧和法律，才勇敢地驱除了贫困和暴政。⑦ 斯巴达的强大在于斯巴达人对法律的敬畏⑧，而雅典的兴起在于雅典的民主制⑨。在希罗多德的《历史》中，从人事上解释历史事件的原因已形成为一个重要特点。

---

① ［古希腊］希罗多德：《历史》，Ⅶ.10。
② ［古希腊］希罗多德：《历史》，Ⅱ.120，Ⅳ.205。
③ M. Grant，*The Ancient Historians*，p. 49.
④ ［古希腊］希罗多德：《历史》，Ⅰ.5。
⑤ ［古希腊］希罗多德：《历史》，Ⅰ.207。
⑥ ［古希腊］希罗多德：《历史》，Ⅰ.6。
⑦ ［古希腊］希罗多德：《历史》，Ⅶ.102。
⑧ ［古希腊］希罗多德：《历史》，Ⅶ.104。
⑨ ［古希腊］希罗多德：《历史》，Ⅴ.78。

(二)修昔底德

修昔底德(约公元前460—前396年)生于雅典的一个显赫的贵族家庭，其父名为奥洛拉斯(Oloros)。修昔底德所在的德谟叫作哈利莫斯(Halimous)，该德谟距离雅典卫城约7千米，其公民参政议政的积极性很高，德谟中浓厚的政治氛围无疑有助于培养他对政治的热情和兴趣。[①] 公元前431年伯罗奔尼撒战争爆发时，修昔底德便开始着手著述。[②] 公元前430年，雅典暴发瘟疫，修昔底德也被感染，但幸免于难。公元前424年，修昔底德当选为雅典十将军之一。由于他未能及时解救被斯巴达人围攻的军事重镇安菲波利斯，被以叛逆罪放逐。修昔底德说，流亡生涯为其写作提供了便利，使他有机会看到了战争双方的行动，特别是伯罗奔尼撒一方的行动，而且也使他有闲暇深入研究战争的进程。[③] 直到公元前404年伯罗奔尼撒战争结束，修昔底德才结束长达20年的流亡生活，重新回到雅典。在余生中，修昔底德继续撰写、修订其著作，直至去世。[④]

与希罗多德追求博闻强识、喜好搜罗奇闻逸事不同，修昔底德则将希腊古代传说以及与其叙述主题无关的社会文化方面的事实排除出历史之外，只专注于记述当代的军政大事，从而开创了后世西方政治军事史的传统。修昔底德《伯罗奔尼撒战争史》(以下简称《伯战史》)主要记述了公元前5世纪下半叶雅典同盟与伯罗奔尼撒同盟之间发生的、对希腊城邦发展产生重大影响的一场战争。全书主题明确，结构严谨，与希罗多德《历史》的博大松散、枝蔓丛生形成了鲜明对比。全书分为8卷，较严格地按照时间顺序对战事展开叙述，从而使各卷之间保持着紧密的内在联系。在第1卷中，

---

① Simon Hornblower, *Thucydides*, Baltimore: Jonhs Hopkins University Press, 1987, p. 2.

② ［古希腊］修昔底德:《伯罗奔尼撒战争史》, I.1, V.26.

③ ［古希腊］修昔底德:《伯罗奔尼撒战争史》, V.26。

④ 关于修氏死因及去世地点的争论，参见谢德风:《伯罗奔尼撒战争史·译者序言》，北京:商务印书馆，1985年版，第13～14页。

修氏阐述了撰述目的和方法，通过古
今比较，说明他所描述的伯罗奔尼撒
战争是人类历史上前所未有的"伟大
战争"，并考察了战争爆发的根本原
因和表面原因。第 2 卷至第 5 卷第 24
节记载了从战争爆发至《尼西阿斯和
约》的签订前十年（公元前 431—前
421 年）的战事（所谓"阿基达玛斯战
争"）。第 5 卷的其余部分叙述了签订
《尼西阿斯和约》期间（公元前 421—前
415 年）的相关史事。第 6 卷和第 7 卷
详细记载了雅典的西西里远征始末。
第 8 卷叙述战争的最后阶段，即狄西
里亚战争或伊奥尼亚战争。修昔底德

图 7.4 修昔底德头像

告诉我们说，他试图记述战争的整个过程，直到公元前 404 年"拉西第梦人
及其同盟者摧毁雅典帝国，占领长城和比雷埃夫斯为止"①。然而修氏最终
并没有完成原定写作计划，其著作记事至公元前 411 年冬便戛然而止，甚
至连最后一句话也没有写完。

修昔底德撰史所依据的资料主要是他个人的经历、观察和目击者的证
词，间或也运用了史诗、地方编年史、档案、铭文等文献和考古证据。但
修昔底德使用文献资料大多"与过去的历史有关"。"我们认为最保险的历史
研究方法在修昔底德看来只是第二位的，只有在不可能获得确实和详细资
料的情况下，用来替代直接的观察。"②在修昔底德看来，诗人和散文编年

① ［古希腊］修昔底德：《伯罗奔尼撒战争史》，V.26。
② ［意］A. 莫米利亚诺：《现代史学的古典基础》，第 55 页。

史家的记载均难以凭信，"因为诗人常常夸大事实"，而散文编年史家"追求的是吸引听众而不是说出事实真相"。① 对于自己的亲身经历、观察所得和目击者的证词，修昔底德确立了严格的批判原则。他说："这些材料的确凿性，我总是尽可能用最严格、最仔细的方法检验过的。然而，即使费尽了心力，真实情况也还是不容易获得的：不同的目击者，对于同一个事件会有许多不同的说法，因为他们或者偏袒这一边，或者偏袒那一边，而记忆也不一定完全可靠。"②

修昔底德的著作中还包括了大量的演说词。据学者统计，演说词占全书内容的近 1/4，特别是在前 3 卷，演说词几乎占了 2/3。③ 对于演说词，修昔底德也明确提出自己的处理原则："一方面使演说者说出我认为各种场合所要求说的话，另一方面当然要尽可能保持实际所讲的话的大意。"④由此可见，修昔底德较希罗多德更进一步对不同类型史料的价值及其局限作了区分，并把对史料的批判提升到方法论的层面，确立了史料批判原则。因此，修昔底德在史学求真方面一直是古代史家的典范，近代实证主义史家更是将其视为批判的、客观的、科学的历史学家的先驱。

修昔底德撰史致力于叙述人的历史，在他那里，宗教神灵是没有地位的。如果说希罗多德在叙述和分析一些历史事件时，还相信天命神意的作用，修昔底德在《伯战史》中则将神严格排除出历史之外，较彻底地斩断了神人之间的联系。他引用伯里克利的话："人是第一重要的；其他一切都是人的劳动成果。"⑤《伯战史》虽然记载了尊奉神灵之事，但那是反映当时人们的行为。修昔底德自己分析和解释历史事实，则断然地将神灵的作用排除在外。修昔底德叙史中也提到地震、水灾、月食等自然现象，这些自然

---

① ［古希腊］修昔底德：《伯罗奔尼撒战争史》，Ⅰ.21。
② ［古希腊］修昔底德：《伯罗奔尼撒战争史》，Ⅰ.22。
③ M. Grant, *The Ancient Historians*, p. 88.
④ ［古希腊］修昔底德：《伯罗奔尼撒战争史》，Ⅰ.22。
⑤ ［古希腊］修昔底德：《伯罗奔尼撒战争史》，Ⅰ.143。

现象或多或少对人事有影响。例如，优卑亚的奥罗比伊、佩巴里修斯等地发生大水灾，对城市造成重大破坏。修昔底德从自然界本身寻找水灾发生的原因，认为水灾是地震引起的，并解释了地震引起水灾的原因。① 对于把自然现象用于占卜或预言吉凶的做法，修氏作了无情的抨击。在修氏看来，自然现象虽然对人事有一定的影响，但那只是一种外在物的影响，与人事没有必然的本质的联系。

需要指出的是，修昔底德虽然将神灵排斥出人类历史之外，但又承认的确有另一种"命运"的力量会干预人事。不过，《伯战史》中的"命运"（tyche）是一种超乎人力预见和控制的客观力量，和神的意志无关。它通常表现为偶然、幸运等人力无法预料的事件，往往与人的智慧（Intelligence）、谋算（Calculation）、预见力（Foresight）相对立。命运的影响经常干扰人们理性的判断，并使事件的发展与人们的计划相背离。② 虽然修昔底德承认命运对人事的影响，但更强调人的智慧、远见和理性的判断在人事成败中的作用。③ 总的来说，《伯战史》中的命运只是修昔底德对那些他认为无法预测和控制的偶然事件的解释。《伯战史》记载伯里克利的话说："当事物的发生出乎我们意料之外的时候，我们常常归咎于我们的命运。"④修昔底德的命运说进一步体现出了天（自然）与人相分的趋势。

修昔底德主要以人性为切入点来分析历史事件发生的原因。⑤《伯战史》中"人性"一词有较为广泛的含义，包括天生的、自然而来的个体的人，群体的人以及人类所共有的品性、能力、生理特征等。作为历史学家，修

---

① ［古希腊］修昔底德：《伯罗奔尼撒战争史》，Ⅲ.89。

② M. Grant，*The Ancient Historians*，pp. 105-106.

③ J. H. Finley，*Thucydides*，Cambridge：Harvard University Press，1942，pp. 312-315. J. Marincola，*Greek Historians*，2001，pp. 87-88.

④ ［古希腊］修昔底德：《伯罗奔尼撒战争史》，Ⅰ.140。

⑤ M. Reinhold，"Human Nature as Cause in Ancient Historiography"，in *Studies in Classical History and Society*，ed. M. Reinhold，Oxford and New York：Oxford University Press，2002.

氏特别关注的是与重大历史事件有关的人类所共有的本性，即人追求权力、财富和荣誉的欲望，好斗性以及人的情绪等。① 修昔底德分析伯罗奔尼撒战争爆发的原因，叙述了爱皮丹努斯事件和波提狄亚事件。希腊人一般认为，雅典与斯巴达的战争不可避免，修昔底德则认为，这些事件只是战争的表面原因。斯巴达最终决定对雅典宣战，其原因不是为了帮助盟友，而是"雅典势力的增长引起了斯巴达的恐惧"②，这实际上表现了人性中的权力欲望和对沦为弱者的恐惧。修昔底德叙史以雅典和斯巴达的矛盾与争斗为中心，至于其他国家卷入战争的原因，在修昔底德看来，也可以从人性中寻求解释。西西里战役是伯罗奔尼撒战争后期的一次重要战役，修昔底德对那些参战的希腊诸邦的动机进行了细致的分析。他指出，有些国家是帮助雅典人征服西西里的，有些则是帮助叙拉古人保卫西西里的，他们之所以联合起来，既不是出于正义，也不是因为种族纽带，而是因为利益关系，或是强迫所致。③ "利益和强迫"不外乎是人性的表现，即对权力、荣誉和财富的追求，对获得自由的渴望或对丧失自由的恐惧等。人性对权力的渴望、对自身安全和利益的追求，同样体现在城邦内部的斗争之中。在人性中的各种欲望面前，正义成为人们不屑一顾的东西。修昔底德用大量的笔墨描写了科西拉革命期间发生的种种暴行，并且深刻地指出："所有这些罪恶产生的原因是贪欲和野心引起的统治欲，以及从党派斗争的暴行所表现出的激情。"④此所谓"统治欲"和"激情"正是人性的重要内容和特征。

修昔底德据人性解释历史，也表现在对历史进程的认识上。在《伯战史》第一章，修氏略述了希腊世界的早期历史，清楚地表述了历史进步的观

---

① 此说详见易宁、李永明：《修昔底德的人性说及其历史观》，载《北京师范大学学报》2005 年第 6 期。另，关于修氏《伯战史》中"人性"一词的不同表达方式及含义，参见易宁：《〈伯罗奔尼撒战争史〉"人性"词义释》，载《史学史研究》2004 年第 4 期。

② ［古希腊］修昔底德：《伯罗奔尼撒战争史》，Ⅰ.23。

③ ［古希腊］修昔底德：《伯罗奔尼撒战争史》，Ⅶ.57～58。

④ ［古希腊］修昔底德：《伯罗奔尼撒战争史》，Ⅲ.82。

念：历史的发展表现为物质生活的进步和希腊诸邦之间联系的加强。正是从古今的联系和比较中，修昔底德有力地说明了他所生活的时代较之古代"伟大"，他所描写的战争是一场前所未有的"伟大战争"。那么，联系古与今，推动历史发展的动力是什么？修氏指出：是人性，是人的欲望、好斗性和情绪。他说，早在部落时代，占有肥沃土地的人因拥有较多财富而扩大权势，从而引发"纷争，导致公社瓦解"①。米诺斯帝国清除海盗，是为了获取更多的财富和维护自身的安全。② 僭主们追求的是"个人的安逸和家族势力的扩大"③。斯巴达早就开始干涉他邦事务，要把自己的政体形式强加给它们，等等。不仅具体历史事件的原因，而且古往今来的历史变化都可以从人性中寻求解释。并且由于"人性总是人性"，人性是不变的，将来发生的事同样也可以从人性中得到解释。所以他断言，读他的书可以"理解过去的事和将来发生的类似的事"；他的书是一部鉴往知来、"垂诸永远"的著作。④

总之，修昔底德认为，欲望、好斗性和情绪等人类非理性的本性是永恒不变的，然而它们又通过具体的变化着的人的行为表现出来，以不同的方式表现出结合或冲突，从而形成人的活动。人的活动本质上是人性的表现，人性是推动历史发展的动因。修氏视不变的人性为历史的本质，反映了希罗多德之后古希腊史学观念的重大变化，对古希腊史学观念的发展产生了重要的影响。

(三)色诺芬

色诺芬(约公元前 430—前 354 年)，雅典人，生于埃尔希亚(Erchia)村

---

① 〔古希腊〕修昔底德：《伯罗奔尼撒战争史》，Ⅰ.2。
② S. Forde，"Power and Morality in Thucydides"，in *Thucydides' Theory of International Relations*，Baton Rouge：Louisiana state University Press，2000，p. 153.
③ 〔古希腊〕修昔底德：《伯罗奔尼撒战争史》，Ⅰ.17。
④ 〔古希腊〕修昔底德：《伯罗奔尼撒战争史》，Ⅰ.22。

社的一个富有之家，其父名为格力卢斯（Gryllus）。色诺芬自幼受到良好的教育，早年曾师从于苏格拉底，与柏拉图同窗。公元前401年，色诺芬受友人之邀，加入了波斯王子小居鲁士征召的希腊雇佣军，企图助其争夺王位。在库纳科萨之役中，小居鲁士阵亡，其后希腊雇佣军原来的首领也被波斯国王阿尔塔薛西斯的军队诱杀。在此紧急关头，色诺芬被推举为临时领袖之一，率领这支万余人的远征军在波斯军队的围追堵截下从两河流域北部取道美索不达米亚、亚美尼亚，翻越高加索山，历尽艰辛，于公元前400年抵达黑海南岸，最后撤回到小亚细亚的希腊殖民地。公元前399年，色诺芬离开这支军队，同年，雅典宣布了对他的放逐令。公元前396年，斯巴达国王阿哥西劳斯率军在小亚细亚对波斯作战，色诺芬投身于阿哥西劳斯麾下。公元前394年，色诺芬随阿哥西劳斯回到斯巴达，斯巴达政府在奥林匹亚附近的斯奇卢斯（Scillus）赏赐他一处居所和一块土地，还把一些战俘送给他做奴隶。色诺芬在此处潜心著述，一直生活了20余年。公元前377年，斯巴达与底比斯开战，斯奇卢斯重归伊利斯人之手，色诺芬逃亡到科林斯。公元前369年，雅典解除了对色诺芬的放逐令，他把两个儿子送回雅典，并在雅典骑兵中服役，但他自己则一直在科林斯终老。

色诺芬阅历丰富，知识渊博，且勤于著述，是古希腊的多产作家之一。他著有《希腊史》、《长征记》、《回忆苏格拉底》、《苏格拉底的辩护》、《拉西第梦的政制》、《阿哥西劳斯传》、《居鲁士的教育》、《经济论》、《雅典的收入》等，其内容涉及历史、哲学、政治、经济、军事等诸多方面。

《希腊史》和《长征记》是色诺芬的两部代表性史著。色诺芬撰写《希腊史》意在补续修昔底德的未竟之作，其叙事始于公元前411年，止于公元前362年的曼提尼亚战役。全书共7卷，前两卷叙述了伯罗奔尼撒战争末期（公元前411—前403年）史事，首卷开篇第一句话即与修昔底德止笔处相衔接，在写作风格上也与修氏《伯战史》相一致，如按照年和季顺序撰写史事，大量援引演说词，很少提及天命神意等。第3卷记载了斯巴达与波斯在小亚细亚地区的战事。第 4 卷至第 7 卷的叙述主要围绕斯巴达及其国王阿哥西劳斯的事迹展开。与前两卷相比，后 5 卷在叙事风格上也有明显不同，不仅脱离了修昔底德严格按照年和季的记事顺序，而且关于占卜、神谕的记载大大增多，并屡屡把很多事件的发生原因和发展结果归结为天命神意。①　不过，色诺芬是那个时代的见证者，亲眼目睹了许多重要事件的发生和发展，甚至许多史事都是他亲身经历的，因此他的记载基本上是真实可信的。公元前 5 世纪末至前 4 世纪

图 7.5　色诺芬头像

中期的许多希腊史事主要有赖于色诺芬的这部著作而流传下来，为后人研究这段历史提供了极其重要的文献资料。

　　《长征记》是色诺芬最负盛名、流传最广的一部著作。②　全书共分 7 卷，按时间顺序记载了色诺芬早年参加波斯王子小居鲁士征召的希腊雇佣军并率部由波斯返回希腊的亲身经历，因此是一部回忆录性质的作品。书中记录了当时波斯帝国的许多真实情况，细致描述了希腊雇佣军所途经的广大区域内的地理风貌和当地居民的风俗人情、经济生活，具有重要的文献参考价值。此书还是一部不可多得的古代军事教科书，包含了丰富的战略战术思想，体现了色诺芬本人在战略战术、军队建设、作战指挥等方面的卓越军事才华，并对后世西方战争及军事理论产生了深远影响。据阿里安的

---

　　①　Xenophon, *Hellenica*, V. 4. 1. 关于色诺芬的宗教观，参见 J. Dillery, *Xenophon and the History of His Times*，London and New York：Routledge，1995，pp. 179-186.
　　②　中译本参阅色诺芬：《长征记》，崔金戎译，北京：商务印书馆，1997 年版。

记载，马其顿王亚历山大在与波斯帝国会战前，就利用此书作战前动员，
以鼓舞士气。① 色诺芬极富文采，这在《长征记》中表现得尤为突出。此书
叙事简洁流畅、自然生动，颇具感染力，读来令人有身临其境之感，一直
被后人视为古希腊散文写作的典范，至今仍是学习古希腊文的范本之一。
色诺芬也因此赢得了"阿提卡蜜蜂"的美誉。

在史书编纂体例方面，特别是对于传记体史书的创立，色诺芬也作出
了开创性的贡献。他在《希腊史》中就非常注意集中叙述历史人物的活动，
而其《阿哥西劳斯传》则是公元前 4 世纪古希腊传记体史著的代表作。《阿哥
西劳斯传》是色诺芬为斯巴达国王阿哥西劳斯所作的传记。由于阿哥西劳斯
对色诺芬有知遇之恩，又是他的保护人，因此色诺芬在此书中对其多溢美
之词，把阿哥西劳斯描绘成拥有公正、自制、理性、智慧、勇敢、文雅等
诸多美德和品质的完美英雄。尽管色诺芬为传主歌功颂德有损此书的史料
价值，但毕竟保留了有关斯巴达社会历史的一些珍贵材料；更为重要的是，
此书与古希腊著名修辞学家伊索克拉底（公元前 436—前 338 年）的《艾瓦格
拉斯传》一起开创了西方史学编纂中的传记体体例。后来，古希腊的史学家
们开始逐步把传记作为史学著作的一种形式，认识到叙述历史人物事迹的
重要性，最后终于达到了普鲁塔克《希腊罗马名人传》那样的高峰。

色诺芬对古希腊史学的另一个重要贡献是他扩大了历史学的记述范围
和研究领域。如前所述，色诺芬有丰富的生活阅历和渊博的知识，一生著
述颇丰，涉及政治、哲学、军事、经济等诸多领域，其著作成为后人研究
古希腊社会历史的重要文献。如《拉西第梦的政制》是一部记述斯巴达政治
制度的专著，涵盖了斯巴达人的政治、军事、法律、社会风俗和生活方式
等多方面内容，是研究古代斯巴达社会历史的重要原始材料。与其他希腊
古典史家相比，色诺芬更为重视城邦和奴隶主家庭的经济活动，以及经济

____

① ［古希腊］阿里安：《亚历山大远征记》，Ⅱ.7，8。

因素在社会和家庭生活中的重要作用。《经济论》和《雅典的收入》这两部著作是现今流传下来的古希腊最早的经济专著，集中反映了色诺芬的经济思想和主张。①《经济论》是一部语录体的古典经济学著作，全书共分为两大部分。在第一部分中，色诺芬借苏格拉底之口阐述了农业对国家经济的重要性，认为农业是国民赖以生存的基础，讨论了管理好家产的方法；在第二部分中，色诺芬提出，操持家务是妇女的天职，家政训练应该成为女子教育中的重要内容。色诺芬拥护自然经济，反对雅典所采取的发展商业和货币经济的方针，并主张把奴隶主的家庭经济管理设为一门专门学问。《雅典的收入》是色诺芬晚年的作品，它主要针对战后雅典财政极其困难的情况，讨论了如何改进雅典的税收制度，增加财政收入，维持雅典的财政平衡等问题。色诺芬在以上两部经济专著中，最早使用了"经济"一词，第一次比较系统地阐述了古代城邦奴隶主经济理论，较详细地记述了当时古希腊城邦的经济事务，对于研究古代希腊社会经济史具有非常重要的参考意义。

毫无疑问，色诺芬是希腊古典时期后期成绩最为卓著的历史学家，因而在古代色诺芬就与希罗多德、修昔底德并列为古希腊三大史家。不过，正如近代学者所指出的那样，色诺芬无论在治史态度上还是在取得的史学成就上，都难以与其前辈希罗多德和修昔底德相比。② 有论者指出，色诺芬虽然"多才多艺，但不是像修昔底德那样的一位深刻的思想家；尽管他有才华横溢的撰述风格，但他并不像希罗多德那样引人入胜"，因此，"色诺芬不能算作第一流历史家"。《希腊史》是"色诺芬雄心最大、下功夫最多的一部书……打算把这部书写成修昔底德历史著作的续篇"，但是，"这部书远远不如修昔底德的著作，在准确和公平两方面都有缺陷，而且笔调沉

① 参阅色诺芬：《经济论　雅典的收入》。
② J. B. Bury, *The Ancient Greek Historians*, London：Macmillan，1909，pp. 151-152.

重"。① 的确，色诺芬缺乏对历史变化和历史进程的深刻洞察力，因而无法像修昔底德那样对历史事件及其因果关系进行深入细致的研究。他也缺乏修昔底德那种科学的批判态度和求真精神，他虔诚地相信神谶、梦兆和预言，经常把史事的发展变化视为神的干预和神意安排的结果。在史料取舍方面，色诺芬不仅没有像两位前辈史家那样进行认真批判审核，而且往往表现出以个人的政治好恶来选择史料和评判史实的不良倾向。由于色诺芬自身政治立场的关系，《希腊史》一书明显地反映出袒护斯巴达的倾向，有意回避一些对斯巴达不利的史事，甚至对雅典第二次海上同盟、底比斯对斯巴达的重大军事胜利等这一时期的重要历史事件只字不提，或轻描淡写、一笔带过，体现出随意剪裁史事、歪曲历史真相的不良情况。这种情况的出现，是与公元前5世纪晚期修辞学的兴起以及希腊政治领域和文化领域中虚假粉饰之风的兴起相适应的，可以说是虚夸之风在史学领域里的表现。后来，这种风气随着古希腊城邦危机的不断加深而继续发展。希腊化时代出现的为君王树碑立传、歌功颂德的御用史学，实际上就是这种与史学求真精神相悖的不良治史倾向的极端表现形式。

三、希腊化时代的史家

(一)希腊化时代的史家和史学的变化

在希腊化时代，随着亚历山大帝国的建立和希腊化的进展，史学也得到进一步的发展，主要表现在以下五个方面：

第一，史学记述范围的扩展。亚历山大的东征大大开阔了希腊人的视野，史学记述的地理范围也随之扩展。例如，亚历山大远征之前，希腊人对印度知之甚少，只听过一些传闻，而没有实际调查。而在希腊化时代，伊奥尼亚人麦加斯提尼（Megasthenes，约公元前350—前290年）利用出使

① ［美］J. W. 汤普森：《历史著作史》上卷第1分册，第45～46页。

北印度旃陀罗笈多王朝之便，撰写了一部 4 卷本的《印度志》，描述了印度北部的自然地理、风俗人情和社会历史等，书中首次记载了婆罗门教，并提及了印度种姓制度。有论者认为，该书对希腊化世界的影响犹如后世马可·波罗的游记对当时欧洲的影响。① 另外，亚历山大的东征以及此后开启的希腊化进程，客观上促进了希腊与东方亚非地区之间的经济往来和文化交流。在希腊文化的直接影响下，一些东方国家里也出现了用希腊语写成的本国史著，包括著名的埃及祭司曼涅托所撰的埃及通史《埃及史》和巴比伦人柏洛萨斯(Berossus)撰写的 3 卷本的古巴比伦通史《迦勒底》等。

第二，传记史学的繁荣。希腊化时代是传记史学的繁盛时期。特别是由色诺芬等人在古典时期晚期开创的歌功颂德型的传记写作此时已蔚为大观，有关亚历山大文治武功和日常生活的传记史著与回忆录大量涌现，如托勒密一世的《亚历山大战争回忆录》、公元前 4 世纪的史家克莱塔卡斯的《亚历山大传》、埃及人克里奥米尼的《亚历山大本纪》、卡利斯提尼的《远征波斯史》、攸麦尼的《亚历山大起居注》、卡里兹的《亚历山大故事》等。以上诸书旨在为君王树碑立传，其中包含了很多虚妄和神化亚历山大的内容。在此影响之下，希腊化世界掀起了一股传记写作风潮，而且传主的取材范围由原来的国王、僭主扩大至文化名人，诗人荷马，哲学家苏格拉底、柏拉图等人的个人传记随之出现，甚至还出现了名妓传记。传记作者一般都着眼于表现人物的性格心理，揭示人物性格形成的原因。②

第三，地方志的兴盛。希腊化时代，特别是在公元前 350—前 200 年，地方志的编纂在希腊非常流行，其特点为按年代编排史事，注重探究神话和诸种宗教仪式的起源，文字较为简单，所以有别于正式的史著。由于这种形式的历史著作主要产生于中希腊的阿提卡地区，因此又被称为阿提卡

---

① ［美］J. W. 汤普森：《历史著作史》上卷第 1 分册，第 61 页。
② 郭小凌：《西方史学史》，北京：北京师范大学出版社，1995 年版，第 66 页。

地方志。该时期阿提卡地方志编纂家的代表是麦加拉人安德洛兴和菲罗科鲁斯。阿提卡地方志保存了许多当地的古代文献资料，具有一定的参考价值。另外，西西里学派史家提迈乌斯（Timaeus，约公元前 352—前 256 年）也是这一时期地方史家中的杰出代表，编撰了通史巨著《西西里史》和一部《皮洛士战争史》。

第四，大规模的古文献整理。对包括史著在内的希腊古代文献进行系统整理，是希腊化时代史学的一项重大成就。公元前 3 世纪，托勒密一世创办了亚历山大里亚的缪斯宫和图书馆，收藏了大量珍贵的希腊古代图书和文献资料，众多优秀的学者亦云集于此。亚历山大里亚的博学者和校注家们对当时的希腊古代文献进行了系统的整理，包括比对版本、校勘文字、文法注释、划定卷次等，现存的希罗多德的《历史》等古希腊大部分历史著作都是经亚历山大里亚学者整理后才流传后世的。如著名的文法学家阿里斯塔克斯（Aristarchus），据说一生校勘、注释了 800 卷书籍，其中包括赫西俄德、品达、埃斯库罗斯、索福克勒斯、希罗多德等人的作品，尤以校订荷马的著作而闻名，是他最先将《伊利亚特》和《奥德赛》各划分为 24 卷，为后人的研究奠定了基础。所以有论者断言："古希腊文化后期是博学而不是行动的时代；是深入钻研并把知识分类的时代，是文法家、语言学家、书斋历史家的时代。"[①]

第五，"普世"观念的出现。希腊文 οἰκουμένη 一词，在希腊古典时期意指希腊人居住的地方。而至希腊化时代，该词已有整个世界即普世的意思。[②] 这种思想观念的改变是与希腊化时代希腊人所面临的历史局势的巨大变化密切相关的。在希腊化时代之前，希腊人虽然已经认识到了人类世界的统一性，但"仅仅是一种地理的、而非历史的统一性。这种统一性的意

[①] ［美］J. W. 汤普森：《历史著作史》上卷第 1 分册，第 70 页。

[②] H. G. Liddell and R. Scott, *Greek-English Lexicon*, Oxford：Clarendon Press，1929，p. 1033.

识并不是一种历史的意识。普世历史、世界历史的观念，还是不存在的"①。例如，希罗多德的《历史》涉及亚洲、非洲和欧洲众多国家的史事，具有十分开阔的世界视野。不过，希罗多德所谓的世界大抵还只是地理上的联系，而没有深入的历史联系。同样，埃浮鲁斯的《历史》一书尽管汇集了雅典、斯巴达、底比斯等众多希腊城邦的史事，但也并不是真正意义上的普世史著作。随着亚历山大的征战和亚历山大帝国的建立，当时希腊人所熟知的世界中很大一部分就变成了一个单一的政治单位。"'世界'就成为某种不止于是一个地理概念的东西。它变成了一个历史概念。整个的亚历山大帝国这时共享有一种希腊世界的单独历史。潜在地，则整个'普世'都共享着它。"②普世观念的出现，意味着普世史的撰写成为可能，而这种可能，在罗马征服地中海世界的实践的进一步推动之下，终于在希腊化时代末期史家波利比乌斯的著作中转化成了现实。

(二)波利比乌斯

波利比乌斯(约公元前204—前122年)是希腊化时代末期即希腊—罗马时期(公元前168—前30年)最重要的史家。他出生于伯罗奔尼撒半岛麦伽波利斯城(Megalopolis)的一个贵族家庭，其父莱考塔斯(Lycortas)是希腊亚加亚同盟的主要领袖之一。公元前168年，波利比乌斯在第三次马其顿战争时期曾任亚加亚同盟的骑兵指挥官，战败后被作为人质解送到罗马。在罗马，波利比乌斯凭借其深厚的学养和高尚的品质深得罗马上层的宠信，并得到西庇阿家族的庇护，成为罗马名将小西庇阿的良师益友。波利比乌斯客居罗马长达16年之久，曾随小西庇阿远征迦太基，是罗马不断对外扩张，直至征服地中海世界这一历史巨变的见证者之一。同时，波利比乌斯也得以目睹罗马的一些档案资料。这一切都为他写作《历史》创造了有利

---

① ［英］R. G. 柯林武德：《历史的观念》，第66页。
② ［英］R. G. 柯林武德：《历史的观念》，第67页。

条件。

《历史》是波氏的一部传世名作，全书共 40 卷，现存前 5 卷及其他卷的一些片段。记事始于公元前 264 年，讫于公元前 145 年，即以罗马与迦太基的第一次布匿战争为起点，以罗马击败希腊亚加亚联盟后对希腊地区事务的处理为终结。第 1、2 卷为引言部分，简述第一次布匿战争及战后罗马、迦太基等邦国的情况（公元前 264—前 220 年）。自正文始，采用编年史体例，以奥林匹亚德纪年为序，详细叙述公元前 220—前 145 年地中海地区发生的重大事件。第 3～29 卷记述罗马对地中海地区的征服（公元前 220—前 168 年）。第 30～39 卷是扩充内容，叙述罗马对地中海地区的统治（公元前 168—前 145 年）。第 40 卷是全书索引。

波利比乌斯不仅是一位伟大的历史学家，而且也是一位具有实践经验的政治家。这种经历和身份赋予了他在史家修养及撰史方面的独特视角。首先，波氏继承了前代希腊史家撰写当代史的求真传统，非常重视史家撰述的真实性。他认为，在历史作品中真实应当是凌驾一切的。所谓真实之于历史，犹如双目之于人身；历史若失去真实，就会变成无稽之谈。[1] 历史学与悲剧和修辞学的根本区别就在于真实。[2] 其次，波氏强调了史家亲历和个人经验在撰史中的作用。他认为，史家拥有必要的政治军事等经历，既能保证历史记录的真实性，而且可以令读者得到相关的实用知识。[3]

波利比乌斯在《历史》中多次提到，他写的是一部实用的历史。读者通过阅读这种史著，可以把对历史事件的理解，运用于他们所生活的时代的相似事件，这就是历史学的功用。他认为其作品最大的用处，在于对历史事件原因的分析："单单陈述一个事件的发生，当然是有趣的，但没有教育意义，而当这种叙述再把事件发生的原因加以补充说明时，历史研究才能

---

[1] Polybius, *The Histories*, Ⅰ.14.

[2] Polybius, *The Histories*, Ⅱ.56；Ⅻ. 25，28a.

[3] Polybius, *The Histories*, Ⅻ. 25，27，28.

有益。"①波利比乌斯已自觉地区分事件发生的原因与事件的借口或开端，并致力于探讨罗马由一个蕞尔小邦"是如何，依靠什么样的政治制度使整个世界都臣服于它单独的统治之下"②。波利比乌斯首先关注的是罗马征服地中海世界的政治原因。他认为，罗马政体由君主制、贵族制和民主制三种因素混合而成，具有极大的优势。罗马的三个政治机构——执政官、元老院和公民大会，分别代表这三种政体的成分。依靠这种政体，罗马人追求的"任何目标都能实现"③。其次，在军事方面，罗马军队由公民组成，较之迦太基的雇佣军和马其顿的军队具有更强的战斗力。④ 而宗教在"保持罗马国家的凝聚力"⑤上也起了相当重要的作用，等等。

波利比乌斯分析地中海世界统一于罗马这一历史巨变时，频繁地使用了"命运"一词。他说："我们所处时代特点的令人惊愕之处在于，命运迫使几乎世界上所有事情都朝着一个方向发展，并服从同一目标（即罗马的统一）。"⑥此处的"命运"，并非一种托词，而是有深刻含义的，这说明地中海世界的统一并非出自罗马人的意志，而是包括罗马在内的地中海所有国家的活动都受到"命运"的驱使。地中海国家为了谋求自己的利益，或与罗马对抗或与罗马结盟，结果却无不事与愿违；而罗马人"正是通过别人的错误决定使自己得益，发展并确立了自己的权力"⑦。地中海国家为谋求自身利益的活动，却促进了罗马征服的成功，这不是它们的目的，也非罗马人的意志所能左右，这就是"迫使几乎世界上所有事情都朝着一个方向发展，并服从同一目标"的"命运"。可见，波利比乌斯所谓罗马获得成功的"命运"实

---

① Polybius, *The Histories*, XII. 25b.

② Polybius, *The Histories*, I.1.

③ Polybius, *The Histories*, VI.10，18.

④ Polybius, *The Histories*, VI.24，39.

⑤ F. W. Walbank, *A Commentary on Polybius*, Vol. I, Oxford：Clarendon Press, 1957，pp.741-742.

⑥ Polybius, *The Histories*, I.4.

⑦ Polybius, *The Histories*, XXXI.10.

际上就是不以人的意志为转移的历史发展趋势，带有某种必然性的意义。①
他对历史变化的考察是立足于人事的，具有人文主义的特点。

波利比乌斯在《历史》中也表述了对历史进程的认识。他以公元前220
年为界，把历史划分为两个阶段。公元前220年以前，"世界上的事情都是
分散的。每一件事无论就其目的、结果和发生的地方而言，都是孤立的，
彼此间没有什么联系。而这一时期以后，历史已成为一个有机的整体，意
大利和非洲发生的事也牵涉到亚洲和希腊，而所有发生的事都趋向于一个
目标"②。在这段话中波氏指出了地中海地区的历史两个阶段的不同特点。
在前一阶段，历史事件之间是没有联系的；而后一阶段即"普世"的历史阶
段，历史成为一个有机的整体，各地发生的事都联系在一起，并趋向一个
目标——罗马的统一。在他看来，这两个历史阶段是没有直接联系的。因
为，一个由无联系的事件构成的历史阶段，不可能成为一个"有机整体"历
史阶段形成的前提。所以他声称，正文（即"实际历史"）所述的历史是"一个
单独的整体，有一个公认的开始，一个被确定的过程，一个无可争议的结
果"③。可见，波利比乌斯是把罗马征服地中海地区的这段历史从地中海全
部历史发展过程中割裂出来作考察的。当然，波利比乌斯对具体史实的分
析并未完全否定公元前220年前后两个历史阶段的联系，他在《引言》中叙
述一些史实，也意在表现这种联系。但是他没有从宏观上考察这两个历史
阶段之间所存在的必然联系。也就是说，在他的历史思想中没有构建起历
史发展连续性的观念。④

需指出的是，虽然波利比乌斯把罗马征服地中海世界的历史作为一个

① 易宁：《论波利比乌的"命运"说》，载《史学理论研究》1993年第3期。
② Polybius, *The Histories*, Ⅰ.3.
③ Polybius, *The Histories*, Ⅲ.1.
④ 易宁：《论波利比乌〈历史〉的编纂体例及其思想》，载《史学史研究》1994年第2期；
《古代中国的通史与西方的普世史观念》，载《求是学刊》2012年第6期。

"单独的整体"来考察，但这并不意味着他以为历史是静止不变的。波利比乌斯注意到历史在时间上的纵向发展与横向空间内容的联系，而且这种联系也表现在变化中。波利比乌斯认为其《历史》是真正的"普世史"（General History），并自称是"第一位写普世史的作家"。① 波氏所言，正是从其书内容横向广通地中海世界来说的。在横向空间方面，波氏把公元前 220—前168 年间地中海世界所有国家的活动都囊括在罗马与迦太基、马其顿和塞琉古之间所进行的四次大战之中。他写第二次布匿战争，突出的是罗马与迦太基的斗争。而这一斗争又如一根无形的引绳，把整个地中海世界牵动起来。历史横向空间以地中海国家分合、战和的方式发生紧密的联系。他还指出，历史横向空间内容的联系不是固定不变的，而是随着地中海国家活动的变化而发生变化。至叙利亚战争时期，地中海地区矛盾的焦点已转化为罗马与塞琉古的斗争。此两者的斗争，又引发了地中海世界激烈的动荡。从地中海国家的活动中，波氏深刻地揭示了历史横向空间内容错综复杂的联系及其变动。历史横向空间内容的联系及其变动，又导致历史在纵向上的变化。对此，波利比乌斯有一段著名的说明："我们可以看到罗马和安提柯的战争导源（deriving its origin）于和腓力的战争，和腓力的战争导源于和汉尼拔的战争——战争与战争之间虽然有许多不同性质的事件发生，但都趋向于一个共同的目标。"②在这段话中，波利比乌斯清楚地表述了两点思想：一是从公元前 220 年开始，历史事件的发生在时间上先后相连（当然也应包括公元前 168 年以后的历史事件），历史纵向变化具有连续性；二是上一次战争"导源"了下一次战争的爆发。波利比乌斯所谓"导源"指的是历史空间内容所发生的变化，也就是下一次战争的原因已经孕育在上一次战争之中。总之，波利比乌斯描写公元前 220 年以后的历史，把四次大战

---

① Polybius, *The Histories*，Ⅴ.1.
② Polybius, *The Histories*，Ⅲ.32.

与罗马巩固其统治等五个点连为一线，又从横向空间内容上显示五个点的形成以及点与点之间的"导源"关系，从而展现了罗马如何一步步地把地中海世界置于其统治之下。在波利比乌斯的思想中，历史纵向发展(罗马征服进程)是横向空间变化的产物，纵向发展的结果又是横向空间内容联系形成的基点。① 呈现在时间中的纵向发展与横向空间内容的变化是他所撰写的这段历史变化的两个方面。

波利比乌斯的史学继承并且发展了前辈史家的思想，他反对希腊化时期史学出现的粉饰虚夸作风，强调史学的求真与致用，坚持史家的人文精神，与希罗多德和修昔底德以来的希腊史学传统一脉相承。他在希腊化时期普世观念的影响下考察历史的变化，尽管对历史变化的认识仅限于一段历史，然而他认识历史变化时所具有的整体意识，足以反映出希腊历史思想的巨大进步，并且对后世西方史学的发展产生了重大的影响。

第三节 文学艺术和自然科学

一、文学艺术

(一)神话和史诗

神话是古希腊乃至欧洲最早的文学形式。它是古希腊人集体智慧的结晶，曾长期通过口述流传。最早的文字记载见于《荷马史诗》，诗中大概汇集了当时在古希腊各地流传的多种神话传说，并将天上的诸神和人间的英雄结合在一起。在古风时期赫西俄德的《神谱》中，诗人对纷繁复杂的古希腊神话进行了系统整理，以奥林匹斯神系为归宿，把诸神纳入一个单一的世系，直至英雄的诞生，完成了古希腊神话的统一。

---

① 易宁：《论司马迁和波利比乌斯的历史思想》，载《北京师范大学学报》2001 年第 2 期。

古希腊神话大体可分为神的故事和英雄传说两大部分。神的故事包括神的产生、谱系、活动以及宇宙万物和人类的起源等。根据《神谱》的记载，宇宙最初的状态是一片混沌（卡俄斯），接着从混沌中产生了地神该亚、黑暗神厄瑞波斯和黑夜神纽克斯。黑暗神和黑夜神结合产生了光明神埃忒耳和白天之神赫莫拉。这时地神该亚生出了第一代天神乌兰诺斯，并与之结合生下了 12 位提坦巨神。其幼子克洛诺斯不堪忍

图 7.6　宙斯生出雅典娜红绘陶罐

受压迫，在地神该亚的鼓动下推翻了天神乌兰诺斯的统治，成为诸神之王。克洛诺斯和妹妹瑞亚结合，又生出了赫拉、哈得斯、波塞冬、宙斯等一批新神。克洛诺斯为防止被自己的儿子推翻，在他们刚出生时，就将其吞食。宙斯出生之后，其母瑞亚设计瞒过了克洛诺斯，使其得以存活。宙斯长大成人后，打败了克洛诺斯，成为新一代的众神之王。宙斯在确立了对全宇宙的统治权之后，给诸神分配职司，从而形成了以宙斯为首的庞大的奥林匹斯神系。其中有 12 位主要的神，包括雷电之神宙斯、天后赫拉、海神波塞冬、太阳神阿波罗、智慧女神雅典娜、爱神阿芙洛狄忒等，是古希腊宗教崇拜的主要神祇。

英雄传说源自祖先崇拜，主要讲述氏族首领和先祖的英雄业绩。古希腊传说中的英雄是神和人相结合所生的后代，具有半神半人的特点，拥有非凡的智慧、力量和才能，并在神的庇佑下完成了一番伟大的业绩，因而为后世古希腊人所崇拜。古希腊的英雄传说以不同的英雄或重大事件为中

心，形成了许多系统，主要包括：赫拉克勒斯建功立业的故事，伊阿宋率诸英雄乘"阿尔戈"号夺取金羊毛的故事，提修斯为民除害的故事，俄狄浦斯的故事，特洛伊战争的故事，奥德修斯重返家园的故事等。

马克思曾指出："任何神话都是用想象和借助想象以征服自然力，支配自然力，把自然力加以形象化；因而，随着这些自然力实际上被支配，神话也就消失了。"①同样，在古希腊神话中，神实质上是自然力的化身，或者说是人格化了的自然物，同时也是自然力的支配者，这反映出当时人和自然的主要矛盾，以及人类试图征服、支配自然力的美好愿望。

古希腊诸神的一个显著特点是神、人同形同性。神虽然长生不老、千变万化、神通广大，但都是人格化了的形象，也具有和人一样的残酷、贪婪、欺诈、嫉妒、淫乱等特性。半神半人的英雄是神和人结合产生的后代，虽然具有部分神性，但归根结底是人而不是神，因此明显地具有人的情感和弱点。总之，古希腊神话传说中的诸神是古希腊人自己创造出来的，"希腊神们的内容是从人的精神和人的生活中取来的，所以是人类心胸所特有的东西，人对这种内容感到自由而亲切的契合，他所创造的就是表现他自己的最美的产品"②。

另外，古希腊神话也反映出原始氏族社会的一些特征，如诸神的结合方式反映了原始氏族社会的群婚制，新旧神系的兴替反映了氏族社会由母权制向父权制的演进。而神话传说中经常出现的狩猎、放牧和航海故事实际上是当时希腊人基本的生产和生活活动的写照。正如马克思所言，神话不过是"通过人民的幻想用一种不自觉的艺术方式加工过的自然和社会形式本身"③。

---

① ［德］马克思：《〈政治经济学批判〉导言》，见《马克思恩格斯选集》第2卷，北京：人民出版社，1995年版，第29页。

② ［德］黑格尔：《美学》第2卷，朱光潜译，北京：商务印书馆，1979年版，第223页。

③ ［德］马克思：《〈政治经济学批判〉导言》，见《马克思恩格斯选集》第2卷，第29页。

神话是古希腊文学艺术的宝库，著名的《荷马史诗》就是在古希腊神话传说的基础上产生的。《荷马史诗》包括《伊利亚特》和《奥德赛》两部规模宏大的史诗，相传由盲诗人荷马创作。现代学者一般认为，《荷马史诗》并非一人一时所作，而是在长期民间口头创作的基础上形成的，最早约在公元前8世纪被编订成书，并屡经修改。约公元前6世纪后期，雅典僭主庇西特拉图将《荷马史诗》引入雅典，曾对其进行了校订和编辑，以供诗人们在泛雅典娜节期间朗诵。希腊化时代，《荷马史诗》又经过亚历山大里亚学者的校订，最终形成定本。

《伊利亚特》共24卷，15000余行，叙述了传说中希腊英雄们跨海远征特洛伊的故事。特洛伊战争一直持续了10年之久，但《伊利亚特》所叙述的只是战争第十年中最后一段时间内发生的事件。史诗以阿喀琉斯的愤怒为主线。希腊联军统帅阿伽门农仗势抢夺了阿喀琉斯的女俘，阿喀琉斯一怒之下退出了战斗，导致希腊军队节节败退。阿伽门农无奈遣使向阿喀琉斯请求和解，但遭到拒绝。特洛伊人在统帅赫克托耳的率领下大举反攻，一直将希腊联军逼至海岸边。在此危急关头，阿喀琉斯的朋友帕特洛克罗斯借其甲胄上阵，抵挡住特洛伊人的进攻，但最终为赫克托耳所杀。阿喀琉斯听闻好友阵亡，大为愤怒，决定再度出战，为亡友复仇。阿喀琉斯之母忒提斯请求匠神赫淮斯托斯为他另铸一副新的甲胄。阿喀琉斯也到军营与统帅阿伽门农达成和解。阿喀琉斯重返战场后，特洛伊人开始溃败，赫克托耳也在与阿喀琉斯的决斗中被杀，尸体被拖回希腊人的营地，受到阿喀琉斯的侮辱。在宙斯的鼓励下，特洛伊国王普里阿摩斯亲自前往阿喀琉斯的营帐，请求赎回儿子的尸体。阿喀琉斯动了恻隐之心，遵照神意将赫克托耳的尸体交还。全诗在特洛伊人为赫克托耳举行的隆重而悲哀的葬礼中结束。

另一部史诗《奥德赛》无论从内容和时间上看，都和《伊利亚特》有连续性。全诗同样分为24卷，计有12000余行，叙述的是希腊联军将领伊塔卡国王奥德修斯在特洛伊战争结束后渡海返乡途中的历险故事。其时间跨度也是 10 年，但史诗仍然只选取了最后一年中大约 40 余天中发生的事情进行叙述。奥德修斯长期漂泊在外，招致国中 100 多名贵族向其妻子求婚，并在其宫殿中终日宴饮作乐，挥霍无度。女神雅典娜向宙斯提议让奥德修斯返乡，宙斯表示同意。此时，奥德修斯已被女仙卡吕普索软禁了 7 年之久。奥德修斯凭借宙斯神谕离开卡吕普索，重新踏上归程，后又流落到了斯克里亚岛。在当地国王的宴会上，奥德修斯讲述了在战争结束后 10 年间他率部返乡的种种海上冒险经历：他们的船队在离开特洛伊后被大风吹到伊斯玛洛斯，遭到当地喀孔涅斯人的攻击。接着漂流到洛托法根人的海岸，一些同伴食用了忘忧果，不思归乡。后又漂流到独目巨人岛，被囚在海神波塞

图 7.7　奥德赛故事红绘酒坛

冬之子、吃人的独眼巨人波吕裴摩斯的山洞里，奥德修斯设计刺瞎独眼巨人波吕裴摩斯的眼睛才侥幸逃脱。在埃埃厄岛，一些人被魔女基尔克变成了猪，奥德修斯在神的帮助下制服了魔女，救出同伴，并游历了冥府。奥德修斯率领部众又先后躲过了女妖塞壬迷惑人的歌声，逃过海怪斯库拉和卡律布狄斯的大旋涡。在日神岛上，同伴不顾他的告诫，宰杀了神牛，激怒了天神宙斯，宙斯用雷电击沉了他们的渡船，大多数人因此丧命。他只身被冲到卡吕普索岛，被女仙软禁 7 年。后奥德修斯回国，与其子相认，并设计将那些求婚者杀死。最终，奥德修斯与家人团聚，岛国又重新恢复了和平秩序。

　　《荷马史诗》是一部英雄的赞歌。《伊利亚特》颂扬了战争中英雄们所表现出的勇武、豪迈和悲壮，《奥德赛》则讴歌了希腊英雄在险恶的自然环境面前所展现出的智慧、勇气和坚韧意志。《荷马史诗》塑造出了阿喀琉斯、赫克托耳、奥德修斯等一系列性格鲜明的英雄形象，同时又在不同情境中展现了英雄们性格的多面性和丰富性。黑格尔对此作了高度评价："在荷马的作品里，每一个英雄都是许多性格特征的充满生气的总和"，"每个人都是一个整体，本身就是一个世界，每个人都是一个完满的有生气的人，而不是某种孤立的性格特征的寓言式的抽象品。"①

　　在篇章结构和叙事方式方面，《荷马史诗》也颇值得称道。两诗均截取整个故事最后一年数十天内发生的事情进行叙述，对其他相关内容则采取倒叙或插叙手法讲述，从而避免了平铺直叙，使故事情节跌宕起伏、错落有致。史诗语言典雅优美，又生动活泼，呈现出民间口语化特色，而且运用了大量充满想象力的比喻（后人称之为"荷马式比喻"）和描述性的修饰语，富有浪漫色彩。所有这一切，都使得《荷马史诗》散发出永恒的独特魅力，成为西方文学的传世之作，在西方文学史上享有崇高的地位。

　　（二）劝谕诗、抒情诗和寓言

　　继《荷马史诗》之后，至公元前 8 世纪，古希腊又出现了一位重要诗人——赫西俄德。除神话题材的长诗《神谱》外，赫西俄德另著有长诗《工作与时日》，以劝谕其弟和世人。《工作与时日》是西方文学史上第一部现实主义的作品，诗中描述了人类所历经的黄金时代、白银时代、青铜时代、英雄时代和黑铁时代的生活，特别强调当代道德沦丧、世风日下，并通过鹰和夜莺的寓言谴责暴力和不公，劝谕世人遵守正义、弃恶从善，通过劳动等正当手段获得财富等。诗人还生动描述了希腊的乡村经济生活和自然景物，文字华美而清新。

---

　　① ［德］黑格尔：《美学》第 1 卷，第 302～303 页。

古风时期，随着氏族社会的瓦解、奴隶制城邦的形成以及社会矛盾的发展，表现集体意识的史诗渐趋衰落，表现个人意识和情感的抒情诗开始盛行。抒情诗起源于民歌，有双管（笛）歌、讽刺诗、琴歌等多种形式。双管歌出现较早，以双管或笛子伴奏，每段由六音部和五音部组成双行诗体，根据其内容可分为挽歌、战歌、情歌等，后世统称为哀歌。这一时期著名的哀歌诗人有卡里诺斯、提尔泰乌斯、弥涅墨斯、泰奥格尼斯、西摩尼得斯等。其中以弗所人卡里诺斯（公元前730—前678年）据说是最早写作双管歌的诗人。拉哥尼亚人提尔泰乌斯（约公元前660—前640年）写的战歌质朴有力，曾激励斯巴达人征服美塞尼亚。科洛丰人弥涅墨斯是公元前7世纪后期著名的哀歌诗人，擅写爱情诗和战歌，富有浪漫主义色彩，其代表诗作为《南诺》。开俄斯人西摩尼得斯（约公元前556—前466年）的诗歌体裁多样，庄重凝练，其中最为著名的是他为温泉关之战中牺牲的300名斯巴达将士所写的墓志铭。古希腊七贤之一、雅典改革家梭伦也是该时期一位著名的诗人，其政治诗曾广为流传。

讽刺诗主要为短长格体。派罗斯人阿尔基洛科斯（公元前714—前676年）是该时期著名的讽刺诗人，对古希腊的早期戏剧产生了较大影响。

琴歌以竖琴伴奏，分为独唱和合唱两种形式。阿尔凯奥斯、萨福、阿那克里翁是最著名的三位独唱体诗人。阿尔凯奥斯（？—公元前580年）是米蒂利尼的贵族，诗歌创作包括政治诗、战争诗、颂歌、饮酒诗等，气势豪放，感情热烈。他首创了"轮唱体"饮酒诗，后来成为固定的诗体，被称为"阿尔凯奥斯体"，对古代罗马诗人产生了很大影响。萨福（约公元前612年—？）是古希腊最著名的女诗人，她的诗歌创作以爱情为主要题材，其中以《致阿芙洛狄忒》《在我看来那人有如天神》两诗最为著名。她的爱情诗感情真挚，语言优美，具有很强的感染力。萨福在古希腊备受推崇，柏拉图曾誉之为"第十位文艺女神"。小亚细亚的提奥斯城人阿那克里翁（约公元前570年—？）是萨福之后重要的抒情诗人，作品有琴歌、抑扬格体诗、哀歌等，饮酒和爱情是他主要的诗歌创作主题。诗风清新流畅，广为后世所模仿，被称为"阿那克里翁体"。

品达（公元前518—前438年）是古希腊最著名的合唱体诗人。其诗作后来由亚历山大里亚学者编成17卷，但大部分已经遗失，流传至今的只有4卷，计45首，内容大多为赞美希腊诸神和奥林匹亚竞技的获胜者。品达的诗歌风格庄重，气势宏大，形式谨严，辞藻华丽，被后世誉为"崇高的颂歌"的典范。

这一时期希腊民间口传的寓言故事也很流行。流传至今的《伊索寓言》，相传是公元前6世纪的一位名叫伊索的奴隶所作。《伊索寓言》的故事大多都来自民间，反映了当时的社会现实和平民的思想感情，其中一些寓言是对生活经验和教训的总结，富有哲理，发人深省。

（三）戏剧、新喜剧和田园诗

古希腊戏剧（包括悲剧和喜剧）源于古希腊人祭祀酒神狄奥尼索斯的典礼仪式。古希腊文"悲剧"一词，原意为"羊人之歌"。亚里士多德在其《诗学》第四章中说，古希腊悲剧"是从酒神颂的临时口占发展出来的"[1]。而古希腊文"喜剧"一词，意为"狂欢游行者之歌"，亚里士多德认为其"是从低级表演的临时口占发展出来的"[2]。公元前5世纪是古希腊戏剧发展的鼎盛时期，雅典政府修建了大型露天剧场，组织戏剧演出和比赛，并为观看戏剧的公民发放津贴，这无疑极大地促进了古希腊戏剧特别是悲剧的发展。当时在雅典涌现了许多剧作家，其中埃斯库罗斯（公元前525—前456年）、索福克勒斯（约公元前496—前406年）、欧里庇得斯（公元前485—前406年）是最杰出的三位悲剧作家。他们的戏剧创作反映了古希腊悲剧发展和繁荣的过程，也代表了古希腊悲剧成就的顶峰。

---

① ［古希腊］亚里士多德：《诗学》，罗念生译，北京：人民文学出版社，1962年版，第14页。

② ［古希腊］亚里士多德：《诗学》，第14页。

图 7.8 埃斯库罗斯头像

埃斯库罗斯是古希腊悲剧早期发展阶段的悲剧作家，有"悲剧之父"的美誉。他对悲剧做过很多创新，如他首先在悲剧中增加了第二名演员，压缩了合唱，还创设了舞台背景，使用了定型化的面具和华丽的服装等。埃斯库罗斯一生创作了 70 余部悲剧和许多萨提洛斯剧①，现存悲剧 7 部：《乞援人》、《波斯人》、《七将攻忒拜》、《被缚的普罗米修斯》、《阿伽门农》、《奠酒人》、《报仇神》。其中后三部为三联剧，统称为《俄瑞斯忒斯》。《被缚的普罗米修斯》是埃斯库罗斯《普罗米修斯》三联剧的第一部，另两部均已失传。该剧取材于普罗米修斯盗天火造福人间的希腊传说，塑造了普罗米修斯不畏强暴、勇于为正义而斗争、为人类利益不惜牺牲自己的高大形象，备受后人称赞。《俄瑞斯忒斯》三联剧是埃斯库罗斯晚期的代表作，讲述希腊英雄阿伽门农出征特洛伊前曾杀女祭神，凯旋后，其妻为女报仇，将他杀害。后阿伽门农之子俄瑞斯忒斯为父报仇，又杀死了自己的母亲，但最终被判无罪。该

---

① 萨提洛斯剧又被称为"羊人剧"，因合唱队扮演"萨提洛斯"（即酒神狄奥尼索斯的侍从，丰产的精灵，半人半羊形象的低等林神）而得名。就风格、语言和韵律来说，萨提洛斯剧介乎于悲剧和喜剧之间。在情节和人物上，接近于悲剧，取材于神话故事。在埃斯库罗斯的戏剧体系中，萨提洛斯剧放在悲剧三部曲之后演出，与悲剧三部曲有着统一的情节和共同的人物，组成四部曲。因此写作萨提洛斯剧的多是悲剧作家。与此同时，萨提洛斯剧又有很强的喜剧性，因此古希腊时代把萨提洛斯剧说成是"诙谐悲剧"。参见刁绍华主编：《外国文学大词典》，长春：吉林教育出版社，1990 年版，第 157 页。

剧通过象征的手法，表现了父权制对母权制的胜利，歌颂了雅典的民主法制。埃斯库罗斯的悲剧气势宏大，风格崇高，神意浓郁，但结构相对简单，歌队仍在剧中起着重要作用，有较强的抒情色彩，表现了早期悲剧的典型特点。

索福克勒斯是生活于雅典民主制盛世的悲剧作家，被称为"戏剧中的荷马"。他的悲剧创作标志着古希腊悲剧艺术的成熟，也体现了古希腊悲剧的最高水准。索福克勒斯在悲剧中加入了第三名演员，并增加了对话和表演的成分，突破抒情诗式的悲剧形式，减少合唱队的作用。他还突破了传统三联剧的形式，创作独立、完整的单部剧本。其剧作在情节结构方面设计复杂精巧，善于描写事件的突变，同时注重人物性格的刻画和内心活动的描写。古希腊悲剧的结构程式在索福克勒斯的剧作中基本达到了完善的程度。另外，与埃斯库罗斯相比，索福克勒斯的悲剧中很少出现神的形象，更注重表现人的意志和力量及人与命运的抗争。推动剧情进展的动力是人与命运的冲突以及人内心的矛盾。索福克勒斯一生共创作了约130部悲剧和萨提洛斯剧，现仅存7部，其中最著名的代表作为《俄狄浦斯王》和《安提戈涅》。《安提戈涅》通过剧中主人公安提戈涅不顾当权者的法令，坚持按照当时的宗教习俗埋葬兄长的剧情，展现了自然习俗与人为立法的冲突。《俄狄浦斯王》一剧取材于俄狄浦斯弑父娶母的古希腊传说。俄狄浦斯得知自己的既定命运后，竭尽全力逃避残酷的命运，但最终在不知不觉中还是实现了命运的安排。剧作的主题是人的自由意志和命运的冲突，虽然剧中人物未能战胜命运，但作者仍赞扬了人不甘于屈服命运的斗争精神。亚里士多德曾高度评价该剧的结构，视之为古希腊悲剧的典范。

欧里庇得斯是雅典民主制由盛转衰时期的悲剧作家。由于深受当时自然哲学和智者学派的影响，其剧作具有较强的哲理性和思辨性，故而欧里庇得斯又被称为"舞台上的哲学家"。欧里庇得斯一生写了90余部剧作，现存《美狄亚》《特洛伊妇女》等18部，是传世作品最多的古希腊悲剧作家。欧里庇得斯的悲剧大多也取材于神话传说，但更为关注现实，讨论战争、民主、贫富、宗教、家族及妇女地位等当时的各种社会问题，反映了雅典民主制衰落时期的社会思想。他笔下的人物近似于现实中的普通民众，他非常关注妇女的命运，并擅长揭示人物的复杂心理和内心的矛盾冲突。在《美狄亚》一剧中，欧里庇得斯塑造了一个惨遭遗弃但性格偏执、心理扭曲、疯狂报复的妇女形象，将美狄亚的心理动机、内心情感的激烈冲突刻画得入木三分。《特洛伊妇女》则通过描述特洛伊亡国后的惨象，表达了作者反对侵略战争的思想。

　　古希腊喜剧的形成略晚于悲剧，直到雅典民主制衰落时期才开始兴盛。

图 7.9　美狄亚陶瓶

古希腊喜剧多取材于现实，通常以一种看似荒诞滑稽的方式，深刻揭示尖锐的社会矛盾和问题，较多地反映平民百姓的思想意识。阿里斯托芬（约公元前446—前385年）是希腊古典喜剧作家的杰出代表，有"喜剧之父"之称。阿里斯托芬一生共写了44部喜剧，现存11部，其中较有代表性的作品有《阿卡奈人》《鸟》等。在其作品中，阿里斯托芬表达了反对内战、重建和平的思想，并揭露了当时雅典政治生活和社会风尚的败坏，批判了不良的社会风气，渴望复兴雅典过去的民主与繁荣。

在希腊化时代，希腊文学较有影响的是新喜剧和田园诗。米南德（约公元前342—前291年）是这一时期新喜剧的代表作家。据说他曾写过105部喜剧，但流传下来的仅有《恨世者》和《萨摩斯女子》两部剧作及一些残篇。米南德的剧作主要描写爱情故事和家庭生活，风格轻松幽默，注重刻画人物性格，对古罗马喜剧的发展产生了较大影响。田园诗的代表作家是忒俄克里托斯（约公元前310—前245年），善于描写乡村自然美景，风格清新质朴。

（四）建筑和雕塑

公元前8—前2世纪，希腊人在建筑艺术方面达到了很高的水平，对后世产生了深远影响。古风时期是希腊以神庙为代表的柱式建筑风格基本形成时期。古希腊神庙最早出现于公元前8世纪，其形制一般为迈锡尼文明的麦加伦厅房样式，中厅为矩形，前部有一门廊，由两根圆柱和两边墙壁凸出部分形成的端柱组成。早期的希腊神庙主要是木制结构，后来逐渐变为石制结构，在形制上也由早期的"端柱门廊式"逐步发展到"前廊式"，即神庙前面门廊是由四根圆柱组成，继而又发展为"前后廊式"，最后又演变为希腊神庙建筑的标准形式——"围柱式"，即长方形神庙四周均有柱廊环绕。古风时期，希腊柱式建筑风格中的多利亚柱式和伊奥尼亚柱式先后形成。

多利亚柱式出现于公元前7世纪，多分布在希腊大陆的南部、中部和西西里岛，形态朴实厚重，雄浑刚毅。多利亚柱式没有柱础，圆柱直接立于基石之上。柱身粗壮，最大直径约为柱高的 1/5 或 1/6。圆柱由下至上逐渐收缩，至柱身中部时略微膨胀。柱身刻有 16 或 20 条垂直平行的凹槽，凹槽内呈现圆弧状，凹槽相接处形成尖棱。柱头由圆颈石和一块面积相等的方石构成。柱头之上为额枋石和檐壁。檐壁由三陇板和间板组成，饰以浮雕，形成连续的浮雕饰带。

伊奥尼亚柱式产生于公元前 6 世纪，主要分布在爱琴海诸岛和小亚细亚西海岸的伊奥尼亚地区。总体风格典雅秀逸、轻巧优美。伊奥尼亚柱式有柱础，柱身立于柱础之上。柱身较纤细，最大直径为柱高的 1/8 或 1/9。柱身均匀分布的槽沟也较细密，一般多达 24 条，凹槽间的边缘处呈圆条形。柱头为螺旋涡卷纹装饰，这是伊奥尼亚柱式的典型特色，呈现出东方化风格。

古风时期多利亚式神庙的代表建筑是奥林匹亚的赫拉神庙。该庙约建于公元前 590 年，由内殿、柱廊和后厢房组成。神庙的立柱最初为木柱，后来逐渐被石柱所取代，正体现了神庙建筑由木制向石制的转变。科林斯的阿波罗神庙约建于公元前 560 年，也是一座多利亚式神庙。这一时期，在希腊东部出现的伊奥尼亚式神庙一般比希腊大陆的多利亚式神庙规模更大，设计也更为精巧，其典型建筑为迪迪玛的阿波罗神庙和以弗所的阿耳忒弥斯神庙。阿耳忒弥斯神庙是一座双列柱廊式的神庙，有两排柱栏，每排有 21 根立柱。迪迪玛的阿波罗神庙也是一座大型的双列柱廊式的神庙，神庙的内部为露天结构，中间有一座小型圣殿。

古典时期，希腊的建筑艺术得到了充分发展。公元前 5 世纪中叶雅典卫城的重建，开启了古希腊建筑艺术发展的黄金时期。雅典卫城原是城中高岗上一座用来防范外敌入侵的军事要塞，曾在希波战争中被毁。伯里克利当政以后，雅典利用盟邦贡金，开始大兴土木，美化卫城，先后修建了帕台农神庙、门厅、雅典娜尼克神庙、厄瑞克忒翁神庙，形成了一个气势巍峨而又错落有致的建筑群。

帕台农神庙是在公元前447—前438年由建筑师伊克提努斯主持建造的，里面供奉的是智慧女神和雅典保护神雅典娜。帕台农神庙是雅典卫城的主体建筑，坐落在卫城中心的最高处，可以俯瞰全城。神庙长70米，宽30米，有多利亚式圆柱围绕，其中前后各有廊柱8根，左右两侧各有17根。柱高10余米，凹槽明显，柱身略微内倾，中间略粗。神庙东西山墙各有一组浮雕群像，檐下装饰着三陇板和92块间板浮雕，围柱内墙上方还有150余米的浮雕饰带围绕。正殿中供奉着巨大的雅典娜雕像。帕台农神庙多处运用黄金分割率和视差矫正法，体现出成熟的多利亚柱式建筑风格，是古希腊建筑艺术的典范。

门厅是雅典卫城的入口，其前后两面各有6根多利亚式廊柱，内部则采用伊奥尼亚柱式。外部雄浑质朴，内部则装饰秀巧，华丽美观，体现了多利亚柱式和伊奥尼亚柱式两种风格的融会贯通。

雅典娜尼克神庙位于门厅的西南部，是一座伊奥尼亚柱式风格的神庙。庙里供奉的是智慧女神雅典娜的化身，即作为胜利女神的雅典娜尼克。

厄瑞克忒翁神庙在帕台农神庙的北面，内有3个神殿，分别供奉智慧女神雅典娜、雅典传说中的国王厄瑞克忒翁和海神波塞冬。神庙前面和右侧柱廊皆为伊奥尼亚柱式风格，左侧用6尊女神立像柱作为廊柱，给人以新奇别致、轻巧秀丽之感。

除了雅典卫城建筑群之外，奥林匹亚的宙斯神庙、伯罗奔尼撒半岛的阿波罗神庙、埃皮道鲁斯剧场、雅典狄奥尼索斯剧场、哈利卡纳苏斯的毛索洛斯陵墓等也都是这一时期希腊世界中颇负盛名的重要建筑。

公元前5世纪晚期，位列古希腊建筑三大柱式之一的科林斯柱式开始出现了。科林斯柱式是在伊奥尼亚柱式的基础上发展而来的，其主要特征是柱头为卷叶形花纹饰，总体风格精致繁密，华丽美观。科林斯柱式最初是多利亚柱式或伊奥尼亚柱式神庙建筑中的一种内部附属装饰。希腊化时代，科林斯柱式日趋普遍，至公元前1世纪，科林斯柱式成为希腊世界中主要的建筑样式。雅典的宙斯神庙是希腊化时代希腊本土科林斯柱式建筑的代表。

希腊化时代，希腊本土诸邦经济逐渐衰落，在建筑方面少有建树，而一些希腊化国家由于经济繁荣，纷纷掀起建筑热潮。这一时期的建筑不再以神庙为主，城市市政公共建筑获得了很大发展，并在城市建设和规划方面取得了很大成就。亚历山大曾在西亚、中亚、印度河畔和埃及建立了众多城市和据点。有学者曾评论说："希腊化时代在许多方面是希腊城邦戏剧性增长的最重要时期。从地域上说，几百个新城市拔地而起，从地中海沿岸直到现在的阿富汗和巴基斯坦。沿途不仅有大批城市覆盖广阔地域，而且城市的大小在希腊化时期也增加了。……埃及的亚历山大里亚的人口甚

图7.10　雅典狄奥尼索斯剧场

至达到 100 万。"①亚历山大里亚城是亚历山大大帝在公元前 331 年亲自选址建立的，亚历山大大帝去世后，该城成为托勒密王国的首都，托勒密一世、二世、三世都致力于城市建设和文化设施，从而使其成为希腊化时代最重要的大城市。全城分五个区，包括皇宫、皇家庭院、政府机构、缪斯宫、图书馆等大量建筑。亚历山大图书馆藏书多达 70 万卷。亚历山大里亚成为地中海世界最大的文化中心。

亚历山大里亚法罗斯岛上的灯塔是希腊化时代最著名的建筑。其他该时期较著名的建筑还有帕迦马城的宙斯祭坛、米利都城的议事厅以及雅典风塔等。

古希腊雕塑主要包括独立人物雕塑和建筑雕塑。独立的人物雕塑有各种神像、艺术人像和个人肖像等；建筑雕塑作为装饰，附属于神庙等大型建筑物，一般分布于古希腊建筑的三角形山墙、檐壁间板和廊柱内墙，其题材往往取自远古的神话和传说，表现人物群像。

荷马时代的雕塑主要是作为祭祀和陪葬用品的小型陶塑、青铜人物和动物雕像，手法简拙，形象呆板，在造型上呈现出几何风格。古风时期，希腊的雕塑艺术开始发展起来。从公元前 7 世纪中叶起，在纳克索斯、萨摩斯以及派罗斯等岛屿，开始采用大理石雕刻人体大小的雕像。早期的希腊雕像受埃及雕像的影响很大，面孔呈三角形，造型古板，没有表情，动作直立单调。公元前 6 世纪的希腊雕像主要是裸体的男子立像和穿着衣衫的女子立像，雕刻的造型技法也有了进步。雕像的人体比例更趋合理，身体姿态也更显自然，胸腹及四肢的肌肉开始显示出质感和弹性，更符合人体的解剖结构，而且人像的面部普遍有了微笑的表情，被后人称为"古风式微笑"。

---

① R. Billows, "Cities", in *A Companion to the Hellenistic World*, ed. A. Erskine, Malden, MA and Oxford: Blackwell Pub, 2003, p. 196.

图 7.11　持盾伤倒的武士浮雕

　　在古风时期后期，建筑雕塑也有了很大发展。科西拉岛阿耳忒弥斯神庙山墙上的《梅杜萨》浮雕塑造了一位蛇发女妖梅杜萨降伏恶魔的动态形象，造型尚显拙朴粗犷。锡拉岛神庙的《飞翔的尼克》雕像虽然翅膀及面部、双臂均已残缺，但对女性躯体形态的表现已较为自然，体现出明显的动态性艺术技法。德尔菲的锡弗诺斯宝库的山墙和檐壁四周都有表现神或英雄群像的装饰浮雕，人物众多，造型动感多样，特别是神庙四周檐下表现神与巨人搏斗和特洛伊战争场面的浮雕饰带，更是体现出一种紧张、激烈的真实感。而阿淮亚神庙东山墙的边角浮雕《赫拉克勒斯像》、《持盾伤倒的武士》，已基本克服了古风时期人像雕刻的呆滞，面部"古风式微笑"也几乎消失了，因而显得更加真实。

　　古典时期早期的人物雕像已逐渐摆脱了古风时期雕塑呆板古拙的程式，从以往静止站立的姿态转向力求表现人物的激烈动作，面部表情也一改"古风式微笑"，变得严肃而紧张，表现人体比例、结构方面的雕塑技法也取得了较大进步。《驾车人》是古典时期较早的一件圆雕青铜像，表现的是一位青年立于战车之上执缰驾车的英姿。他站立的姿势仍略带有古风的呆滞，但表情庄严肃穆，"古风式微笑"已不见踪迹。另一尊表现海神波塞冬或天神宙斯的青铜雕像高达两米，其目视前方，左脚前跨，右脚稍稍提起，双臂前后展开，做出投掷姿态，强健的裸体呈现出骨骼肌肉的解剖结构，体现了男性的强健勇武。

在建筑雕塑方面，埃伊纳岛阿菲亚神庙的山墙雕刻是古典早期最有代表性的人物群像雕刻，表现了希波战争中希腊勇士的各种战斗姿态，或持矛前冲，或引弓而射，或负伤倒地。这组雕像仍有古风时期的拘谨刻板，但形态各异的动作造型已加强了战士形象的血肉感。奥林匹亚宙斯神庙的山墙雕刻则取材于希腊神话传说，东山墙雕刻表现希腊英雄在奥林匹亚竞技会上赛车的场面，西山墙雕刻表现希腊人与半人半马怪兽搏斗的场面。神庙檐壁有 12 块浮雕板，表现古希腊英雄赫拉克勒斯的 12 件功绩。

图 7.12　掷铁饼者雕像

至古典时期中期，希腊雕塑达到了完美成熟的境地。这一时期最负盛名的雕刻家有米隆、菲迪亚斯和波利克列特斯。

米隆(约公元前 480—前 440 年)的作品多为青铜雕像，善于运用写实手法创造性地刻画人物在剧烈运动中的动态，《掷铁饼者》便是他在这方面最重要的代表作。《掷铁饼者》取材于希腊现实生活中的体育竞技活动，表现了一名强健的男子在掷铁饼过程中最具有表现力的瞬间，被誉为"空间中凝固的永恒"。米隆将动与静巧妙地结合在一起，表现出人体的美和运动所饱含的生命力，显示出高超的艺术技巧。《雅典娜与马尔斯》是米隆的另一名作，刻画了女神雅典娜的镇定怒视及山神马尔斯因盗笛而惊慌胆怯的神情姿态。

菲迪亚斯（约公元前480—前430年）是希腊古典盛期最伟大的雕刻家。他与伯里克利为至交好友，故被任命为建筑雅典卫城的总监，并主持卫城建筑的雕塑装饰。菲迪亚斯的独立人物雕像代表作有奥林匹亚宙斯神庙中的宙斯神像、帕台农神庙中的雅典娜女神像和卫城广场上的战士雅典娜像等。奥林匹亚宙斯神像是一尊高约14米的坐像。宙斯头戴黄金花冠，脚穿金靴，右手握着一尊由黄金和象牙制成的胜利女神尼克像，左手紧握黄金权杖，权杖上端有雄鹰站立。神像胡须头发由金丝制成，眼睛由水晶宝石嵌成，衣衫上饰以人物和百合花图案。宝座正面刻有精美浮雕，表现了美神从大海中诞生的情景。整件作品气势雄伟，光灿夺目，被称为世界七大奇迹之一。帕台农神庙中的雅典娜处女像高12米，木料为胎，外贴金叶，并镶有象牙。女神头戴金盔，右手持胜利女神尼克雕像，左手扶盾，神态庄严而高贵。帕台农神庙中的浮雕装饰也是由菲迪亚斯主持设计和督造的。神庙东西山墙上布满众多的神话人物雕像，东山墙的雕塑表现了雅典娜从宙斯头部诞生的情景，西山墙的雕塑表现了雅典娜与海神波塞冬争当雅典保护神的情景。神庙檐壁的间板浮雕共计92块，表现了希腊人对敌作战的情景。围柱内墙的浮雕带表现的是雅典人在泛雅典娜节举行庆祝游行的情景，生动刻画了数百个不同的人物和动物形象，场面宏大，内容丰富，技巧娴熟，描绘生动，令人叹为观止。

波利克列特斯的作品多为运动员和武士的青铜雕像。他不仅精于雕刻创作，而且还是一位艺术理论家。他撰有《法式》一书，阐述了雕刻形式、人体比例和运动法式等问题。如他主张人像全身与头部的比例应为7∶1。在运动法式方面，他提出人像以一足承重，另一足松弛，上肢亦随之伸屈，做出相应姿势，使人体各部位动作协调，构成和谐完美的造型。他的著名作品有《受伤的阿玛戎》《持矛者》《束发运动员》《赫拉女神像》等。其中《持矛者》最能体现他的人体比例原则和运动法式，雕像人体的比例为7∶1，青年战士荷矛而立，右脚承重，左脚轻轻点地，四肢屈伸，张弛有度，形态自然。《束发运动员》表现竞技场上的胜利者正为自己缠锦带，颇富生气。《赫拉女神像》是一尊镶嵌了黄金、象牙的青铜像，当时也很受好评。

图7.13 持矛者雕像

古典后期的雕刻家以普拉克西特列斯、斯科帕斯、利西普斯为代表。普拉克西特列斯是古希腊最早表现女性裸体雕刻的艺术家之一，雕刻风格亲切优雅，富有诗意。其名作《尼多斯的阿芙洛狄忒》精微地刻画了美神入浴前温柔含蓄的瞬间美态。斯科帕斯的作品则情绪激昂，雄浑壮丽，充满悲剧力量，与普拉克西特列斯在雕刻风格上形成鲜明对比。他的代表作品有《美纳德》、《尼俄柏》、《受伤的战士》等。斯科帕斯还创作了不少建筑雕塑，以弗所的阿耳忒弥斯神庙和哈利卡纳苏斯的毛索洛斯陵墓上的装饰雕刻中，就有他的杰作。利西普斯则对波利克列特斯《法式》中的雕刻原则有所改进。在人体比例上，由7：1改为8：1，身躯变得修长，更符合人体的真实比例，也更符合理想美的原则。利西普斯一生作品甚多，《擦垢者像》是其最有代表性的作品。

希腊化时代，传统的神像雕刻艺术得到了进一步发展。同时，表现世俗事物的雕像和肖像雕刻大量出现，现实主义色彩更加浓厚，涌现出许多著名的雕刻作品。罗德斯岛的太阳神像是公元前3世纪的雕刻家卡勒斯的作品，高30余米，以青铜铸造，历经12年才得以完成。太阳神巨像立于罗德斯岛海港入口处，右手高举火炬，起到灯塔的作用，左手持弓，昂首远眺，双腿横跨港口堤坝两侧。整座雕像规模巨大，气势雄伟，被希腊人称为古代世界七大奇观之一。米洛斯的阿芙洛狄忒美神大理石像是公元前2世纪的作品，人像体态健硕，肌肤丰腴圆润，神情优雅自信，洋溢着一种青春美和旺盛的生命力，是该时期希腊雕塑艺术的杰出典范，19世纪法国雕塑大师罗丹曾称赞它为"古代的神品"。拉奥孔大理石群像是公元前1世纪罗德斯岛几位雕刻家的作品，刻画了

图7.14 自杀的高卢人雕像

特洛伊祭司拉奥孔及两个儿子被巨蛇缠咬而死的情景，反映出人体肌肉紧张挣扎时的情形和面部痛苦绝望的表情，散发出一股震撼人心的悲剧力量。另外，出自帕迦马的《自杀的高卢人》和《垂死的高卢人》也是希腊化时代两件著名的雕刻作品。帕迦马宙斯祭坛基座壁的雕塑则是希腊化时代建筑雕塑的代表。祭坛的基座壁高 2.3 米、长 120 米，上面刻画百余位神话人物，表现了奥林匹斯山众神与巨人激战的情景。

（五）陶绘与绘画

爱琴文明时代，克里特岛和希腊大陆的陶器工艺曾取得了很高的成就。但随着公元前 12 世纪末多利亚人南侵，原有的陶器工艺遭到破坏而中断，希腊的陶器又重新回到了原始简单的阶段。在荷马时代，古希腊的陶器上经常采用各式各样的几何图形进行装饰，因此这个时期的陶器又被称为"几何风格陶器"。原始几何陶一般为白底黑饰，器身装饰主要为平行线、同心圆、半圆、交叉三角形、窗格形以及锯齿形等。成熟几何陶的装饰图形主要是曲线形、菱形、方形、三角形和交叉图形等，陶器上的人和动物形象也具有浓厚的几何形风格。

古风时期，希腊的陶绘逐渐摆脱了荷马时代陶器上单调的几何纹饰，图案画面更为丰富多彩，先后产生了东方风格陶器和黑绘风格陶器。公元前 8 世纪末至前 7 世纪，在科林斯等地出产的陶器上，开始出现了具有东方特色的各式花卉和植物的图案，另有各种动物、东方神话中的怪兽等图案，以及稀疏的蔷薇形饰物，体现出浓郁的东方特征，因此这一时期的陶绘又被称为"东方风格"。公元前 7 世

图 7.15 黑绘陶瓶

纪，在科林斯又出现了黑绘风格的陶器，具有亮色背景(红色或米色)及黑色装饰图案。黑绘陶器在陶器烧制之前，先用画笔涂上黑色装饰图案，经烧制后，陶器呈现红色，而装饰图案则呈现黑色。红黑两色既鲜艳又协调，呈现出古朴、浓烈的美感，图案形象轮廓突出，犹如剪影。从公元前6世纪起，雅典陶器开始采用了科林斯的黑绘工艺、大型描绘性场景以及东方特色的图案，许多装饰图案的主题为神和英雄。在公元前6世纪后半期，还引入了以日常生活、会饮、各种竞技比赛为主题的装饰，鱼、海豚以及其他海洋生物的图案也很流行。另外，古风时期绘制陶画的画师已有在陶器上签名的习惯。著名的画师有阿玛西斯、埃克塞基亚斯等。

公元前6世纪末，在雅典出现了红绘风格的陶器。它与黑绘风格相反，在器身上勾画出装饰图案的轮廓，再把图像以外的底子涂成黑色，烧制后红色图案便从黑色背景中浮现出来，图案的细部再用红笔细致地描绘。与黑绘工艺相比，红绘工艺更自由灵活，可以更细微地刻画图案的细节。相传红绘陶器工艺是由画师安多基德斯所发明。红绘风格的陶器出现后，并未立刻取代黑绘陶器。在雅典，有些陶器一侧采用黑绘工艺，而另一侧采用红绘工艺。红绘风格的陶器在整个公元前5世纪都很盛行。在公元前5世纪前半叶，其装饰图案多取自希腊神话传说与英雄故事，以及日常的生活场景。公元前5世纪中叶之后，表现日常生活的图式尤其是裸体少女图开始流行，在风格上仿效雕塑，陶器图案上人物的衣饰更为通透。

公元前5世纪上半叶，希腊又出现了白绘风格的陶器。先将瓶身涂白，然后以红、黄、赭、黑等多种颜色勾画上色。白绘工艺与墙壁画颇为相近，主要用于生产随葬的大型陶罐，而非日常使用的器皿。

希腊化时代，绘有图案的陶器开始让位于带有浮雕装饰的模制陶器和金属器皿，陶绘也日益趋微，逐渐消失。

另外，根据相关文献记载，古希腊人在绘画艺术方面也取得了很大成就。萨索斯人波利格诺托斯是古典时期前期的著名画家，擅长巨幅壁画创作，其代表作有《特洛伊的陷落》、《下地狱的奥德修斯》等。画中人物众多，成群交错，而非线性排列，显示出自由的风格。雅典人阿波罗多鲁斯是公元前5世纪后半叶的著名画家，他利用"明暗法"作画，创造了阴影画法。生活于公元前4世纪的雅典人尼西阿斯则是尝试用"明暗法"绘制具有三维立体感女像的首位画家。阿佩莱斯是公元前4世纪著名的马其顿宫廷画家，曾效力于腓力二世和亚历山大大帝，主要以肖像画闻名，其最著名的作品为《跃出海面的阿芙洛狄忒》。

二、自然科学

(一)古典时期的自然科学

希腊最初的自然科学是和哲学紧密地结合在一起的，最早的哲学家同时也是自然科学家。泰勒斯是古希腊第一个自然哲学家，也是古代最著名的科学家之一。泰勒斯在自然科学上的贡献主要体现在几何学和天文学方面。泰勒斯最早把埃及人的几何学引进希腊，并发现了一些一般性的几何原理，诸如圆周被直径等分；等腰三角形的两底角相等；两个三角形的一边和两邻角彼此相应和相等，则这两个三角形完全相等；内切半圆周的三角形是直角三角形等。在天文学上，泰勒斯有"第一个希腊天文学家"之称，据说他曾预言了发生于公元前585年的一次日食，首次测定太阳从冬至点到夏至点运行的历程，并发现了小熊星座。阿那克西曼德则第一个发明了日晷指时针，用以测定冬至夏至和昼夜平分点，并绘制了当时希腊人已知世界的第一张地图。他还提出了人是由鱼演化而来的猜想。南意大利的毕达哥拉斯学派不仅是政治和宗教团体，也是重要的科学研究团体。毕达哥拉斯学派在数学、几何学、天文学等领域都取得了很大成绩。如毕达哥拉斯发现了几何学上的勾股定理(因此又被称为毕达哥拉斯定理)，还发现了一些关于三角形、平行线、多边形、圆、球和正多面体的定理。在数学上，毕达哥拉斯学派研究了质数、递进数列，并探讨了可公度比、不可公度比等问题。在天文学方面，毕达哥拉斯学派不仅认识到地球是球形的，而且还认识到地球不是宇宙的中心，提出了著名的宇宙中心火团说。他们认为宇宙的中心是一团火，地球只是诸天体中的一个，和其他行星体一样围绕中心火团运转。毕达哥拉斯学派的宇宙中心火团说对后世欧洲天文学产生了很大影响，据说哥白尼提出太阳中心说就是由此得到启发的。①

进入古典时期以来，特别是在伯里克利时代，由于生产技术的发展，许多学科都有了很大进展。在数学方面，智者学派的希庇阿斯发现了割圆曲线，试图解决三等分任意角的问题。开俄斯人希波克拉底研究了"化圆为方"和六次幂方问题，他还编写了几何学要义，为欧几里得的《几何原本》奠定了基础。智者安提丰在研究化圆为方时，提出了不断增加圆内接多边形的边数使其不断接近圆面积的想法。欧多克索斯则运用公理法，建立了比例理论，其中包含了相当严密的实数定义，处理了不可公度比即无理数问题。他提出，对于两个不相等的量，若从较大量中减去大于其半的量，再从所余量中减去大于其半的量，继续重复这一步骤，则所余之量必小于原来较小的量。这已是近现代极限论的雏形。他运用这一方法得到大量关于面积和体积问题的结果。如他证明了两圆面积之比等于其半径平方之比，两球体积之比等于其半径立方之比，棱锥体积是同底等高棱柱体积的 1/3，圆锥体积是同底等高圆柱体积的 1/3 等。

在天文学方面，天文学家、数学家俄诺庇德和麦同编制了较为精确的太阳历法。恩培多克勒对天体进行仔细观察，已经分别出了恒星与行星，并提出宇宙是一个宽大于高的蛋形结构猜想，与中国汉代科学家张衡的浑天说很相似。② 另外，他已经认识到了月亮本身不发光，月光是从太阳光反射而来的，并第一次比较科学地解释了日食这种自然现象的成因，即当

---

① J. Burnet，*Early Greek Philosophy*，London：A. & C. Black，1930，p. 299.
② 汪子嵩等：《希腊哲学史》第 1 卷，第 843 页。

月亮居于太阳和地球之间，挡住了太阳光，把阴影投在地球之上就形成了日食。阿那克萨戈拉同恩培多克勒一样，也对日食和月食的成因作了较正确的说明，并解释了银河彗星、风雨雷电、冰雹、虹等自然现象的成因。柏拉图在《蒂迈欧篇》中阐释了宇宙和人的生成、结构和作用等问题，提出一个自然哲学体系。他认为月亮、太阳以及其他五大行星都在各自的轨道上，以不同速度围绕地球作完美的圆周运动，都符合数的比例。欧多克斯则在柏拉图思想的基础上，从几何学的角度建构了最早的以地球为中心的同心球层所组成的定量地心宇宙模型，即地心体系同心球模型。他认为，地球位于宇宙的中心，日、月、五大行星和恒星都固定在一些相互嵌套的固体同心球层上，总计有 27 个球层，每个球层的转动描述天体的一种运动——日、月、年等，几个球层的运动复合起来就可表现某一天体的特定的运动。

在物理学方面，这　时期的科学家们对物质结构问题作了有深远影响的探索，并涉及力、速度、轻重、光速、光的反射等一系列基本物理范畴。恩培多克勒将整个天体运行视为在"争"的分离作用下的一种巨大的旋涡运动，描述了天体的运行轨道，已经有了天体力学的萌芽。他还用当时的一种汲水器的构造原理来说明皮肤呼吸的生理机制。在光学方面，恩培多克勒认为，光是由光源放射出来的一种流射体，尽管光线以高速运行，人们难以察觉，但光的传播也需要时间。这一天才猜想已为近代物理学所证实。

在生物学方面，塞诺芬尼是最早观察化石的人，他通过观察陆地上海洋生物的化石，提出了陆地是海水退缩之后形成的，并认为陆地在海洋的侵蚀和雨水的冲刷下，最终又将变成海洋，如此往复循环。恩培多克勒认为地球上的生命都是火、气、水、土四种物质元素在"爱"和"争"的力量作用下按照一定比例结合而产生的，并萌发了动物进化的思想。他认为，动物的进化经历了四个阶段，首先从土中生出来的是一些单个的肢体或器官，继而这些单个的肢体或器官偶然地结合生长，形成一些怪异动物。在第三个阶段，动物开始形成了完整的机体。第四个阶段，动物通过雌雄结合，自行繁殖生命。他还认为，在生物进化的过程中，有些不适合生存的生命逐渐地被淘汰，只有适合生存的生命才得以保留下来。学者们认为，恩培多克勒的进化观已经蕴含了达尔文"适者生存"的自然选择思想的萌芽。

在生理和医学方面，这一时期也取得了很大的成绩。在公元前5世纪初，毕达哥拉斯学派的阿尔克迈翁就开创了感官生理学的研究，通过经验观察和解剖，对各种感觉器官进行了分别研究，探讨了感觉对象在感觉器官中形成感觉，然后和大脑联结的整个过程，并指出思想和感觉的区别，以及大脑在认识过程中的作用。他在解剖中发现了视觉神经，并认识到大脑是感觉和理智活动的中心。他还提出了身体由多种成分构成以及生命体平衡论。

阿尔克迈翁的思想为恩培多克勒的南意大利医学派和希波克拉底的科斯医学派所继承和发展。恩培多克勒是南意大利医学派的主要奠基者。他对人体器官构造做了局部解剖，对胚胎做了观察研究，发现心脏是胚胎中最早形成的器官。他还探讨了胎儿性别和双胞胎、多胞胎的成因等，体现了遗传学思想的萌芽。他提出人的皮肤是呼吸的主要渠道之一，认为空气细微粒子通过人的皮肤和血管孔道进入人体，随血液在人体内循环，而当血液由体内向皮肤流动时又被排出体外。另外，恩培多克勒对眼睛和视觉也进行了较细致的研究，对眼睛内部的网状结构做了解剖，提出了流射说，认为人的视觉形象是认识对象通过细微粒子流射在眼睛中的反应，粒子流射进入眼睛内部的不同孔道，从而产生各种颜色的视觉。

恩培多克勒在对生理现象做了大量观察的基础上，用元素论的自然哲学原理进行概括，建立了比较系统的医学理论原则。他认为，人和自然都由土、气、水、火四种元素构成，人体要达到健康，必须在饮食、劳作、体育等同自然环境发生联系的活动中，使身体内的各种元素合比例地和谐结合，使各元素的冷热、干湿性质在体内达到平衡。如果某种元素或性质过多或过少，便会致病。医生应当在这种互相联系和制约中诊断病因，提出合理的治疗措施。他不仅形成了较为完整的南意大利医学派的医学理论，而且还培育了鲍萨尼阿等一大批出色的医生，使南意大利医学派成为当时医学界一个重要的流派。

科斯人希波克拉底是公元前 5 世纪后半叶希腊科斯医学派的领袖，也是希腊古典时期最伟大的医学家。《希波克拉底文集》是希波克拉底及其后学的著作集，其中《论古代医学》是希氏论述医学和自然哲学关系的一篇代表作，在西方医学和哲学思想发展史上具有重要意义。他认为饮食营养和身体健康是人生存的基本条件。医学的宗旨就是要改善人类的生活条件，谋求合适的营养摄入，以保障健康，避免疾病，因此医疗和医学研究必须从人的生活条件和疾病的实际情况出发。对于当时的一些巫医和迷信活动，他进行了猛烈批判。希波克拉底在生理、解剖、病理及临床诊断、医疗等方面，都做出了创造性的贡献，被后人称为西方临床医学之父。他对人体的肺、胸、脾、膀胱、胃、头颅等结构形态做过具体剖析，在人体解剖方面的成果超出前人。他还提出了著名的"体液论"，即人的体液包括血液、黄胆汁、黑胆汁和汗黏液四种，每种体液都赋有多种"能力"，"能力"会随着季节气候、饮食营养等其他生活条件的变化而变化。如果这四种体液在不断变易中保持和谐、平衡，就是健康；否则，便会致病。希氏的体液论和生命有机体平衡论在西方医学界长久流传，对后世医学影响深远。

古典时期以降，希腊自然哲学开始向经验自然科学转变。亚里士多德是使古希腊经验科学脱离自然哲学获得独立发展的关键人物。亚里士多德是古希腊知识的集大成者，他不仅总结了自泰勒斯以来古希腊哲学的思想成果，构建了较完整的哲学体系，而且首次把哲学和其他科学区别开来，开创了逻辑学、伦理学、政治学和生物学等学科的独立研究，对后世欧洲自然科学的发展影响深远。在自然科学方面，亚里士多德对生物学的研究成就最为突出。亚里士多德及其弟子对 500 余种动物进行系统的分类，并对 50 余种动物进行了细致的解剖、观察，其《动物志》9 卷记载了诸种动物的生活习性，并详细地著录了鸟类、鱼类、哺乳类等有血动物和软体动物、软甲动物、介壳动物、节肢动物等无血动物的外部结构与内脏器官构造。亚里士多德以目的论来解释动物的结构，认为动物的身体构造与动物本性相和谐一致。另外，亚里士多德对动物的生殖和胚胎也做了认真研究，认为鲸鱼是胎生的，并观察了鸡的胚胎的发育过程，还提出了一些遗传学方面的观点，等等。

（二）希腊化时代的自然科学

希腊化时代，在东西方文化融合的推动之下，希腊的自然科学也迈向新的高峰，在数学、力学、天文学等众多学科领域均取得了一系列重大成就，奠定了现代科学的基础。正如本杰明·法林顿所说："希腊化时代的科学发展已步入现代世界之开端，现代科学从 16 世纪开始发展，是以那时的基础为起点的。"[1]

欧几里得、阿基米德、阿波罗尼乌斯是希腊化时代最著名的三大数学家。欧几里得（约公元前 330—前 275 年）是雅典人，曾就读于柏拉图学园。大约在 30 岁时，欧几里得受托勒密一世的邀请，来到亚历山大里亚城，在那里长期执教，并潜心研究著述。《几何原本》是欧几里得最重要的代表作，成为标志古希腊几何学形成体系的里程碑。全书共 13 卷，第 1 至 6 卷论平面几何，第 7 至 9 卷论数的理论，第 10 卷论无理数，第 11 至 13 卷论立体几何。欧几里得将公元前 7 世纪以来古希腊积累起来的丰富的几何学知识纳入一个严密统一的体系中，以最原始的概念和不需证明的命题作为定义、公理和公设，通过逻辑推理，演绎出一系列定理和推论，从而建立了被称为欧几里得几何的第一个公理化的数学体系，奠定了古典几何学基础。此书对后世西方科学的发展影响巨大。

---

[1] B. Farrington, *Greek Science*, Baltimore：Penguin, 1961, p. 131.

　　阿基米德(公元前 287—前 212 年)是西西里岛叙拉古人，年轻时曾到亚历山大里亚城求学，后返回叙拉古从事研究。阿基米德兴趣广泛，博学多才，在数学、力学、工程学等众多领域均有突出成就。在数学和几何学方面，他从几个定义和公理出发，推出关于球与圆柱面积体积等 50 多个命题，取得了一系列重要成果。他利用一组内接和一组外接的扇形，计算出了"阿基米德螺线"第一圈与始线所包围的面积。他还通过增加圆外切多边形和内接多边形的边数，使它们的周长不断接近圆周，由此求得圆周率 π 的近似值为 $22/7 > π > 223/71$，这是数学史上最早的、明确指出误差限度的 π 值。另外，阿基米德还研究了几种圆锥曲线的旋转体，以及这些立体被平面截取部分的体积；确定了抛物线与任一弦所围弓形的面积；设计出一种可以表示任何大数目的方法，等等。阿基米德将数学与力学的研究结合起来，尝试用力学方法解决了一些数学问题。他在力学上的重大贡献之一，是发现并论证了著名的杠杆原理，即重量和作用力之比等于其两个力臂长度的反比。阿基米德将这个杠杆原理贯穿到数学中去，他把面积或体积看成有重量的东西，把它们分割成许多非常小的薄片，然后用已知面积或体积去平衡它们，找到了重心和支点，所求的面积或体积就可以用杠杆原理计算出来。他用这个方法求得了抛物线弓形的面积、球冠面积、旋转双曲体表面积等一系列成果。

　　阿基米德不仅是一位伟大的数学家，也是一位伟大的力学家。除了上文提到的杠杆原理外，阿基米德在力学上的另一大成就是发现并精确论证了阿基米德定律，即浮力定律：物体在液体中减轻的重量，等于排去液体的重量。另外，他还将他所发现的这些基本原理，极其巧妙而灵活地应用到实践中去，发明了一系列的机械装置。他早年间在亚历山大里亚城学习期间，发明一种螺旋提水器，被埃及人一直沿用至今。在他晚年罗马军队围攻他的祖国叙拉古时，他为叙拉古设计制造了大型投石机，还用杠杆、滑轮和螺旋制成带有铁爪的起重机，能把敌人的船只从水中抓起掀翻。传

图7.16　阿基米德头像

说他还用许多镜片组成巨大的凹面镜，将太阳光聚焦到敌船上烧毁敌船。

阿波罗尼乌斯（约公元前262—前190年）综合了前人关于圆锥曲线的成果，并提出了许多自己的创见，使圆锥曲线理论系统化。他的巨著《圆锥曲线论》将圆锥曲线的性质网罗殆尽，"以致后代学者至少从几何上几乎不能再对这个问题有新的发言权。这确实可以看成是古典希腊几何的登峰造极之作"[①]。

这一时期天文学也得到了极大的发展，出现了阿里斯塔克、埃拉托色尼、希帕库斯等一批杰出的天文学家。萨摩斯人阿里斯塔克（约公元前310—前230年）明确提出了日心说，认为"恒星与太阳是不动的，地球沿着一个圆周的周边绕太阳运动，太阳则在轨道的中心"。在其《太阳和月球的大小与距离》中，他应用几何学原理，首次测定了太阳和月球的体积以及它们与地球距离的近似比值。尽管他得出的数值在今天看来并不够精准，但却是用科学的方法研究天体距离的开创者。

埃拉托色尼（约公元前275—前194年）出生于北非的昔勒尼，曾任亚历山大里亚图书馆馆长，在天文学、地理学、数学、哲学、文学、史学等学科领域皆有精深造诣，是一位百科全书式的学者。他在《论大地测量》中首次相当准确地测算出地球的周长，并大体测出太阳和月亮的大小和距离。

[①]　M. 克莱因：《古今数学思想》第1册，北京大学数学系数学史翻译组译，上海：上海科学技术出版社，1979年版，第102页。

另外，他撰有《地理学》一书，建立了普通地理学的较完备的体系，并根据各地大致距离及纬度高低绘制了一幅古代世界的地图。他还根据大西洋与印度洋潮汐的相似认为两洋相通，人可绕非洲而到达印度。

比提尼亚人希帕库斯（约公元前 190—前 126 年）继承和发展了阿波罗尼乌斯的本轮—均轮说，对地心体系加以修正，提出了"偏心圆"的假设，成为以后托勒密地心说的先驱。他认为，日、月和恒星天球在围绕着地球的圆轨道上匀速运行，五大行星各沿着一定的小圆轨道（本轮）自西向东运动，小圆的圆心沿着一个被称为均轮的大圆绕地球运行。这样不仅可以解释行星的顺行、逆行等现象，而且可以说明行星亮度的变化。为了使这个体系能表现出太阳周年运行速度的不均匀性，他使地球偏离宇宙的中心，因此这是一个偏心的本均轮体系。另外，希帕库斯还是方位天文学的创始人，长于天文观察、测算。他较精准地测算出了一年的时长、月地距离与地球半径的比值、月球半径与地球半径的比值、白道与黄道的交角等。在此基础上，希帕库斯编制了几个世纪的太阳、月亮运动位置表。他利用天球仪对星座进行了系统的观察，发现了一颗新星，从而打破了"天是永远不变的"观念。通过对恒星方位的精密测量，他制订了 1000 余颗恒星及其相对位置的星表，并按亮度把恒星分为 6 级。希帕库斯还首先发现了"岁差"，他测量的岁差数值为每年 36 秒。

在生物学方面，亚里士多德的门生提奥弗拉斯特（约公元前 370—前 286 年）进一步发展了经验考察的方法，在植物分类方面做出了重要贡献，被称为"植物学之父"。他曾记载了 500 余种野生和人工栽培植物的种和变种，说明了动物和植物之间生理构造的不同。他将植物分为乔木、灌木、草本植物、一年生植物、二年生植物和多年生植物，并阐明了它们各自的特征和药用价值。他还对不同种类植物的繁殖进行了研究和区分。他所创立的植物分类体系对后世西方植物学的发展产生了重大影响。

医学和解剖学在希腊化时代也得到了进一步发展。赫罗菲拉斯（约公元前 4—前 3 世纪)和埃拉西斯特拉塔(约公元前 310—前 250 年)是希腊化时代最负盛名的医生和解剖学家。赫罗菲拉斯对人体和动物进行了系统的解剖,指出大脑是智慧之府,批评了亚里士多德认为心脏是思维器官的错误。他对大脑、神经、眼睛、内脏器官、女性生殖器官等都进行了较细致的描述,并首次对动脉和静脉作了区分。埃拉西斯特拉塔第一次把生理学作为独立学科来研究。他对肝、胆以及心脏结构的描述超过前人,对大脑、神经和血液循环系统方面的知识也有很大贡献。他认为呼吸时吸入的空气进入肺和心脏,形成生命灵气,灵气随动脉在全身流转,控制生命过程。进入大脑的灵气则变成了灵魂灵气,通过神经系统控制运动和感觉。埃拉西斯特拉塔的医学理论被古罗马名医盖伦继承和发展。

参考文献

一、外文征引书目

Aeschines，*The Speeches of Aeschines*，Cambridge，Massachusetts and London，1919.

Andrewes，A.，*The Greeks*，New York，1978.

Apollodorus，*The Library*，Cambridge，Massachusetts and London，1921.

Aristotle，*The Athenian Constitution*，Cambridge，Massachusetts and London，1996.

Armayor，O.，"Did Herodotus Ever Go to the Black Sea?"，*Harvard Studies in Classical Philology*，Vol. 82(1978).

Austin，M. M. and Vidal-Naquet，P.，*Economic and Social History of Ancient Greece：An Introduction*，Los，Angeles，1977.

Boardman，J.，Griffin，J. and Murry，O.，*The Oxford History of the Classical World*，Oxford and New York，1986.

Breisach，E.，*Historiography：Ancient，Medieval and Mordern*，Chicago，1983.

Burnet，J.，*Early Greek Philosophy*，4nd ed.，London，1930.

Bury，J. B.，*The Ancient Greek Historians*，London，1909.

Camp，J. M.，*The Athenian Agora：Excavation in the Heart of Classical Athens*，Thames and Hudson，1986.

Castleden，R.，*The Knossos Labyrinth*，London and New York，1990.

Chadwick，J.，*The Mycenaean World*，Cambridge and New York，1976.

Chrimes，K. M. T.，*Ancient Sparta*，Manchester，1949.

Desborough，V. R. d'A.，*The Last Mycenaeans and Their Successors*，Oxford，1964.

Dickinson，O.，*The Aegean Bronze Age*，Cambridge and New York，1994.

Dillery，J.，*Xenophon and the History of His Times*，London and New York，1995.

Diodorus，*The Library of History*，Cambridge，Massachusetts and London，1984—1999.

Donlan，W.，"The Social Groups of Dark Age Greece"，*Classical Philology*，Vol. 80，No. 4(1985).

Drews，R.，*The Coming of the Greeks*，Princeton，1988.

Dyczek，P.，*Pylos in the Bronze Age：Problems of Culture and Social Life in Messenia*，Warszawa，1994.

Edwards，I. E. S.，Gadd，C. J.，Hammond，N. G. L. and Sollberger，E.，*The Cambridge Ancient History*，Vol. 2，Part 1，London，1973.

Erskine，A. ed.，*A Companion to the Hellenistic World*，Malden，MA and Oxford，2003.

Evans，A.，*The Palace of Minos：A Comparative Account of the Successive Stages of the Early Cretan Civilization as Illustrated by the Discoveries at Knossos*，Vol. 4，London，1921—1936.

Farrington，B.，*Greek Science*，Baltimore，1961.

Fehling，D.，*Herodotus and His "Sources"：Citation，Invention and Narrative Art*，Leeds，1989.

Finley，J. H.，*Thucydides*，Cambridge，1942.

Finley, M. I.

——*Studies in Land and Credit in Ancient Athens*, *500—200 BC*, New Brunswick, New Jersey,1952.

——*Economy and Society in Ancient Greece*, London, 1981.

——*The World of Odysseus*, London, 1999.

Forde, S. , "Power and Morality in Thucydides", in *Thucydides' Theory of International Relations*, ed. Gustafson,L. S. ,Baton Rouge, 2000.

Fornara, C. W.

——*The Economic and Social Growth of Early Greece*, *800—500 B. C.*, Oxford, 1977.

——*The Nature of History in Ancient Greece and Rome*, Berkeley, 1983.

Frost, F. J. , *Greek Society*, D. C. , 1980.

Garlan, Y. , *Slavery in Ancient Greece*, Ithaca, N. Y, 1988.

Glotz, G. , *The Greek City and Its Institutions*, London and New York, reprinted in 1996.

Gorman, V. B. , *Miletos, the Ornament of Ionia: A History of the City to 400 B. C. E*, Ann Arbor, 2001.

Grant, M. , *The Ancient Historians*, London, reprinted in 1995.

Gray, D. H. F. , "Mycenaean Names in Homer", *The Journal of Hellenic Studies*, Vol. 78(1958).

Hall, E. , *Inventing the Barbarian: Greek Self-Definition through Tragedy*, Oxford, 1989.

Hall, J.

——*Ethnic Identity in Greek Antiquity*, Cambridge and New York, 1997.

——*Hellenicity: Between Ethnicity and Culture*, Chicago, 2002.

——*A History of the Archaic Greek World*, *ca. 1200—479BCE*, Malden,

2007.

Hammond, N. G. L.

——*A History of Greece to 322 B. C.*, Oxford, 1959.

——"The Lycurgus Reform at Sparta", *The Journal of Hellenic Studies*, Vol. 70(1950).

Hood, S. , *The Minoans: Crete in the Bronze Age*, London, 1971.

Hooker, J. T. , *Mycenaean Greece*, London and Boston, 1976.

Hornblower, S. , *Thucydides*, Baltimore, 1987.

How, W. W. and Wells, J. , *A Commentary on Herodotus*, Oxford, 1912.

Huxley, G. L. , *Early Sparta*, Cambridge, Massachusetts, 1962.

Isocrates, *Panathenaicus*, Cambridge, Massachusetts and London, 1954.

Jeffery, H. , *Archaic Greece: the City-States*, *c. 700—500 B. C.*, London, 1976.

Jones, A. H. M. , *Athenian Democracy*, Oxford, 1978.

Kilian, K. , "The Emergence of Wanax Ideology in the Mycenaean Palaces", *Oxford Journal of Archaeology*, Vol. 7, No. 3(1988).

Lewis, D. M. , Boardman, J. , Davies, J. K. , Ostwald, M. , *The Cambridge Ancient History*, 2nd ed. , Vol. V , Cambridge, 1992.

Liddell, H. G, and Scott, R. , *Greek-English Lexicon*, Oxford, 1929.

Lorimer, H. L. , *Homer and the Monuments*, London, 1950.

Macdowell, D. , *The Law in Classical Athens*, London, 1978.

Manning, J. G. and Morris, I. , ed. , *The Ancient Economy*, *Evidence and Models*, Stanford, 2005.

Marinatos, N. , *Minoan Religion*, Columbia, 1993.

Marincola, J. , *Greek Historians*, Oxford and New York, 2001.

Mattingly, D. J. and Salmon, J. eds. *Economic beyond Agriculture in the*

Classical World, London and New York, 2001.

Michell, H. , *Sparta*, Cambridge, 1964.

Morris, I.

——"The Collapse and Regeneration of Complex Society Greece, 1500—500BC", in *After Collapse: the Regeneration of Complex Societies*, ed. Schwartz,G. M. and Nichols,J. J. , Tucson, 2006.

——"The Use and Abuse of Homer", *Classical Antiquity* Vol. 5, No. 1 (1986).

Nagy, G. , *The Best of the Achaeans*, Baltimore, 1979.

Nilsson, M. P. , *The Mycenaean Origin of Greek Mythology*, 1932, Reprint,Berkeley, 1972.

Oliva, P. , *Sparta and Her Social Problemes*, Prague, 1967.

Palaima, T. G. , "The Nature of the Mycenaean Wanax: Non-Indo-European Origins and Priestly Functions", in *The Role of the Ruler in the Prehistoric Aegean*, ed. P. Rehak , *Aegaeum* 11 Austin,1995.

Palmer, L. R.

——*The Interpretation of Mycenaean Greek Texts*, Oxford, 1963.

——*Mycenaeans and Minoans*, London, 1965.

Pausanias, *Description of Greece*. London, New York, 1918—1935.

Plato,

——*Laws*,Cambridge, Massachusetts and London, 1926.

——*Republic*,Cambridge, Massachusetts and London, 1926.

Plutarch,

——*Plutarch's Lives*, Cambridge,Massachusetts and London, 1986—1993.

——*Moralia*, Cambridge, Massachusetts and London, 1986—1999.

Polybius, *The Histories*, Cambridge, Massachusetts and London, 1979—

1999.

Reinhold, M. , "Human Nature as Cause in Ancient Historiography", in
Studies in Classical History and Society. ed. Reinhold, M. Oxford and
New York, 2002.

Rutter, Jeremy B. , "Ceramic Evidence for Northern Intruders in Southern
Greece at the Beginning of Late Helladic Ⅲ c", *American Journal of
Archaeology*, Vol. 79, no. 1(1975).

Sahlins, M. , "Poor man, rich man, big-man, chief: Political types in
Melanesia and Polynesia", *Comparative Studies in Society and History*,
Vol. 5, no. 3(1963).

Sargent, R. L. , *The Size of Slave Population at Athens*, Urbana,
1924.

Scheidel, W. and Reden, S. ed. , *The Ancient Economy*, Edinburgh,
2002.

Service, E. R. , *Origins of the State and Civilization: The Process of
Cultural Evolution* , New York, 1975.

Shrimpton, G. S. , *History and Memory in Ancient Greece*, Montreal
London and Buffalo, 1997.

Snodgrass, A. M.

——*The Dark Age of Greece*, Edinburgh, 1971.

——*Archaic Greece: The Age of Experiment*, London, 1980.

——"An Historical Homeric Society?", *The Journal of Hellenic Studies*,
Vol. 94(1974).

Starr, Chester G. , *The Economic and Social Growth of Early Greece
800—500 B.C.* , New York, 1977.

Strabo, *Geography*,Cambridge, Massachusetts and London, 1988—1999.

Theognis, *Greek Elegiac Poetry* ,Cambridge, Massachusetts and London, reprinted in 1999.

Tigerstedt, E. N. , *The Legend of Sparta in Classical Antiquity*, Vol. 1, Stockholm, 1965.

Tomlinson, R. A. , *Argos and the Argllid*, London, 1972.

Ventris, M. and Chadwick, J. , *Documents in Mycenaean Greek*, Cambridge, 1956.

Vermeule, E. , *Greece in the Bronze Age*, Chicago, 1964.

Wade-Gery, H. T.

——"The Spartan Rhetra in Plutarch Lycurgus Ⅵ: A. Plutarchus' Text", *The Classical Quartery*, Vol. 37, 1/2(1943).

——"The Spartan Rhetra in Plutarch Lycurgus Ⅵ: B. the Eynomia of Tyrtaios", *The Classical Quartery*, Vol. 38, 1/2(1944).

——"The Spartan Rhetra in Plutarch Lycurgus Ⅵ: C. What is the Rhetera", *The Classical Quartery*, Vol. 38, 3/4(1944).

Walbank, F. W. , *A Historical Commentary on Polybius*. Oxford, 1957—1959.

West, M. L. , "The Invention of Homer", *The Classical Quarterly*, New Series, Vol. 49, No. 2(1999).

West, S. , "Herodotus' Epigraphical Interests", *Classical Quarterly*, Vol. 35(1985).

Whitley, J. , "Social Diversity in Dark Age Greece", *The Annual of the British School at Athens*, Vol. 86(1991).

Willetts, R. F. , *The Civilization of Ancient Crete*, London, 1977.

Woodman, A. J. , *Rhetoric in Classical Historiography: Four Studies*, London, Portland, 1988.

Xenophon,

——*Constitution of the Lacedaemonians*, Cambridge, Massachusetts and

London，1984—1998.

——*Hellenica*，Cambridge，Massachusetts and London，1997.

——*Hellenica*，ed. on the basis of Büchsenschütz's edition by Irving J. Manatt，Ginn & Company，Boston，1897.

二、中文征引书目

［古希腊］阿波罗多洛斯：《希腊神话》，周作人译，北京：中国对外翻译出版公司，1999 年版。

［英］阿德金斯，莱斯莉、罗伊·阿德金斯：《探寻古希腊文明》，张强译，北京：商务印书馆，2010 年版。

［古希腊］阿里安：《亚历山大远征记》，李活译，北京：商务印书馆，1985 年版。

［古希腊］阿里斯托芬：《阿里斯托芬喜剧集》，罗念生译，北京：人民文学出版社，1954 年版。

——《阿里斯托芬喜剧二种》，罗念生译，长沙：湖南人民出版社，1981 年版。

［美］奥姆斯特德，A. T.：《波斯帝国史》，李铁匠、顾国梅译，上海：上海三联书店，2010 年版。

北京大学哲学系外国哲学史教研室编译：《古希腊罗马哲学》，北京：商务印书馆，1961 年版。

北京大学哲学系外国哲学史教研室编译：《西方哲学原著选读》，北京：商务印书馆，1961 年版。

毕会成：《"希腊农业特征"辨析——与黄洋同志商榷》，载《辽宁师范大学学报》2000 年第 1 期。

［古希腊］柏拉图：《理想国》，郭斌和、张竹明译，北京：商务印书馆，1986 年版。

［英］布宁，尼古拉斯、余纪元编著：《西方哲学英汉对照辞典》，北京：人民出版社，2001 年版。

陈恒：《希腊化研究》，北京：商务印书馆，2006 年版。

刁绍华主编：《外国文学大词典》，长春：吉林教育出版社，1990 年版。

［法］杜丹：《古代世界经济生活》，志扬译，北京：商务印书馆，1963 年版。

樊兆鸣：《马克斯·韦伯与古代史研究》，载《史学理论研究》2001 年第 4 期。

高中伟、徐松岩：《公元前 4 世纪雅典土地所有制状况及其成因》，载《内蒙
　　古民族大学学报》2001 年第 4 期。

［法］格洛兹，G.：《古希腊的劳作》，解光云译，上海：格致出版社、上海
　　人民出版社，2010 年版。

顾銮斋：《论雅典奴隶制民主政治的形成》，载《历史研究》1996 年第 4 期。

郭长刚：《试论荷马社会的性质》，载《史林》1999 年第 2 期。

郭小凌：《西方史学史》，北京：北京师范大学出版社，1995 年版。

——《"梭伦改革"辨析》，载《世界历史》1989 年第 6 期。

——《是工商业文明，还是农业文明？——古希腊史问题浅论》，见《史学论
　　衡》，北京师范大学出版社，1991 年版。

——《古代世界的奴隶制和近现代人的诠释》，载《世界历史》1999 年第 6 期。

［古希腊］荷马：《伊利亚特》，罗念生、王焕生译，北京：人民文学出版社，
　　1994 年版。

——《奥德赛》，王焕生译，北京：人民文学出版社，2008 年版。

［德］黑格尔：《哲学史讲演录》第 2 卷，贺麟、王太庆译，北京：商务印书
　　馆，1959 年版。

——《美学》第 1、2 卷，朱光潜译，北京：商务印书馆，1979 年版。

胡庆钧、廖学盛主编：《早期奴隶制社会比较研究》，北京：中国社会科学
　　出版社，1996 年版。

胡钟达：《古典时代中国希腊政治制度演变的比较研究》，《胡钟达史学论文
　　集》，呼和浩特：内蒙古大学出版社，1997 年版。

黄洋：《古代希腊土地制度研究》，上海：复旦大学出版社，1995 年版。

——《希腊城邦社会的农业特征》，载《历史研究》1996 年第 4 期。

——《试论荷马社会的性质与早期希腊国家的形成》，载《世界历史》1997 年
第 4 期。

——《迈锡尼文明、"黑暗时代"与希腊城邦的兴起》，载《世界历史》2010 年
第 3 期。

黄洋、晏绍祥：《希腊史研究入门》，北京：北京大学出版社，2009 年版。

[英]卡特利奇，保罗：《亚历山大大帝：寻找新的历史》，曾德华译，上海：
上海三联书店，2010 年版。

[英]柯林武德，R.G.：《历史的观念》，何兆武、张文杰译，北京：商务印
书馆，1997 年版。

[美]克莱因，M.：《古今数学思想》，北京大学数学系数学史翻译组译，上
海：上海科学技术出版社，1979 年版。

[古希腊]拉尔修，第欧根尼：《名哲言行录》，马永翔等译，长春：吉林人
民出版社，2003 年版。

厉以平、郭小凌编译：《古代希腊、罗马经济思想资料选辑》，北京：商务
印书馆，1990 年版。

李韵琴：《试析公元前 8—6 世纪希腊殖民运动的主要原因》，载《世界历史》
1989 年第 4 期。

廖学盛：《古代雅典的民主和工商业》，载《中国社会科学院研究生院学报》
1988 年第 5 期。

——《公元前 6—4 世纪雅典民主政治的若干问题》，见日知主编：《古代城
邦史研究》，北京：人民出版社，1989 年版。

——《古代雅典民主政治的确立和阶级斗争》，载《世界历史》1989 年第 6 期。

——《试析古代雅典民主产生的条件》，载《世界历史》1997 年第 2 期。

刘家和、王敦书主编：《世界史·古代史编》（上），北京：高等教育出版社，
1994 年版。

[美]鲁斯，詹姆斯：《西方最早写战争史的史家——希罗多德与〈希波战争
史〉》，杨俊明译，载《军事历史研究》1996 年第 4 期。

——《西方最早写战争史的史家(续)——希罗多德与〈希波战争史〉》，杨俊明译，载《军事历史研究》1997 年第 1 期。

[英]罗素：《西方哲学史》，何兆武、李约瑟译，北京：商务印书馆，1988年版。

[德]马克思：《资本主义以前生产各形态》，北京：人民出版社，1956 年版。

——《资本论》第 1 卷，北京：人民出版社，1975 年版。

——《〈政治经济学批判〉导言》，《马克思恩格斯选集》第 2 卷，北京：人民出版社，1995 年版。

[美]麦克金德里克，保罗：《会说话的希腊石头》，晏绍祥译，杭州：浙江人民出版社，2000 年版。

[美]摩尔根：《古代社会》，杨东莼、张栗原、冯汉骥译，北京：商务印书馆，1981 年版。

[英]默里，奥斯温：《早期希腊》，晏绍祥译，上海：上海人民出版社，2008 年版。

[意]莫米利亚诺，A.：《现代史学的古典基础》，冯洁音译，上海：华东师范大学出版社，2009 年版。

——《历史与传记》，张强译，载 M. I. 芬利主编：《希腊的遗产》，上海：上海人民出版社，2004 年版。

[美]佩德利，约翰·格里菲思：《希腊艺术与考古学》，李冰清译，桂林：广西师范大学出版社，2005 年版。

彭小瑜、张绪山主编：《西学研究》(第二辑)，北京：商务印书馆，2006 年版。

[古希腊]普鲁塔克：《希腊罗马名人传》，上册，黄宏煦等译，北京：商务印书馆，1990 年版。

——《希腊罗马名人传》，席代岳译，长春：吉林出版集团有限责任公司，2009 年版。

启良：《公元前八—六世纪希腊移民运动中的农商关系》，载《北京师范大学学报》1987 年第 4 期。

——《古代中西方抑商问题的比较研究》，载《世界历史》1988 年第 3 期。

——《希腊城邦的主要经济形式也是小农经济》，载《湘潭大学学报》1988 年第 4 期。

［苏］塞尔格叶夫，B. C. ：《古希腊史》，缪灵珠译，北京：高等教育出版社，1955 年版。

［古希腊］色诺芬：《经济论　雅典的收入》，张伯健、陆大年译，北京：商务印书馆，1981 年版。

——《回忆苏格拉底》，吴永泉译，北京：商务印书馆，1984 年版。

——《长征记》，崔金戎译，北京：商务印书馆，1997 年版。

施治生、郭方：《古代民主和共和制度》，北京：中国社会科学出版社，1998 年版。

施治生、刘欣如：《古代王权与专制主义》，北京：中国社会科学出版社，1993 年版。

［英］索利，约翰：《雅典的民主》，王琼淑译，上海：上海译文出版社，2001 年版。

［美］汤普森，J. W. ：《历史著作史》，谢德风译，北京：商务印书馆，1996 年版。

［美］汤因比，阿诺德：《人类与大地母亲：一部叙事体世界历史》，徐波等译，马小军校，上海：上海人民出版社，2001 年版。

汪子嵩、王太庆编：《陈康：论希腊哲学》，北京：商务印书馆，1990 年版。

汪子嵩、范明生、陈村富、姚介厚：《希腊哲学史》第 3 卷，北京：人民出版社，2003 年版。

——《希腊哲学史》第 2 卷，北京：人民出版社，1993 年版。

——《希腊哲学史》第 1 卷，北京：人民出版社，1988 年版。

汪子嵩、陈村富、包利民、章雪富：《希腊哲学史》第 4 卷，北京：人民出版社，2010 年版。

王大庆：《本与末——古代中国与古代希腊经济思想比较研究》，北京：商务印书馆，2006 年版。

——《雅典公民家庭经济中的土地与农业生产》，载《历史教学》1998 年第
1 期。

——《略论雅典公民家庭经济的外部交换》，见《中西古典文明研究——庆祝
林志纯教授 90 华诞论文集》，长春：吉林人民出版社，1999 年版。

——《古希腊城邦：向帝国时代转型的困境与趋势》，载《河北学刊》2010 年
第 4 期。

王瑞聚：《论古代希腊人的重农思想——兼与古代中国重农思想比较》，载
《社会科学战线》1999 年第 4 期。

——《梭伦经商应为信史——对郭小凌先生〈"梭伦经商"考〉的不同意见》，
载《东方论坛》2002 年第 2 期。

王瑞聚、邹远修：《从雅典国家的农业看城邦社会的经济特征——兼与农业
特征论者商榷》，载《齐鲁学刊》2002 年第 5 期。

王以欣：《寻找迷宫：神话·考古与米诺文明》，济南：山东画报出版社，
2010 年版。

——《克诺索斯"迷宫"与克里特的王权》，载《世界历史》1998 年第 2 期。

——《迈锡尼时代的王权：起源和发展》，载《世界历史》2005 年第 1 期。

王以欣、王敦书：《克里特公牛舞：神王周期性登基祭礼的一部分》，载《世
界历史》2000 年第 2 期。

[英]沃尔班克，弗兰克·威廉：《希腊化世界》，陈恒、茹倩译，上海：上
海人民出版社，2009 年版。

[古希腊]希罗多德：《历史》，王以铸译，北京：商务印书馆，1985 年版。

——《历史》，徐松岩、黄贤全译，上海：上海三联书店，2008 年版。

解光云：《古典时期的雅典城市研究》，北京：中国社会科学出版社，2006
年版。

[古希腊]修昔底德：《伯罗奔尼撒战争史》，谢德风译，北京：商务印书馆，
1985 年版。

——《伯罗奔尼撒战争史》，徐松岩、黄贤全译，桂林：广西师范大学出版社，2012 年版。

徐松岩：《关于雅典奴隶制状况的两个问题》，载《世界历史》1993 年第 5 期。

——《古典时代雅典奴隶人数考析——兼评"持续增长说"》，载《世界历史》1994 年第 3 期。

——《公元前四世纪前期雅典采银业状况考》，载《西南师范大学学报》1994 年第 3 期。

——《古希腊城邦经济结构刍论——兼评东西古国经济结构"迥异"说》，载《西南师范大学学报》1995 年第 3 期。

——《古代世界不存在"工商业城邦"》，载《重庆师院学报》1998 年第 1 期。

——《关于希腊奴隶制的理论和实际》，载《世界历史》，2000 年第 1 期。

徐晓旭：《古代希腊民族认同的形成》，复旦大学博士后出站报告，2003 年版。

——《论古代希腊的自耕农》，载《世界历史》2002 年第 5 期。

——《古代民族认同中的各别主义与泛希腊主义》，载《华中师范大学学报》2008 年第 4 期。

[古希腊]亚里士多德：《雅典政制》，日知、力野译，北京：商务印书馆，1959 年版。

——《形而上学》，吴寿彭译，北京：商务印书馆，1959 年版。

——《诗学》，罗念生译，北京：人民文学出版社，1962 年版。

——《政治学》，吴寿彭译，北京：商务印书馆，1965 年版。

——《尼各马科伦理学》，苗力田译，北京：中国社会科学出版社，1990 年版。

——《家政学》，《亚里士多德全集》第 9 卷，苗力田主编，北京：中国人民大学出版社，1994 年版。

颜海英：《托勒密埃及奴隶制评析》，载《历史研究》1996 年第 5 期。

晏绍祥：《荷马社会研究》，上海：上海三联书店，1999 年版。

——《古典历史研究发展史》，武汉：华中师范大学出版社，1999 年版。

——《20 世纪的古代希腊经济史研究》，载《史学理论研究》1998 年第 4 期。

——《早期希腊史研究的新趋向——评奥斯邦新著〈希腊文明的形成〉》，载《史学理论研究》2002 年第 1 期。

——《雅典首席将军考》，载《历史研究》2002 年第 1 期。

——《荷马史诗中关于政治领袖的术语》，载《华中师范大学学报》2002 年第 1 期。

——《迈锡尼国家的起源及其特征》，载《华中师范大学学报》2006 年第 6 期。

——《古风时代希腊社会经济发展的几个问题》，载《华中师范大学学报》2009 年第 3 期。

杨巨平：《试析希腊化时期君主制的特点》，载《山西大学学报》1991 年第 1 期。

——《"希腊化文化"是人类历史上第一次文化大交流大汇合》，载《山西大学学报》1992 年第 4 期。

——《阿伊·哈努姆遗址与"希腊化"时期东西方诸文明的互动》，载《西域研究》2007 年第 1 期。

杨适：《古希腊哲学探本》，北京：商务印书馆，2003 年版。

易宁：《论波利比乌的"命运"说》，载《史学理论研究》1993 年第 3 期。

——《论波利比乌〈历史〉的编纂体例及其思想》，载《史学史研究》1994 年第 2 期。

——《论司马迁和波利比乌的历史思想》，载《北京师范大学学报》2001 年第 2 期。

——《〈伯罗奔尼撒战争史〉"人性"词义释》，载《史学史研究》2004 年第 4 期。

——《古代中国的通史与西方的普世史观念》，载《求是学刊》2012 年第 6 期。

易宁、李永明：《修昔底德的人性说及其历史观》，载《北京师范大学学报》2005 年第 6 期。

裔昭印：《从古希腊罗马看古代城市的经济特征》，载《上海师范大学学报》1995 年第 3 期。

余纪元：《亚里士多德论 ON》，载《哲学研究》，1995 年第 4 期。

张春梅：《埃及文化"希腊化"辨析》，载《内蒙古民族师院学报》2000 年第 1 期。

张强：《〈帕罗斯碑〉译注》，载《古代文明》2007 年第 2 期。

中国社会科学院世界历史研究所主办：载《世界史研究年刊》，1996 年版。

祝宏俊：《关于斯巴达征服美塞尼亚的反思》，载《西南大学学报》2013 年第 1 期。

索　引

图书在版编目（CIP）数据

古代希腊文明/易宁等著. —北京：北京师范大学出版社，2018.11
（2022.3 重印）
（"一带一路"古文明书系）
ISBN 978-7-303-24065-4

Ⅰ.①古… Ⅱ.①易… Ⅲ.①文化史-研究-古希腊 Ⅳ.①K125

中国版本图书馆 CIP 数据核字（2018）第 183653 号

营　销　中　心　电　话	010-58807651
北师大出版社高等教育分社微信公众号	新外大街拾玖号

GUDAI XILA WENMING

出版发行：	北京师范大学出版社　www.bnup.com
	北京市西城区新街口外大街 12-3 号
	邮政编码：100088
印　　刷：	鸿博昊天科技有限公司
经　　销：	全国新华书店
开　　本：	710 mm×1000 mm　1/16
印　　张：	31.25
插　　页：	8
字　　数：	450 千字
版　　次：	2018 年 11 月第 1 版
印　　次：	2022 年 3 月第 3 次印刷
定　　价：	160.00 元

策划编辑：刘东明	责任编辑：王艳平
美术编辑：王齐云	装帧设计：王齐云
责任校对：陈　民	责任印制：马　洁